Stefan Größing

Bewegungskultur und Bewegungserziehung

Stefan Größing

Bewegungskultur und Bewegungserziehung

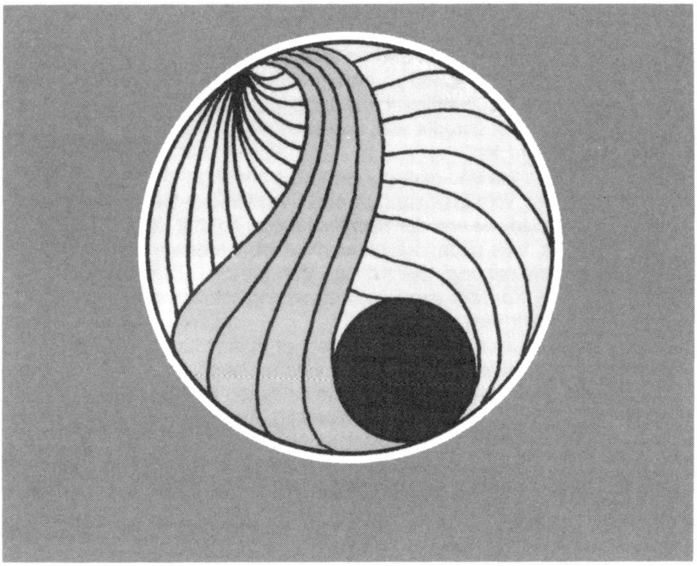

Grundlagen einer sinnorientierten Bewegungspädagogik

Verlag Karl Hofmann Schorndorf

Die Deutsche Bibliothek — CIP-Einheitsaufnahme

Größing, Stefan:
Bewegungskultur und Bewegungserziehung:
Grundlagen einer sinnorientierten Bewegungspädagogik / Stefan Größing.
— Schorndorf: Hofmann, 1993
ISBN 3-7780-3580-0

Bestellnummer 3580

Titelentwurf: Peter Schiffelholz, Leonberg
Titelsignet: Richildis Zwick, Wien

Gesamtherstellung in der Hausdruckerei des Verlags
Printed in Germany · ISBN 3-7780-3580-0

Ich lebe mein Leben
in wachsenden Ringen
die sich über die Dinge ziehn

Rainer Maria Rilke (Das Stundenbuch)

Meinen Kindern Nikolaus und Gudrun
gewidmet

Inhaltsverzeichnis

Einleitung 11

1. Wesen und Wandel der Bewegungskultur 15

1.1. Kultur — Körperkultur — Bewegungskultur 15
1.1.1. Die Kultur ist die Natur des Menschen 15
1.1.2. Körperkultur 18
1.1.3. Bewegungskultur 21

1.2. Streifzüge durch die Geschichte der Bewegungskultur 33

1.3. Bewegungshandeln 42
1.3.1. Sportliche Bewegungshandlungen 43
1.3.2. Spielerische Bewegungshandlungen 46
1.3.3. Gestalterische Bewegungshandlungen 50
1.3.4. Gesundheitsbedachte Bewegungshandlungen 55

2. Bewegungserziehung — ein Weg zur Bewegungskultur 59

2.1. Leib, Sport und Bewegung — Anlässe und Ansätze für Erziehung 59
2.1.1. Leibeserziehung 60
2.1.2. Sporterziehung oder die Versportlichung der Leibeserziehung 62
2.1.3. Bewegungserziehung 65

2.2. Anthropologische Grundlagen der Bewegungserziehung 74
2.2.1. Körperlichkeit 75
2.2.2. Bewegung 81
2.2.3. Sinn 84
2.2.4. Kultur 86

2.3. Grundsätze der Bewegungserziehung 89
2.3.1. Prinzipien der Leibes- und Sporterziehung 89
2.3.2. Pädagogische Grundsätze der Bewegungserziehung 92

3. Kind und Bewegung — eine lebensweltliche Betrachtung 99

Einführung: zum Begriff der Lebenswelt 99

3.1. Idee und Wirklichkeit der Kindheit 99
3.1.1. Der Begriff der Lebenswelt 99
3.1.2. Theorien über die Kindheit 101
3.1.3. Strukturen der kindlichen Lebenswelt 110

3.2. Die Bewegungs- und Spielwelten der Kinder 115
3.2.1. Historische Spiel- und Bewegungswelten 116
3.2.2. Situationsanalyse:
Bedingungen kindlicher Bewegungstätigkeit 121
3.2.3. Handlungsanalyse:
Merkmale des kindlichen Bewegungshandeln 126

4. Bewegungsentwicklung und Bewegungslernen 137

4.1. Die Rolle der Bewegung in der menschlichen Entwicklung 138
4.1.1. Bewegungsentwicklung als Anlage-Umwelt-Interaktion 139
4.1.2. Allgemeine Tendenzen der motorischen Entwicklung 145
4.1.3. Bewegungshandeln und menschliche Entwicklung 148

4.2. Bewegungsförderung im Kindes- und Jugendalter 163
4.2.1. Die frühe Kindheit von der Geburt bis zum Schuleintritt 163
4.2.2. Die späte Kindheit bis zum Beginn der Pubertät 174
4.2.3. Das Jugendalter 177

4.3. Theorien und Prinzipien des Bewegungslernens 182
4.3.1. Theorien des Bewegungslernens 182
4.3.2. Grundsätze des Bewegungslernens 188

5. Bewegungspädagogik — Entwurf einer phänomenologischen Theorie der Bewegungserziehung 193

5.1. Phänomenologische Pädagogik 193
5.1.1. Konzeptionen und Personen der phänomenologischen
Pädagogik 194
5.1.2. Was ist Phänomenologie? 200
5.1.3. Grundbegriffe und Grundsätze phänomenologischer
Pädagogik 205

5.2. Phänomenologische Bewegungspädagogik 213
5.2.1. Theorien der körperlichen Erziehung —
ein historischer Exkurs 213
5.2.2. Gegenstand der Bewegungspädagogik 232
5.2.3. Phänomenologie als Methode der Erkenntnisgewinnung 239
5.2.4. Zusammenfassende Überlegungen zur phänomenologischen
Theorie der Bewegungserziehung 252

Anmerkungen 259

Literaturverzeichnis 269

Vorwort

In einem Gespräch unter Professoren der Salzburger Universität, das schon vor längerer Zeit stattgefunden hat, in dem von der Massenuniversität und dem Ausbildungsdenken der Studierenden die Rede war, sagte der damals schon emeritierte Kunsthistoriker Hans Sedlmayr, daß unter seinen Studenten sieben anders waren als die vielen, deren Studium er betreut hat, daß es sich aber um dieser „Sieben“ willen gelohnt hat, ein Universitätslehrer gewesen zu sein.

Viele Themen dieses Buches sind im Umgang mit meinen „Sieben“ in den Gesprächen, Diskussionen und Referaten der Dissertantenseminare entdeckt, vorgetragen und weiterentwickelt worden. Von historischen und phänomenologischen Standorten aus haben wir gemeinsam die Landschaften der menschlichen Bewegungskultur und die vielfältigen Aspekte der Bewegungserziehung betrachtet und besprochen. Diese Seminare fanden häufig in der landschaftlich schönen Abgeschiedenheit einer Einrichtung der Erwachsenenbildung am Wolfgangsee statt und bestanden auch aus Gesprächswanderungen, die das Wort vom Umgang rechtfertigen. In der wandernden Bewegung sind uns Aspekte der Bewegungskultur und Themen der Bewegungserziehung aufgegangen und zugänglich geworden.

Von den Dissertationen, die in letzter Zeit aus diesen Seminaren hervorgegangen und in besonders enger Weise mit der Thematik dieses Buches befaßt sind, wurden zwei in die Ausführungen eingebracht. Den beiden Verfassern, Gabriele Piber und Rudolf Stadler, aber auch einigen anderen Absolventen meiner Dissertantenseminare danke ich für die Mitwirkung an diesem Buch.

Salzburg, April 1993 Stefan Größing

Abb. 1 Ein bewegungskultureller Bilderbogen

Einleitung

Haben die Personen auf diesen Bildern, das dunkelhäutige tempelhüpfende Kind in seiner Spielversunkenheit, der Paradeathlet, der sein staunenerregendes Können Tausenden Anwesenden und Millionen Fernsehzuschauern präsentiert, die tanzenden Frauen, die Fußball spielenden Buben und die so konzentriert wirkenden alten Menschen, etwas, was ihnen allen gemeinsam ist: es sind stets Menschen in Bewegung und ihr Bewegen ist kulturell geformt. Was biologisch anmutet, der sich bewegende menschliche Körper, ist in Wahrheit ein kulturelles, sinnhaftes Bewegungshandeln in der den tristen Alltag entrückenden Spielsphäre, in der Grenzsituation höchster Leistungsfähigkeit, dem ästhetischen Genuß geglückter Gestaltung, in der sozialen Geborgenheit einer sich gemeinsam bewegenden Gruppe und im Naturerleben.

Dieser bewegungskulturelle Bilderbogen zeigt uns die Vielfalt der menschlichen Bewegungstätigkeiten, in der die sportliche Bewegungshandlung nur einen Ausschnitt darstellt. Das wurde vergessen angesichts der Allgegenwart des Sports in den Medien. Und dieses Vergessen hat die menschliche Bewegungskultur verkümmern lassen zu einer alles andere überwuchernden Sportkultur. Trotz der beständigen Zunahme der Sportvereine und deren Mitglieder, der Bedeutungsvermehrung des Freizeitsports, des weltweiten öffentlichen Sportinteresses, der wirtschaftlichen und medialen Bedeutsamkeit, ist eine Verkümmerung der Bewegungskultur eingetreten. Mitgewirkt am Prozeß der verkümmerten Versportlichung hat die Schule, die aus der körperlichen Erziehung eine unterrichtliche Anleitung zum Sporttreiben und aus Leibeserziehern Sportlehrer gemacht hat. Dieses Buch ruft zur Trendwende auf. Es nimmt Anregungen und Ansätze einer neuen Bewegungskultur auf, dort, wo sie sich heute schon deutlich zeigen, und setzt die Spurensuche nach der neuen Bewegungskultur fort. Diesem Vorhaben dient auch ein Rückblick auf die historische Entfaltung der Bewegungskultur und die Aufdeckung epochaler Ausprägungen derselben. Denn die Geschichte des menschlichen Bewegungshandelns zeigt uns, daß es in früheren Zeiten viele nichtsportliche Bewegungstätigkeiten gegeben hat und führt uns zur Erkenntnis, daß auch die Epoche der Sportkultur an ihren Ausgang gelangen wird. Eines ist gewiß: die menschliche Bewegung ist ein kulturelles und dadurch auch ein geschichtliches Phänomen, wie alles, was zu einem Lebewesen gehört, das aus den Banden der Natur entlassen und zum Geschöpf und zum Gestalter der Kultur geworden ist.

Die menschliche Kultur aber ist dem Wandel unterworfen und der Veränderung anheimgestellt, sonst hätte sie keine Geschichte. Veränderung in der Bewegungskultur aber bedeutet sowohl die Differenzierung des Bewegungshandelns innerhalb einer geistigen Epoche wie auch den grundlegenden strukturellen Wandel in der Geschichte.

Die Bewegungskultur des Menschen ist Teil seiner Körperkultur und Ausdruck der Gesamtkultur und tritt in Bewegungshandlungen in die Erscheinungswelt, die unterschiedlichen Kriterien zufolge in sportliche, spielerische, gestalterische und gesundheitsbedachte motorische Tätigkeiten zu gliedern sind, wobei jede dieser Tätigkeiten in sich eine große Binnendifferenzierung aufzuweisen hat.

Wie jede kulturelle Verfassung des Menschen ist auch die Bewegungskultur auf Fremderziehung und Selbstbildung angewiesen. Die Bewegungserziehung bildet den thematischen Schwerpunkt dieses Buches. Die anthropologischen Grundlagen und pädagogischen Grundsätze, die lebensweltlichen Bedingungen und bewegungsweltlichen Gegebenheiten eines von der Leibeserziehung und der Sporterziehung sich abhebenden und doch nicht völlig anderen Konzepts einer ganzheitlichen und vielseitigen Bewegungserziehung bilden die Themen des zweiten und dritten Kapitels. Eine lebensweltliche Betrachtung deckt die Strukturen der Lebenswelt und die Einschränkungen der Bewegungswelt der Kinder und Jugendlichen auf und schafft dadurch die Einsicht in jene Rahmenbedingungen, die für eine wirksame Bewegungserziehung unbedingt erforderlich ist. Die individuelle Bewegungskultur ist eine Befindlichkeit, die der Mensch lebenslang neu zu erringen und beständig zu formen hat, was ihm besser glückt, wenn ihn für diese Lebensleistung eine vielseitige Bewegungserziehung im Kindes- und Jugendalter befähigt hat. Denn der Mensch ist auch in seinem Bewegungshandeln ein lebenslang lernendes Lebewesen. Dieses Buch grenzt allerdings die Aspekte des Bewegungslernens und der Bewegungsförderung auf das Kindes- und Jugendalter ein, weil es für jene Personen vornehmlich geschrieben ist, die als Eltern, Kindergärtnerinnen, Lehrer, Erzieher und Übungsleiter für die planmäßige, zielgerichtete und organisierte Bewegungserziehung der Kinder und Jugendlichen zuständig und verantwortlich sind. Deshalb werden die Maßnahmen der Bewegungförderung, die Grundsätze des Bewegungslernens und die Bedeutung der Bewegung in der menschlichen Entwicklung nur für die ersten zwei Lebensjahrzehnte erörtert und zur Darstellung gebracht.

Wer den wissenschaftstheoretischen Standort dieser Überlegungen zur Bewegungserziehung als erstes ausmachen will, möge mit der Lektüre des 5. Kapitels anfangen. Es enthält die wissenschaftstheoretischen Grundlagen einer phänomenologischen Theorie der Bewegungserziehung, für die ich die Bezeichnung Bewegungspädagogik gewählt habe.

1. Wesen und Wandel der Bewegungskultur

1.1. Kultur — Körperkultur — Bewegungskultur

1.1.1. Die Kultur ist die Natur des Menschen

„Der Mensch ist, um existenzfähig zu sein, auf Umschaffung und Bewältigung der Natur hin gebaut, und deswegen auch auf die Möglichkeit der *Erfahrung* der Welt hin: er ist handelndes Wesen, weil er unspezialisiert ist, und also der natürlich angepaßten Umwelt entbehrt. Der Inbegriff der von ihm ins Lebensdienliche umgearbeiteten Natur heißt *Kultur,* und die Kulturwelt ist die menschliche Welt" (GEHLEN 1986, 38).

In diesem Satz bündelt sich vieles, was Bestandteil der Deutung des Menschen ist: ein handelndes, auf die Welt hin gerichtetes, instinktarmes und seiner Umwelt gegenüber wenig angepaßtes Lebewesen, das seine Chance zum Überleben durch die besondere Entwicklung eines Organes, des Gehirns, gewahrt hat. Diesem Umstand verdankt der Mensch nicht nur das Überleben in einer Welt, in der ihm andere Lebewesen mit ihren speziellen Fähigkeiten überlegen sind: der Schärfe der Augen, der Schnelligkeit der Bewegungen, der Kraft der Muskeln, der Feinheit des Geruchsinns und der Güte des Gehörs. Für die Belange der Existenzsicherung ist jedes andere Lebewesen besser ausgerüstet als das „Mängelwesen" (GEHLEN) Mensch, dem aber die Entwicklung des Gehirns, der aufrechte Stand und die Freisetzung der Hände von der Fortbewegung die Möglichkeit boten, das alles beherrschende Lebewesen dieser Erde mit dem höchsten Grad an Evolution zu werden. Als einziges unter allen Lebewesen verläßt der Mensch die Begrenztheit der Natur und gelangt zur Freiheit der selbstgeschaffenen Lebensform, zur Kultur. Als Naturgeschöpf hätte der Mensch aufgrund seiner instinktarmen und mangelhaften Ausstattung gegenüber den ihm überlegenen Tieren geringe Chancen zum Überleben gehabt. Er erwarb diese Befähigung durch seine existentielle Sonderstellung, die ihm die Entfaltung der Kultur ermöglicht hat.

Das Ergebnis einer Jahrhunderte währenden biologischen Entwicklung ist die in vielen Versuchen und nach manchen Irrwegen erreichte Umgestaltung der Natur zur menschengemäßen Lebenswelt der Kultur, in der der Mensch heimisch und überlebensfähig geworden ist.

So ist der Mensch seiner Natur nach ein kulturelles und in dieser Verfassung auch ein geschichtliches Lebewesen. Aus den Banden der statischen, nur in kurzen Zeiträumen sich wandelnden, im Grunde aber gleichbleibenden Natur entlassen, gerät der Mensch in die evolutionäre Dynamik der Kultur und wird zum geschichtlichen Wesen. Aus der natürlichen Notwendigkeit und Geborgenheit herausgestellt, gelangt er in die Situation der Selbstbestimmung und des Selbstbewußtseins, zwei Merkmale seiner Wesenhaftigkeit, die mit Kultur untrennbar verknüpft sind, weil ihm die kulturelle Verfaßtheit seines Wesens selbst bewußt ist und deshalb gestaltbar wird. Helmuth PLESSNER bezeichnet diese nur dem Menschen mögliche Befindlichkeit die „Positionalität der exzentrischen Form" (1975, 288 ff.). Das Zufallsgeschick des Herausgestellt-Seins gegenüber allen anderen Lebewesen ist Gelingen und Gefährden in einem. Im kulturellen, geschichtlichen und sich selbst erzeugenden Lebewesen Mensch sind Verwirklichung und Verfehlung des Lebens als Möglichkeiten nahe beisammen. Die menschliche Existenz wird zur Gratwanderung zwischen beiden Polen, zu einer beständigen individuellen und gesellschaftlichen Leistung durch Selbst- und Fremdbildung. Menschliches Leben ist in allen seinen Äußerungen deshalb kein natürliches, sondern ein künstliches, d. h. kulturelles Ereignis und Ergebnis. Es ist ein wesensbestimmendes Merkmal des Menschen, daß er nicht nur bildungsfähig, sondern auch bildungsbedürftig ist, sich selbst gestaltet und durch vielfältige Hilfen anderer dazu befähigt wird. Die Hilfe zur Selbstgestaltung nennen wir Erziehung.

Als sich selbst gestaltendes Wesen ist der Mensch aber weder unabhängig von der Natur noch aus den biologischen Banden gelöst, denen alle Lebewesen unterworfen sind. Der natürliche Anteil an seiner Wesensbildung ist aber geringer im Vergleich zur kulturellen Leistung, die Individuum und Gesellschaft aufzubringen haben. Von der Natur stiefmütterlich ausgestattet, schafft sich das menschliche Lebewesen das Lebensnotwendige selber mit den dafür entwickelten Werkzeugen. Und es schafft im Überfluß, denn Kultur bedeutet nicht einfach Lebensfristung sondern Leben im Überfluß, weil in ihr der Mensch über das Erforderliche und Lebensnotwendige hinaus in die Vielfalt des Lebens und Erlebens hineingerät. Kultur ist mehr als „ins Lebensdienliche umgestaltete Natur" (GEHLEN 1986, 38), Kultur ist beinahe unendlich erweiterte, verbesserte, entwickelte Natur. Sie ist aber auch ein das natürliche Leben auf dieser Erde gefährdender, bedrohender oder sogar zerstörender Zustand.

Als sich selbst hervorbringendes kulturelles Geschöpf ist der Mensch ein fragendes und lernendes Wesen. Lernen ist die Vorbedingung der Kultur. Lernend erwirbt der heranwachsende Mensch die bestehende Kultur und darin die Befähigung, kulturelle Schöpfung von sich aus hervorzubringen. Als Geschöpf der Kultur ist der Mensch zugleich Schöpfer von Kultur, eingefügt und sich einbringend in den evolutionären Gang der Kultur, seine Geschichte erleidend und bestimmend. Zu den strukturellen Merkmalen der humanen Lebensform zählt auch die Fragehaltung. Der Mensch ist ein fragendes, antwortsuchendes und antwortgebendes Lebewesen. Als fragendes und lernendes Wesen entwirft er sich selbst, formt er sich selbst zum gelungenen Ergebnis oder zur wesenhaften Verfehlung seiner selbst. Das Fragen richtet sich auch an die Bewegung. Schon das kleine Kind stellt Bewegungsfragen und gibt motorische Antworten darauf, sucht ausdauernd die Lösung der Frage, erprobt, erkundet, wiederholt, übt Bewegungstätigkeiten und führt sich selber zu den Antworten. Die Fragehaltung des Menschen wird beim Kinde in den Bewegungshandlungen am deutlichsten sichtbar. Der Mensch ist aber auch stets bereit, Antworten und Lösungen von anderen Menschen zu übernehmen und anzunehmen. Für die optimale Entwicklung zur Persönlichkeit benötigt der heranwachsende Mensch beide Möglichkeiten in Ausgewogenheit und Situationsgemäßheit. Was wird ihm aber in seinem Bewegungsleben von frühester Lebenszeit angeboten? Fertige motorische Lösungen und Muster über das Fernsehen, von den Eltern, im Kindergarten, vom Turnlehrer in der Schule und dem Übungsleiter im Verein. Das Kind bewegt sich in genormten Turnhallen und auf gebahnten Spielplätzen, auf präparierten Skipisten und in vorfabrizierten Erlebnisbädern und stößt überall auf die ihm vorgegebenen und nicht von ihm gefundenen Bewegungsmuster. Es gewöhnt sich daran, keine Bewegungsfragen zu stellen, sondern gegebene Antworten auszuführen, es verliert die Lust des Erprobens und Erkundens und verkümmert in seiner Bewegungsphantasie und Erfindungsgabe.

Die Sonderform des Lebendigen, die dem Menschen als kulturelles Wesen zugefallen ist, offenbart sich an mehreren Phänomenen. Adolf PORTMANNS (1958) Vergleich des Menschen mit den höher entwickelten Säugetieren (z. B. Wale, Robben, Huftiere) und den Affen (Orang-Utan, Schimpanse, Gorilla) stellt das menschliche Lebewesen als „physiologische Frühgeburt“ und das am langsamsten wachsende und am spätesten reifende Geschöpf dar. Als „Nestflüchter“[1] kommt der Mensch unvollkommen ausgestattet in die Welt und benötigt eine lange und aufwendige Pflege und Fürsorge. Das Körperwachstum ist erst am Beginn des dritten Lebensjahrzehnts abgeschlossen, die Geschlechtsreife setzt erst mit 13–15 Jahren ein, Zeitpunkte, die so spät bei keinem anderen Lebewesen zu beobachten sind.

1.1.2. Körperkultur

Wenn die Kultur gleichsam des Menschen „natürlicher“ Zustand ist, ist alles an ihm kulturell geprägt, auch das, was sein Naturanteil zu sein scheint und als seine Natur bezeichnet wird. Die Unschuld Rousseaus haben wir für immer verloren, können kein „Zurück zur Natur“ ausrufen, sondern müssen um eine kulturelle Lebensweise bemüht sein, die der Natur Rechte und Würde beläßt, die ihr der Mensch früher zugeschrieben und die er wieder einzusetzen hat. Der Unterschied zwischen dem Menschen und jedem anderen Lebewesen auf dieser Erde ist kein gradueller in der Natürlichkeit (primäre und sekundäre Natürlichkeit) sondern ein prinzipieller und radikaler, wie er eben zwischen Natur und Kultur besteht. Der Kulturzustand des Menschen ist der eigentliche Grund seines Ausnahmezustandes im Reich des Lebendigen, seiner besonderen Stellung oder exzentrischen Position, seiner Existenz statt seines Daseins. Diese Besonderheit seiner Existenz drückt sich in allem aus, was Menschsein ausmacht, betrifft den Menschen als Ganzes und in allen seinen Lebensäußerungen und schließt mithin auch alles ein, was den Körper betrifft. Der menschliche Körper ist in seinem Zustand, seinen Verrichtungen, seinen Bewegungen, seinem Ausdruck und seiner Haltung ein kulturelles Gebilde. Das rechtfertigt die Verwendung des Wortes Körperkultur und die Verknüpfung aller Erscheinungen der Körperkultur mit der Gesamtkultur. Erziehung ist der Zugang zur Kultur, Lernen die Vorbedingung und Bildung das Ergebnis. Die körperliche Bildsamkeit, die Körpererziehung und die motorische Lernfähigkeit sind die Voraussetzungen der Körperkultur.

Deshalb ist die Annahme berechtigt, daß auch die Körperkultur auf Erziehung angewiesen ist und wie jede kulturelle Leistung des Individuums und der Gesellschaft nicht ohne die Einrichtungen der körperlichen Erziehung, des Unterrichts und des beabsichtigten Lernens auskommen kann. Die körperliche Bildsamkeit des Menschen bleibt ihm ebenso lebenslang erhalten wie seine geistige und soziale, nimmt aber ebenso wie die anderen Befähigungen mit dem zunehmenden Alter ab. Auch in seinen körperlichen Fähigkeiten bleibt der Mensch ein plastisches, veränderbares, lernfähiges und lernbedürftiges Lebewesen, solange sein Leben währt. Körperkultur als Ziel der Körpererziehung und Sinn der körperlichen Bildsamkeit ist ein lebenslanger Prozeß der Bildung und Erziehung, Teil des menschlichen Bildungsbemühens, gesellschaftlicher Auftrag und individuelle Aufgabe, prinzipiell unabgeschlossen und innerhalb der epochal-geistigen Grenzen ein personaler Zustand in vielfacher Variation des Grundthemas. Schon die kindliche Entwicklung läßt deutlich erkennen, daß Ich-Findung, Selbstbewußtheit, soziale Befähigung und emotionale Gestimmtheit über den Körper und die mit ihm gemachten Erfahrungen gewonnen und geprägt werden.

Körperkultur ist ein individueller und gesellschaftlicher Zustand von großer Labilität und Dynamik, ein beständiges politisches und pädagogisches Bemühen herausfordernd, von Werten getragen und Wandlungen ausgesetzt, in sich vielfach gegliedert und von Merkmalen gekennzeichnet, die es zu benennen und zu beschreiben gilt, wenn aus dem Zielbegriff ein erzieherisches Programm entwickelt werden soll, und in der Körperkultur die Körpererziehung die Leitlinien ihres pädagogischen Handelns finden will.

Körperkultur ist durch die nachfolgend aufgeführten Merkmale charakterisiert:

1. Körperkultur ist zunächst ein weit gefaßtes Wissensgebiet über den Bau und die Funktionen des menschlichen Körpers, über Strategien der Vorsorge und Fürsorge, der vernünftigen Pflege und der Wirkungen von Beanspruchung und Unterforderung.
2. Die Wahrnehmung und Erfahrung des eigenen Körpers zu einem bewußten Vorgang werden zu lassen, kann durch Lernprozesse und Aufmerksamkeitslenkung gefördert werden. Obwohl der Mensch nur in wenigen Zeiten seines Lebens ohne Körpererfahrung existiert (Ohnmacht, Narkose, Tiefschlaf), verbringt er die meisten Stunden seines wachen Lebens in einem dämmerhaften und unbewußten Zustand der Körperwahrnehmung. Er geht, ohne sein Gehen bewußt wahrzunehmen, er sitzt, ohne seinen Körper dabei zu spüren, er liegt, ohne aufmerksam zu sein, welche Teile seines Körpers den Boden berühren. Die meiste Zeit lebt der Mensch distanzlos in seinem Körper, geht darin auf und nimmt ihn nicht wahr, ist Körper und hat ihn nicht. Es ist ein Kennzeichen der durch Fremd- und Selbsterziehung erreichten persönlichen Körperkultur, wenn der Körper in seinen Tätigkeiten, in seiner Belastung und Erholung, in der Ermüdung und der ungebrochenen Kraft, ausgesetzt den Elementen des Wassers, Windes, der Sonne oder der Finsternis bewußt wahrgenommen und zum Erfahrungsbestand wird.
3. Aus Wissen, Wahrnehmung und Erfahrung reifen Einsichten und Erkenntnisse in die komplizierte und komplexe Vernetztheit und unaufhebbare Einheit von Körper, Geist und Seele, in die unteilbare Ganzheit der

menschlichen Person. Einsichten aber auch über die Rolle des Körpers im Prozeß der Verständigung der Menschen untereinander, über die Vielzahl der Gefährdungen, die von gesellschaftlichen Zuständen ausgehen und über die Möglichkeiten der Gestaltung körperfreundlicher Bedingungen im gegenwärtigen und zukünftigen Leben.

4. Zur Körperkultur zählt weiters die Befähigung, den eigenen Körper zum Medium von Ausdruck und Darstellung werden zu lassen. Die Körpersprache ist genauso zu erlernen wie jede andere sprachliche Ausdrucksweise und entfaltet sich in einem weiten Feld der Betätigung, das von der Gestik und Gebärde bis zur Pantomime und dem Tanz reicht. Den eigenen Körper zum Sprechen zu bringen und die Sprache anderer Körper zu verstehen, ist ein Geschehen, das Lernen zur Voraussetzung hat, weil die angeborene und unbedachte Körpersprache in der Pubertät verlorengeht.
5. Reichhaltig ist die Palette des Erlebens des Körpers und durch den Körper dann, wenn er in Bewegung gesetzt ist. Das Körpererleben reicht von den lustvollen Empfindungen des Schwingens, Schaukelns und Springens über das Erleben der Elemente Wasser, Eis und Schnee bis zu den Erlebnissen der Landschaft, des Raumes, der Begegnung mit Tieren und dem Erleben menschlicher Gemeinschaft.
6. Die höchste Stufe der Köperkultur, erwachsen aus dem Wissen, der Wahrnehmung, der Erfahrung, der Sprache und dem Erleben des Körpers ist das Körpergewissen als Befähigung des verantwortlichen Umganges mit dem eigenen Körper und den Körpern der Mitmenschen. Es bildet die Grundlage und das Ziel der Körperkultur, das Programm aller erzieherischen Bemühungen um den Körper und die Absicht der Körperbildung. Die abendländische Kultur hat ein festes Gebäude der Moral errichtet und das Gewissen darin beheimatet, stets war es aber ein Gewissen der Seele und des Geistes. Das Körpergewissen, der Begriff Körperkultur und die körperliche Erziehung fehlten darin und führten ein Schattendasein im europäischen Geistesleben und Bildungswesen.

Der Wiederverwendung des Begriffes Körperkultur in der Theorie und Praxis der Bewegungserziehung stellt sich allerdings ein ernsthaftes Bedenken in den Weg. Die Bildungs- und Lebensreform am Anfang des 20. Jahrhunderts hat diese Wortverbindung bevorzugt verwendet und Erscheinungen damit bezeichnet, die aus heutiger Sicht nur den Namen Körperkult tragen könnten. Die jahrhundertelange Unterdrückung des Körpers im christlichen Abendland, die Verweigerung und die Tabuisierung körperlicher Bedürfnisse, die Verhüllung des Körpers im Puritanismus des 19. Jahrhunderts waren die Gründe für eine radikale Gegenbewegung zur herrschenden Körpermoral und führten in die Irrwege des Körperkults, die aber zumeist mit dem Worte Körperkultur versehen waren.[2]

1.1.3. Bewegungskultur

Innerhalb dessen, was wir als Körperkultur bezeichnet haben, nimmt die Bewegungskultur einen zentralen und bestimmenden Platz ein. Körperkultur ist zwar ein Mehrfaches der Bewegungskultur, weil die Körperpflege, die gesundheitlichen Maßnahmen, die Kleidung und die Ernährung und andere körperbezogenen Tätigkeiten und Gewohnheiten darin enthalten sind, bleibt aber im Grunde unvollständig, wenn nicht auch die bewegungskulturellen Handlungen des Menschen in das Ensemble der körperkulturellen Merkmale eingefügt sind. Nicht im Sinne einer Hinzufügung, sondern als Einbindung in das Ganze bringt die Bewegungskultur erst das echte Gebilde der individuellen und gesellschaftlichen Körperkultur hervor. Denn die Art und der Umfang der Ernährung, die gesundheitlichen und hygienischen Gewohnheiten, die Kleidung des Körpers u. a. erhalten ihre Qualität durch die Bewegungsgewohnheiten und fügen sich zu einem durch Beweglichkeit geprägten Lebensstil, dem das Prädikat Körperkultur verliehen werden kann.

Es bedarf einer näheren Kennzeichnung dessen, was Bewegungskultur[3] ist, weil sich daraus die Ziele, Inhalte und Verfahren der Bewegungserziehung in Theorie und Praxis gewinnen lassen. Die Bewegungskultur ist die allgemeine Absicht und konkrete Zielsetzung der Bewegungserziehung in der Schule, im Kindergarten, in Vereinen, Einrichtungen der Jugenderziehung und in der Familie, mit deren Rahmenbedingungen und didaktischen Elementen die nachfolgenden Kapitel befaßt sind.

Es ist unschwer zu erkennen, daß die für die Entfaltung der individuellen Körperkultur notwendigen Körperwahrnehmungen, -erfahrungen, -einsichten und -erlebnisse häufig und nachhaltig am sich bewegenden Körper gemacht werden. Der Begriff „Bewegungskultur“ soll in den folgenden Abschnitten dieses Kapitels in historischer und in systematischer Hinsicht und Absicht dargestellt und verwendet werden.

Als kulturelle Erscheinung hat die menschliche Bewegung als alltägliche Tätigkeit, festliche Handlung und freizeitliche Betätigung in verschiedenen geistigen Epochen auch unterschiedliche Prägung und Formung erhalten und angenommen. Das allein rechtfertigt den Ausdruck Bewegungskultur und die Einbindung derselben in den Kulturbestand einer historischen Epoche. Die Ritualisierung und Geometrisierung sind als grundlegende Kennzeichen barocker Kultur zwischen 1600 und 1750 auch bei den Bewegungstätigkeiten des Adels und höheren Bürgertums auszumachen, prägen das Reiten ebenso wie das Fechten und Tanzen und sind darin der motorische Ausdruck barocker Geistigkeit. Die geistigen Strukturen der Musik, Literatur, Malerei, Architektur, der Gartenkunst, der Wirtschaft und der Rechtswissenschaft einer Epoche formen auch die Bewegungstätigkeiten der Menschen und weisen sie darin als kulturelle Güter aus[4]. Als kulturelles Phänomen hat die Bewegung deshalb auch eine Geschichte, ist sie dem Wandel und der Veränderung ausgesetzt und eine immerwährende Aufgabe für jede neue Generation.

Die zweite Bedeutung des Begriffes Bewegungskultur liegt in der Ausformung und Ausgestaltung des Bewegungshandelns innerhalb einer epochalen Struktur und ist deshalb ein systematisches Phänomen. Diese Behauptung sei wiederum durch ein geschichtliches Beispiel verdeutlicht und gestützt.

Im Zeitalter des Renaissance-Humanismus prägte das mittelalterliche Rivalitäts- und Kraftprinzip weiterhin in starkem Ausmaß die Bewegungstätigkeiten der Menschen aller sozialer Schichten, was aber nicht verhinderte, daß sich die Bewegungskultur in drei voneinander unterscheidbare Teilkulturen ausformte: in eine feudale und militärisch ausgerichtete Gymnastik (gymnastica bellica), eine gesundheitsbedachte Leibeskultur (gymnastica medica) und eine erzieherisch orientierte Bewegungskultur (gymnastica ascetica oder pädagogica). In jeder Epoche der Bewegungskultur herrscht das Neben- und Miteinander der kulturellen Färbung und der kulturellen Ausformung, der geistigen Grundlegung und inhaltlichen Differenzierung, der Annahme eines Grundprinzips (Rivalität, Ritual, Rekord)[5] und der vielfältigen Variation desselben!

Die kulturelle Bestimmtheit des menschlichen Bewegungshandelns setzt die biologischen Faktoren des Bewegens nicht außer Kraft und Wirkung. Schwerkraft, Reibung, Widerstand, Körperbau, Biomechanik sind in der Bewegungsausführung nicht auszuschalten, wenn auch künstlich zu beeinflussen, legen aber die Vorstellung einer natürlichen Bewegung im Sinne der tierischen Motorik nicht zwingend nahe. Die Sonderstellung des Menschen unter den Lebewesen offenbart auch die Art der Bewegung. Sie ist kulturelle Erscheinung trotz natürlicher Gegebenheiten, ein künstliches und geistiges Gebilde, instinktreduziert und willkürlich gesteuert, mehr Ausdruck kultureller Geistigkeit als Ausfluß biologischer Notwendigkeit.

Jene Bewegungskultur, die einer geplanten und absichtsvollen körperlichen Erziehung Richtweiser und Ziel sein soll, muß eine Kultur der Bewegungsvielfalt sein. Vielfalt ist etwas anderes als die vielseitige Variation eines Grundthemas und meint im Bereich der Bewegungskultur den Reichtum der Sinngehalte, Ausdrucksformen und sozialen Arrangements des menschlichen Bewegungshandelns. Gegenwärtig bietet das bewegungskulturelle Handeln des Menschen dem kritischen Betrachter das Bild einer dominanten Teilkultur, die andere Bewegungstätigkeiten in den Untergrund gedrängt oder nach ihren Prinzipien umgeformt hat. Gemeint ist die sportliche Ausprägung der Bewegungskultur, deren Merkmale und Grundsätze wie Leistungssteigerung, Wettkampf, Normierung und Institutionalisierung auch jene Bewegungstätigkeiten befallen haben, die damit ursprünglich und über lange Zeiten hinweg nichts im Sinne hatten. Ein auffälliges und beredtes Beispiel für diese Tendenz ist die Rhythmische Sportgymnastik. Aus der Fülle und Vielzahl rhythmischer Tanz- und Gymnastikformen ist die eine, international genormte und wettkampfmäßig betriebene Sportart mit ihren genauen motorischen Festlegungen und Wertungsgrundsätzen geworden. Wenn die derzeitige Sportkultur durchaus geographische, gesellschaftliche, altersabhängige und geschlechtsbedingte Verschiedenheiten erkennen läßt, überwiegt doch die Tendenz der Einebnung, Gleichrichtung und Internationalisierung. Es verschwinden regionale Besonderheiten der Bewegungskultur zugunsten der international festgelegten Sportarten, es verdrängen die weltweit gleichen Sportspiele (Fußball, Volleyball, Basketball und Handball) die traditionellen und lokalen Ballspiele, es gehen die ehemals typischen Formen der weiblichen Bewegungskultur in einer geschlechtsneutralen Sportkultur auf, und es unterscheidet sich das kindliche und jugendliche Bewegungshandeln immer weniger von dem der erwachsenen und alten Menschen. Die Verschiedenheiten in der gegenwärtigen Sportkultur beruhen meist nur auf der Quantität des Leistungsvermögens und nicht auf der Qualität des Bewegungsausdrucks, des Erlebens und des Ausführens der Bewegungstätigkeiten.

Viele Anzeichen deuten allerdings das Ende der Vorherrschaft der Sportkultur und das Aufkommen einer neuen, sinn- und formenreicheren Bewegungskultur an. Weil der Begriff Bewegungskultur aber noch ein Fremdwort im Denken, Sprechen und Schreiben der Gegenwart ist, und vornehmlich die Sportwissenschaften ihn nicht zur Kenntnis nehmen, benötigt er eine genauere Bestimmung, die Beschreibung seiner Merkmale und die Aufhellung seiner Strukturen. Die kulturelle Formung ist dem Menschen wesenhaft und deshalb in allen Lebensäußerungen eigentümlich. Ein Kulturbegriff, der künstlerische, religiöse und wissenschaftliche Tätigkeiten allein umfaßt, ist unstimmig weil wesensfremd für den Menschen. Gerade diese Auffassung und Auslegung von Kultur hat das abendländische Denken bis in die Gegenwart beherrscht und geprägt. Alltagskultur, Körperkultur und Bewegungskultur drücken durch ihre zunehmende Verwendung und Anerkennung einen grundlegenden Wandel der europäischen Kulturidee aus. Es besteht daher ein berechtigter Anlaß, das Bewegungshandeln des Menschen als kulturelle Schöpfung anzuerkennen, in seinen Arten und Ausdrucksformen darzustellen und dadurch die Grundlagen einer didaktischen Theorie der Bewegungserziehung auszuweisen.

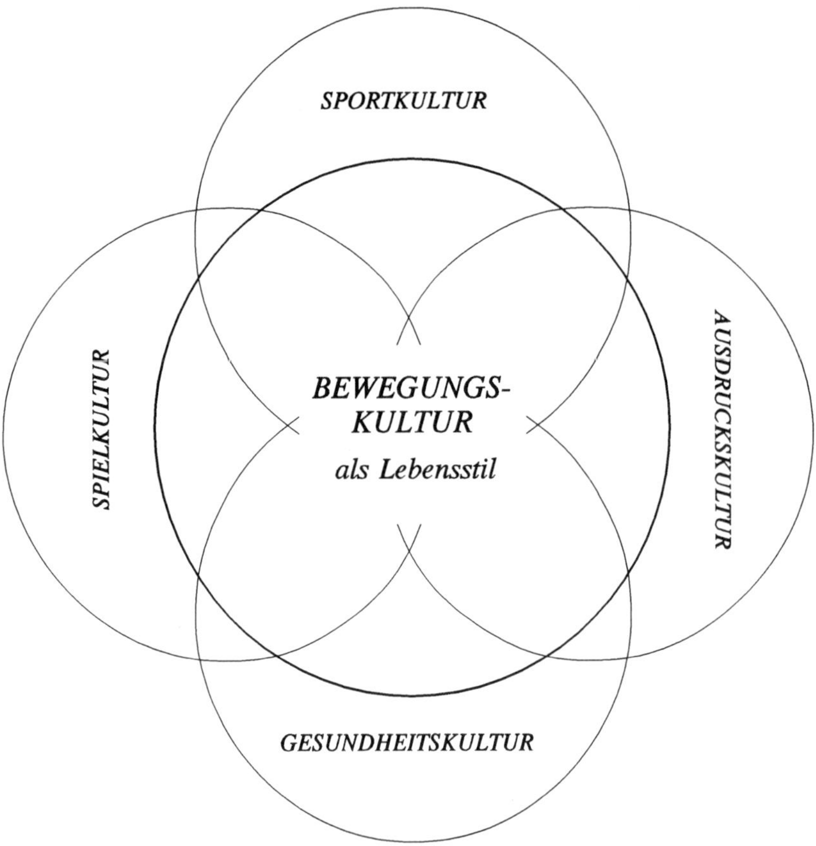

Abb. 2 Bewegungskultur als Lebensstil

Bewegungskultur ist zum ersten **Spielkultur.**

Es muß nicht der kühnen Vermutung Johan HUIZINGAS (1956) unbedingt geglaubt werden, daß der Ursprung jeglicher Kultur im Spiel zu suchen und zu finden sei, es reicht die Einsicht, daß das Spiel ein unverzichtbares Element menschlicher Kultur sei, um die pädagogische Aussage glaubhaft und nachvollziehbar erscheinen zu lassen, daß die Spielerziehung ein gesellschaftlicher Auftrag an die Schule ist. Ein wesentlicher und für die schulische Spielerziehung wichtiger Teil der Spielkultur ist das Bewegungsspiel in seinen vielfältigen Ausdrucksformen. Das Ziel der Spielerziehung und der Inhalt der Spielkultur sind Spielkönnen und Spielhaltung, Regelbewußtsein und Kooperationsfähigkeit, Teamgeist, die Befähigung zum Gruppenhandeln, Spielphantasie und lebenslange Spielbereitschaft. Und darüber hinaus und alles durchdringend jene Lockerheit des Denkens und Gelöstheit des Fühlens, die spielende Menschen davor bewahrt, ihr Tun so ernsthaft auszuführen, daß Spannung zur seelischen und körperlichen Verkrampfung, Einsatz zum Sieg um jeden Preis, der Spielpartner zum Gegner und die Spielsphäre zur Arbeitsatmosphäre werden.

Bewegungskultur ist auch **Sportkultur.**[6]

Allerdings gereinigt von vielen Merkmalen, die dem modernen Sport eigentümlich sind und in auffälliger und aufdringlicher Art in Erscheinung treten. Unter dem Begriff Sportkultur ist der humane Wettkampf zu verstehen, der in keiner Weise die Würde des Athleten, des Mitspielers, des Gegners, des tierischen Partners verletzt, das stets faire Handeln, den sinnvollen und vernünftigen Einsatz der Mittel und Geräte, die kultivierte Auseinandersetzung, die aktive Teilnahme und die kritische Beurteilung und Bewertung des großen Sportgeschehens. Nicht beabsichtigt hingegen ist die Wiederbelebung der Ideen Coubertins aus der Frühzeit des Sports, jedenfalls nicht aller damals gehegten Erwartungen und gepflegten Ideale, sondern die zeitgemäße Auslegung des menschlichen Bedürfnisses nach Auszeichnung, Auseinandersetzung und Grenzerweiterung. Und gemeint ist auch die Wiederfindung der Sinngehalte der frühen Sportbewegung, die da lauteten: Anstrengung um ihrer selbst willen, freiwillige Askese, ritterliche Haltung, körperliche Schönheit und ästhetischer Genuß. Als Erziehungsauftrag und Bildungsziel ist die Sportkultur deshalb in vielen Teilen eine Gegenkultur zum heutigen Sport und bietet dem Betrachter ein anderes Bild als jenes, das die Medien als Sportbild präsentieren.

Bewegungskultur ist drittens eine Form der **Ausdruckskultur.**

Angesichts der Verarmung der Körpersprache und der geringen Fähigkeit zur nichtsprachlichen Kommunikation bei Kindern und Jugendlichen ist die motorische Ausdrucksfähigkeit ein dringliches Anliegen der körperlichen Erziehung und der Bewegungsbildung, dem sich allerdings in der Theorie und der Realität der Schule große Hindernisse in den Weg stellen. Wie das Sehen die übrigen Sinne überlagert und dadurch im Repertoire der Wahrnehmungen andere Möglichkeiten verkümmern läßt, so überwuchert das Wort die Ausdrucksmöglichkeiten des Menschen und bringt andere Sprachmöglichkeiten zum Verstummen. Ausdruckserziehung ist deshalb auch die Wiederentdeckung der nicht verbalen Ausdrucksfähigkeiten: Bild, Ton und Bewegung. Die Ausdruckskultur eines Menschen setzt sich aus den Ergebnissen und Erfolgen der Spracherziehung und des Literaturunterrichts, der Kunst- und Musikerziehung und eben auch der Bewegungserziehung zusammen. Abgesehen vom schulischen Sportunterricht, wie er derzeit gestaltet wird, begreifen die anderen Fächer sehr wohl diesen Auftrag zur Ausdruckserziehung. Das motorische Unterrichtsfach hingegen stellt diese Aufgabe hinter die Leistungs-, Spiel- und Gesundheitserziehung. Ausdruckskultur aber in der weiten Bedeutung des Wortes erfordert, daß auch die Bewegungserziehung der Schule sich als Sprachunterricht begreift, als Befähigung zur Körpersprache und zum Bewegungsausdruck. Die Renaissance der expressiven Bewegungskultur, die derzeit außerhalb der Schule stattfindet, die erneute Zuwendung der Menschen zu Tanz, Gymnastik, Rhythmik, Pantomime, Bewegungstheater und den circensischen Bewegungskünsten ist ein Kennzeichen des wiederentdeckten Bedürfnisses nach Körpersprache und Ausdruckskultur.

Bewegungskultur ist ein Teil der **Gesundheitskultur.**

Zuletzt, aber der Bedeutung nach keineswegs an die letzte Stelle in der Hierarchie der motorischen Teilkulturen gesetzt, ist die Bewegungskultur auch ein wesentlicher Teil der Gesundheitskultur.

Die weitverbreitete Ansicht, daß Bewegung (vor allem als Sport) auf direktem Wege die Gesundheit erhält, wiederherstellt oder vorbeugend sichert, ist aus zweierlei Gründen unhaltbar: Gesundheit ist keine kollektive Größe und kein allgemeingültiger Zustand, sondern ein zutiefst individuelles Gut, eine stets neu zu erringende und äußerst veränderliche subjektive Befindlichkeit, die so verschieden aussieht wie Menschengesichter sich voneinander unterscheiden. Etwas überspitzt ausgedrückt könnte man sagen, daß die Gesundheit eines Menschen ihm so eigentümlich ist wie sein Gesichtsausdruck, seine Sprechweise oder sein Gang. Der Sport (d. h. die für ihn charakteristische anstrengende Körperbewegung) hat alle denkbaren Wirkungen auf die menschliche Gesundheit: er schadet, er nützt oder er ist wirkungslos. In der wahren Gesundheitskultur kommt es auf die Art der sportlichen Bewegung und auf die Definition von Gesundheit an. Sie ist zudem bezogen auf den individuellen Menschen, sein Alter und Geschlecht, sein Gesundheitsbewußtsein und seine Lebenshaltung, seine Bildung und sein Körperbild, seine Einstellung zu sich und zu anderen, seine Selbstsicht und Weltsicht. Das Ergebnis ist eine durch und durch individuelle Gesundheitskultur in der Vielfalt ihrer Erscheinungen, zu der die Bewegungserziehung einen Beitrag leisten kann und muß. Deshalb ist die Gesundheitskultur in erster Linie ein Aspekt der Bildung und Erziehung und kein zwangsläufiges Ergebnis regelmäßigen Trainings oder die Summe einschlägiger Körper- und Bewegungserfahrungen. Und am allerwenigsten ist die Gesundheit das Ergebnis des regelmäßigen Sporttreibens.

Damit erweist sich aber der Begriff Gesundheit in seiner vieldeutigen Unbestimmtheit als wenig geeignete Zielperspektive für eine Gesundheitserziehung, die den Menschen ganzheitlich in Denken und Handeln prägen soll. Daran ändert auch der Versuch der Weltgesundheitsorganisation (WHO) wenig, den Zustand des Gesundseins formelhaft für Menschen jeglichen Alters, beiderlei Geschlechts, aller Rassen, Gesellschaftsschichten, Landschaften und klimatischen Verhältnisse festzuschreiben und zum politischen Programm zu erklären.
Die mittelalterlichen regimina sanitatis wußten besser Bescheid über die Individualität des Gesundseins, Friedrich Nietzsche drückte es radikal aus, wenn er behauptete, daß es so viele Gesundheiten wie Menschen gäbe. Gesundheit als integrale Befindlichkeit ist allein mit medizinischen Indikatoren nicht ausreichend zu bestimmen und zu beschreiben. Sowenig der Mensch in ein körperliches und geistig-seelisches Lebewesen zu teilen ist, so untrennbar ist er auch im Gesundsein mit dem Kranksein verbunden. Gesundheit ist nicht das Gegenteil von Krankheit, sondern die Lebenshaltung, die auch im Kranksein die Lebensbejahung und eine, wenn auch begrenzte, Leistungsfähigkeit aufbringt. Diese Erkenntnis hat die heutige Schulmedizin, die sich vornehmlich als Krankheitsfürsorge und nicht als Krankheitsvorsorge versteht, noch nicht befallen und sie deshalb in ihrer grundsätzlichen Haltung zum Menschen nicht entscheidend verändert.

Eine dynamische, komplexe, die individuellen und gesellschaftlichen Faktoren integrierende Auffassung von Kultur und die daraus entsprungene Überzeugung, daß der Mensch in allen seinen Lebensformen ein Kulturwesen sei, begründen ein Konzept von Bewegungserziehung, das seine Aufgabe mehr in der Anbahnung der Gesundheitskultur als individuelle Befindlichkeit und gesellschaftliche Zuständlichkeit erblickt und weniger in der Erhaltung und Wiederherstellung der körperlichen Gesundheit. Was aber bedeutet Gesundheitskultur als Lebensstil?

BEWEGUNG	ERHOLUNG	KÖRPERZUSTAND
— Ausdauer	— Aktiver Urlaub	— Aussehen
— Beweglichkeit	— Ausgleich	— Fitness
— Koordination	— Gegensatzerfahrung	— Gewicht
— Kraft	— Kur	— Kleidung
— Schnelligkeit		— Leistungsfähigkeit

GESUNDHEITSKULTUR
als Lebensstil

ERNÄHRUNG	KÖRPERPFLEGE	GEWOHNHEITEN
— Alkohol	— Hygiene	— Medikamenteneinnahme
— Menge	— Kosmetik	— Meditation
— Zubereitung	— Reinigung	— Rauchen
— Zusammensetzung		— Sauna
		— Schlaf
		— Streßbewältigung

Abb. 3 Gesundheitskultur als Lebensstil

Gesundheitskultur ist ein Ensemble aus Wissensbeständen und Gewohnheiten, Einstellungen und Tätigkeiten in den Bereichen der körperlichen Bewegung, der Erholung, Ernährung, der Bekleidung, Hygiene, der Meditation, der Medizin usw. Mehrere Denk- und Handlungswege führen zum Ziel der persönlichen Gesundheitskultur und müssen beschritten werden, weil Kultur Vielfalt und nicht Einfalt, Vielseitigkeit und nicht Einseitigkeit fordert. Der Mensch aber neigt dazu, den Zustand der Gesundheitskultur auf *einem* Weg erreichen zu wollen: über die Ernährung beispielsweise oder auf dem medikamentösen Weg. Es wäre so oder so eine Fehldeutung der modernen Medizin, ihr jegliches Verständnis für die Gesundheitskultur abzusprechen oder ihr die alleinige Verantwortung dafür zu übertragen. Ohne den heutigen Stand der praktischen und theoretischen Medizin wäre die individuelle und die gesellschaftliche Gesundheitskultur nicht zu verwirklichen. Die Medizin allein ist aber auch kein erfolgsversprechender Weg.

Die gebräuchliche Vorstellung vom Hineinwachsen in die Kultur verhindert die bedeutsame Erkenntnis, daß der Vorgang menschlicher Entwicklung und Bildung stets ein aktives Aufnehmen, ein auf Entscheidungen beruhendes Handeln, eine eigenständige und verantwortliche Leistung des Individuums ist, bei dem allerdings von vielen Seiten Lern- und Erziehungshilfen angeboten und gegeben werden. Auch die Gesundheitskultur eines Menschen, als Inbegriff seines Gesundheitsbewußtseins und seines gesundheitsbewußten Handelns, ist ein Ergebnis aktiver Bildung, verantwortlicher Entscheidung und personaler Leistung im Kontext vielfältiger unterrichtlicher und erziehender Handlungen, die von anderen Menschen bewußt oder unbewußt gesetzt werden. Als kulturgeprägtes Lebewesen ist der Mensch eben nicht naturwüchsig sondern kulturwüchsig, nicht geprägt sondern sich prägend, nicht gebildet, sondern sich lebenslang bildend, nicht fertig sondern geschichtlich. Diese Merkmalsbeschreibung trifft auf alle humanen Lebensbereiche und -äußerungen zu und gilt uneingeschränkt auch für die Gesundheitskultur. Sie ist ein schwebender Zustand, der Glück verheißt, und eine glückliche Existenz als geglückte Existenz zu erreichen sucht.

Gesundheitskultur in ihrer Vielschichtigkeit kann nicht von außen angeboten oder garantiert werden, weder vom Arzt und noch vom Erzieher, nicht ausschließlich durch Ernährungslehren oder medidative Praktiken erreicht werden, Gesundheitskultur ist die zeitweilig vorhandene und immer neu zu erringende geglückte Befindlichkeit, die Kranksein mit einschließt und nicht Freisein davon bedeuten kann. Dadurch ist der Begriff Gesundheitskultur eine bessere pädagogische Zielvorstellung als der medizinisch besetzte und anthropologisch verkürzte Begriff der Gesundheit. Gesundheitskultur als Zielsetzung einer Bewegungspädagogik unterscheidet sich deshalb von Gesundheit als Ziel der Sportpädagogik in folgenden Punkten:

1. Durch die Betonung des Individuellen, weil Gesundheitskultur keine objektiv medizinische, sondern eine zutiefst subjektive und den besonderen Lebensbedingungen des Individuums entsprechende Befindlichkeit ist.
2. Durch die Hervorhebung des Aktiven und der Eigenleistung, weil Gesundheitskultur dem Menschen nicht von außen (z. B. Medikamente) und von anderen (z. B. Ärzten) gegeben und garantiert wird, wenig Angeborenes und viel Erworbenes darstellt und deshalb nur durch Eigenleistungen im Alltag erhalten werden kann.
3. Durch die Tatsache des Ganzheitlichen, weil Gesundheitskultur alle Fähigkeiten und Kräfte des Menschen anspricht und in Anspruch nimmt und einen integrativen Bestandteil der menschlichen Bewegungs- und Körperkultur ausmacht.

4. Durch die größere Nähe zum Bildungsaspekt, weil Gesundheitskultur auf Erziehung und Bildung angewiesen ist, Gesundheit hingegen auf Training verweist.
5. Durch die Vernetztheit mit der Umwelt, weil Gesundheitskultur mit der natürlichen und gesellschaftlichen Umwelt eine enge Verflechtung eingeht, insofern die individuelle nur im Rahmen der gesellschaftlichen Gesundheitskultur sich entfalten kann und die gesellschaftliche wiederum nur über individuelle Gesundheitskultur zur errichten ist.
6. Durch den breiten Sinngehalt, weil Gesundheitskultur dem sinnsuchenden Wesen Mensch mehr Sinn und Sinnhaftes anzubieten hat als der Begriff Gesundheit, selbst dann, wenn er nicht nur das Freisein von Krankheit bedeutet.
7. Durch die Annahme, daß Gesundheitskultur die Grundlage eines Lebensstiles bilden kann, in dem Körper-Wissen und Körper-Gewissen, Tätigkeit und Denken, Lernen und Erleben zum geglückten Lebenslauf des Individuums sich fügen.

Die vier beschriebenen bewegungskulturellen Bereiche sind für sich betrachtet mehr und auch anderes als das, was sie innerhalb des Begriffsrahmens der Bewegungskultur sind. Diese Aussage läßt sich an Beispielen aus jedem der vier Teilbereiche belegen.

Zur Sportkultur zählen Tätigkeiten und Disziplinen, die innerhalb der bewegungskulturell-pädagogischen Zielsetzung keine Berechtigung zur Aufnahme haben. Dies ist weniger ein quantitatives als ein qualitatives Problem. Selbstverständlich können nicht alle heute existierenden Sportarten in den Kanon einer schulischen Bewegungserziehung aufgenommen werden und die dort integriert sind, haben ein intentionales, methodisches und vor allem organisatorisches Auswahlverfahren durchlaufen. Daneben gibt es natürlich auch die Tradition des Schulsports als inhaltsbestimmendes Element. Gemeint ist aber ein anderer Gesichtspunkt und damit ein qualitatives Problem. Nicht in den Bereich des bewegungskulturellen Sports der Schule gehören die Motorsportarten (aus ökologischen Gründen), die Kampfformen des Boxens, Catchens und Schießens (aus humanen Gründen), des Schachspielens (aus motorischen Gründen). Das sind einige aber nicht alle Erscheinungen der heutigen Sportkultur, die nicht in die schulische Bewegungskultur aufgenommen werden dürfen. Manche Trainingsmethoden des heutigen Sports, der hektische Wettkampfbetrieb, die unlauteren Mittel der Leistungssteigerung (auch diejenigen, die nicht auf der Dopingliste stehen), die gesundheitsverachtenden und die Menschenwürde verletzenden Praktiken und die ökologischen Bedenklichkeiten des modernen Sports haben ebenfalls nichts mit der Sportkultur der Schule zu tun.

Die menschliche Spielkultur reicht weit über die Bewegungsspiele hinaus, hat in ihnen sogar den öffentlich am wenigsten beachteten Teil. Das Schauspiel, Kartenspiel, die Brettspiele und die jüngeren Erzeugnisse des menschlichen Spieltriebs, die Computerspiele und elektronischen Spielgeräte, nehmen einen bedeutsameren Rang in der Spielkultur ein. Andererseits tendieren Bewegungsspiele, wie die großen Ballspiele, durch ihre Reglementierung und ihren Verlaufsernst zur Sportkultur oder sind sogar schon ganz dort angesiedelt, so daß die Bewegungsspielkultur durch solche Tendenzen und weitere Erscheinungen, wie das Verschwinden des Festes und die Kommerzialisierung des Brauchtums — zwei Felder menschlichen Handelns, die früher das Bewegungsspiel zu ihrem festen Bestand zählten — in Gefahr ist, unbedeutend zu werden und gänzlich zu verschwinden. Die Bewegungserziehung mit dem Ziel einer auch vom Spielgedanken getragenen Bewegungskultur ist dadurch auch eine Rettungsaktion für die mit der Bewegung verbundene Spielkultur.

Teilbereiche der motorischen Ausdruckskultur verschließen sich dem pädagogischen und schulischen Feld infolge ihres hohen Übungsaufwandes (Ballett) oder künstlerischen Anspruchs. Auch dieser Bereich menschlicher Bewegungskultur reicht deshalb nur zu einem Teil ins pädagogische Feld der schulischen Bewegungserziehung, gewinnt dort aber zunehmend an Raum und Zuwendung, weil geschlechtsspezifische Barrieren und Vorurteile abgetragen und aufgegeben werden. Gymnastik und Tanz, die Kernbereiche der expressiven Bewegungskultur, sind nicht mehr auf Mädchen und Frauen beschränkt und finden in manchen Formen das Interesse und die Teilnahme des männlichen Geschlechts.

Die gesundheitsorientierte Bewegungskultur schließlich steht mit allen Themen und Einrichtungen der Gesundheitskultur in Beziehung und Wechselwirkung und ist in der Lage, von allen anderen Bereichen etwas in den pädagogisch-unterrichtlichen Raum der schulischen Bewegungserziehung zu übernehmen. Damit angesprochen sind die Fragen der Ernährung, Bekleidung, Hygiene, der medizinischen Vor- und Fürsorge, der Sicherheit und Unfallvermeidung und viele weitere gesundheitsbedachte Lebensgewohnheiten und Alltagshandlungen. Mit allen diesen Aspekten der Gesundheitskultur steht das Bewegungshandeln in Beziehung, nicht alle aber können in das schulische Programm der Bewegungserziehung übernommen werden. Deshalb ist eben auch die Gesundheitskultur als Lebensstil mehr als die gesundheitsorientierte Bewegungskultur, allerdings wenig wirkungsvoll, wenn ihr das motorische Element fehlt.

Damit wäre der Begriff Bewegungskultur mehrperspektivisch und different beschrieben und als Zieldimension der Bewegungserziehung ausgewiesen und begründet. Daraus leitet sich nun die didaktische und unterrichtliche Forderung ab, den Bewegungsunterricht in der Schule theoretisch und praktisch so zu entwerfen und durchzuführen, daß der Schüler in exemplarischer Auswahl sportliche, spielerische, gestaltende und gesundheitsorientierte Bewegungstätigkeiten und die damit zusammenhängenden Bewegungsfähigkeiten lernen, üben und erwerben kann und soll. Die umfassende, mehrsinnige und vielfältige Bestimmung der menschlichen Bewegungskultur untersagt die inhaltliche Beschränkung auf eine der vier bewegungskulturellen Ausprägungen in der schulischen Bewegungserziehung. Bewegungserziehung darf weder ausschließlich zum Sportunterricht oder zum Gesundheitsturnen verengt werden. Als konstituierende Bestandteile der menschlichen Bewegungskultur sind die vier bewegungskulturellen Bereiche der Sport-, Spiel-, Ausdrucks- und Gesundheitskultur gleichwertig und gleichwichtig im Bewegungsunterricht praktisch zu vermitteln und in der Bewegungsdidaktik theoretisch zu integrieren. In Praxis und Theorie der Bewegungserziehung wird die klare Trennung der vier bewegungskulturellen Bereiche und Handlungen nicht gelingen und auch nicht so bedeutungsvoll sein, daß sie unter allen Umständen, auch denen einer krampfhaften Systematik, durchgeführt werden soll. Die Felder der Sport- und der Spielkultur durchdringen einander und bringen Sportspiele und Spielsport hervor, Ausdruckskultur ist in einigen Ausprägungen ein Spiel mit der Bewegung oder ein sportlich-genormter Wettkampf (z. B. Rhythmische Sportgymnastik) und die Gesundheitskultur ist durchaus auch mit Wettkampfformen des Sportes anzubahnen. Auf die Akzentierung und die Bewußtseinsbildung kommt es an und nicht auf die geglückte Systematik.

Ich fasse die Gedankengänge dieses Abschnittes über das Wesen und die Inhaltlichkeit der Bewegungskultur zusammen: Die Bewegungskultur ist ein wesentlicher Teil der Körperkultur und Ausdruck der Liebe zum Körper. Die abendländisch-christliche Kultur kennt die Liebe zum Körper nicht und deshalb erstand nach dem Untergang der antiken Körper- und Bewegungskultur keine neue Form leiblicher und motorischer Kultur in den langen Zeiträumen ihrer Geschichte.

Die Kultur ist „das Ganze der Bestrebungen, die natürlichen Fähigkeiten des Menschen zu entwickeln, zu veredeln und zu gestalten, sowie die Hilfsmittel dazu und ihre Erträge" (Brockhaus 1960)[7]. Zu den „natürlichen" Fähigkeiten des Menschen zählen auch die körperliche Beweglichkeit. Entwickeln, Veredeln und Gestalten sind pädagogische Begriffe und Tätigkeiten. Untrennbar mit der Kultur verbunden sind deshalb die Phänomene der Bildung und Erziehung. „Einen Bestand der Kultur gibt es nur durch Erziehung, durch die beständig wiederholte Neugründung der Humanität und ihrer Werke in den bildsamen Seelen der Kinder" (FINK 1970, 25). Und sogleich hinzuzufügen wäre der Satz: Bildsam und erziehungsbedürftig ist auch der Körper des Kindes. Die Bewegungskultur des Menschen, als Ganzes und in ihren beschriebenen Spielarten, kommt nur über eine vielseitige, ziel- und planvolle Bewegungserziehung und Bewegungsbildung zustande. Mit deren Strukturen und Grundsätzen befaßt sich das 2. Kapitel dieses Buches.

1.2. Streifzüge durch die Geschichte der Bewegungskultur

Die im vorigen Kapitel getroffene Aussage, daß der Mensch in allen seinen Lebensäußerungen, in seinen Tätigkeiten wie in seinen Denkweisen ein Geschöpf der Kultur sei und deshalb auch seine Bewegungstätigkeit ein vielmehr kulturell als biologisch zu beschreibendes Handeln ist, soll im folgenden Abschnitt mit Beispielen aus der historischen Entwicklung der menschlichen Bewegungskultur verdeutlicht werden. Ein Streifzug durch die Geschichte der abendländischen Körper- und Bewegungskultur wird die kulturelle Abhängigkeit und damit die Wandelbarkeit eines vordergründig betrachtet mechanisch-biologischen Handelns aufzeigen können. Kulturell unterschiedliche Sinngehalte, die in den Epochen der europäischen Geistesgeschichte formend in Erscheinung traten, veränderten auch die Bewegungshandlungen der Menschen grundlegend in der Ausführungsweise, auch wenn die Benennung der motorischen Tätigkeit über die Zeiten hinweg gleichgeblieben ist. Verdeutlichen wir es am Beispiel des spielerischen Zweikampfes mit dem Schwert.

Im Mittelalter und im Renaissance-Humanismus war der Schwertkampf eine kraftvolle Betätigung mit schwerem Gerät, die Standfestigkeit in hohem Ausmaß erforderte. Deshalb standen die Fechter breitbeinig einander gegenüber (vgl. GAULHOFER 1930) und bewegten sich wenig mit den Beinen, um alle Kraft in den Hieb mit dem langen und schweren Schwert zu legen. Sie schwangen den Bihänder in der Absicht, den Gegner schnell kampfunfähig zu machen und den Zweikampf für sich zu entscheiden. Je ernster die

Rivalität war — sie ging bei den Gottesurteilen bis zum äußersten Rand des Todes — umso kraftvoller und rücksichtsloser fiel der Einsatz des Schwertes aus. Die Schwertkämpfe waren in jenen Zeiten Einzel- und Gruppenwettbewerbe, bei denen es nicht auf die Beherrschung einer Bewegungstechnik, sondern auf die kraftvolle Niederringung eines Gegners ankam. Wenn auch die „Sportgeräte“ sich veränderten und die Ernsthaftigkeit des Fechtkampfes dem Spiel wich, blieb das Grundprinzip des Fechtens in diesen beiden Epochen der abendländischen Geschichte gleich: es war ein Kampf zwischen Männern, bei dem es wesentlich und vorrangig auf die Körperkraft ankam. Der Schwertkampf war ein Ausdruck der Kraft- und Rivalitätskultur, die sich auch in anderen Erscheinungen jener Zeit offenbarte und für die der breitbeinige Mann, der auf den bildlichen Darstellungen zu sehen ist, der Ausdruck des herrschenden Männlichkeitsideals gewesen ist.

Abb. 4 Ein mittelalterlicher Schwertkampf als Gottesurteil dargestellt. Miniatur, 15. Jhdt. Bibliothéque Royale, Brüssel (Gaulhofer 1930)

Anders bietet sich der barocke Fechter in Bildern und Beschreibungen dar. Aus dem schweren, langen und gefahrvollen Schwert ist das Spielzeug des leichten Degens und Floretts geworden. Die Fechter hieben nicht mehr aufeinander ein, sondern standen einander leichtfüßig gegenüber, wenn sie die Waffen in gezierter Weise kreuzten. Dabei strengten sie sich weder an noch setzten sie sich der Gefahr aus, verletzt zu werden. Die festgelegten Bewegungen der Arme und Beine lernten und übten die Fechter wie Tänzer ihre Schritte lernten. Fecht- und Tanzmeister waren meist ein und dieselbe Person. Die Begrüßungsgesten vor dem „Kampf“ und die Haltung nach seiner Beendigung waren genauso wichtig wie die Positionen während desselben. Die Beinhaltung des Fechters war die des Tänzers: die Menuettstellung auf dem Standbein mit dem vorgesetzten und nach auswärts gedrehten Spielbein. Diese Körperhaltung ließ weder rasche Bewegungen noch einen sicheren Stand zu und war nur geeignet, den Fechter in festgelegten und langsam ausgeführten Schrittfolgen auf den Gegner zu — oder von ihm weg — zu

Abb. 5 Barocke Fechtkunst
Rapierfechten, Aus Academie de l'Espée von Thibault 1628 (Gaulhofer 1930)

bringen. Im ritualisierten Fechten des Barockzeitalters war der Gegner nicht mehr der gefährliche Widerpart, den es unschädlich zu machen gilt, sondern die zweite Figur in einem Bewegungsspiel, die von außen, d. h. vom Fecht- und Tanzlehrer und seinen schriftlichen und mündlichen Anweisungen in allen Einzelheiten des Bewegens bestimmt war. Das Bild des Marionettentheaters drängt sich als Vergleich auf.

Davon unterscheidet sich deutlich die Art des modernen Sportfechtens. Die Haltungen und Bewegungen des Fechters sind zweckdienlich im Sinne des Kampfzieles und ohne motorisches Zierat ganz auf die Erreichung der Treffer, die den Punktesieg einbringen, ausgerichtet. Der leibhaftige Gegner gerät in eine eher abstrakte Rolle im Kampfgeschehen, denn er soll weder durch die Verletzung des Körpers kampfunfähig noch durch genaue Schrittfolgen zum Partner in einem Schwerttanz gemacht werden. Beim Sportfechten ist der Gegner die lebende Figur, an der die Treffer anzubringen sind unter Vermeidung des Erhalts der Treffer, die diese Figur ihrerseits anzubringen bestrebt ist. Es sind elektronisch registrierte Treffer, die über den Ausgang des Wettbewerbes entscheiden. Die Berührung einer Person, die hinter einer Gesichtsmaske verborgen bleibt, mit der Spitze eines Gerätes, das seinen Waffencharakter vollständig eingebüßt hat, entscheidet über Sieg oder Niederlage in diesem genau festgelegten Wettbewerb. Das Ergebnis ist abgerückt von den Personen, die daran beteiligt sind, weil es nicht mehr die Überwindung eines konkreten Gegners sondern die Treffermaximierung zum Ziel hat.

Abb. 6 Sportfechten im 20. Jahrhundert
In: Sport. Österreichisches Sportjahrbuch 1984/85 (Foto: Sündhofer)

Die personale Rivalität ist ein tragendes Prinzip der Bewegungskultur vom Mittelalter bis in die Epoche des Renaissance-Humanismus. Es prägte die Turniere der Ritter ebenso wie das Stahlschießen der Kaufleute, das Fechten der Handwerker oder das Ringen der Bauern und fand einen bevorzugten Platz im Festgeschehen, das bei allen sozialen Ständen mit kraftvollen körperlichen Übungen und Wettkämpfen verknüpft war. Das durchgängige Motiv der mittelalterlichen und frühneuzeitlichen Bewegungskultur war also die körperliche Kraft. Der kräftigere Mann besiegt den Gegner und er-

Abb. 7
Ringer und Fechter: Ausdruck der mittelalterlichen Kraftkultur. Holzschnitt, Augsburg 1479

ringt Ansehen und Wertschätzung, weil die Körperkraft auch außerhalb des Festes und des sportlichen Wettkampfes einen hohen gesellschaftlichen Stellenwert besaß. Die Körperkraft als Männlichkeitsideal fand ihren sichtbaren Ausdruck in der Fußhaltung, der Kleidung und in festlichen Bewegungstätigkeiten. In den zeitgenössischen Bildzeugnissen ist die breite Grätschstellung der Beine die auffälligste Körperhaltung aller männlichen Gestalten, der Ritter ebenso wie der Stadtbürger und Bauern (vgl. GAULHOFER 1930). Es ist anzunehmen, daß dieser Haltung eine ebenso breitspurige Bewegung beim Gehen und Tanzen entsprochen hat. Die kraftvolle und

Abb. 8
Bauerntänze im Mittelalter (Hans Sebald Beham)

ausladende Bewegungsausführung findet sich aber auch dort, wo Frauen in die Bewegungshandlung eingebunden sind, bei den stampfenden Bauerntänzen beispielsweise, die der Nürnberger Kupferstecher Hans Sebald BEHAM (1500–1550) dargestellt hat. Alles „sportliche" Tun in dieser Zeit vermittelt den Eindruck eines Kampfes, den Menschen gegeneinander unter Aufbietung aller ihrer Kräfte ausführen. Dörfliche Feste und Bauerntänze wirken wie Gefechte in den Arenen des Geschlechterkampfes.

Deshalb ist das Wort „Rivalität" der angemessene sprachliche Ausdruck für diese Art der Bewegungskultur, während das Wort Ritual ebenso zutreffend die nachfolgende barock-feudale Bewegungskultur kennzeichnet. Letztere ist mehr als ein Zwischenspiel, das die mittelalterliche Kraftkultur vom modernen Rekordsport zeitlich trennt. Die barocke Geistigkeit der Geometrie, des Theaters, des äußeren Scheins und der Umständlichkeit spiegelt sich unverfälscht in den gezierten, stilisierten und kraftarmen Bewegungstätigkeiten des Jahrhunderts von 1650 bis 1750. Die Bewegungsmerkmale des barocken Fechtens, der geringe Einsatz der Körperkraft, geometrische Positionen, stilisierte Bewegungsausführung und theatralische Gestik, finden sich als motorisches Grundmuster in allen anderen Bewegungstätigkeiten jener Zeit: im Reiten, Voltigieren, Ballspielen und Tanzen. Das Roßballett und das Menuett, das Ballspiel in großer Robe im Ballhaus oder auf der Kricketbahn französischer Gärten sind andere Beispiele der ritualisierten Bewegungskultur der gehobenen Bevölkerungsschicht. Sie fanden zwar keine Nachahmung bei den unteren Schichten der barocken Gesellschaft, waren aber so meinungsbeherrschend und stilbeeinflussend, daß sie die überkommenen kraftvollen Bewegungsspiele des Volkes vorübergehend zum Verschwinden brachten. Der Wettkampf weicht der Auffüh-

Abb. 9 Federball in der barocken französischen Gesellschaft (1693)
Aus: Diem, Carl: Weltgeschichte des Sports und der Leibeserziehung. Stuttgart 1960, S. 497

rung, der Zweikampf gerät zum Bewegungstheater, die Rivalität wandelt sich zum Ritual.

Das um die Mitte des 18. Jahrhunderts einsetzende Industriezeitalter und die damit verbundene aufklärerische Lebenshaltung fanden in meßbaren Sportarten und genormten Bewegungstätigkeiten den zeitgemäßen Ausdruck der Bewegungskultur. Der moderne Sport hebt sich von der Kraftkultur des Mittelalters in der Weise ab, daß nicht der Sieg über den konkreten Gegner sondern über die abstrakte Norm im Mittelpunkt des Handelns steht. Diese Norm trägt den Namen Rekord und ist eine Markierung, die

Abb. 10 Hallensport
Aus: Magglinger Jahreszeiten, S. 63 (Foto: Hugo Lörtscher)

beständig nach oben verschoben werden soll. Das Brechen eines Rekords und das Rekordwachstum sind die obersten Ziele des Sports. Nicht alle aber die meisten Sportarten des Industriezeitalters, das nun schon mehr als zweihundert Jahre währt, folgen diesem Haupttrend der Sportkultur. Es kann aber die beständige Ausdifferenzierung des Sports in den zahlreichen Sportarten nicht darüber hinwegtäuschen, daß es eine Vielzahl in der Einfalt und Einsinnigkeit bleibt, weil die Grundstruktur des Sports in allen Variationen der Sportarten erhalten bleibt. Diese grundsätzliche Struktur besteht aus den Elementen Leistungssteigerung, Normierung und Wetteifer. Der sporttreibende Mensch bewegt sich in festgelegten und weitgehend künstlich hergerichteten Räumen nach international gültigen Regeln und gegen vorgegebene Rekorde.

Lassen wir diese kulturgeschichtliche Betrachtung zum menschlichen Bewegungshandeln in eine Schlußbemerkung zusammenfließen: Das Rivalitätsdenken im Mittelalter und im Renaissance-Humanismus fand ihren Ausdruck in den Kraftübungen des Adels, des Bürgertums und der Bauern und unterstellte selbst jene motorischen Tätigkeiten dem Kraftideal, die Frauen in das Geschehen einbezogen oder die von Frauen allein betrieben wurden. Die äußere Eleganz und die genaue körperliche Position war das auffälligste Merkmal der theatralischen Bewegungskunst im Barockzeitalter. Im Rekordstreben des modernen Sports findet der Geist des Industriezeitalters seine unverfälschte Ausdrucksweise. Unzweifelhaft ist also die Bewegungskultur stets ein Spiegelbild der gesamten Kultur einer geistigen Epoche, lassen sich im Bewegungshandeln des mittelalterlichen, des feudalen oder des modernen Menschen die Strukturen der jeweiligen kulturellen Epoche entdecken, und trägt die jeweilige Form der Bewegungskultur die wesentlichen Elemente der Gesamtkultur in sich. Dieser kurze Streifzug durch die abendländische Geschichte der Bewegungskultur diente also der Stützung einer Ansicht, die das Bewegungshandeln des Menschen nicht biologisch sondern kulturell definiert. Denn vielfältig und sinnreich sind die Bedürfnisse und Wünsche der Menschen im Bewegungshandeln, das in allen seinen Erscheinungen die biologische Notwendigkeit übersteigt: die reine Freude an der Bewegung, mit Gegenständen zu spielen, die Körperkraft im Zweikampf zu erproben, Tiere zu beherrschen, motorische Kunststücke zuwege zu bringen, Schönheit körperlich zum Ausdruck zu bringen, gesetzte Grenzen durch hohe Anstrengung zu überschreiten, das Wohlbefinden durch Bewegung zu steigern.

Diese Vielfalt der Motive und Formen ordnet der Zeitgeist um einen Kern, der die Bewegungshandlungen mit jenen Merkmalen ausstattet, die für die Kultur einer Epoche sinn- und gestaltgebend sind. Rivalität, Ritual und Rekord sind solche Kernthemen in unterschiedlichen Epochen der europäischen Geistesgeschichte. Es hat aber jede historische Epoche ihre unzeitgemäßen Erscheinungen und Ideen, ihre Widerwasser und ihre unter der Oberfläche quertreibenden kulturellen Strömungen. Die mittelalterliche und frühneuzeitliche Bewegungskultur geht nicht vollständig im Kraft- und Rivalitätsgehabe auf. Im Barockzeitalter prägte die ritualisierte Bewegungskunst zwar die motorischen Tätigkeiten der tonangebenden Oberschicht und drängte die Kraftübungen der Bauern in den Untergrund, wo sie aber doch ein, wenn auch schattenhaftes, Dasein führten und die leib- und bewegungsfeindliche Epoche überdauerten. Am Ausgang des Sportzeitalters und des 20. Jahrhunderts löst sich die Einheit des alles beherrschenden Leistungsprinzip im Sport auf und schafft freie Plätze in der Landschaft der zeitgenössischen Bewegungskultur, die von andersartigen Bewegungshandlungen eingenommen werden. Wenn demnach jede bewegungskulturelle Epoche einen Anfang und ein Ende hat, ist anzunehmen, daß auch die Sportkultur in langsamen Übergängen von einer neuen Bewegungskultur abgelöst werden wird. Letztere deutet sich gegenwärtig in mehreren Zeichen an und läßt Entwicklungen erkennen, die eine Vorschau auf ihre zukünftige Struktur und Prägung erlauben:

— Ganz offensichtlich gewinnt das Gesundheitsmotiv noch mehr Bedeutung im Bewegungshandeln der Menschen in industriell-entwickelten Gesellschaften

— Sicherlich wird auch weiterhin die wettbewerbsorientierte sportliche Tätigkeit die Menschen interessieren und zur Sportausübung anregen, doch wird sich ein Mißverhältnis zwischen der Wertschätzung des Hochleistungssport als Medienunterhaltung und der Zahl der aktiven Leistungssportler einstellen. Die staunenswerten Leistungen einiger Berufsathleten werden keine große aktive Gefolgschaft, wohl aber eine sehr hohe Zahl von Sportkonsumenten hervorbringen.

— Ein deutlich erkennbarer Bedürfnistrend wird jene Bewegungstätigkeiten in den Vordergrund rücken, die augenblicklichen Genuß, kurzfristigen Spaß, Naturerleben und glückhafte Gegenwart versprechen und auch ermöglichen und nicht an ein aufwendiges Üben und Trainieren gebunden sind.

— Der zum Schweigen gebrachte Körper probt erfolgreich den Aufstand und führt viele Menschen der expressiven Bewegungskultur zu.

— Nachdem der Sport die Heiterkeit des Spielens zugunsten der Ernsthaftigkeit des Leistens aus den Bewegungstätigkeiten vertrieben hat, meldet sich eine neue Spielbewegung (new games) zu Wort und zur Tat, in deren Gefolge auch altes, versunkenes Spielgut wieder zutage gefördert wird.

In dieser Zeit des Überganges und der Veränderung in der Bewegungskultur ist die Bewegungserziehung in besonderer Weise gefordert und verpflichtet, Altes und Neues, Vergehendes und Erscheinendes, vordergründig Geltendes und untergründig zur Geltung Drängendes in ihr Programm einzubinden und im Unterricht auf neuen methodischen Wegen zu vermitteln. Gefordert ist die didaktische Aufarbeitung und unterrichtliche Umsetzung sportlicher, spielerischer, gestalterischer und gesundheitlicher Bewegungshandlungen im Rahmen einer pädagogischen Theorie und erzieherischen Praxis der Bewegungserziehung und des Bewegungsunterrichts.

1.3. Bewegungshandeln

Der Mensch ist ein handelndes Wesen, das aktiv und entscheidend seinen Umgang mit der personalen und dinglichen Welt gestaltet. Seine bewegungskulturellen Äußerungen sind ebenfalls Handlungen, die zwar nicht sauber voneinander zu trennen aber nach vorherrschenden Sinnkriterien voneinander unterscheidbar sind. Solche Sinngehalte des Bewegungshandelns können die Überbietung und der Wetteifer, die ästhetische Formung und Gestaltung, der spielerische Umgang mit der Bewegung oder die Orientierung an einer möglichst dauerhaften Gesundheit, der Erholung und des momentanen Wohlbefindens sein. Daraus entstehen vier Typen von Bewegungshandlungen, die nachfolgend benannt und beschrieben werden.

Kultur ist Erworbenes und im Handeln Gewonnenes, dies gilt für das Individuum Mensch und für die Menschheit. Als handelndes Lebewesen ist der Mensch ein kulturschaffendes aber zugleich sich selbst erzeugendes Geschöpf, sich selbst als kulturell verfaßtes Lebewesen, das in seiner Existenz weit über sein biologisches Sosein und Dasein hinausragt. Also ist Handeln ein zutiefst und alleinig menschliches Vermögen, in dem sich der Mensch zu sich selbst bringt. Es beinhaltet Entscheiden, Auswählen, Zuwenden, bewußtes Tätigsein, Voraus- und Nachdenken (Antizipieren und Reflektieren) und ist deshalb in der Summe mehr und grundlegend anders als tierisches Verhalten. Der diesen Ausführungen zugrundegelegte Handlungsbegriff ist auf das engste mit dem Sinnbegriff verknüpft. Menschliches Handeln ist nicht tierisches Verhalten und Reagieren nach dem Reiz-Reaktions-Schema der Behavioristen, sondern ein aktives, absichtsvolles, willentliches und bewußtes Tun eines selbstbewußten Subjekts unter dem Anspruch der Sinnhaftigkeit. Das Handeln des Menschen lösen nicht Reize sondern Bilder und Ideen aus. In Bildern und Ideen aber steckt der Sinn. Der Begriff Handlung wird in den Wortverbindungen Bewegungshandlung und Bewegungshandeln umgangssprachlich, lebensweltlich und nicht handlungstheoretisch verwendet, ist demnach keiner der zahlreichen Handlungstheorien explizit entlehnt. Es gibt keine Handlungstheorie, die diesen Begriff verbindlich und allgemeingültig anzubieten hätte, und ich habe kein handlungstheoretisches Konzept entdeckt, das die Vielfalt und die Vielschichtigkeit des Bewegungshandelns in einen Handlungsbegriff fassen könnte. Die Ausführungen dieses Buches verwenden die Worte Handlung und Tätigkeit gleichbedeutend und meinen mit Bewegungshandlungen oder Bewegungstätigkeiten mehr oder weniger komplexe, bewußte, zielgerichtete und absichtsvolle motorische Aktionen, die Menschen allein oder in Gruppen, mit Gegenständen und Geräten oder ohne sie, mehr oder weniger regelhaft und normiert, in natürlichen und künstlichen Räumen, mit verschiedenen Elementen, längerfristig oder kurzdauernd, geplant und vorbereitet oder spontan in spielerischer, wettkampfmäßiger, gestalterischer oder gesundheitsbedachter Handlungsorientierung ausführen.

Die Befähigung zum Bewegungshandeln setzt ein personales Gefüge aus angelegten und erworbenen Fähigkeiten konditioneller, koordinativer, sozialer und kognitiver Art voraus, das als vorangegangene Bewegungserfahrung in jede neu zu erlernende Bewegungshandlung eingebracht und darin weiter entwickelt und ausgeformt wird.

Dieser Handlungsbegriff liegt der nachfolgenden Unterscheidung des Bewegungshandelns in die vier Kategorien des sportlichen, spielerischen, gestaltenden und gesundheitsbedachten motorischen Handelns zugrunde.

1.3.1. Sportliche Bewegungshandlungen

Bewegungstätigkeiten in sportlicher Ausführung sind getragen von den Prinzipien des Wettkampfes, der Leistungssteigerung, des genormten Ablaufes der motorischen Leistungen und ihrer öffentlichen Darbietung. Die sportliche Leistungsfähigkeit hat die intensive Vorbereitung zur Bedingung, die nur in unteren und mittleren Leistungsbereichen als Üben erfolgen kann, mit steigender Leistungsfähigkeit hingegen zu einem täglich mehrstündigen Training wird. Allerdings setzen die Schule und der Unterricht der sportlichen Bewegungshandlung enge Grenzen. Das für den Vereinssport charakteristische sportliche Leistungsprinzip des citius, altius und fortius, d. h. die Leistungssteigerung mit hohem Trainingsaufwand, erfährt unter den Bedingungen der schulischen Bewegungserziehung eine ergänzende oder sogar ersetzende Sichtweise des sportlichen Handelns. Leistungssteigerung ist nur in wenigen Disziplinen, mit großem Zeitaufwand und unter kundiger Anleitung zu erreichen; davon kann nur in besonderen Schulen und in eigenen Unterrichtsveranstaltungen ein Angebot an Schüler unter-

Abb. 11 Sportliche Bewegungshandlung — oder die Liebe zur Geometrie

breitet werden. Schulen mit sportlichem Schwerpunkt (z. B. die Skihauptschulen und Skigymnasien oder Internatsschulen, die zugleich Leistungszentren für bestimmte Sportarten sind) sind Einrichtungen des Leistungstraining, denen die dafür qualifizierten Lehrertrainer, die Sportanlagen und die Tages- und Jahreszeiten für das intensive Training zur Verfügung stehen.

Doch hat die sportliche Bewegungshandlung neben der Leistungssteigerung noch eine zweite Dimension, die auch unter den Bedingungen der Normalschule und ihres bewegungskulturellen Auftrages zu verwirklichen ist. Gemeint sind die Leistungsbreite und die Vielfalt der sportlichen Leistung, die darin bestehen, daß die Schüler im herkömmlichen Unterricht eine mittlere Leistungsfähigkeit in mehreren Schulsportarten im Sinne der Vielfalt sportlichen Handelns in Individual- wie in Mannschaftssportarten, in technisch anspruchsvolleren und einfachen Disziplinen, in Natur- und Hallensportarten usw. lernend und übend sich aneignen. Steht beim ersten Handlungstyp das Training im Vordergrund, so beim zweiten das Lernen und Üben, geht es beim ersten Typ um die Leistungssteigerung und möglichst hohe Leistungsfähigkeit, so beim zweiten um die Handlungsbreite bei mittlerer oder sogar niedriger Leistungshöhe. Beide Varianten des sportlichen Leistens sind nicht säuberlich zu trennen, bilden Mischformen aus und beeinflussen sich gegenseitig. Die Schule und die dort praktizierte Bewegungserziehung aber haben die Präferenz im Handlungstyp zwei zu setzen und zu akzeptieren.

Die Zielformel für die sportliche Bewegungshandlung im Rahmen der körperlichen Erziehung in der Schule heißt „Sportliche Handlungsfähigkeit“[8].

Im zweiten Kapitel dieses Buches werden die historischen Zusammenhänge dieser Zielperspektive und Unterrichtsaufgabe dargelegt: die Versportlichung der Leibeserziehung infolge der hohen öffentlichen Wertschätzung des Sports und des Druckes der mächtigen Sportverbände auf die schulische Unterrichtsgestaltung. Unter diesen gesellschaftlichen Rahmenbedingungen hat sich die sportliche Bewegungshandlung zum dominanten Unterrichts- und Erziehungsauftrag der Schule entwickelt. Die damit verbundenen Absichten drücken sich in der Zielformel der „sportlichen Handlungsfähigkeit“ deutlich und eindeutig aus. Auftrag und Absicht sind nicht unbegründet in das schulische Unterrichtsprogramm gelangt. Die Sporterziehung mit dem Ziel der sportlichen Handlungsfähigkeit scheint als schulischer Auftrag gerechtfertigt, weil der Sport einen beachtlichen Umfang in der Freizeitbetätigung der Menschen einnimmt und dies sowohl in der Form der Anteilnahme am Sportgeschehen als auch der motorischen Eigentätigkeit. Bedeutsame Freizeitaktivitäten bedürfen aber der unterrichtlichen Anleitung und legen der Schule die Verpflichtung zur Freizeiterziehung auf. Das zweite Argument für eine schulische Sporterziehung ist die menschliche Gesundheit, die in der modernen Industriegesellschaft in vielfacher Weise beeinträchtigt und vor allem durch Bewegungsmangel bedroht ist. Sportliche Aktivität, so wird argumentiert, wirkt dieser Bedrohung erfolgreich entgegen und ist deshalb ein Beitrag zur Gesundheit und zum Wohlbefinden.

Ein Grundantrieb der sportlichen Bewegungshandlung ist die Beherrschung und Steigerung motorischer Fähigkeiten und Fertigkeiten. Die systematische und kontinuierliche Steigerung der Bewegungsbeherrschung erfolgt durch das Verbessern der konditionellen und koordinativen Leistungsgrundlagen im Training. Gemeint sind Ausdauer, Kraft, Schnelligkeit, Gewandtheit, Gelenkigkeit, Gleichgewichtsvermögen und die zahlreichen Spielarten der Kombination zweier oder mehrerer Fähigkeiten. Die Umsetzung dieser Bewegungsfähigkeiten erfolgt in den zahlreichen Spielarten des sportlichen Handelns in den genormten Sportarten, die zumeist in Wettkämpfen zur Durchführung gelangen.

Sportliche Bewegungshandlungen werden im Unterricht durch Trainingsmethoden vermittelt, deren Kennzeichen deduktive, ökonomische und analytische Lehr- und Lernverfahren sind.

1.3.2. Spielerische Bewegungshandlungen

Abb. 12 Spielerische Bewegungshandlung — oder das Glück des Augenblicks

Wie fließend die Grenzen und Übergänge zwischen einzelnen Bewegungshandlungen sind, wird dann besonders deutlich, wenn sportliche und spielerische Tätigkeiten voneinander unterschieden und in ihren jeweils eigenständigen Merkmalen beschrieben werden sollen. Sind die großen Sportspiele Fußball oder Volleyball spielerische oder sportliche Bewegungstätigkeiten? Die Unterschiede sind nur dann festzustellen, wenn die Absichten der Akteure und nicht nur ihr äußerlich sichtbares Verhalten in die Überlegungen einbezogen werden. Denn von außen besehen ist kein wesensbestimmender Unterschied zwischen einem sportlichen Spiel und einem spielerischen Sport zu erkennen.

Eine spielerisch geprägte Bewegungshandlung ist dann gegeben, wenn die nachfolgend genannten vier Merkmale auf sie zutreffen:

1. Ein größerer Handlungs- und Entscheidungsspielraum

Auch dann, wenn der Wettbewerb ein tragendes Motiv der spielerischen Bewegungshandlung ist, darf der Entscheidungsspielraum der handelnden Personen nicht so eingeengt werden, daß die Spieltätigkeiten vom Lehrer oder Trainer vorausbestimmt ablaufen. Ein Spiel ist erst dann gegeben, wenn in der Handlungssituation spontane Entscheidungen getroffen und verwirklicht werden können, wenn das Spielhandeln innerhalb der Grenzen der Regeln offenbleibt und überraschende Spielzüge zum Reiz des Handelns werden können. Der Freiraum des spielenden Menschen reicht sogar über die Regelfestlegung hinaus. Er ist auch ein Merkmal des Spielens, daß Regeln verändert werden können, wenn die Situation oder die Bedürfnisse der Spieler es einfordern.

2. Die Offenheit des Ausganges

Zur Offenheit des Geschehens kommt beim Bewegungsspiel die Ungewißheit des Ausganges und Ergebnisses hinzu. Die fehlende Eindeutigkeit macht die spielerische Bewegungshandlung interessant und reizvoll für Kinder und erwachsene Menschen, auch wenn dies gerade jungen Menschen nicht leicht einsichtig zu machen ist. Das verrät oftmals das Verhalten der Kinder bei der Zusammensetzung der Spielmannschaften, wenn die guten Fußballer unbedingt in einer Mannschaft sein wollen und nicht einsehen können, daß die Spannung des ungewissen Ausganges wichtiger für die Spielhandlung ist als der eindeutig vorhersehbare Sieg.

3. Die erfüllte Gegenwart

Die Erlebnishaftigkeit und Ganzheitlichkeit der Spielhandlung erzeugt jene Selbstvergessenheit, die den Spieler in der Tätigkeit vollends aufgehen läßt und das beglückende Gefühl der ausgefüllten Gegenwart erzeugt. Diese vollständige Gegenwärtigkeit ist keine Flucht aus dem Alltag, sondern die vorübergehende Ausgrenzung aus dem alltäglichen Geschehen in die Glückseligkeit der vergessenen Zeitlichkeit. In keiner anderen menschlichen Handlung gelingt das Erleben des Augenblicks, das vollständige Aufgehen im Hier und Jetzt, die Vergangenheits- und Zukunftslosigkeit so mühelos und selbstverständlich wie in der spielerischen Bewegungshandlung. Deshalb ist Spielen nicht nur ausgefüllte sondern erfüllte Gegenwart.

4. Die Vielfalt der Ideen und Möglichkeiten

Spielerische Bewegungshandlungen sind nicht an die traditionellen Spielformen und -geräte gebunden, sondern eröffnen sich in allen Sportarten und Bewegungshandlungen demjenigen, der mit jener Einstellung an sie herangeht, die durch die gerade erwähnten Merkmale der Handlungsfreiheit, Offenheit und Gegenwärtigkeit charakterisiert ist. Dann nämlich wird der Skisport auch zum ästhetischen Spiel mit der gleitenden Bewegung, das Schwimmen auch zum Spielen mit dem Element Wasser, mit Gegenständen oder mit anderen Personen und das Turnen nicht nur zur Beherrschung schwieriger Bewegungsabläufe an Geräten oder auf dem Boden, sondern zur spielerischen Auseinandersetzung mit dem Gleichgewicht oder der

Schwerkraft. An diesen Beispielen verdeutlicht sich der Reichtum der Spielideen, -situationen und -gegenstände. Es geht in der Bewegungserziehung nicht darum, bestimmte Bewegungstätigkeiten, Sportarten und Gegenstände als Spiele und Spielgeräte auszuweisen, sondern darum, die Spielhaltung und das Spielkönnen an vielen Bewegungsangeboten zu erproben und in die Spielhandlung umzusetzen. Spielhandlungen entwickeln sich aus dem konkurierenden ebenso wie aus dem kooperierenden Handeln, Spielen kann der Mensch gegeneinander und miteinander, mit zahlreichen dafür gebauten Spielgeräten oder mit Gegenständen, die dafür nicht vorgesehen waren aber mit Phantasie dafür verwendet werden können, mit seinem Körper und den Körpern anderer Menschen. Die Geschichte und die Gegenwart der menschlichen Spieltätigkeiten zeigen die Vielfalt der Ideen, Motive und Arten des Bewegungsspiels, die Zukunft allerdings verheißt dieser Form des Spielens nichts Gutes.

Die pädagogische Zielsetzung der spielerischen Bewegungshandlung heißt Spielfähigkeit, worunter ein komplexes Handlungs- und Haltungsgefüge verstanden werden muß, bei dem allerdings soziale Handlungen und Einstellungen eine herausgehobene Bedeutung erlangen. Die sozialerzieherischen Hoffnungen und Absichten der Theorie der Leibeserziehung und der Sportpädagogik waren vornehmlich auf die Bewegungsspiele gerichtet, und nicht grundlegend anders verfährt das pädagogische Konzept der Bewegungserziehung. Nur sollen zwei frühere Fehler nicht mehr gemacht werden: die übertriebenen gemeinschaftsbildenden Erwartungen der Theorie der Leibeserziehung und die bescheidenen Absichten der Sportpädagogik, nur jene sozialisierenden Wirkungen des Sportunterrichts anzustreben, die mit empirischen Untersuchungsmethoden festzustellen wären. Diese gegenläufigen Einstellungen werden in der Theorie der Bewegungserziehung nicht mehr vertreten. Irgendwo zwischen dem schönformulierten sozialen Tugendkanon und den operationalisierten sozialen Lernzielen ist der Versuch der Bewegungspädagogik angesiedelt, in spielerischen Bewegungshandlungen Möglichkeiten des sozialen Lernens aufzudecken und durch unterrichtliche Maßnahmen in personales Handeln und Sein umzusetzen. Das fängt mit der Erziehung zum Regelbewußtsein an und gelangt bis zu den sozialen Fähigkeiten der Teamarbeit und Kommunikation.

In besonderer Weise sind spielerische Bewegungstätigkeiten regelgeleitet, wobei die einzelnen Aktionen von der Anerkennung der Spielregeln über deren Veränderung bis zur Neugestaltung reichen. Von diesem „spielerisch“ erworbenen Regelbewußtsein werden Auswirkungen auf andere soziale Denk- und Handlungsbereiche mit einiger Berechtigung erwartet.

Vereinbarungen (denn nichts anderes sind Spielregeln) einzuhalten, den Sinn der Regelung des Spielens überhaupt einzusehen und anzuerkennen sind an Lernprozesse gebunden, die viel Zeit und didaktischen Aufwand erforderlich machen. Kinder lernen dies in den natürlichen Spielgruppen des Alltags ebenso wie in den künstlichen des schulischen Unterrichts und machen dabei sicherlich wichtige soziale Erfahrungen über das Zusammenleben und die Zusammenarbeit in größeren und kleineren, festeren und lockeren Gruppen. Dabei handelt es sich häufig um von außen, d. h. von den Spielen als Kulturgüter oder von Spielleitern vorgegebene Regelungen des Spielhandelns. Die Anerkennung und Befolgung dieser übernommenen Regeln ist allerdings nur der erste Schritt zur Entwicklung eines Regelbewußtseins und kann als integrierende Sozialisation bezeichnet werden. Werden Spielregeln als Vereinbarungen erkannt, die man verändern und neu gestalten kann, wenn eine gewandelte Spielsituation oder veränderte Bedürfnisse der Spieler dies nahelegen, dann wird der Schritt zur Erweiterung des Regelbewußtseins und zur innovativen Sozialisation[9] getan. Und gerade dies zu bewirken, nämlich jene soziale Fähigkeiten zu erwerben und einzuüben, die über die Annahme und Anerkennung der bestehenden Verhältnisse und Normen hinausweisen und neue Entwicklungen in Gang bringen, eignet sich die spielerische Bewegungshandlung mehr als jede andere und in besonderer Weise. Nur erfolgt diese sinnvolle Erweiterung des Regelbewußtseins nicht von selbst und gleichsam zwingend aus dem spielerischen Tun. Wenn Kinder nicht angeleitet wurden, über die Regelakzeptanz hinauszugehen, wenn sie nicht die Lerngelegenheiten hatten, aufgrund personaler und situativer Erfordernisse ihre Spielvereinbarungen aufzugeben und neu zu gestalten und wenn ihnen die Erprobung neuer Spielregelungen nicht häufig gewährt wurde, verharren sie im Zustand der Regelübernahme, wodurch ihre Sozialbildung nicht über die integrierende Sozialisation hinausreicht.

Spielfähigkeit als Bildungsziel und Erziehungsaufgabe in der Bewegungserziehung besteht nicht nur aus einem Regelbewußtsein in der weiten Fassung seiner Bedeutung, wie sie soeben dargelegt worden ist, dazu gehört auch eine breite Skala sozialer Befähigungen und Einstellungen, die allesamt etwas mit dem zu tun haben, was als Gruppenverhalten oder Kooperationsfähigkeit bezeichnet wird. Der heranwachsende Mensch lernt und übt in Spielgruppen von verschiedenartiger Zusammensetzung und Stärke Handlungen und Einstellungen der Zusammenarbeit mit anderen, und es ist anzunehmen, daß die dabei erworbenen Einsichten und Fähigkeiten in andere Lebensbereiche übertragen werden. Und er entwickelt in sich aus zahlreichen kooperativen Fähigkeiten und dem Bewußtsein für Vereinbarungen die

Spielfähigkeit, ohne die es kein wirkliches Spielkönnen gibt, die als wichtige Sozialisationsleistung angesehen werden darf und die über das Bewegungshandeln hinaus in anderen Lebensbereichen handlungsbestimmend in Erscheinung treten wird.

Für das Erlernen spielerischer Bewegungshandlungen eignen sich die Unterrichtsverfahren mit Aufforderungscharakter, die offenen Lehrwege, Bewegungsaufgaben und das gruppenorientierte Lernen und Üben in besonderer aber keineswegs ausschließlicher Weise. Denn spielerisches Bewegungshandeln schließt technische Fertigkeiten mit ein und gerade die letzteren verlangen oft präzise Angaben und deduktive Wege des Lehrens und Lernens.

1.3.3. Gestalterische Bewegungshandlungen

Stärker als die sportlichen und spielerischen sind die vom Gestaltungsprinzip getragenen Bewegungshandlungen[10] durch ästhetische Kriterien bestimmt. Die Bewegung wird zum Ausdruck, der sich bewegende Körper spricht eine Sprache (Körpersprache) und die Bewegungsausführung ist wichtiger als der Bewegungszweck. Deshalb spielen die Phänomene Form, Rhythmus, Harmonie, Anmut aber auch Phantasie, Gefühl, Spontaneität und Kreativität eine große Rolle in diesem Bereich der menschlichen Bewegungskultur. Er hat eine breite Ausfächerung erfahren und ist gegenwärtig dabei, als expressive Bewegungskultur der sportlichen ein ernsthafter Gegenspieler zu werden. Gymnastik, Tanz, Bewegungstheater, circensische Bewegungskunststücke und Pantomime sind einige Erscheinungsformen der expressiven Bewegungskultur, wobei jede einzelne wiederum vielfach in sich differenziert ist. Zum Tanz zählen der Ausdruckstanz, Volkstanz, Jazztanz, Eistanz, Gesellschaftstanz und zur Gymnastik die Formen der rhythmisch-tänzerischen Gymnastik ebenso wie die Konditionsgymnastik und die zahlreichen Arten der Vorbereitungsübungen wie z. B. die Skigymnastik. Die Sinngehalte der gestalterischen Bewegungstätigkeiten liegen zudem im gegenwärtigen Bedürfnistrend, weil immer mehr Menschen sich von Schönheits-, Erlebnis- und Selbstfindungsmotiven in ihren Bewegungshandlungen leiten lassen.

Wesentliche Momente der Bewegungsgestaltung sind Form und Ausdruck, die nicht immer klar trennbar und doch unterscheidbar das geistige Spannungsfeld aufbauen, in dem sich die Gestaltung der Bewegungstätigkeiten ereignet. Die Qualität der Bewegungsausführung ist eine Formsache und steht im Mittelpunkt des Lernens, Übens und Ausführens der expressiven Bewegungshandlungen.

Geformte und gestaltete Bewegungen werden durch die Kriterien Natürlichkeit, Harmonie, Form und Anmut bewertet und mit dem Prädikat Schönheit versehen, wenn diese Bewegungsmerkmale in der Bewegungsausführung sichtbar werden. Selbstverständlich wird es Unterschiede in der

Abb. 13 Gestalterische Bewegungshandlung — oder die Sprache des Körpers

Qualität der Bewegungsgestaltung geben und geben dürfen. Das Merkmal Natürlichkeit darf in der menschlichen Bewegungskultur nicht in dem Sinne angewandt werden, der den natürlich-schönen Bewegungen des Tieres zugeschrieben werden kann. Da die menschliche Natur nur kulturelle Handlungen zuläßt, ist auch die natürliche Bewegungsausführung beim Menschen stets eine kulturell-bestimmte Natürlichkeit (vgl. RÖTHIG 1990, 142).

In der Bewegungserziehung wird die Form zur Vorgabe und zur Aufgabe, d. h. dem Lernenden als Bewegungsvorbild demonstriert oder als Bewegungsaufgabe gestellt. Beides sind legitime Methoden beim Erlernen expressiver Bewegungshandlungen mit fließenden Übergängen und Akzentverschiebungen hinsichtlich Alter, Geschlecht und Können. Ein wichtiger Bestandteil der Form in gestalteten Bewegungshandlungen ist der Rhythmus mit seinen Merkmalen der Gliederung, Betonung und Wiederholung (vgl. RÖTHIG 1990, 146). Die gestaltete Bewegungstätigkeit ist in besonderer Weise dadurch gekennzeichnet, daß wiederholte Bewegungsfolgen eine gegliederte Abfolge mit betonten Teilen bilden und dadurch den Eindruck des rhythmischen Verlaufes hinterlassen. Aus der rhythmischen Struktur der Bewegungsausführung ergibt sich von selbst die harmonische Bewegung, der dann das Prädikat Schönheit verliehen wird. Die rhythmische und ausgewogen harmonische Bewegungshandlung hat Ausdruck und wird als schön empfunden[11].

Die Merkmale des Bewegungsausdrucks sind Echtheit, Phantasie und Kreativität. Besonders im Kindesalter ist die gestaltete Bewegung nur dann echt, wenn sie der altersgemäßen Erfahrungs- und Erlebniswelt entstammt. Kindliche Bewegungstätigkeiten, die diesem Gestaltungskriterium nicht entsprechen, entgleiten in die Pose und sind unecht im Ausdruck. Deshalb sind gestaltete Bewegungen mit emotionalen Absichten, z. B. die Darstellung von Liebe oder Trauer durch die Bewegung und Haltung des Körpers im Kindesalter nicht im echten Ausdruck möglich. Kindliche Bewegungsgestaltung ereignet sich besser und gewinnt echteren Ausdruck, wenn erfahrene und erlebte Situationen zur Darstellung gelangen.

Die qualitativ gute Bewegungsausführung erfordert eine zeitraubende und lernaufwendige Verbesserung der Bewegungshandlung und ist deshalb für den schulischen Unterricht nur eingeschränkt verwendbar. Bewegungsgestaltung wird sicherlich nicht im Zentrum der schulischen Bewegungserziehung stehen und alters- sowie geschlechtsspezifische Akzente gesetzt bekommen. Nach wie vor finden alle gestalterischen Bewegungstätigkeiten bei Mädchen und Frauen mehr Zustimmung und bessere Voraussetzungen der Realisation als bei männlichen Personen. Es soll dahingestellt bleiben, wieweit Anlage oder Umwelteinflüsse an dieser beobachtbaren Tatsache stärker bestimmend sind. Die Bereitschaft, Situationen, Ereignisse oder auch Gefühlszustände durch Bewegung spontan zur Darstellung zu bringen oder in Lern- und Übungsprozessen zu erwerben, ist jedenfalls bei weiblichen Personen jeglichen Alters ungleich größer als bei männlichen vorhanden.

Eine Differenzierung der didaktischen Überlegungen beim Lehren und Lernen der gestalterischen Bewegungshandlungen erfordert auch das Lebensalter. Kinder vor der Pubertät sind den tänzerischen und gymnastischen Übungen aufgeschlossen und bereit und befähigt, spontan und häufig auch kreativ Bewegungsausdruck zu demonstrieren. Das gilt für Jungen und Mädchen fast in der gleichen Weise, während man in der Zeit nach der Geschlechtsreifung, im eigentlichen Jugendalter also, von sehr unterschiedlichen internen Voraussetzungen für diesen Bereich der Bewegungskultur auszugehen hat. Neigungen und Interesse der männlichen Jugendlichen sind von wenigen Ausnahmen abgesehen weit von den Formen der expressiven Bewegungskultur abgerückt. Erst das Zusammenrücken der Geschlechter in der Adoleszenz schafft wieder den Boden für Tänze und gymnastische Übungen. Die Bewegungsgestaltung ist allerdings nicht auf Gymnastik und Tanz einzuschränken, weil auch das Turnen, das Eislaufen und Skifahren, das Schwimmen und Wasserspringen und weitere Bewegungstätigkeiten Anlässe und Anregungen dazu bieten. In diesen Bereichen verwischen auch die geschlechtsspezifischen Unterschiede wieder etwas und treten ausgesprochen weibliche Präferenzen nicht mehr so deutlich auf.

Die bisherigen Ausführungen betrafen eine Seite der gestalterischen Bewegungshandlung, die GAULHOFER (1966) die tänzerische Bewegungskunst bezeichnet hat und die in den Begriffen Rhythmus, Ausdruck, Formgebung und Darstellung ihre wesentlichen Strukturmerkmale besitzt. Die alters- und geschlechtsspezifischen Präferenzen, die gerade erörtert worden sind, gelten nur für diesen bewegungskulturellen Ausschnitt der Gestaltung.

Zu den gestalterischen Bewegungshandlungen zählen aber auch jene motorischen Tätigkeiten, deren Motive und Gestaltungsprinzipien das Ungewöhnliche und Erstaunliche sind und beim Zuschauer Interesse und Bewunderung auslösen. Karl GAULHOFER (1966, 76 ff.) nannte diese Übungen „Gauklerische Bewegungskünste“, gab ihnen in seinem Konzept des „Natürlichen Turnens“ eine wichtige Bedeutung und vereinigte sie mit den „Tänzerischen Bewegungskünsten“ zur großen Systemgruppe der Bewegungskünste, die zusammen mit den Leistungsübungen, den Ausgleichsübungen und den formenden Übungen das System des Schulturnens und die intentionale wie inhaltliche Grundstruktur der Leibeserziehung bildeten. Die Bewegungskünste definierte GAULHOFER (1966, 76) als „zweckfreies Spiel mit der Bewegung" und teilte der gauklerischen Variante derselben den Auftrag zu, die Schüler zur Hervorbringung jener Übungen zu befähigen, die ob ihrer Kunstfertigkeit Staunen und Bewunderung beim Zuschauer hervorrufen. Aus diesem Grunde aber äußerten GAULHOFER selbst, vor allem aber Margarete STREICHER, deren leibeserziehliches Denken strenger pädagogisch ausgerichtet war, ernsthafte Bedenken über den Bildungswert jener Übungen. Nicht daß sie GAULHOFER generell in Frage gestellt hätte, ansonsten wären sie nicht ein namentlich genannter und inhaltlich beschriebener Bestandteil seiner Systematik des Schulturnens gewesen, wohl aber soweit, daß er den Lehrer vor dem übermäßigen Gebrauch dieser Bewegungstätigkeiten warnte: „Man kann das Ziel der Kunstfertigkeit nicht aus dem Schulturnen entfernen, ohne es nüchtern, langweilig, ja ungenießbar zu machen. Aber ebenso gefährlich ist es, wenn die Kunstfertigkeit als Ziel ganz in den Vordergrund tritt. . . ." (1966, 76). Mit schwerem Geschütz gegen die gauklerischen Bewegungskünste fährt hingegen Margarete STREICHER auf: „. . . doch sollte man sich bei den gauklerischen Bewegungskünsten manchmal an das Wort vom Adel und der Würde der menschlichen Erscheinung erinnern. Dann würde man Übungen, die nichts als Scherze sind, nicht ohne weiteres als Stoff für das ‚Schulturnen' wählen. Übermütige Jugend mag sie einmal machen, aber sie sind nicht Bildungsmittel. Vom ungewöhnlichen Können geht eine starke Faszination aus; daher kann durch nicht sorgfältig ausgewählte Kunststücke das Formgefühl leicht verdorben werden" (STREICHER 1971/I, 187).

Beide Theoretiker der Leibeserziehung und Gestalter des „Österreichischen Schulturnens" in der Zeit zwischen den beiden Weltkriegen bedachten dabei aber zu sehr die Außenwirkung dieser Bewegungskünste und zuwenig jenes Erleben, das sie dem „Bewegungskünstler", dem übenden und ausführenden Menschen, bereiten: Jocus, d. h. den Reiz der spielerischen Wiederholung, den Spaß am Gelingen, die Freude im zwecklosen Tun, die Lust an der Gestaltung. Die viel zu wichtig genommene Wirkung auf den Zuschauer verbannte deshalb die „Gauklerischen Bewegungskünste" wörtlich und inhaltlich aus dem Reich der Leibeserziehung und des Schulturnens. In dem für die österreichischen Fachlehrpläne des Jahres 1962 bestimmenden System des Lehrgutes von BURGER/GROLL (1971, 145) werden die gauklerischen Bewegungskünste als Übungen mit wertbaren Leistungen ausgewiesen und ganz ihres circensischen Geistes entleert. Die Versportlichung der Leibeserziehung brachte dieses Bewegungsgut dann völlig zum Verschwinden. Seine Wiederentdeckung und Wiederbelebung ereignete sich außerhalb der Schule, auf den Straßen und Plätzen der Städte, auf denen Spielfeste stattfanden. Die neue Spielbewegung brachte die Gaukler wieder in die Erinnerung des Menschen. In die Schule fanden die Übungen des Jonglierens, Stelzengehens, Einradfahrens, Trapezschwingens und Seiltanzens erst dann den Eingang, als das einseitige sporterzieherische Denken von Körpererfahrungs- und offenen Bewegungskonzepten bedrängt und verunsichert wurde. In Jürgen FUNKES bewegungserzieherischem Konzept, zentriert auf den Begriff der Körpererfahrung (1987), ist dieser Übungsbereich verankert und didaktisch ausgewiesen. Er bindet ihn in ganz besonderer Weise an die ästhetische Erziehung.

„Diese ästhetische Selbsterfahrung und Selbsterziehung zu bewirken und zu ermöglichen, halte ich für ein wichtiges Anliegen einer wohlverstandenen Bewegungserziehung" (FUNKE 1987, 17). Dabei kommt es wohl ganz besonders auf die Balance zwischen Selbstempfinden und Außenwirkung an. Gauklerische Bewegungskünste drängen geradezu auf Präsentation, weil derjenige, der sich der großen Mühe des langen Übens unterzogen hat, sein Können vorführen und dabei die Bewunderung der Zuschauer genießen möchte. Ich halte dies für pädagogisch legitim, wenn es in der Schule und im Bewegungsunterricht durchgeführt wird. Dabei kommt es auf die didaktische und unterrichtspraktische Zubereitung an, damit im vertretbaren Zeitaufwand für möglichst alle Schüler ein Können erreicht wird, das für eine Vorführung geeignet ist. Unzweifelhaft löst aber die gauklerische Bewegungstätigkeit im Übenden positive Gefühle aus, auch wenn das Handeln um seiner selbst und nicht im Hinblick auf die Vorführung ausgeführt wird. Es sind ästhetische und joculatorische Empfindungen und Erfahrungen, die zudem auch Bildungsprozesse auslösen und gestalten können, aber auch für sich einen personellen Wert und Gewinn darstellen. Das ungewöhnliche Können, das freilich auf sehr unterschiedlichen Stufen mit diesen Bewegungstätigkeiten verknüpft ist, wird von den Kindern nicht nur freudvoll registriert, sondern auch zur Stärkung des Selbstwertgefühls herangezogen. Gerade dieses in der personalen Entwicklung der Heranwachsenden so wichtige Gefühl und Bewußtsein wird durch die Außenwirkung, durch die Bewunderung und die in ihr enthaltene soziale Verstärkung, noch weiter gefestigt und entfaltet.

1.3.4. Gesundheitsbedachte Bewegungshandlungen

Die vierte Kategorie des menschlichen Bewegungshandelns weist eine vielfache Innendifferenzierung auf und hat sich zu einem bedeutsamen Motiv für die motorische Aktivität der Menschen in der Gegenwart entwickelt. Die Vielschichtigkeit des Gesundheitsbegriffes schlägt sich in der Vielfältigkeit der gesundheitlichen Bewegungshandlungen nieder. Zu unterscheiden, aber in der Tatsächlichkeit ihres Auftretens nicht exakt zu trennen, sind erholsame, erlebnishafte, ausgleichende, kräftigende, ausdauernde und meditative motorische Aktivitäten.

Abb. 14 Gesundheitsorientierte Bewegungshandlung — oder das Wohlbefinden durch Bewegung.
Aus: Magglinger Jahreszeiten, S. 82, (Foto: Hugo Lörtscher)

Der gesamte Bereich des Ausdauersports (Laufen, Radfahren, Skilanglauf, Rudern usw.) ist gesundheitlich orientiert, weil die Ausdauer zum wichtigsten Indikator der menschlichen Gesundheit erklärt worden ist. Die meist von Nordamerika ausgehenden Bewegungsmoden (z. B. Jogging) stellten die Ausdauerfähigkeit als wichtigstes Kriterium der menschlichen Gesundheit heraus und verschrieben sich dadurch einer einseitigen Auslegung von Gesundheit. Unbedacht wurden die Ausdauersportarten zur Gesundheitsgarantie erklärt, ohne bei ihrer Anwendung nach Geschlecht, Alter und Lebenssituation der Menschen zu differenzieren. Die Gesundheitsprogramme des Ausdauersports fanden eine breite Zustimmung in der Bevölkerung der Industriestaaten auch deshalb, weil sie mit geschickten Werbestrategien, Konsumangeboten, Kleidermoden und medizinischen Versprechungen verknüpft aufgetreten sind. Der ausdauernden Bewegungstätigkeit ist der Gesundheitswert dann nicht abzusprechen, wenn zugleich erkannt wird, daß die damit verbundene Anstrengung nur ein aber nicht das alleinige Kriterium ganzheitlicher Gesundheit ist. Ebenso wenig sind die sogenannten „Einstiegsdrogen“ in den Ausdauersport von vornherein zu verdammen. Gemeint ist damit etwa die modische Kleidung für Skilangläufer oder Jogger, die technisch attraktiven (Mountainbikes) oder die statuserhöhenden Sportgeräte (Surfbrett). Entscheidend ist, daß sich Menschen ausdauernd und ausreichend bewegen und nicht, wer sie womit dazu gebracht hat. Dennoch muß gerade im Ausdauersport vor manchen Fehlhaltungen gewarnt werden: vor der Meinung, daß Ausdauerleistungen beständig gesteigert werden müssen und aus dem Läufer der Triathlonike oder Laufen zur Sucht werden muß. Bedenklich sind auch Erwartungen und Versprechen, daß Langläufer länger leben oder Radfahren dazu geeignet ist, zwanzig Jahre vierzig zu bleiben. Gesundheitsbedachte Bewegungstätigkeiten sind sehr sorgfältig auf das jeweilige Lebensalter und die Lebensumstände abzustimmen und deshalb variabel auszuüben.

Ein Gesundheitsverlangen steckt auch in jenen weitverbreiteten Bewegungstätigkeiten, die der Mensch ausübt, weil er in ihnen den Ausgleich zur häufig einseitigen Arbeitsbelastung sucht und auch findet. Einseitigkeit macht krank. Diese Erkenntnis trifft zwar nicht auf jeden Menschen zu, gilt aber als allgemeine Aussage für viele Menschen. Die sitzende Berufstätigkeit erfordert die ausgleichende Bewegung, die das Wohlbefinden wieder herstellt, auch wenn sie weit von der Ausdauerleistung entfernt ist. Spaziergänge und kleine Wanderungen, Schwimmen, und Radfahren oder die Benützung der Fitness-Geräte im Hobbyraum sind Ausgleichsbewegungen, die eine aktive Erholung bewirken. Aus diesem Grunde ist der Sporturlaub beliebt geworden, wurden Wanderwege und Radwege angelegt und bieten Fremdenverkehrsorte die Erholung durch sanfte Bewegung zunehmend häufiger an.

Ein bevorzugtes Feld gesundheitsorientierter Bewegungstätigkeit ist das Fitness-Studio geworden. In einer technisch orientierten Zivilisation vertraut der Mensch eben auch der technikvermittelten körperlichen Leistungsfähigkeit, die er in den Studios in zweifacher Weise angeboten erhält: in den technisch immer aufwendigeren Fitnessgeräten und den computergesteuerten Leistungsdiagnosen. Die Beweggründe, die Menschen in die Fitness-Studios führen, sind allerdings breiter und beschränken sich nicht auf die Organleistung. Geselligkeit, körperliche Wohlgeformtheit und Muskelwachstum als Ausdruck von Männlichkeit sind weitere Antriebe für diese Art von Bewegungstätigkeit. Sie können so stark ausgeprägt und handlungsbestimmend sein, daß bedenkliche Hilfen bei der raschen Erreichung der Ziele unbedenklich eingesetzt werden und dadurch oft der eigentliche Zweck des Unternehmens verlorengeht oder verfälscht wird: die Herstellung oder Festigung eines allgemeinen Gesundheitszustandes. Denn wer Anabolika schluckt, um die Muskelbildung rascher und mächtiger voranzutreiben, schädigt wissentlich seine Gesundheit.

Die Wiederentdeckung der Innerlichkeit in einer von der Veräußerlichung bedrohten Lebenswelt hat jene Bewegungstätigkeiten wieder stärker in das Bewußtsein gebracht, denen meditative Wirkungen zugeschrieben werden. Es sind dies zunächst die fernöstlichen Entspannungstechniken (Aikido, Joga, Tai Chi usw.) gewesen, die in die westlich-europäische Bewegungskultur Eingang gefunden haben. Der nächste Schritt war die Rückbesinnung auf die europäische Tradition der Innerlichkeit und der damit verbundenen meditativen Bewegungsformen: Tanzen, Laufen, Entspannungsübungen usw. Meditative Bewegung führt nach innen, hat aber in der außenorientierten Sportkultur keine Wertschätzung gefunden.

Das Bewegungserleben ist ein wesentlicher Teil des Wohlbefinden und der Gesundheit. Es geht zwar nicht darin auf, weil Erleben als primäre Lebenskategorie mehr Bedeutsamkeit hat, als einen Beitrag zur Gesundheit zu liefern. Der Mensch ist ein nach Erlebnissen drängendes Wesen, dem das Erleben zum ganzheitlichen, Innerlichkeit und Weltbezug verknüpfenden Lebensvorgang wird. Im Erleben bringt sich der ganze Mensch in die Beziehung zur Welt und zum Mitmenschen, in ihm sind Wahrnehmen, Erkennen und Erfahren verbunden und schaffen Ereignisse von großer Eindringlichkeit und manchmal sogar unwiederholbarer Einmaligkeit. Im Erleben verdichtet sich das Leben oftmals zu intensiver Bewußtheit und Erfahrung. Auch Bewegungserlebnisse sind prägende Bildungsakte und Sternstunden des Unterrichts und der Erziehung. Es ist naheliegend, den Erlebnissen eine nachhaltige Wirkung auf alle Ereignisse des Lebens, auf den Bildungsgang, auf die Entwicklung von Einstellungen und auf die Sinnbildung einzuräumen. Gesundheit als bewußte Haltung und Handlung wird deshalb von Bewegungserlebnissen mitentscheidend geprägt sein. Die sogenannten Erlebnissportarten sind somit auch unter dem Gesichtspunkt des ganzheitlichen Wohlbefindens und der gesunden Lebenshaltung zu betrachten und in der Bewegungserziehung zum Einsatz zu bringen. Erlebnishafte Empfindungen gewähren die sportlichen, spielerischen, gestalterischen und gesundheitsorientierten Bewegungshandlungen und noch einmal sei betont, daß Erleben und Gesundheit Berührungsflächen haben, Erlebnisse für den Menschen aber mehr sind als nur ein Beitrag zu seinem Wohlbefinden. Das Erleben, das ihm die Bewegung in reichlichem Maße gewährt, erfaßt ihn als Ganzes und formt ihn in der Ganzheit seiner Person.

2. Bewegungserziehung — ein Weg zur Bewegungskultur

Einleitung

Wenngleich mehrere Wege zur individuellen Verfassung der Bewegungskultur, zu einem Lebensstil, in dem Bewegung unentbehrlich ist, führen, ist der wichtigste und zuverlässigste unter ihnen der über die geplante Bewegungserziehung in der Familie, der Schule, in Jugendorganisationen, im Kindergarten und in Turn- und Sportvereinen. Jeder Mensch erwirbt seine kulturellen Fähigkeiten und Lebensgewohnheiten über nachahmendes und selbständiges Lernen, absichtsvolles Lehren und unbeabsichtigte Einwirkungen seiner primären und sekundären Bezugsgruppen. Im Falle der Bewegungskultur kommt noch die genetische Ausstattung hinzu, die zum aufrechten Stand und Gang und zum vorprogrammierten Erwerb einer Grundfertigkeit in den elementaren Bewegungshandlungen der Alltagsbewältigung führt. Doch bleibt vom Lebensanfang an die Forderung nach einer absichtlichen, geplanten und zielgerichteten Bewegungserziehung bestehen, damit über Fremderziehung und Selbstbildung in langen Zeiträumen eine Befindlichkeit erreicht und möglichst lebenslang gehalten wird, der die Bezeichnung „Bewegungskultur" zukommt. Mit den Theorien, Prinzipien und Grundlagen der intentionalen Bewegungserziehung befaßt sich dieses Kapitel.

2.1. Leib, Sport und Bewegung — Anlässe und Ansätze für Erziehung

Drei Begriffe kennzeichnen die Absichten und Programme der Theorie und Praxis körperlicher Erziehung in diesem Jahrhundert und lösen das im 19. Jahrhundert gebräuchliche Wort Turnen ab, wenngleich die Umgangssprache weiterhin die Wortverbindungen Turnlehrer, Turnstunde oder Turnsaal allen anderen Benennungen (Leibeserzieher, Sportstunde, usw.) vorzieht.

Die Fachliteratur und die offiziellen Fachbezeichnungen für die körperliche Erziehung hingegen verwendeten nach der „Schulturnreform" der 20er Jahre in Deutschland und Österreich die Begriffe Leibesübungen und Leibeserziehung und seit den 70er Jahren (in Österreich ausgenommen) die Begriffe Sport und Sportunterricht. Bewegungserziehung und Bewegungsunterricht hingegen sind die Vermutung einer zukünftigen Entwicklung, gestützt durch die Beobachtung, daß das Wort Bewegung immer häufiger in der Fachliteratur auftaucht, die Bezeichnung Sport immer häufiger kritisiert und als unzulänglich empfunden wird und Leibeserziehung und Leibesübungen als veraltet betrachtet werden. Daraus kann der Schluß gezogen werden, daß die Entwicklung der körperlichen Erziehung in der Schule und im 20. Jahrhundert, gebunden an ein Unterrichtsfach und an einen fachübergreifenden Erziehungsauftrag, einen Dreiphasenverlauf haben wird, der durch die Begriffe Leib (Leibeserziehung), Sport (Sporterziehung) und Bewegung (Bewegungserziehung) gekennzeichnet ist. Diesen Verlauf darzustellen ist die Absicht des ersten Teil dieses Kapitels, in dem vor allem die Erziehungspraxis beschrieben werden soll. In einem späteren Kapitel (5.) wird dieser Darstellung die Beschreibung der jeweiligen theoretischen Konzeptionen angefügt. Diese Vorgangsweise weiß um die Problematik einer Trennung von Theorie und Praxis der Erziehung und hängt auch nicht der Vorstellung an, daß beide Bereiche in der jeweiligen Epoche deckungsgleich gewesen sind. Die Praxis der schulischen Leibeserziehung (um ein Beispiel zu nennen) wurde nicht selten so beschrieben und gedeutet, wie sie im Lichte der theoretischen Konzeption sich zeigte. Ein Fehlschluß dieser Art, eine Praxis entspreche jeweils genau der auf sie bezogenen Theorie, ist gerade im Erziehungsbereich nicht selten gezogen worden.

2.1.1. Leibeserziehung

Die Leibeserziehung war als Praxis in erster Linie ein pädagogisches und erst danach ein motorisches Vorhaben, das sich selbst als Gesamterziehung des Menschen verstand. Es galt in ihr Gaulhofers Aussage nach wie vor, daß der Körper der Ansatz, der ganze Mensch aber das Ziel der körperlichen Erziehung sein müsse. Ganzheitlichkeit war überhaupt das Schlagwort der Leibeserziehung: die Ganzheit des menschlichen Wesens, die Einheit von Leib, Geist und Seele prägte als anthropologische Grundannahme die didaktischen Entscheidungen und praktischen Tätigkeiten des Leibeserziehers. Davon ausgehend wurden im Unterricht die ganzheitlichen Übungen den Teilbewegungen vorgezogen, ganzheitlich-induktive Unterrichtsverfahren bevorzugt eingesetzt und ganzheitlich-sinnhafte Zielsetzungen dem Erziehungsprogramm zugrunde gelegt.

Die den ganzen Menschen berücksichtigenden Bildungsabsichten der Leibeserziehung gliederten sich in vier kategoriale Bildungsbereiche, deren strukturelle Erhellung das Hauptanliegen der Theorie der Leibeserziehung ausmachte. Das Spiel, die Leistung, die Bewegungsgestaltung und der Wettkampf umgrenzten und bestimmten das Stoffangebot des Unterrichtsfaches Leibesübungen. Im Sinne ihres ganzheitlichen Anspruches genügte der schulischen Leibeserziehung das Unterrichtsfach Leibesübungen und sein ohnedies kleiner Stundenumfang nicht mehr. Sie verstand sich als ein das gesamte Schulleben durchdringendes Erziehungsprinzip. Deshalb kümmerte sich die Leibeserziehung um vieles, was über den Unterrichtsgegenstand hinauswies und als Teil der Leibeskultur zu bezeichnen ist: um die Ausstattung und Beleuchtung aller Schulräume, die Kleidung und Ernährung der Schüler, um hygienische Gebräuche u. v. a. Die eigentliche Absicht der Leibeserziehung war die Entfaltung menschlicher Fähigkeiten durch Bewegungstätigkeiten, denen Bildungswirkungen zugeschrieben wurden und nicht die Vermittlung der motorischen Fertigkeiten selbst, denen sie keinen Selbstwert, sondern nur einen medialen Wert zuerkannte. Da es der Leibeserziehung wenig auf die Bewegungstätigkeiten als geistige Erzeugnisse der Bewegungskultur ankam, sondern auf die in ihnen vermuteten bildenden und fähigkeitsentfaltenden Gehalte, galten sie im Unterricht als beliebig verwend- und austauschbar. Deshalb stand in ihrem theoretischen Konzept und praktischen Handeln nicht die Fertigkeitsvermittlung sondern die Kräftebildung und Fähigkeitsentfaltung im Vordergrund. Die Präferenz der motorischen und personalen Fähigkeiten vor den Bewegungsfertigkeiten hinderte die Leibeserziehung allerdings nicht daran, der Systematik und didaktischen Auswahl des Übungsgutes viel Aufmerksamkeit zu schenken und den Lernstoff nach den Bildungsabsichten zu gliedern. Solche Stoffsysteme bildeten oftmals die Grundlage für die Einteilung des Übungsstoffes in den amtlichen Lehrplänen und Richtlinien jener Zeit.[12]

Die Leibeserziehung war eine praktizierte Pädagogik vom Kinde aus und dies mit allen damit verbundenen Risiken und Konsequenzen. Es gerieten ihr dadurch die gesellschaftlichen Ansprüche und Einflüsse auf die körperliche Erziehung aus dem Blickwinkel ihrer Betrachtung der schulischen Erziehungswirklichkeit und konnten auf diese Weise erst recht, weil unterschwellig, wirksam werden. Die Anhänglichkeit an die Idee der pädagogischen Autonomie und die maßgebliche Orientierung am Schüler wurden ihr zum Vorwurf der Praxisferne in der nachfolgenden Epoche der Sporterziehung gemacht. Die didaktische und pädagogische Orientierung am Kind, an seinem Bewegungsbedarf und seinen Bewegungsbedürfnissen, nicht aber an seinen ständig wechselnden Bewegungsinteressen, führte in logischer Konsequenz zum kindgemäßen Unterricht im ganzen und zu den induktiven Methoden des Lehrens und Lernens im einzelnen. Es ist zu wenig erhellt worden, welches Bild von Kindheit der Leibeserziehung in Theorie und Praxis zugrundelag, es ist aber soviel auszunehmen, daß es eine ganzheitliche, harmonistische und individualistische Vorstellung vom Kindsein war, welche die leibeserziehlichen Maßnahmen in der Unterrichtspraxis bestimmte und prägte.

2.1.2. Sporterziehung oder die Versportlichung der Leibeserziehung

Die Umwandlung der schulischen Leibesübungen in den Sportunterricht war von stichhaltigen Argumenten gestützt und holte im schulischen Bereich nach, was außerhalb desselben längst stattgefunden hatte. Im 20. Jahrhundert war der Sport aus einem Ensemble verschiedenartiger Bewegungstätigkeiten heraus zur dominanten Bewegungskultur aufgestiegen, ohne die anderen zu verdrängen, wohl aber indem er ihnen seinen Geist eingab und den Stempel seiner Merkmale aufdrückte. Das deutsche Turnen, die Spielbewegung und die vielen Spielarten der rhythmischen Gymnastik verwandelten sich in Sportarten, wurden zum Turnwettkampf, zum Sportspiel und zur Rhythmischen Sportgymnastik und übernahmen die Prinzipien des Sports: Wettkampf, Leistungssteigerung durch Training, Normierung und Regelung der Geräte und Bewegungsabläufe, Technisierung und exakte Leistungsfeststellung.

Diese Welt des Sports fand die Anteilnahme und das Interesse der Bevölkerung in den Industriestaaten, rückte in den Mittelpunkt der Medienberichte, interessierte die Politik und die Wirtschaft und gipfelte im weltweiten Olympismus.

Es konnte nicht ausbleiben, daß die Schule der Faszination des Sports verfiel und ihren körper- und bewegungsbildenden Auftrag in der Sporterziehung erblickte. Die Leibeserzieher identifizierten sich leicht und rasch mit der Rolle der Sportlehrer, akzeptierten die Gründe für die Versportlichung ihres Faches und nahmen in den Unterricht bereitwillig auf, was zum Lehren und Lernen der Sportarten und zur Ausübung des Sports gehörte: die deduktiven Trainingsmethoden, die Reduktion des breitgefächerten Übungsgutes auf einige wenige Schulsportarten, die Umwandlung der Turnhallen in Sportanlagen, die sportliche Normierung aller Übungsgeräte und -gegenstände und die Organisationsformen des vereinsorientierten Wettkampfsports.

Das Sportbild der Kinder und Jugendlichen, dem Medium Fernsehen entnommen, entsprach weitgehend dem neuen schulischen Bewegungsangebot, was zur Akzeptanz auch von dieser Seite her beigetragen hat. Vorschnell und unkritisch wurde die Leibeserziehung von Lehrern, Schülern und Sportwissenschaftlern als überholt und veraltet angesehen und durch Sportunterricht und Sporterziehung ersetzt. Dieser Prozeß führte zur Preisgabe der Bildungsidee, welche die Leibeserziehung hochgehalten und zur Legitimierung des Unterrichtsfaches Leibesübungen eingesetzt hatte. Der Sporterziehung wurden das Wort Bildung und sein Inhalt verdächtig, weil sie den pädagogischen Anspruch zu hoch angesetzt hatten. Die Sporterziehung war eben in mehrfacher Hinsicht ein Programm der reduzierten Ansprüche, indem sie die Bewegungskultur auf Sportarten einengte, den Bildungsanspruch aufgab und sich mit Erziehung, verstanden als der enge Ausschnitt der Erziehung zum Sport, begnügte und zuletzt auch noch mit dem Fachcharakter des schulischen Sportunterrichts unter Verzicht auf das fachübergreifende Erziehungsprinzip das Auslangen fand.

Diese enge Bestimmung der Aufgabe der körperlichen Erziehung in der Schule war getragen und gestützt von einer Theorie der Schule, die, nach dem Verzicht auf die pädagogische Autonomie in der Reformzeit der 60er und 70er Jahre dieses Jahrhunderts, sich den gesellschaftlichen Ansprüchen auslieferte und als Institution der sekundären Sozialisation gesellschaftliche Qualifikationen zu vermitteln trachtete. Dazu gehörten das Programm „Sport für alle“ ebenso wie die freiwillig übernommene Rolle des Schulsports, ein Zubringer zum Hochleistungssport zu sein. Der Schulsport schrieb sich aber auch den Auftrag zu, Sozialisationsleistungen für die Gesellschaft zu erbringen, maß dem sozialen Lernen eine besondere Bedeutung bei und bot sich als Instanz der sozialen Integration an, indem er in den Curricula jener Zeit den Sportspielen eine besondere Beachtung schenkte. Weil die Reformepoche der 70er Jahre aber auch gesellschaftskritisch ausgerichtet war, begnügte sich auch der Schulsport nicht mit den Absichten der sozialen Integration, sondern bot sich als Medium der sozialen Innovation an und begründete diese Rolle mit der Theorie über die Dialektik des Bewegungsspiels[13], nach deren Aussage die integrativen und innovativen Fähigkeiten im Spielenden zugleich entwickelt und gefördert werden. Am Beispiel der Übernahme und der Neuschaffung von Spielregeln wird bei Brian SUTTON-SMITH (1978) diese zweifache Sozialisationsleistung des Sports einsichtig und auch nachvollziehbar dargestellt.

Einen gewichtigen Anteil an der Versportlichung der schulischen Leibeserziehung hatten die sich sprunghaft entwickelnden Sportwissenschaften, die in der zweiten Hälfte dieses Jahrhunderts einen hohen Grad der Ausdifferenzierung, die universitäre Anerkennung, den Nachweis der Praxiswirksamkeit im Leistungssport und die damit verbundene finanzielle Sicherung erbringen und erringen konnten. Die steigende öffentliche Beachtung des Sportgeschehens zog die Aufwertung der Sportwissenschaften nach sich, während deren unleugbarer Anteil an der Leistungssteigerung im Sport diesen noch mehr in das öffentliche Interesse rückte. Auf diese Weise schaukelten sich Sport und Sportwissenschaften in vorher nie erreichte Höhen der Bedeutsamkeit, der Wirksamkeit und der Wertschätzung und gewannen Einfluß auf alle Bereiche, die mit dem Sport zusammenhängen. Dazu gehörte eben auch die schulische Leibeserziehung, die aufgrund der Einwirkung und des Einflusses der Sportverbände und der Sportwissenschaften zum Schulsport gemacht worden ist. Das Zusammenspiel dieser beiden gesellschaftlichen Mächte, des Deutschen Sportbundes und der universitären Sportwissenschaft, soll an dieser Stelle nicht in Einzelheiten dargestellt werden. Es ist für den Schulsport in Deutschland durch zahlreiche Vereinbarungen zwischen dem Deutschen Sportbund und der Kultusministerkonferenz belegt (vgl. WOLF 1974) und zeigt sich auch im Wirken des mächtigen Sportverbandes beim Ausbau der universitären Institute für Sportwissenschaften. So entstand im Einverständnis der Schulbehörden und der Unterrichtstheoretiker, der Sportverbände und der Sportwissenschaften unter Zustimmung und Beteiligung der Sportlehrer an den Schulen ein neues Programm der körperlichen Erziehung, das mit Fug und Recht die Bezeichnungen Schulsport, Sporterziehung und Sportunterricht trägt. Der Schulsportpraxis erstand in den Konzepten der Sportdidaktik, deren Strukturen und Merkmale im 5. Kapitel beschrieben werden, die theoretische Rechtfertigung, Beschreibung und Erklärung ihres unterrichtlichen Vorgehens.

Die Absichten der Sporterziehung in der Schule verdichteten sich in der Zielsetzung der „Sportlichen Handlungsfähigkeit“, welche die Befähigung zum sportgerechten Handeln, die Beherrschung vieler Sportarten, das Verständnis des gesellschaftlichen Phänomens Sport und die Bereitschaft zur organisatorischen und vermittelnden Tätigkeit in diesem Bereich einschloß und zusammenfügte. Es drückte sich darin die intentionale Bescheidenheit im Verzicht auf die Bildungsidee ebenso aus wie die inhaltliche Präferenz der Sportarten und die methodische Akzentuierung auf Training und Wettkampf. Handlungsfähigkeit meint zwar die Sinnvielfalt und die soziale Vielfältigkeit sportlicher Tätigkeiten und definiert darin Sport über die Grenzen des Leistungs- und Wettkampfsports hinaus, nimmt aber nicht die ganze Fülle der menschlichen Bewegungskultur ins Visier pädagogischer Bemühungen.

Während die Leibeserziehung immerhin den Versuch unternahm, im Begriff der Leibeskultur ein intentionales Zentrum des erzieherischen Bemühens zu finden, verzichtete die Praxis wie auch die Theorie der Sporterziehung auf die Leitfunktion des Wortes Sportkultur. Es taucht weder in der sportdidaktischen Fachliteratur noch in den Vorstellungen der Sportlehrer auf. Dies verwundert umso mehr, weil im Kulturbegriff das Menschenbild der modernen Pädagogik einen wesentlichen Ansatz findet und auch der Sport bestrebt war, im Zuge des Wandels der abendländischen Kulturidee, seine kulturelle Bedeutsamtkeit nachzuweisen[14].

2.1.3. Bewegungserziehung

Sind Leibesübungen und Sport so umfassende und unmißverständliche Begriffe, daß sich aus ihnen ein brauchbares Konzept der körperlichen Erziehung in der Schule herleiten ließe? Die bisherigen Überlegungen zur Leibeserziehung und zur Sporterziehung ergeben keine befriedigende Antwort auf diese Frage. Das Wort Bewegung hingegen und die mit ihm eingegangenen Wortverbindungen dürften geeigneter sein, die Absichten und Aufgaben einer körperlichen Erziehung zum Ausdruck zu bringen. Doch ist dies zunächst eine Behauptung und bedarf der argumentativen Stützung. Im vorigen Kapitel sind die Bewegungskultur als Zielidee und didaktische Leitlinie und vier kategorialen Bewegungshandlungen als Lerninhalte der Bewegungserziehung ausgewiesen und erörtert worden. Dadurch ist in einem ersten Schritt kenntlich gemacht worden, welche Art von Bewegungstätigkeit mit Erziehung und Bildung in den Zusammenhang gebracht wird:

Es ist eine kulturell geformte Bewegungstätigkeit, die der Mensch vornehmlich in der freien Zeit, allein oder in Gemeinschaft, mit viel, wenig oder keinem Einsatz von Geräten und Gegenständen, in Natur- und Kunsträumen und in allen dafür verfügbaren Elementen, zur Freude und Erholung, im Wettstreit gegeneinander und in Kooperation miteinander, in Darstellung und Spiel lernt, übt und ausführt.

Dies alles ist Bestandteil der menschlichen Bewegungskultur und hat die Bewegungserziehung zur Bedingung, weil es vornehmlich jene Bewegungstätigkeiten betrifft, die die Erwerbsmotorik zur Voraussetzung haben und in Lernprozessen erworben werden. Die Bewegungskultur des Menschen, als individuelle Verfassung wie als gesellschaftlicher Bestand, baut zwar auf den biologisch notwendigen und genetisch angelegten Alltagsbewegungen des Stehens, Gehens und Laufens (Erbmotorik)[15] auf und bezieht sie mit ein, reicht aber weit darüber hinaus, weil Kultur eben mehr als Natur ist und das Kulturwesen Mensch auch in seiner Bewegung und deren motorischen Voraussetzungen grundlegend anders als das Naturwesen Tier ist.

Die Befähigung zur Übernahme des bewegungskulturellen Erbes, zur Veränderung der bestehenden und zum kreativen Hervorbringen neuer Formen der Bewegungskultur gelingt dem Menschen nur über eine zielgeleitete, institutionalisierte und didaktisch aufbereitete Bewegungserziehung in allen dafür in Betracht kommenden pädagogischen Einrichtungen und Institutionen.

In diesem Buch geht es vorrangig um die Bewegungserziehung in der Schule, die bisher die Bezeichnungen Gymnastik, Turnen, Leibesübungen oder Schulsport gehabt hat. Unterschiedliche Benennungen des Unterrichtsfaches drücken unterschiedliche Erziehungsabsichten aus und bewirkten verschiedenartige Erziehungs- und Unterrichtsprogramme. An den Beispielen der Leibeserziehung und der Sporterziehung konnte dies deutlich gemacht werden. Das theoretische Konzept und das erzieherische Progamm einer Bewegungserziehung, allerdings im Grundsätzlichen verbleibend und nicht in didaktischen Einzelheiten ausgebreitet, enthält dieses Buch. Es beschreibt die Zielsetzungen der Bewegungskultur, erörtert die anthropologischen Grundlagen, behandelt die pädagogischen Prinzipien und analysiert die Bedingungen des Bewegungslernens im gesellschaftlichen und individuellen Kontext.

Das Bewegungslernen ist Teil der Bildung des Menschen und erfolgt in der intentionalen Bewegungserziehung in planvoller, organisierter und zielgerichteter Art unter Mitwirkung ausgebildeter Bewegungserzieher. Es ist ein lebenslanger Prozeß in Form eines „offenen Dialoges" (LIPPITZ 1987, 115) der sich bewegenden Person mit der personellen und gegenständlichen Welt. In diesem Bewegungsdialog werden Erfahrungen gemacht, Erkenntnisse gewonnen, Handlungen erprobt und Wissensbestände aufgenommen, die für das Werden der menschlichen Person unverzichtbar sind. Je reichhaltiger und eindrücklicher diese dialogischen Erfahrungen ausfallen, desto prägender und bereichender formt der Dialog die Lebensform und die Lebensweise des Individuums. Mehr Bewegungsangebot und vielseitige Bewegungsmöglichkeiten in Familie, Freundeskreis, Kindergarten und Schule gewährt dem

Heranwachsenden mehr Bewegungserfahrung und -erleben, schafft eine höhere Ausprägung der individuellen Bewegungskultur und legt darin die Grundlagen für ein reichhaltig entfaltetes Menschentum. Mehr Bewegung ist mehr Lebensqualität vom Anfang bis zum Ende des Lebensweges.

Die Erreichung dieses Zieles oder genauer und bescheidener die Annäherung an dieses Ziel im individuellen wie im gesellschaftlichen Bereich erfordert ein pädagogisches Konzept, das mit Bewegungserziehung präziser, umfassender, zielsicherer und wegführender gekennzeichnet ist als mit den Wortverbindungen Leibeserziehung und Sporterziehung. Bewegung und Erziehung sind der jeweiligen Wortbedeutung nach nicht so aufeinander bezogen, daß die Wortverbindung sowohl in der Praxis wie auch als Theorie als selbstverständlich betrachtet werden könnte. Das Wort Bewegung meint in der vordergründigen und gebräuchlichen Bestimmung die Ortsveränderung des ganzen Körpers oder die Lageveränderung einzelner seiner Teile zum Zwecke der Nahrungsbeschaffung, der Herstellung von Werkzeugen, der Flucht vor lebensbedrohlichen Gefahren, kurz der Lebenserhaltung. Bewegung wird aber auch mit Kulthandlungen, Festen, zwischenmenschlicher Verständigung in Verbindung gebracht. Die menschliche Bewegung sichert dem Menschen das Leben und gewährt ihm das Erleben. Daß Bewegung auch etwas mit Menschenbildung und -erziehung zu tun hat, bedarf der Erklärung und Erläuterung. Die Erziehung ist Lernhilfe bei der Aneignung der Lebens- und Kulturtechniken, Unterstützung in der Ausbildung lebensnotwendiger Gewohnheiten, Anleitung zum Umgang mit anderen Menschen und Menschengruppen. Erziehung setzt beim Wissen und Erkennen an und führt zu Einsichten und Erkenntnissen, stärkt den Willen und verfeinert Gefühlsempfindungen, verbindet Haltung mit Handlung zur annähernden Wahrhaftigkeit des gelebten Lebens. Erklärungsbedürftig wiederum ist die Forderung, daß auch der Körper des Menschen erzogen werden muß und Menschenbildung auch einen motorischen Aspekt enthält.

Freilich ist die theoretische und praktische Verknüpfung von Bewegung und Erziehung nicht erst im 20. Jahrhundert vorgenommen worden. Sie ist in der griechischen Stadtkultur zur Kalokagathie geglückt, hat die Figur des mittelalterlichen Ritters hervorgebracht, und das Menschenbild und Erziehungsdenken der italienischen Humanisten beeinflußt. Die deutschen Philanthropen haben die Bewegungserziehung in ihre Lehranstalten eingebracht und Friedrich Ludwig Jahn hat seine Absichten zur Nationalerziehung auf das Fundament der erzieherisch gedachten Turnbewegung gestellt. Von der Mitte des 19. Jahrhunderts an hat die Idee der Erziehung durch Bewegung den Eingang in das Schulwesen gefunden und den Rang eines Unterrichtsfaches erworben.

Verdeutlichen wir uns die Vorzüge einer Bewegungserziehung gegenüber der Leibeserziehung und der Sporterziehung am Beispiel der Erziehung zur Gesundheit bzw. zur Gesundheitskultur. Die Erhaltung, Wiederherstellung und Verbesserung des Gesundheitszustandes ist eines der ältesten und wirksamsten Motive in der Geschichte der körperlichen Erziehung von der griechischen Antike bis zur Gegenwart. Der Zusammenhang zwischen Bewegung und Gesundheit reicht aber selbst über diese ohnedies weite Zeitspanne hinaus und findet sich bereits in der chinesischen und ägyptischen Kultur ausgesprochen oder angedeutet.

Es soll an dieser Stelle nicht wiederholt werden, was CACHAY (1988), HILDENBRANDT (1989) und KLEIN (1991) über das Gesundheitsmotiv in der Theorie und Praxis der körperlichen Erziehung, im Sport und in der Sportpädagogik geschrieben haben. Ich ergänze lediglich die von diesen Autoren getroffenen Aussagen mit Hinweisen auf das Gesundheitsthema in körperbildenden Konzepten österreichischer Fachleute (FRANK (1779 ff.), GAULHOFER/STREICHER (1930/31), BURGER/GROLL (1971)) und halte mich länger bei gegenwärtig aktuellen Überlegungen einer Gesundheitserziehung durch Sport auf. Diese Ausführungen münden in der Absicht, aufzuzeigen, daß Bewegungserziehung ein besserer Weg zur Gesundheitskultur ist als Leibeserziehung oder Sporterziehung, die Gesundheit als Ergebnis ihres Bemühens erreichen wollten.

Die Vertreter der körperlichen Erziehung in der Schule haben die Gesundheitsargumente der Ärzte, Philosophen und Pädagogen bereitwillig aufgenommen, sich zu eigen gemacht und zu einem Gesundheitsversprechen umformuliert. Sie haben aber nicht ernsthaft in Erwägung gezogen, die Verwirklichung dieses Versprechens zu untersuchen und festzustellen. Die Beweisführung über die gesundheitsfördernden Wirkungen des Schulturnens, der Gymnastik, der Leibesübungen oder des Schulsports hat weder ausführlich noch überzeugend stattgefunden.

Johann Peter FRANK (1745–1821), als Direktor des Allgemeinen Krankenhauses in Wien der Begründer des modernen Spitalswesens und Autor vieler medizinischer Werke, darunter des sechsbändigen „System einer vollständigen medicinischen Policey" (1779 ff.) geht den Zusammenhängen von Gesundheit und körperlicher Betätigung auf vielen Wegen nach und gelangt am Ausgang des 18. Jahrhunderts zu Einsichten, die es wert sind, heute noch beachtet zu werden.

Karl GAULHOFER (1885–1941) hat das Thema Leibesübungen und Gesundheit in den Lebenszusammenhang des Menschen und der Menschheit gestellt und tiefgründig erörtert.

„Wer sein Leben in der unendlichen Kette der Vorfahren und Nachkommen begreift und die Verantwortlichkeit versteht, die ihm daraus erwächst, für den ist es ein Dienen im ganz hohen Sinne, wenn er an seiner Gesundheit arbeitet" (1966, 313).

Gesundheits(-selbst-)erziehung wird so zu einem Vorgang, der das Individuum in die Reihe seiner Vor- und Nachfahren stellt und in der Bedeutsamkeit über die eigene Lebensspanne hinaus verlängert und erweitert.

Margarete STREICHER (1891–1985) läßt in allen Aussagen zur Gesundheitserziehung einen ganzheitlichen und über die Medizin hinausreichenden Gesundheitsbegriff erkennen und vertritt eine Vorstellung vom Gesundsein, die Leibesübungen in ein Ensemble von Maßnahmen, Gewohnheiten, Tätigkeiten und Denkweisen fügt und bindet, die für Gesundheit belangvoll sind. Niemals taucht dabei die einfache Gleichung auf, daß Leibesübungen an sich gesund seien, stets ist die Gesundheit an die Erziehung des ganzen Menschen auf dem besonderen Weg über den Körper und die Bewegung gebunden. Der Bildungsaspekt des Gesundseins bleibt auch bei Hans GROLL (1909–1975) erhalten, wenn er die körperbezogene Gesundheitserziehung durch Leibesübungen in freier Natur und frischer Luft als bildenden Vorgang beschreibt (GROLL 1957, 29–38), der den Menschen stets in seiner Ganzheit erfaßt und formt. Das eigenverantwortliche Gesundheitsbewußtsein hat in den Leibesübungen ein besonderes Feld der Entfaltung, weil es die Erfahrung ermöglicht und Denken und Tun stetig aufeinander verweist und miteinander verbindet.

Es wäre ein unberechtigter Vorwurf, der Sportpädagogik nachzusagen, daß die von ihr entwickelten Konzepte einer sportbezogenen Gesundheitserziehung allesamt einem engen Sportbegriff und einer nur medizinisch-körperlichen Auffassung von menschlicher Gesundheit verpflichtet seien. BALZ (1992) führt an, daß GRÖSSING (1982), BRODTMANN (1984/1988), TREUTLEIN, u. a. (1986), BECKERS (1987), FUNKE (1988) und KOTTMANN/KÜPPER/PACK (1990) sowie KÜPPER/KOTTMANN (1991) durchaus anspruchsvolle Überlegungen zur Gesundheitserziehung im Schulsport angestellt und vorgelegt haben, in denen über die Sportarten und das Training hinaus auch die Themen Körpererfahrung, Selbsterfahrung, Wohlbefinden, Umweltbewußtsein oder Körpererleben behandelt und in das Gesundheitskonzept integriert wurden. Das Sport- und das Gesundheitsverständnis in diesen sportpädagogischen Konzepten sind keineswegs eng gefaßte Auffassungen, und die Erörterung der vielfältigen Zusammenhänge zwischen Sport und Gesundheit geht weit über die naive Vorstellung hinaus, daß durch sportliche Aktivitäten allein die Gesundheit verbessert, gefestigt oder wieder hergestellt werden könnte.

KOTTMANN/KÜPPER/PACK (1990, 453) schreiben dazu: „Gesundheitserziehung in diesem Verständnis zielt auf die Fähigkeit, Bewegung, Spiel und Sport selbständig als Quelle der Befindlichkeitsverbesserung aufzusuchen, eigenverantwortlich und gesundheitsgerecht zu gestalten und als gesundheitlich bedeutsamen Faktor in den Lebensrhythmus zu integrieren."

Ich habe die in den 80er Jahren entwickelten Konzepte sportbezogener Gesundheitserziehung (vgl. GRÖSSING 1988) in die beiden Gruppen der trainingsorientierten und körpererfahrungsbezogenen Ansätze unterteilt. RÖTHIG/PROHL (1992) greifen diese Unterscheidung auf und verweisen darauf, daß beide Konzeptgruppen ein bildungstheoretisches Defizit, eine ausgeprägte Sportartenorientierung und einen engen medizinisch-therapeutischen Gesundheitsbegriff aufweisen. Der von RÖTHIG/PROHL (1992) entwickelte dritte Weg einer „sozialanthropologischen Gesundheitserziehung" definiert Gesundheit als „Potential zur Bewältigung von Umweltsanforderungen" (1992, 174), verankert sie in der Lebenswelt und im Sinnhorizont des Individuums und bindet sie in Erziehungs- und Bildungsvorgänge ein, in deren Mittelpunkt das Kulturphänomen Sport gesetzt ist. Die beiden Autoren bezweifeln zwar die Brauchbarkeit des Wortes Gesundheit als sportpädagogischen Leitbegriff für die Gesundheitserziehung und schreiben (1992, 179) daß „das beinahe beliebig ge(-miß)brauchte Konstrukt „Gesundheit" sich für die Belange sportpädagogischer Theoriebildung als wenig tauglich erwiesen" hat, ersetzen den Begriff Gesundheit aber durch keinen anderen. Ähnlich verfahren sie mit dem Wort Sport: „. . . aus dem Gesagten ist zu folgern, daß Sporttreiben und Leibesübungen dann geeignet sind, eine Quelle gelingender („gesunder") Lebensführung zu bilden, wenn sie als Vollzug dieses Lebens betrieben werden und nicht Mittel zum Zweck einer imaginären Gesundheit" (1992, 180) sein sollen. Die Verwendung des Begriffspaares „Sporttreiben und Leibesübungen" löst meiner Ansicht nach nicht das Dilemma terminologischer Unklarheit und Vieldeutigkeit. Doch diese, sicherlich nicht das zentrale Anliegen von RÖTHIG/PROHL (1992) treffende Kritik an der Wortwahl soll deren wegweisendes Konzept einer sozial-anthropologischen Gesundheitserziehung nicht schmälern oder abwerten. Es integriert die pädagogischen Bemühungen einer sportbezogenen Gesundheitserziehung in die gesamte Lebensführung eines Menschen, faßt das Kulturphänomen Sport begrifflich so weit, daß es über die Sportarten hinausreicht und verzichtet auf den gebräuchlichen instrumentellen Zusammenhang von Sporttreiben und Gesundheit.

An allen sportpädagogischen Konzepten der 80er Jahre ist allerdings eine dreifache Kritik angebracht: Sie halten erstens am gebräuchlichen Sportbegriff fest und bedenken zu wenig den festgefügten Alltagsgebrauch des Wortes Sport, der diese Bewegungstätigkeit untrennbar mit Wettkampf und Leistungssteigerung besetzt hat. Dieses im Alltagsbewußtsein vorhandene Sportbild, das durch die Medienberichterstattung erzeugt und verstärkt wird, kann keine Werbung und keine Zielsetzung für das pädagogische Bemühen einer ganzheitlichen Gesundheitserziehung sein. Zweitens wird am Begriff Gesundheit festgehalten, obwohl dessen medizinische Verwendung einer dem ganzen Menschen gerecht werdenden Auffassung von Gesundheit und Lebenshaltung im Wege steht. Und drittens hat die Sportpädagogik zwar viele pädagogische Konzepte einer sportbezogenen Gesundheitserziehung entwickelt und vorgestellt, ohne damit allerdings in die Ebene der Unterrichtsprogramme und didaktischen Modelle vorzustoßen. Die sportpädagogischen Konzepte blieben inhaltlich beliebig (vgl. BALZ 1992), intentional oftmals unklar und methodisch unverbindlich. Der häufig verwendete Begriff des Gesundheitssports blieb in seiner Undifferenziertheit ein unbrauchbarer sportpraktischer Ansatz einer ganzheitlichen Gesundheitserziehung.

Die nun folgenden Überlegungen einer bewegungsorientierten Gesundheitserziehung heben sich von leibeserziehlichen und sportpädagogischen Konzepten terminologisch und strukturell insofern ab, als sie nicht den Anspruch erheben, Gesundheit durch Leibesübungen oder Sport herzustellen, zu festigen oder zu sichern, sondern über mehrere Wege einer breiten und vielfältigen Bewegungserziehung einen Beitrag zur Entfaltung individueller und gesellschaftlicher Gesundheitskultur leisten wollen.

Der Ausgangspunkt der Gesundheitserziehung ist demnach die menschliche Bewegungskultur in der Vielfalt ihrer Erscheinungen, das Ziel des bewegungspädagogischen Bemühens ist die Gesundheitskultur. Die Bewegungskultur wird aufgrund gesundheitskultureller Kriterien differenziert und didaktisch aufbereitet, damit sich keine inhaltliche Beliebigkeit im Erziehungsprogramm festsetzt. Gesundheitsorientierte Bewegungshandlungen (vgl. 1.3.4.) sind als solche auszuweisen und in Erziehungs- und Unterrichtsprogramme umzusetzen. Weder Beliebigkeit noch Einseitigkeit darf eine Bewegungserziehung kennzeichnen, die sich Gesundheitskultur als individuelle und gesellschaftliche Befindlichkeit zum Ziel gesetzt hat. Die Gesundheitskultur ist allerdings nicht das Ganze der Bewegungskultur, und die

Gesundheitserziehung nicht der alleinige Auftrag der schulischen Bewegungserziehung. Die Ausgewogenheit von Sport-, Spiel-, Ausdrucks- und Gesundheitserziehung in der Bewegungserziehung ist theoretisch zu begründen und praktisch zu verwirklichen.

Bewegungserziehung ist ein Weg zum Dialog mit dem eigenen Körper. Hierin hat die Didaktik der Körpererfahrung (FUNKE 1983) viel angeregt und eingeleitet und zur Überwindung des Körpermonologs der Sporterziehung beigetragen. Denn es charakterisiert den Sportkörper, daß er vom sporttreibenden Ich instrumentell eingesetzt wird, und keine Chance zum Antworten im Sinne eines vernünftigen Dialogs zwischen Ich und Körper bekommt, so daß die Reaktion des Körpers oftmals sehr radikal ausfällt: Verletzung, Schäden, Tod. Dialogfähigkeit zwischen Ich und Körper ist eine der Grundbedingungen der Gesundheitskultur und fordert ein Programm von Bewegungserziehung ein, in dem der eigene Körper (aber auch der Körper anderer) wahrgenommen, gespürt, erfahren, erlebt wird, bei dem Fragen an ihn gestellt und seine Antworten erlauscht werden, bei dem Körper- und Bewegungsempfindungen mit allen Sinnen und mit gelegentlicher Ausschaltung des dominanten Gesichtssinnes gemacht werden. Wirbelsäulengymnastik und Kraftkammer sind in diesem Erziehungsprogramm nicht von vornherein verpönt, wohl aber ein damit verbundener mechanistischer Übungsbetrieb in lauter Umgebung und mit exakten Zeitvorgaben. Ein Dialog braucht Weile, Offenheit beider Partner und die das „Sprechen" fördernde Atmosphäre. Im heutigen Gesundheitssport ist vieles zu laut, zu hektisch, zu massenhaft, zu technisch geworden.

Gesundheitskultur ohne die Haltung der Mitweltlichkeit ist unvollständig. Gesundheit kann sich mit Umweltbewußtsein vielleicht begnügen, Gesundheitskultur aber braucht jene Haltung, die den Menschen aus dem Zentrum alles Lebens wieder herausnimmt und in eine Reihe mit den anderen Lebewesen stellt. Anzuerkennen ist eine „exzentrische Positionalität" (PLESSNER 1975), wie sie dem Menschen aufgrund der Evolution zusteht, die er aber in Verantwortung für das Haus Erde und nicht in der Mentalität eines Hausherren einnehmen soll. Das ist der bedeutsame und qualitative Unterschied zwischen dem Prinzip Mitweltlichkeit und dem Umweltbewußtsein als Lebenshaltung des einzelnen und der Menschheit. Mitweltlichkeit ist einer der bedeutsamsten Erziehungsaufträge der Gegenwart und ein lebensentscheidendes Bildungsziel der Zukunft. In der Haltung der Mitweltlichkeit wird der Mensch die Natur nicht mehr zur beliebig machbaren Sportanlage und das Tier nicht zum Sportgerät entwürdigen, wird er auch in seinem Bewegungshandeln jenes Wissen und jene Weisheit zum Ausdruck bringen, daß ihn zerstört, was er als Zerstörung in der Mitwelt anrichtet. Darin weist die Gesundheitskultur des Menschen über ihn selbst hinaus und bezieht seine Mitwelt vollends ein.

Gegenüber dieser anspruchsvollen Zielsetzung einer Gesundheitserziehung durch Bewegungserziehung treten bisherige Anliegen des Gesundheitssports zwar in den Hintergrund, werden aber nicht unwichtig. Denn auch die Gesundheitskultur als menschliche Befindlichkeit fängt im Alltag und mit den Einzelheiten an: mit dem Wissen um die ausgleichenden Möglichkeiten der Bewegung bei sitzender Berufstätigkeit, der Bedachtnahme auf die eigene und fremde Sicherheit und der richtigen Einschätzung des Risikos, das mit vielen Bewegungstätigkeiten verbunden ist. Deshalb gehören zur individuellen Gesundheitskultur auch die Fähigkeiten der Streßanalyse und -bewältigung, Entspannungstechniken, die vor allem Dauerspannungen im Schulter-Hals-Bereich verhindern, Ernährungsgewohnheiten, das Erfassen des täglichen und des jahreszeitlichen Biorhythmus und das richtige Handeln bei Gefahren und Unfällen. Für die Verwirklichung dieser Handlungsziele der Gesundheitserziehung ist zwar Wissen erforderlich aber nicht ausreichend. Der Bewegungsunterricht muß dem Schüler deshalb auch viele Möglichkeiten der Einübung und Gewohnheitsbildung ermöglichen.

Bewegungserziehung und Gesundheitskultur weisen über die Fachgrenze Leibesübungen hinaus, stellen dieses Fach allerdings ins Zentrum der schulischen Erziehungs- und Bildungsbemühungen um die Gesundheitskultur. Denn in keinem anderen Unterrichtsgegenstand liegen Erkenntnis und Erfahrung, Denken und Handeln in allen gesundheitskulturellen Tatbeständen so nahe beisammen und weisen zugleich auf andere Fächer und Lerngebiete der Schule hin. In der Gesundheitserziehung sammeln sich Ziele und Stoffe mehrerer Gegenstände des schulischen Unterrichts und fordern den multidisziplinären und projektartigen Unterricht.

Gesundheitskultur als Lebensstil durch Bewegungserziehung im heranwachsenden Menschen anzubahnen (mehr kann Erziehung nicht leisten) und damit gute Voraussetzungen zu schaffen, daß sie als *einer* der Sinngehalte des Lebens erkannt und in das Ganze der Bildung integriert wird, ist ein sehr anspruchsvolles pädagogisches Programm, an dessen praktischer Umsetzung auch die Schule mitzuwirken hat. Leibeserziehung und Sporterziehung in Theorie und Praxis haben diese Forderung durchaus gekannt und zu verwirklichen getrachtet. In der Theorie der Leibeserziehung (GAULHOFER/STREICHER, GRUPE) existierte ein brauchbarer Gesundheitsbegriff (vgl. SCHULZ 1991), finden sich auch einige Hinweise der unterrichtlichen Umsetzung, entstand aber zu keiner Zeit ein umfassendes Unterrichtskonzept einer Gesundheitserziehung durch Leibesübungen. Auch die Theorie der Sporterziehung versperrte sich mehrfach den Weg zu einer erfolgversprechenden Gesundheitserziehung.

2.2. Anthropologische Grundlagen der Bewegungserziehung

Es wäre ein naiver und deshalb ein die Wirklichkeit des menschlichen Lebens verkennender Gedankengang, wollte man aus der Deutung dessen, was der Mensch dem Wesen nach sei, ein Erziehungskonzept ableiten. Denn wo und wann gab es jemals eine Übereinkunft über das Wesen des Menschen und selbst wenn es dies gäbe, wäre daraus kein pädagogisches Programm im Sinne einer selbstverständlichen Folgerung zu gewinnen. Nur totalitäre Gesellschaften und normative Pädagogiken sind diesen einfachen Weg gegangen, ohne jemals überzeugend zu einem gültigen Ergebnis gekommen zu sein. Diese Behauptung leugnet allerdings weder die Bedeutung der Philosophischen Anthropologie für die Erziehungswissenschaften noch enthebt sie jene der Verpflichtung, Menschenbilder zu entwerfen und der Pädagogik als Leitbilder für Erziehungs- und Bildungstheorien zur Verfügung zu stellen. Sie räumt nur die wirklichkeitsverstellende Ansicht aus dem Wege, es könnte ein gültiges Menschenbild jemals geben, das aller Erziehung Richtschnur wäre. Die Menschenbilder der anthropologischen Wissenschaften sind vielzählig und bruchstückhaft, prinzipiell offen und plastisch, widersprüchlich oftmals und einseitig manches Mal, niemals fugenlos und unter keinen Umständen konsequent handlungsleitend oder gar bestimmend für erzieherische Maßnahmen und pädagogische Theorien. Deshalb ist in diesem Abschnitt nur von den anthropologischen Grundlagen für die Bewegungserziehung die Rede und nicht vom Menschenbild, das ihr Leitlinie und Wegweiser sein könnte[16].

Mit der Annahme, daß der Mensch ein körperliches, bewegliches, sinnsuchendes und kulturell geformtes Lebewesen ist, finden wir bei philosophisch-orientierten Anthropologen Bestätigung und Stützung und leiten daraus ab, daß Körperlichkeit, Bewegung, Sinn und Kultur wesentliche Kategorien des Menschseins ausmachen und an allem beteiligt sind, was menschliches Handeln kennzeichnet, mithin auch an der Erziehung im allgemeinen und der körperlichen Erziehung im besonderen. Deshalb stellen diese vier Kategorien die wichtigsten Grundlagen für eine den ganzen Menschen betreffende Bewegungserziehung.

2.2.1. Körperlichkeit

Mit diesem anthropologischen Begriff hat es zunächst eine terminologische Schwierigkeit, weil in der Phänomenologie das Wort Leiblichkeit bevorzugt und in anderer Bedeutung als Körperlichkeit verwendet wird, andererseits aber mehrere anthropologisch orientierte Wissenschaften gegenwärtig zur austauschbaren Verwendung beider Begriffe neigen oder das Wort Körper in allen Bedeutungen und Verbindungen dem Leibbegriff vorziehen. Es ist vom Sprachgebrauch her nicht begründbar, daß Leib und Leiblichkeit die qualitativ-phänomenologische Sichtweise und Körper und Körperlichkeit die quantitativ-naturwissenschaftliche darstellen sollen. Weder der Blick in frühere Zeiten noch die gegenwärtig gleichartige Verwendung beider Wörter im deutschsprachigen Raum spricht dieser Annahme von THIELE (1990) Geltung zu. Die von mir vorgenommene Verwendung der Begriffe Körper und Körperlichkeit ist pragmatisch begründet und bedeutet weder den Gegensatz zu Leib und Leiblichkeit noch ist es der Ausdruck einer anderen als der phänomenologischen Betrachtung des Tatbestandes.

Die Vermutung, daß der Mensch als körperliches Wesen dem Körper stets die volle Aufmerksamkeit zugewandt hätte, trifft nicht zu, jedenfalls nicht im christlich-abendländischen Kulturkreis, in dem es viele Jahrhunderte seiner Geschichte gegeben hat, in denen die Körperverachtung und -feindlichkeit das Menschenbild prägten und geradezu unmenschliche Handlungen gegenüber dem Körper und der Körperlichkeit im praktischen Gefolge hatten. Doch sind auch die Epochen eines lichtvollen Menschenbildes nachzuweisen, in denen der Mensch sich in seiner körperlich-seelischen-geistigen Einheit verstand und verwirklichen konnte. Und immer wieder bedurfte es der Neuentdeckung der Körperlichkeit und darin der Wiederfindung der Ganzheitlichkeit des menschlichen Wesens. Im gegenwärtigen zu Ende gehenden Jahrhundert findet zum zweiten Male eine Wiederentdeckung der Körperlichkeit statt. Ein ähnlicher Vorgang ereignete sich auch schon am Anfang dieses Jahrhunderts.

Die Gesinnung und die Gesittung hatten in der zweiten Hälfte des 19. Jahrhunderts den menschlichen Körper zum Schweigen und zum Verschwinden gebracht. Ihn selbst und alles, was mit ihm in näherer Beziehung stand: die äußere Gestalt, die Haut, die Gebärden, die Bewegung und die Sexualität. Die geschlechtliche Lust war tabuisiert, die Gestalt verhüllt, die Haut abgeschirmt von jeder äußeren Einwirkung und die Beweglichkeit eingeschränkt und behindert. Der Mann gestattete sich selber allerdings einige körperlich-sexuelle Erleichterungen, gebot aber dem anderen Geschlecht die Erschwernisse im Umgang mit dem Körper. Die politische Emanzipation, die Sportbewegung, die Psychoanalyse Sigmund Freuds, die Freikörperkultur, die Jugendbewegung und die Lebensreform veränderten das Körperschicksal für beide Geschlechter grundlegend und nachhaltig. Der Körper wurde zum Gesprächsthema, die Sexualität zum Gegenstand der Wissenschaft, die sportliche Betätigung forderte die zweckmäßige Kleidung des Körpers und förderte seine Enthüllung, die Freikörperkultur bot ihn nackt zur Schau und erklärte die Nacktheit zur besseren Moral. Viele dieser leiblichen Errungenschaften gingen im 20. Jahrhundert nicht mehr verloren, einige jedoch verstiegen sich zu grotesken oder brutalen Verirrungen in der nationalsozialistischen Epoche. Die Gratwanderung zwischen Körperkultur und Körperkult war ein von Abstürzen in das Groteske und das Grausame bedrohter Gang durch die Ereignisse dieses Jahrhunderts.

Die körperliche Gefährdung des Athleten, die Geringschätzung der Gesundheit, die Manipulation der Gestalt, und die leistungsfördernden aber unerlaubten Eingriffe (Doping) im heutigen Spitzensport haben den menschlichen Körper wieder ins Spiel der Ideen und Handlungen gebracht. Der Sportkörper und der Körpersport boten nicht mehr die Gewähr für eine leibliche Kultur, weil sie zuviel Häßlichkeit, Bedenkenlosigkeit und Zweckdienlichkeit offenbarten. Doch hat der Sport nicht den alleinigen Anstoß für die neuerliche Zuwendung zum Körper gegeben. Die Psychoanalyse fand Heilwege über den Körper und entwickelte Methoden der Körpertherapie als Gegenstücke oder Ergänzungen zur vorherrschenden Seelentherapie. Die neue Frauenbewegung begehrte gegen die Vermarktung des weiblichen Körpers in Wirtschaft und Werbung auf. Ein neues Bewußtsein (new age) nahm Ideen fernöstlicher Geistigkeit auf und in diesen einen anderen und innerlichen Umgang mit dem Körper wahr und integrierte dieses Denken in das westliche Weltbild (CAPRA 1982a, 1982). Aus vielen Quellen ergossen sich die Themen des Körpers und vereinigten sich zu neuen Qualitäten des Denkens und Handelns in der abendländischen Kultur.

Eines der Schlagworte für die Wiederentdeckung der Körperlichkeit im ausgehenden 20. Jahrhundert heißt Körpererfahrung. Es ist in sich vielschichtig und mehrdeutig, und je länger es im Gebrauch steht, umso konturreicher aber auch unpräziser im Ausdruck wird es.

Erfahrungen des eigenen Körpers und des Körpers der anderen, Erfahrungen durch den Körper und mit dem Körper, einheimische und exotische Körperhandlungen als Erleben, Meditation und Grenzleistung, Ruhe und Bewegung, Berührung und Schmerz, Erschöpfung und Massage — so reichhaltig bot sich das Versprechen der Körpererfahrung an und so vielfältig nahmen es die Menschen auch an. Erprobung — wohin man schaute: in großen und kleinen Gruppen, in Partnerschaften und Familie, bei Kindern und alten Menschen, in Kliniken und Volkshochschulen, Therapiegruppen, Vereinen, Kurhotels und Schönheitsfarmen, auf Spielfesten und Lauftreffs, und spät aber doch auch in Unterrichtsgegenständen und Erziehungsprogrammen der Schule.

In Anlehnung an die Kritik THIELES (1990) über die Verwendung des Begriffes und Inhaltes der Körpererfahrung werden einige Einwände vorgebracht, die allerdings — das sei vorweg gesagt — nicht das pädagogische Konzept der Körpererfahrung[17] grundsätzlich in Frage stellen oder in Mißkredit bringen wollen.

Der Vieldeutigkeit des Erfahrungsbegriffes entspricht eine dürftige theoretische Grundlegung. Kein Autor beruft sich auf eine Theorie der Erfahrung oder der Körpererfahrung. Die Theorielosigkeit des sportpädagogischen Konzepts der Körpererfahrung kann sich nicht auf ein Theoriedefizit des Erfahrungsbegriffes ausreden, weil es, wie THIELE (1990) festhält, durchaus auch pädagogische Theorien zum Begriff der Erfahrung gibt: z. B. BOLLNOW, O. F.: Der Erfahrungsbegriff in der Pädagogik. In: Zeitschrift für Pädagogik 14 (1968), 220–252, oder PRANGE, K.: Pädagogik als Erfahrungsprozeß, Bde. I–III. Stuttgart 1978 ff. Der Begriff wird so verwendet, als herrschte Einmütigkeit über seinen umgangssprachlichen Gebrauch und Eindeutigkeit in seiner definitorischen Aussage. Dabei ist es nicht einfach, Erfahrung von Erleben und Wahrnehmen zu unterscheiden. Körpererfahrung und Körpererleben werden häufig gleichbedeutend verwendet und manchmal entsteht der Eindruck, daß das, was mit Körpererfahrung beschrieben wird, nicht mehr als ein Wahrnehmen von Körperfunktionen ist.

Die Rechtfertigung, daß Körpererfahrung etwas Praktisches sei, das man erfahren und nicht beschreiben und erklären kann, ist eine unzureichende Begründung für die Theorielosigkeit dieses pädagogischen Ansatzes. Es gibt keinen theorielosen Zugang zu Phänomenen der Erziehung und des Unterrichts. Wenn Bewegungserziehung zu wünschenswerten Körpererfahrungen führen soll, muß theoretisch begründet sein, was Körpererfahrung sei. Beim Lesen der sportpädagogischen Konzepte der Körpererfahrung entsteht der Eindruck, daß stets positive Erfahrungen mit dem Körper gemeint sind und die Tatsache, daß negative Erfahrungen einen nachhaltigen Bildungs- und Erziehungswert haben können, keine Beachtung findet.

Nach diesem verkürzten historischen Exkurs zum Körperthema und einer Kritik an der inflationären Verwendung des Begriffes Körpererfahrung wenden wir uns den Bestimmungsgrößen der menschlichen Körperlichkeit zu.

Die Beschreibung wichtiger Merkmale der menschlichen Körperlichkeit hat die körperliche Erziehung im Visier und erfolgt nicht genuin anthropologisch. Sie orientiert sich vorwiegend an phänomenologisch-anthropologischen Deutungen des Menschseins (PLESSNER, GEHLEN, PORTMANN, MERLEAU-PONTY)[18] und greift Gedanken anthropologisch fundierter Sportpädagogen (GRUPE, MEINBERG)[19] auf. Bestimmungsmerkmale der menschlichen Körperlichkeit sind die Mundanität, die Plastizität, die Bewußtheit und die Medialität. Wer die menschliche Körperlichkeit aus dem Gegensatzpaar Körper und Geist betrachtet und noch so bemüht ist, deren Einheit zu denken und zu deuten, verfehlt sie von vornherein[20]. Das wäre der falsche Standort für eine Betrachtung, die das Ganze des Menschseins in den Blick nehmen will, weil auch das nachträgliche Zusammenfügen der zu beobachtenden Teile nicht das Ganze ergibt. Nicht einmal der theoretischen Sicht stellt sich der Körper als Gegenteil des Geistes dar, und erst recht ist diese Einheit im gelebten Leben in jedem Augenblick gegeben. Es stellt sich mithin gar nicht die Frage nach dem Zusammenwirken von Geist und Körper, weil diese Frage so falsch wäre, daß sie niemals eine richtige Antwort ergäbe. Die Strukturerhellung der menschlichen Körperlichkeit kommt nicht befriedigend zustande, wenn vom Körper und dem Geist, vom Leib und der Seele die Rede ist. Die Merkmaligkeit des Menschen als körperliches Wesen ist in anderen Dimensionen zu suchen und mit anderen Phänomenen zu beschreiben. Ein Bemühen, die dunkle Vernetztheit von Körper und Geist zu erkennen, ist eben fruchtlos wie die Suche nach dem letzten Unterscheidungsmerkmal von Energie und Materie, weil im Tiefsten und im Kleinsten besehen keine Unterschiede auszumachen sind.

Fangen wir mit dem **Weltbezug** des menschlichen Handelns und Denkens an. Die körperhafte Mundanität des Menschen überträgt dem Körper eine Vermittlerrolle im Mensch-Welt-Verhältnis. Es ist ein dynamisches, aktives und von Entscheidungen getragenes Verhältnis des Menschen zur Welt, in das die Körperlichkeit als offener und veränderbarer Zustand bestimmende Kriterien einbringt. Dies gilt es genau zu beachten: der Homo Mundanus[21], der auf die Weltzuwendung verwiesene und angewiesene Mensch gestaltet diesen Bezug als körperliches Wesen, wobei die Plastizität seiner Körperlichkeit auch die Verschiedenartigkeit des Weltverhältnisses bedingt. Denn das Weltverhältnis des Menschen ist geprägt durch ein offenes, mittelhaftes, gestaltetes und mit großen aber nicht grenzenlosen Spielräumen versehenes Handeln und Wirken. Der Vergleich mit dem Weltbezug des Tieres macht die Sonderform des Menschen deutlicher: An die Stelle der naturgegebenen Eingepaßtheit des Tieres in die Umwelt, tritt der aufgegebene und damit kulturelle Auftrag des handelnden Bezuges zur Welt. Das Handeln des Menschen in der Welt ist „von Natur aus unnatürlich" (PLESSNER 1975), weil kulturell bestimmt und das wiederum heißt agierend und nicht reagierend. Die Umwelt des Menschen ist die von ihm geschaffene Welt oder richtigerweise und einschränkend ausgedrückt, die von ihm nach seinen Lebensbedürfnissen und Erlebenswünschen umgestaltete natürliche Umwelt.

Der über den Körper hergestellte Weltbezug des Menschen führt zu einem ambivalenten und dialektischen Verhältnis, bei dem die Welt auf den Menschen und der Mensch auf die Welt einwirken. Körperlichkeit ist weltbestimmt, d. h. von den Einflüssen der räumlichen, gegenständlichen und personellen Um- und Mitwelt geprägt. Konkret: das Körperbild, das zugleich Selbstbild des Menschen ist, formt sich in Abhängigkeit von Landschaft, Klima, Wohnraum und mitmenschlichen Handlungen. Und umgekehrt gestaltet der Mensch aufgrund der Bedürfnisse und Wünsche seiner Körperlichkeit die Landschaft und den Wohnraum, wirkt lenkend und prägend auf die Handlungen seiner Mitmenschen ein und greift in die Lebensumstände aller übrigen Lebewesen bestimmend ein. Körperlichkeit ist eine weltformende und von der natürlichen Umwelt und der kulturellen Welt geformte, mithin geistige Befindlichkeit des Menschen[22].

Die **Plastizität** als Merkmal der Offenheit und Unabgeschlossenheit könnte als biologische Schwäche gedeutet werden, die allerdings zur Stärke wird, weil sie das Lebewesen Mensch zu einem instinktunabhängigen und deshalb produktiven Handeln zwingt, dessen Ziel die immer nur in Annäherung zu erreichende Vollendung seines Wesens und seines Lebens ist. Der Mensch ist deshalb lebenslang ein unfertiges, ein sich entwerfendes und wollendes Lebewesen ohne die Chance, das Wollende jemals in die Vollendung zu bringen. Er erreicht immer nur eine vorläufige, dem jeweiligen Lebensalter zukommende Befindlichkeit, die so labil in ihrem Zustande ist, daß jeder neue Entwicklungs- und Lebensabschnitt sie im Grunde verunsichern kann. Die lebensbegleitende Aufgegebenheit und beständige Unfertigkeit betrifft auch die Körperlichkeit. Als Gebilde der Zucht und der Kultur ist der Körper nur zu einem kleinen Teil ein biologisches Faktum und deshalb auf Erziehung und Bildung, beides sowohl als Akte des fremden wie des eigenen Willens, angewiesen. Lebenslange Plastizität der Körperlichkeit (das ist mehr als nur die Formbarkeit des materiellen Körpers) bedeutet deshalb lebenslanges Lernen, langdauernde Lernhilfe in Form der körperlichen Erziehung und die beständige Verantwortung für einen aufgegebenen und nicht gegebenen Zustand der Körperlichkeit. Dieser Einsicht folgt nicht zwingend die ständige Veränderlichkeit des Körpers und der Körperlichkeit, wohl aber die Erkenntnis, daß die Körperlichkeit des Menschen bei verschiedenartigen Beanspruchungen des Körpers, in Zuständen des Krankseins, bei körperlichen Behinderungen, gewichtigen Formveränderungen durch Amputation oder Gewichtszu- oder -abnahmen sich wandeln und tiefgehend verändern kann. Die Körperlichkeit als Wesensmerkmal des Menschen ist also beeinflußt vom Körper, seinem Aussehen, seiner Größe oder Kleinheit, Versehrtheit, Leistungskraft, Gesundheit oder Krankheit.

Die **Bewußtheit** als Merkmal des Lebendigen erreicht im menschlichen Lebewesen den höchsten Grad der evolutionären Entfaltung: das Selbstbewußtsein. Das hat Friedrich Nietzsche mit dem „nicht festgestellten Tier" gemeint oder J. P. Sartre mit dem Satz von der „Verdammnis zur Freiheit" ausgedrückt. Die Natur hat den Menschen als einziges Lebewesen aus den Banden des Instinkts gelöst und zur Freiheit des Handelns erlöst oder verurteilt, wie immer man dieses Spiel des Zufalls auslegen mag. Denn anders ist das Selbstbewußtsein nicht zu deuten, als in der Befähigung zur Distanz zum eigenen Ich. In der Körperlichkeit drückt sich diese Freiheit als Distanz in der Formel vom Leibsein und Leibhaben aus. Der Mensch geht in seiner Körperlichkeit weder restlos auf (Leibsein), noch verfügt er in Beliebigkeit über seinen Körper (Leibhaben). Er ist durch reflektierende Befähigung imstande, jeden der beiden Zustände jeweils gebrochen durch den anderen vorübergehend herzustellen und aufrechtzuhalten.

Das Selbstbewußtsein schafft ihm die gebrochene Sicht seiner Selbst, eine Sicht, die stets die Freiheit des Gelingens wie des Mißlingens in sich birgt. Als einziges unter den Lebewesen kann der Mensch sich in seiner ihm aufgegebenen und nicht bloß gegebenen Wirklichkeit auch verfehlen, und dies trifft wiederum voll und ganz auch auf die Körperlichkeit zu. Als Akt des Selbstbewußtseins, der Entscheidungsfreiheit und der Distanz im gebrochenen Zustand des Habens und Verfügens ist die Körperlichkeit des Menschen als Aufgegebenheit lebenslang mit der Chance des Gelingens oder der Gefahr des Verfehlens behaftet. Die Konsequenz daraus heißt wiederum Erziehung, Lernen und lebenslange Selbstbildung.

Betrachten wir als letztes Merkmal der Körperlichkeit die **Medialität** oder das, was viele Phänomenologen den „fungierenden Leib" nennen. Der hohe Grad der Bewußtheit über die Körperlichkeit findet seine Anwendung zumeist in der Außengerichtetheit des menschlichen Lebens. Die inneren Lebensprozesse laufen eher unbewußt ab, weil der Mensch den motorischen und vegetativen Vorgängen in seinem Körper eine geringere Beachtung schenkt als den nach außen gerichteten Ereignissen und Handlungen seines Lebenslaufes. Das Erziehungskonzept der Körpererfahrung und die zahlreichen Körpertherapien sind bemüht, dieses Defizit des inneren Körperbewußtseins auszugleichen und den gesunden und kranken Menschen zur Innenschau anzuleiten. Übersehen wir aber auf der anderen Seite nicht, daß der Weltbezug des Menschen auf den Vollzug, auf das Handeln nach außen und die Weltgestaltung ausgerichtet ist und in dieser Weltzuwendung der Körper als „fungierender Leib“, als Mittel des Vollzugs eingesetzt wird. Der Philosoph Edmund Husserl hat die Forderung „Zurück zu den Sachen“ in das Zentrum seines phänomenologischen Denkens gestellt. Was dieser kurze Satz wissenschaftstheoretisch zu bedeuten hat, wird im 5. Kapitel erörtert. BUYTENDIJK (1958, 173) zieht daraus aber auch einen Schluß auf den menschlichen Weltbezug: „Zurück zu den Sachen bedeutet nicht eine Hinwendung zum Sachlichen, etwa im physischen Sinne, sondern ein sich immer wiederholendes Teilnehmen an der phänomenalen Welt, unserer Welt mit ihrer reichen Sinnstruktur.“ Die Hingabe an die Sachen, die Außengerichtetheit des Menschen als wesentlicher Auftrag seiner wirkenden Existenz, erfordert die mediale Funktion des Körpers, deren Einseitigkeit ebenso eine Wesensverfehlung bedeuten kann, wie die gegenteilige Einseitigkeit der Innenschau zum Körperkult und nicht zur Körperkultur führen würde.

Die Körperlichkeit des Menschen — so könnte man diese Gedanken zusammenfassen — ist leichter zu verfehlen als zu verwirklichen. Der Mensch ist auch hierin sich selbst ein rätselhaftes Wesen, weil ihm die Natur die Körperformel nicht eingeschrieben, sondern in die Verfügbarkeit gegeben hat. Rätselhaftigkeit ist das Ergebnis der Offenheit, die auch den Körper des Menschen auszeichnet, Sinnhaftigkeit ist der Versuch, das Körperrätsel wenigstens zeitweilig aufzulösen. Daß der Mensch und die Menschheit imstande sind, den Körpersinn zu verfehlen, zeigen individuelle Lebensläufe und geschichtliche Epochen in aller Deutlichkeit auf. Eugen FINK (1970, 33) ortet auch in der Gegenwart ein Merkmal verfehlter Körperlichkeit, wenn er feststellt: „daß der Mensch vergaß, wie er zur allumfassenden Natur gehört, wie die Erde seine Heimat, wie der Tod naturhaft zum Leben gehört, wie er leibhaft im Irdischen wurzelt und wie alle wesentlichen Existenzphänomene auch leibhaftig sind.“

2.2.2. Bewegung

Neben der Körperlichkeit ist die Bewegung ein weiterer Hauptbegriff einer phänomenologischen Theorie der Bewegungserziehung, die in ihrer integrativen Sicht natürlich beide Phänomene nicht voneinander trennt. Der Gang der bisherigen Überlegungen hat lediglich zuerst den Akzent auf den Körper gelegt und wendet sich jetzt der Bewegung zu, doch war dabei der sich bewegende Körper und ist nun die körperliche Bewegung gemeint. Die Bewegung des menschlichen Körpers kann in unterschiedlicher Sichtweise betrachtet werden, was wiederum verschiedenartige Interpretationsergebnisse zur Folge hat. Zwei unterscheidbare wissenschaftliche Zugänge zur menschlichen Bewegung sind die analytisch-naturwissenschaftliche und die phänomenologisch-geisteswissenschaftliche Interpretation.

Die erste Art der Betrachtung definiert die Bewegung als Ortsveränderung eines Körpers oder einzelner seiner Teile im Verhältnis zur Zeit, beschreibt sie als Translation oder Rotation und erforscht vor allem die damit zusammenhängenden motorischen Bedingungen. Dagegen beschreibt und erklärt die phänomenologische Sichtweise die ganzheitlichen Bewegungshandlungen im Sinnzusammenhang des Leben eines Menschen. Die Erlebnisgehalte der Bewegung, ihre Ausdruckskraft und ihr dynamischer Ablauf erscheinen ihr wichtiger als die physikalische Raum-Zeit-Korrelation. Den Unterschied beider Sichtweisen auf die menschliche Bewegung hat BUYTENDIJK (1958) sehr einleuchtend herausgearbeitet: Ich fasse zwei Sätze von BUYTENDIJK, die in seinem Buche (1958) auf zwei Seiten stehen in eine Aussage zusammen: „Wenn wir uns also fragen, warum die Bewegung eines Lebewesens .... nie aus der Strukturfunktion des zentralen Nervensystems verständlich sein kann, so wäre die Antwort“ (174), „daß wir das spezifisch Menschliche der menschlichen Bewegungen nur erfassen und verstehen können, wenn wir uns die für den Menschen wesentlichen Bezugssysteme vergegenwärtigen“ (177). Darunter versteht BUYTENDIJK das Eingefügtsein des menschlichen Bewegungshandelns in sinnhafte Situationen, denen gegenüber aber auch die Distanz besteht in der Erkenntnis des Sinns der Situation und des Geschehens. Menschliches Bewegungshandeln ist Teil des Ganzen der menschlichen Existenz. „Immer wieder konstituiert der Mensch in seinem Tun sich selbst, sein Selbstbewußtsein und sein Verhältnis zur Welt. Darum ist jede authentisch menschliche Bewegung eine persönliche schöpferische Leistung, und damit ist die Situation, auf die sich die Leistung bezieht, Gabe und Aufgabe“ (BUYTENDIJK 1958, 178).

Es darf als sehr wahrscheinliche anthropologische Annahme gelten, daß der Mensch mit einem Bewegungstrieb ausgestattet ist. Wenn das ausdauernde Laufen nur aus dem Wunsch nach Gesundsein erklärt wird, bleibt unberücksichtigt, wieviel Bewegungslust in diesem Tun steckt und zur angenehmen Empfindung wird, auch wenn das äußere Bild des schwitzenden und keuchenden Läufers ein Gegenteiliges auszudrücken scheint. Der Bewegungstrieb bewirkt den Laufdrang, der aus der Gewohnheit wächst und zum

Mißbefinden wird, wenn er länger nicht gestillt wird. Sicherlich geht die homöostatische Deutung des Menschen nicht vollends auf, weil ihn die Theorie der Bedürfnisbefriedigung und des Spannungsausgleiches nicht in der Vielschichtigkeit seines Wesens erfaßt und zeigt. Sie eignet sich aber für die Erklärung dieses Phänomens menschlicher Existenz: Der angeborene und im Laufe des Lebens schwächer werdende Bewegungstrieb sucht die Spannungsverminderung und Befriedigung in der Bewegung und dies umso häufiger und konsequenter, je stärker er vorhanden ist. Deshalb bewegen sich Kinder mehr als Jugendliche und diese immer noch häufiger als Erwachsene. Alte Menschen sind die motorisch ruhigsten, wenn ihnen die tägliche Bewegung nicht zur Gewohnheit oder beruflichen Notwendigkeit geworden ist. Karl Gaulhofer hat den Bewegungstrieb des Kindes ein körperliches Selbsterziehungsmittel genannt und damit eine der wichtigsten Funktionen der menschlichen Bewegung angesprochen: ihre Bildungs- und Erziehungsfunktion.

Offensichtlich ist der Mensch in seiner personellen Entwicklung so eng mit der Beweglichkeit verbunden, daß ihm eine zufriedenstellende Entfaltung mißlingt, wenn ihm Bewegung im entscheidendem Ausmaß vorenthalten wird. Vom ersten Lebenstag an entfalten sich die personellen Fähigkeiten und Kräfte in den zahlreichen Situationen des Bewegungshandelns, von dessen materiellen und sozialen Gegebenheiten es abhängig ist, zu welchen Ergebnissen die Personwerdung gelangt. Weil Bewegung ein unverzichtbares Element in der Menschwerdung ist, und weil die menschliche Bewegung viel mehr ist als ein Mittel der Ortsveränderung, der alltäglichen Lebensgestaltung und der Arbeitstätigkeit, bedarf es der beabsichtigten und zielgeleiteten Bewegungserziehung in allen Einrichtungen, die zum Zwecke der Erziehung geschaffen wurden oder die diesen Erziehungsauftrag übernommen haben[23].

Bleiben wir bei der anthropologischen Sicht der Bewegung. Eine reichhaltige Palette bildender Erfahrungen und prägender Erlebnisse erschließt sich dem Menschen in den Bewegungshandlungen: Dingerfahrungen im Umgang mit Sport-, Spielgeräten und jenen Elementen, die der Bewegungstätigkeit einen besonderen Reiz verleihen: Wasser, Schnee, Eis, Luft. Damit verknüpft sind intensive Sinnes- und Sinnlichkeitserfahrungen, die durch die Gegenstände (schwer, leicht, rauh, glatt) und Elemente (rutschig, naß, usw.) auf alle Sinnesorgane und in besonderer Weise auf die Haut übermittelt werden. Weil der Mensch in Bewegung auf vielfältige und bewußte Sinneswahrnehmungen angewiesen ist, weil er genau sehen, gut hören, intensiv tasten muß, hat die Bewegungserziehung in besonderer Weise eine Anleitung zur Sinnlichkeit zu sein. Die abendländische Erziehungstradition hat aber „die Abwendung vom Sinnlichen als den Weg der wahren Erziehung" (FINK 1970, 21) gepriesen und eingeschlagen, weshalb die körperliche Erziehung in schulischen oder anderen pädagogischen Einrichtungen die kleinste Nebenrolle zugewiesen erhielt. Der Mensch in Bewegung nimmt Räume und Landschaften aufmerksamer und nachhaltiger wahr und erlebt mehr und anderes in ihnen. Dabei ist an die gemächliche Eigenbewegung des Wanderers, Skiläufers, Radfahrers und Läufers gedacht und nicht an die des Autofahrers. Je geringer die Geschwindigkeit und je größer der Anteil der Eigenbewegung, umso erlebnis- und erfahrungsreicher werden Raum und Landschaft aufgenommen.

Die Bewegung ist ein reichhaltiges Angebot an Ich- und Du-Erfahrungen. Der Partner, Gegner, Mitspieler, Wandergefährte zeigt sich in Bewegungssituationen oft nicht nur von anderen, sondern auch von wahrhaftigeren Seiten, und auch sich selbst erfährt der Mensch in herausfordernden Bewegungssituationen oftmals in unerwarteter Perspektive und Bewertung.

Die Bewegung ist eine lebenslange Aufgabe für das Lebewesen Mensch, weil sie lebenslang offen und entscheidbar bleibt und in keiner Zeit in jenen sicheren Instinktbahnen, die dem Tier eigen sind, abläuft. Freilich hat diese lebensbegleitende Aufgabe Schwerpunkte in den verschiedenen Lebensphasen: Bewegung ist mehr eine Lernaufgabe im Kindesalter und mehr die Variationstätigkeit in der Lebensmitte, wohingegen es im Alter darum geht, dem Verlust der Beweglichkeit entgegenzuwirken und motorische Bestände aus früheren Lebenszeiten möglichst lange zu erhalten.

2.2.3. Sinn

Als sinnbewußtes Lebewesen[24] handelt der Mensch in zweifacher Weise: sinnsuchend und sinngebend. In seinen Handlungen sucht er das Sinnhafte zu finden und verfehlt sich selbst, wenn ihm dies mißlingt. Es ist nicht der eine und einzige Lebenssinn damit gemeint, sondern die Sinnvielfalt, nicht der lebenslang gleichbleibende Sinngehalt, sondern durchaus der augenblickliche und zeitweilige, d. h. auch der veränderliche Sinn. Nicht der jeweilige Sinninhalt ist dabei das wichtigste, sondern der Sinn an sich, das Wissen um die Sinnhaftigkeit des Handelns, das sich in verschiedenen Sinngehalten in unterschiedlichen Lebensabschnitten und Lebenssituationen äußern kann.

„Nun, wovon der Mensch zutiefst und zuletzt durchdrungen ist, ist weder der Wille zur Macht noch der Wille zur Lust, sondern ein Wille zum Sinn" (FRANKL 1984, 9).

Die Frage nach dem höchsten oder einzigen Sinn des Lebens ist problematisch wenn nicht sogar falsch gestellt bei einem Lebewesen, dessen Kennzeichen Offenheit und Veränderlichkeit sind. Möglicherweise ist sie nur so überzeugend zu beantworten, daß der höchste Sinn des Lebens das Leben selbst sei und nirgendwo anders gesucht und gefunden werden kann.

Darum geht es auch in diesem pädagogischen Bereich nicht um den *einen* Lebenssinn, der in der Bewegungstätigkeit erschlossen werden soll, sondern um partielle und veränderliche Sinngehalte des menschlichen Bewegungshandelns. Jede, auch die genormte Bewegungstätigkeit des Sports ist offen für unterschiedliche Sinnzuschreibungen, weil in keiner nur ein einziger Sinngehalt enthalten ist. Der Mensch als entscheidungsbefugtes Wesen kann allerdings auch in seinem Bewegungshandeln das Sinnhafte verfehlen oder sich für Unsinniges entscheiden. Es mag einzelnen Menschen zugestanden sein, das individuelle Bewegungshandeln auf einen einzigen Sinngehalt zu richten; auf den des Wettbewerbes oder der Gesundheit. Einseitige Lebensgestaltungen gibt es auch in künstlerischen oder wissenschaftlichen Sinnbereichen und beruflichen Tätigkeiten. Es widerspricht aber dem Sinnreichtum der Bewegungskultur und der Sinnvielfalt der Bewegungserziehung, wenn ein einziger Sinngehalt unter Ausschluß der vielen anderen in den Mittelpunkt des Bewegungshandelns gesetzt wird. Das trifft auch auf den Satz zu, daß Sport ausschließlich aus Spaß an der Sache betrieben werden sollte. Lust, Freude und Spaß, sogar Glück entstehen als Nebenprodukte der Sinnsuche, Sinnfindung und Sinnerfüllung. Daher wäre es falsch, Lust und Spaß als Hauptmotive des Sports zu bezeichnen, weil beide nur dann zu gewinnen sind, wenn in der sportlichen Bewegung ein Sinnhaftes sich auftut und der sporttreibende Mensch in seiner Selbstdeutung sinnhaft handelt. Aus unterschiedlichen und wechselnden Sinngebungen erwächst die Freude am sportlichen Handeln und aus der Erkenntnis des sinnvollen Tuns entsteht im Bewegungshandeln die Empfindung von Lust und Freude. Wer Sport betreibt, weil er Spaß daran haben will, strebt nach einer Nebenwirkung und verfehlt diese mit Sicherheit, weil sie nur aus der Hauptwirkung der Sinnfindung erwächst.

Mit der Sinnsuche weist der Mensch über sich hinaus, ebenso wie mit dem Streben nach Beziehung und Begegnung. Das bedeutet nicht notwendigerweise den Verweis auf die Jenseitigkeit des Lebens, denn die Sinnfindung ereignet sich vornehmlich innerhalb der Grenzen dieser Welt, dieses Lebens und des Individuums.

Sinnsuche und Sinnfindung — so hat es Viktor E. FRANKL deutlich gesagt — ist kein totalitäres Unternehmen, kein Weg zu einem einzigen und lebenslangen Sinn, sondern ein vorläufiges und teilhaftes Ereignis in konkreten Lebensituationen.

Für die Sinnsuche und Sinnerfüllung wird die Erziehung hilfreich und unterstützend eingesetzt. Nicht zuständig ist sie für die Sinngebung, weil Sinn keinem Menschen von außen oder anderen zugeteilt werden kann. Was eine sinnvolle Bewegungstätigkeit sei, ist nicht allgemeingültig zu benennen, sondern unterliegt der Eigenentscheidung und Selbstverantwortung. Aber jede Art der Erziehung kann Entscheidungshilfen bieten, Wege der Sinnsuche aufzeigen und Wegweiser der Sinnfindung aufstellen. Die Theorie der körperlichen Erziehung forscht nach den Sinngehalten im Bewegungshandeln des Menschen. Die Praxis der Bewegungs- und Körpererziehung, wenn sie nach solcher Theorie gestaltet ist, zeigt die Wege und Richtungen der Sinnsuche auf und leitet den heranwachsenden Menschen an, auf diesen Wegen zu gehen. Nicht aber kann sie ihm Sinnhaftigkeit und Sinngehalte der Bewegung zur Annahme bieten, kann sie sinngebend für Körper und Bewegung sein. Die Körperlichkeit ist die Wurzel der Sinnhaftigkeit und das Ziel der radikalen Sinnfrage. Doch liegt viel im dunkeln, denn der menschliche Körper ist nicht weniger rätselhaft als der Geist und die Seele, auch wenn er sichtbar und greifbar ist. Die Antworten auf die Fragen nach Sinngehalten der Bewegungstätigkeiten sind die Ziele der Bewegungserziehung. Sie lauten: Leistung, Beherrschung, Gestaltung, Spiel, Wettkampf, Erholung usw., und münden alle in einem Zielbegriff, in dem der Körper- und Bewegungskultur als individuelles und gesellschaftliches Ergebnis der Selbst- und Fremderziehung.

2.2.4. Kultur

Das Wort Kultur ist in den bisherigen Ausführungen mehrmals als Einzelbegriff und in Wortverbindungen verwendet worden, hat aber noch keine nähere Bestimmung und Auslegung erfahren. Dies soll jetzt geschehen, weil Kultur neben Körper, Bewegung und Sinn die vierte anthropologische Kategorie einer phänomenologisch orientierten Bewegungserziehung ist. Wir nähern uns dem für ein pädagogisches Anliegen bedeutsamen Kulturbegriff von mehreren Seiten und Wegen und grenzen jene Definitionen aus, die mit Erziehung und Bildung nichts im Sinn haben. Wenngleich der erste europäische Kulturtheoretiker Marcus Tullius Cicero (106–43 v. Chr.) die Idee der „cultura animi" ganz bewußt aus der „agricultura", der Bodenkultur, ableitete, hat der hier vertretene Kulturbegriff mit der Pflege des Landbaus (colere) oder der Anlegung einer Bakterienkultur recht wenig zu tun. Selbst die auf die Erzeugnisse des menschlichen Geistes bezogene Auffassung von Kultur hat im Laufe ihrer geschichtlichen Entwicklung, vornehmlich in den letzten zweihundert Jahren seit der Aufklärung, tiefgehende Bedeutungswandlungen erfahren, so daß auch innerhalb dieses Definitionsbereiches noch weitere Abgrenzungen vorgenommen werden müssen. Samuel Freiherr von Pufendorf (1632–1694) trifft die Unterscheidung in „status naturalis" und „status culturalis" und schreibt als typischer Aufklärer der Erziehung die Aufgabe zu, den Menschen aus den einen in den anderen Zustand zu befördern. Der Zusammenhang zwischen Natur und Kultur wird von Immanuel Kant (1724–1804) verstärkt, wenn er in der Kultur die Verwandlung der den Menschen beherrschenden Naturkräfte in die von ihm beherrschten Kräfte sieht. Diese Kulturidee wird zur Triebkraft der zivilisatorischen Entwicklung im 19. und 20. Jahrhundert. Die Kultur ist das humane Vermögen, die Natur zu beherrschen, und dies in ihrer zweifachen Bedeutung: als äußere, den Menschen umgebende Natur und als innere, wesenhafte Natur des Menschen. So wird Kultur zur umgestalteten, beherrschten und machbaren Natur — eine Auffassung, die sich im Gang der zivilisatorischen Entwicklung als verhängnisvoll erwiesen hat. Kants Kulturidee hat Hierarchien und Dualismen aufgebaut und Vorstellungen begünstigt, die die Kultur in Repräsentativ- und Volkskultur, in hohe und niedrige, in wertvolle und wertleere Ausdrucksformen geschieden haben. Vor allem aber hat diese Kulturidee die Beherrschung der Natur in die Hände des Menschen gegeben. Auf Kant können sich auch jene Kulturkritiker berufen, die zwischen Kultur und Zivilisation eine Trennlinie ziehen und die erste auf der geistig-künstlerischen und die andere auf der materiell-technischen Seite des Lebens ansiedeln. Wieder ein Dualismus, der dem Ganzen des menschlichen Wesens und der Kultur nicht entsprechen kann.

Johann Gottfried Herder (1744–1803) verknüpft die Begriffe Kultur und Humanität in so eindrucksvoller und heute noch gültiger Weise, daß die Rückbesinnung auf diesen tiefen Denker des Neuhumanismus auch in der Kulturtheorie einen Fortschritt bedeuten würde. Bei Herder ist die Kultur die eigentlich menschliche Schöpfung und all das, was nicht Natur ist. Seine Kulturidee legt weder die Naturbeherrschung noch die Weiterentwicklung der menschlichen Naturanlagen nahe, sondern siedelt die Kultur ganz und ausschließlich im humanen Bereich an. Kultur hebt die Natur nicht auf, überwindet den Naturzustand nicht, sondern setzt der Natur eine grundlegend andere Lebensform entgegen. Darin ist die Kultur eben nicht (oder nur teilweise) die das Überleben sichernde Befähigung des Menschen inmitten einer ihm überlegenen Tierwelt, sondern die Chance des reichhaltigeren Lebens, des Erlebens. Auch Arnold GEHLENS (1986) Interpretation der Kultur als Überlebensstrategie des „Mängelwesens" Mensch greift zu kurz und reduziert die kulturelle Leistung auf die Herstellung von Werkzeug. Menschliches Dasein beginnt im eigentlichen Sinn jenseits des Überlebens im Reich des Erlebens, dessen Pforte die Kultur aufschließt. Die Kultur schafft jenes reichhaltige Lebensfeld der kulturellen Gebilde, der Werte und Normen und der gesellschaftlichen Einrichtungen, in das jeder neugeborene Mensch und jede neue Menschengeneration aufgenommen wird. Kultur als personale und humane Befindlichkeit, die Sonderstellung des Menschen im Reich des Lebendigen begründend, entsteht in lebenslangen Prozessen der Nachahmung, des unbewußten Übernehmens, des Lernens, Übens, der Gewohnheitsbildung und der Entfaltung von Einstellungen und Werthaltungen. Der Kulturerwerb der Individuen und der Generationen setzt den Kulturbestand der Institutionen, Werte, Normen, Werkzeuge, Gesetze usw. voraus. Vom längeren oder kürzeren Verweilen in den Einrichtungen des Kulturerwerbes (z. B. Schulen), von den ökonomischen Möglichkeiten bei der Anschaffung von Kulturgütern (z. B. Büchern), den zeitlichen Ressourcen des Umgangs mit kulturellen Werten, Dingen und Symbolen, den intellektuellen Potenzen und den sozialökologischen Lernumständen hängt es ab, welche Grade und welche Ausprägungen des kulturellen Vermögens ein Individuum erwirbt oder eine Gesellschaft sich zu eigen gemacht hat. Auch wenn der zur Verfügung stehende kulturelle Bestand einer Epoche und einer Gesellschaft für alle Mitglieder und Zeitgenossen von gleicher Art ist, erwirbt jeder Mensch ein individuelles Maß kultureller Verfaßtheit und kein Mensch alles, was an Kulturgütern bereitgestellt ist.

Die „Enkulturation" des Subjekts als aktiver Vorgang des Kulturerwerbs, bestehend aus Übernahme, Interpretation, Umwandlung und Verarbeitung kultureller Normen, Symbole und Gegenstände ist zugleich ein Akt der Hervorbringung von Kultur. So gesehen ist der Mensch eben stets ein Geschöpf und ein Schöpfer der Kultur.

Alle Kulturen dieser Welt in Geschichte und Gegenwart[25] offenbaren einige universelle Themen und Phänomene, die offensichtlich zum Grundbestand von Kultur gehören: Mythen, Märchen, Erziehung, Recht, Religion, Spiele und Bewegungshandlungen. Die Bewegung, die über das Maß der biologischen Notwendigkeit der Ortsveränderung einzelner Teile des Körpers oder des ganzen Körpers hinausgeht und als gestaltete kulturelle Handlung in die Erscheinung tritt, ist eine der Universalien menschlicher Kultur. Das berechtigt die Verbindung der Wörter Bewegung und Kultur zur Bewegungskultur.

In Anlehung an die Kulturdefinition des Kultursoziologen Mohammed RASSEM (Staatslexikon 1987, 746–752) bestimmt sich Kultur als Summe der geistigen Errungenschaften des Menschen in allen Lebens- und Erlebnisbereichen, die in materiell geformten Gegenständen (Werkzeugen), in wissenschaftlichen und künstlerischen Leistungen, in Normen, Werten und Symbolen aber auch in Dingen des täglichen Gebrauchs, in Eß- und Trinkgewohnheiten, sozialen Umgangsformen, sexuellen Praktiken und zahlreichen und vielfältigen Bewegungstätigkeiten zum Vorschein und Ausdruck kommen.

Dieser Kulturbegriff verweist auf Erziehung und Bildung. „Bis heute gehört ‚Bildung', d. h. geistige Formung des Menschen, zum Kern des Kulturbegriffes" (RASSEM 1987, 747). Die neulateinische Bezeichnung für die Kindererziehung war: cultura ingeniorum. Geistige Formung als Voraussetzung individueller Kultur und als kulturelle Leistung betrifft alle Fähigkeiten und Kräfte des Menschen, die körperlichen wie die kognitiven, die sozialen wie die seelischen, und eben auch die motorischen. Das Bewegungshandeln des Menschen ist ein kulturelles und kein biologisches, ein künstliches und kein natürliches, ein willkürlich gestaltetes und kein unwillkürliches Phänomen.

2.3. Grundsätze der Bewegungserziehung

2.3.1. Prinzipien der Leibes- und Sporterziehung

Erziehungstheorie und Erziehungspraxis entwickeln und formulieren Grundsätze, die aus den Erfahrungen des Handelns und den Akten des wissenschaftlichen Forschens stammen und in langzeitlicher Wirkung oder in modischer Kurzzeitigkeit die pädagogischen Argumentationen und erzieherischen Entscheidungen prägen. Ein solcherart postulierter Theorie-Praxis-Gleichklang ist allerdings selten anzutreffen, weil häufiger entweder die Erziehungsprinzipien implizit die Praxis lenken oder als theoretische Aussagen lediglich die Seiten der Fachbücher füllen und keine Entsprechung im praktischen Handeln auszuweisen ist. Doch gibt es Annäherungen von

Theorie und Praxis, stärkere oder schwächere Einflüsse aufeinander und erkennbare Tendenzen des Aufeinander-Zugehens. Pädagogische Grundsätze verdichten das Erziehungsdenken einer Epoche oder eines Unterrichtsfaches, beeinflussen die Methoden und Organisationsstrukturen von Erziehung und Unterricht, liefern die Kriterien für die Stoffauswahl und prägen das Verhältnis und das Handeln zwischen Lehrern und Schülern. Sie sind ihrerseits wieder der Ausdruck und die Konkretion der Norm- und Zielvorstellungen der Erziehung. Erziehungsprinzipien charakterisieren aber auch unterschiedliche Konzeptionen innerhalb eines Unterrichtsfaches in ein und derselben Zeit und Gesellschaft. Die folgenden Überlegungen stützen diese Aussage durch den Aufweis und die Beschreibung jener pädagogischen Grundsätze, die für die Epochen und Konzepte der Leibeserziehung und der Sporterziehung bedeutsam waren und für die Bewegungserziehung bedeutsam sind.

Die körperliche Erziehung in der Schule ist stets erklärten oder verborgenen, bewußten oder unbewußten Grundsätzen verpflichtet, die in Theorie und Praxis das Denken und Handeln der Didaktiker und Lehrer beeinflussen. Es existieren epochale und zeitüberdauernde Prinzipien, die einmal mehr im Hintergrund und ein anderes Mal im Vordergrund, einmal stärker und ein anderes Mal schwächer in der Praxis wirksam und in der Theorie akzeptiert sind. Keine spezielle Fachdidaktik schließt die Erörterung pädagogischer Prinzipien aus oder räumt ihnen einen geringen Stellenwert für den praktischen Unterricht oder die theoretische Modellbildung ein.

Die pädagogischen und didaktischen Grundsätze der **Leibeserziehung** hat Annemarie SEYBOLD[26] (1972, 1973) ausführlich dargestellt. Es sind weitgehend reformpädagogische Prinzipien, die im „Natürlichen Turnen" in Österreich und im Schulturnen der Weimarer Republik Gültigkeit besaßen und jenem pädagogischen Zeitgeist vom Anfang des 20. Jahrhunderts entstammten, der sich aus den Quellen der Zivilisationskritik, des Ganzheitsdenkens und der Naturideologie zum Strom einer Lebens- und Bildungserneuerung ausgebreitet hatte. Im leibeserziehlichen Unterricht wirkte besonders das Prinzip der Ganzheitlichkeit, das neue Verfahren des induktiven Lernens und Übens (Bewegungsaufgabe) hervorbrachte, die Stoffwahl beeinflußte, wobei die ganzheitlichen Bewegungshandlungen (Lebensformen) den elementaren motorischen Tätigkeiten (Schulformen) vorgezogen wurden, und den Lehrer aufforderte, den Schüler als ganzheitlich lernendes, fühlendes, tätiges und erlebendes Lebewesen zu begreifen, zu unterrichten und zu erziehen.

Die von solchen Prinzipien getragene Theorie und Praxis der Leibeserziehung nahm die technischen Sportanlagen und -geräte nur als Behelfsobjekte für die nicht überall und jederzeit vorhandenen natürlichen Bewegungsräume und -gegenstände in Anspruch und forderte, wo immer es gegeben war, den Unterricht in Leibesübungen in naturnahen und natürlichen Situationen durchzuführen. Im Zentrum eines gesamterzieherischen Bemühens, von dem die Leibeserziehung ein unersetzbarer Teil war, stand das Individuum in seiner Erziehungsbedürftigkeit und Bildsamkeit, seinen Bewegungsbedürfnissen und seiner motorischen Lernbedürftigkeit und Lernfähigkeit. Die gesellschaftlichen Ansprüche an die körperliche Erziehung wurden im Namen der pädagogischen Autonomie zurückgewiesen oder in ihrer Legitimation für erzieherische und unterrichtliche Entscheidungen als wenig bedeutsam veranschlagt.

Die pädagogischen Grundsätze der **Sporterziehung** sind andere oder anders gewichtete als die der Leibeserziehung und drücken die Verschiedenartigkeit dieser beiden Konzepte der körperlichen Erziehung aus. Räumte die Leibeserziehung dem Bewegungslernen des heranwachsenden Menschen Umwege, Erprobung und eigenständiges Suchen nach persönlichen Lösungen ein, versprach ihm die Sporterziehung die Effektivität und Zielgenauigkeit der Lernergebnisse auf programmierten Lern- und Übungswegen. Die Differenzierung des Unterrichts nach dem Leistungsvermögen, den sportlichen Interessen, dem Lerntempo und der Bewegungsintelligenz war die organisatorische, stoffliche und methodische Konsequenz aus den allen Prinzipien der Sporterziehung zugrundegelegten ökonomischen und effektiven Absichten. Die deduktiv-analytischen Lehr- und Lernwege schienen die Garantien einer zielführenden und ertragsicheren Unterrichtsführung zu sein und verschafften den Trainingsmethoden des Spitzensports den Zuspruch und die Zustimmung der Leibeserzieher, die in dieser Zeit die Berufsbezeichnung Sportlehrer annahmen.

Der pädagogische Anspruch aller Prinzipien der Sporterziehung war ein bescheidener und eingeschränkter und erteilte dem Sportunterricht den Auftrag, zur sportlichen Handlungsfähigkeit anzuleiten. Dafür reichte das Unterrichtsfach Sport aus, wenn ihm ausreichende Unterrichtszeit, gut ausgebildete Sportlehrer und die Trainingsmethoden des Lehrens und Lernens sportlicher Fertigkeiten sowie des Erwerbs sportmotorischer Fähigkeiten zur Verfügung gestellt wurden. Eine veränderte Sportlehrerausbildung an den Universitäten, die Aufwertung des Unterrichtsfaches Sport hinsichtlich der Wochenstunden und des Status (Abiturfach, Leistungskurs) und die Übernahme der im Hochleistungssport entwickelten Trainingsmethoden waren die didaktischen und organisatorischen Konsequenzen aus den in der Theorie der Sporterziehung bevorzugten pädagogischen Prinzipien.

2.3.2. Pädagogische Grundsätze in der Bewegungserziehung

Bewegungspädagogische Grundsätze sind einerseits eine Fortführung leibeserziehlicher und sportpädagogischer Prinzipien und andererseits neue Antworten aus aktuellen Anlässen und auf gegenwärtige Probleme. Aus ihnen leiten sich didaktische Entscheidungen und praktische Handlungen der schulischen Bewegungserziehung ab, die auf jene Zielvorstellung verweisen, die der Bewegungserziehung zugeschrieben worden ist (vgl. Abschnitt 2.2.2.). Die nun zu behandelnden bewegungspädagogischen Grundsätze haben eine polare Struktur, weil sie, wenn auch nicht in allen Fällen, zugleich auf eine gegenteilige Aussage verweisen.

Das polare Prinzipienpaar der *Vielfalt* und des *Fundaments* verdeutlicht am besten die Ambivalenz bewegungspädagogischer Grundsätze, weil es mit der Forderung nach der Vielseitigkeit der Bewegungshandlungen und Lernsituationen zugleich das Fundament einfordert, ohne das die Vielfalt zur Oberflächlichkeit wird. Das vielseitige Bewegungslernen öffnet dem heranwachsenden Menschen die Vielfalt der Sinngehalte menschlicher Bewegungshandlungen nur dann, wenn im Vorgang des Lernens und Übens Kategorien erkennbar sind, die diese Vielfalt in eine Ordnung und Übersicht bringen. Vielfalt und Fundament als bewegungspädagogische Prinzipien schließen die Beschränkung auf den Sport als Lerngegenstand aus, auch wenn dieser in sich vielfach gegliedert ist. Denn der moderne Sport hat sich zur gleichförmigen Vielzahl entwickelt, weil in allen seinen Disziplinen das Wettkampfprinzip, alle anderen Sinngehalte verdrängend oder beherrschend, in Erscheinung tritt. Die kategoriale Vielfalt der Bewegungskultur hingegen ist im Unterricht dann gewährleistet, wenn sportliche, spielerische, gestaltende und gesundheitsorientierte Bewegungstätigkeiten als Lerngelegenheiten dem Schüler zur Verfügung stehen. Im Gegensatz zur einseitigen Sporterziehung, die mit der Akzentuierung auf lebensbegleitende Sportarten die motorische Vielseitigkeit mit dem zunehmendem Alter der Schüler verringert, beabsichtigt die Bewegungserziehung die Bewegungsvielfalt über die gesamte Schulzeit auszudehnen und sie zugleich auf die vier kategorialen Bewegungshandlungen zu konzentrieren. Vielfalt ist allerdings nicht nur ein inhaltlicher Aspekt der Bewegungserziehung, sondern trifft auch auf methodische und organisatorische Sachverhalte zu. Zur stofflichen Vielseitigkeit des Bewegungsunterrichts gesellt sich die methodische Variationsbreite, die wiederum exemplarisch in ganzheitlichen und analytischen, induktiven und deduktiven Verfahren zur Anwendung gelangt. Die Verschiedenartigkeit des inhaltlichen Angebotes zieht geradezu die Abwechslung der Lehrverfahren nach sich, weil die sportlichen Bewegungshandlungen besser über den deduktiv-analytischen, die Bewegungsgestaltung hingegen über den erprobenden und kreativen Lehrweg zu lernen und zu erwerben sind.

Zuletzt soll Vielfalt auch in der Organisationsstruktur der Bewegungserziehung herrschen, weil die Unterrichtseinheit zwar ein wichtiges Element aber nicht das Ganze des erzieherischen Bemühens ausmacht. Bewegungserziehung und Körperbildung sind Erziehungsabsichten der Schule insgesamt. Damit es aber nicht bei der leibeserziehlichen Unverbindlichkeit dieses Grundsatzes bleibt, bedarf es der konkreten Schritte zur Umsetzung dieses bewegungspädagogischen Prinzips. Die Bedachtnahme auf eine bewegungskulturelle Lebenshaltung fängt mit den Schulmöbeln an, bezieht die Ernährungsgewohnheiten der Schüler und damit das Angebot des Schulbuffets mit ein und schafft Bewegungsräume und -gelegenheiten im gesamten Bereich der Schule. Die „bewegte“ Schule hat räumlich und zeitlich mehr zu bieten als den Turnsaal und die drei bis vier Stunden des Bewegungsunterrichts: Pausenräume, die den Schüler zur Bewegung verführen, weil sie Tischtennis und Federball, Tempelhüpfen und Gummitwist, das Spielen mit Softbällen und Schaukeln bereithalten, Spiel- und Sportfeste als wiederkehrende Bestandteile des Schullebens, Sommer- und Wintersportwochen, sportliche Wettkämpfe zwischen Lehrern, Schülern und Eltern, gemeinsame Wandertage und Ausflüge u. a. m.

Mit den Grundsätzen der *Naturnähe* und *Mitweltlichkeit* stellt sich wieder ein ambivalentes pädagogisch-didaktisches Begriffspaar als bewegungspädagogisches Prinzip dar. Ohne in die Natur- und Natürlichkeitsideologie der Leibeserziehung zurückzukehren und alle künstlich-technischen Bewegungsräume und -geräte zu entwerten, stellt auch die Bewegungspädagogik den hohen Erlebnis-, Gesundheits- und Anregungswert naturnaher Bewegungstätigkeiten heraus. Ein unübersehbarer Trend im Bewegungshandeln der Menschen außerhalb der Schule weist in diese Richtung. Der Freizeitsport aller Altersgruppen der Bevölkerung sucht zunehmend die natürlichen Bewegungsräume und -aktivitäten auf und schenkt den technischen und genormten Bewegungsangeboten immer weniger Beachtung. Tourenskilauf statt Pistenskilauf, Bergradfahren und Radwandern, Wildwassersport statt des Schwimmens in Hallenbädern; das sind willkürlich ausgewählte Beispiele für die Trendwende in der Bewegungskultur, die an früherer Stelle schon genauer beschrieben worden ist. Erscheinungen und Einstellungen dieser Art verdichten sich im Prinzip der Naturnähe und der Abenteuerlichkeit, zwei Begriffe und Merkmale, die in der gegenwärtigen Bewegungskultur eine enge Beziehung zwischen sich hergestellt haben. In der Sportkultur ist dies eine verhängnisvolle Verbindung für die Sportanlage Natur geworden, und die Sporterziehung hat wenig vermocht, Umweltbewußtsein zu erzeugen und mit dem Sportbedürfnis zu versöhnen. In der Bewegungserziehung wäre das Prinzip der Naturnähe ein Wegbereiter derselben Fehlentwicklung, wenn es nicht verknüpft wäre mit dem Grundsatz der Mitweltlichkeit. Letzteres ist kein anderes Wort für Umweltbewußtsein und besagt viel mehr als die Umweltverträglichkeit des menschlichen Bewegungshandelns. Mitweltlichkeit ist ein ungemein anspruchsvolles Erziehungsziel und ein Grundsatz erzieherischen Handelns, die beide, Ziel und Prinzip, mehr erreichen wollen als Umweltbewußtsein. Denn dieses stellt nach wie vor den Menschen ins Zentrum alles Lebendigen und auf einen so erhabenen Platz, daß alles andere, Tier, Pflanze, Landschaft, darunter zu liegen kommt, unterliegt und deshalb machbar und verfügbar bleibt. Umweltbewußtsein reduziert lediglich die beliebige Verfügbarkeit und Machbarkeit der Natur auf ein Maß, das das Überleben gewährleisten soll. Mitweltlichkeit als Bewußtsein stellt den Menschen mitten hinein in das Ensemble des Lebens, beläßt ihm seine Sonderstellung, verpflichtet ihn aber gerade deshalb zu Verantwortung für das Leben auf dieser Erde. Sie erklärt ihn zum Mitbewohner und nicht zum Hausherrn im gemeinsamen Haus Erde. Bewegungserziehung und Bewegungsunterricht sind ein fruchtbarer Boden für das Prinzip Mitweltlichkeit, für ein von Verantwortung getragenes Bewußtsein gegenüber den lebendigen Mitbewohnern und der Einrichtung des gemeinsamen planetarischen Hauses.

Das bewegungspädagogische Prinzip der *Einfachheit* hat keine Alternative und ist das Gegenbild von dem, was im modernen Sport ins Auge springt. Diesen kennzeichnet in allen seinen Erscheinungsformen, in sämtlichen Sportarten und in den Bereichen des Berufs-, des Breiten- und des Freizeitsports der hohe Aufwand in den Anlagen, den Sportgeräten, der Kleidung und bei allen flankierenden Maßnahmen der sportlichen Aktivität. Der sporttreibende Mensch gelangt auf langen Wegen mit großem Energieverbrauch zu technisch aufwendig ausgestatteten Sportanlagen, verwendet und verbraucht Sportgeräte, die durch modischen und materiellen Aufputz einem raschen Verschleiß unterliegen und kleidet sich dabei in auffälliger und wechselhafter, wenn auch meist in funktionell sinnvoller Weise. Die Problematik der Verunstaltung der Sportlandschaften und der Versorgung des Sondermülls, dem viele Sportgeräte zugezählt werden müssen, wird entweder nicht zur Kenntnis genommen oder einem anderen gesellschaftlichen System (Naturschutz, Recycling) zugeteilt.

Einfachheit als bewegungspädagogischer Grundsatz ist der Versuch, gegen den Strom jener Sportkultur zu schwimmen, die eine Kultur des großen Aufwandes und Aufhebens für eine Sache ist, die mit einfacheren Mitteln ebenso freudvoll und erlebnishaft auszuführen wäre. Machtvolle Gegenspieler geben diesem Grundsatz wenig Chancen in der Gegenwart und der Zeitgeist des Überflusses und des Wegwerfens lassen ihn geradezu anachronistisch und lächerlich erscheinen. Und dennoch steht er unverzichtbar im Gefüge der Prinzipien einer ökologisch orientierten Bewegungserziehung, deren Ziel die Bewegungskultur und deren pädagogische Absicht ein sinnhaftes und humanes Bewegungshandeln ist. Deshalb ist Bewegungserziehung die Befähigung zum Widerstand gegen die modischen Verlockungen der Sportartikelindustrie, gegen die manipulativen Absichten der Sportwerbung und gegen die Vorbildwirkung vieler Sportler, die sich dem Ungeist der Zeit ausgeliefert und vor den Karren einer ökologiefeindlichen Wirtschaft haben spannen lassen.

Das Prinzip Einfachheit hat im Anlagen- und Materialaufwand des heutigen Sports zwar den augenfälligen und gewichtigsten Ansatzpunkt der Kritik, reicht aber auch in den Bereich der Unterrichtsmethoden und in den der Auswahl der Lerninhalte hinein. Bewegungslernen braucht nicht immer die zeitlich und technisch aufwendigen Verfahren zur Lösung einer Lernaufgabe und zur Bewältigung einer Lernsituation. Meist genügen die einfachen Verfahren des Vormachens, Vorzeigens oder Ansagens in den Lernsituationen des Schul- und Freizeitsports, weil die Ergebnisse nicht schlechter ausfallen als beim zeit- und geldaufwendigen Einsatz des Videorecorders, der Unterrichtsprogramme, der Filme und Diareihen. Besondere Lernsituationen erfordern allerdings auch den Einsatz besonderer Lehr- und Lernmedien, doch sind diese nicht die Regel im Unterrichtsalltag, sondern die Ausnahme. Zuletzt wäre der Grundsatz der Einfachheit auch auf die Auswahl der Lerninhalte der Bewegungserziehung anzulegen, weil die aufwendigen Sportarten oftmals nicht in der Institution Schule unterzubringen sind und es nicht gewährleistet ist, daß nur mit ihnen den Neigungen und Bedürfnissen der Schüler entsprochen wird.

Zum Abschluß der Überlegungen sei noch das Gegensatzpaar *Regionalität* und *Internationalität* im Hinblick auf eine Bewegungserziehung erwähnt. Die weltweite Gleichartigkeit des Sports ist ohne Zweifel eine wünschenswerte Erscheinung in einer hochmobilen Zeit, die Menschen in Beruf und Freizeit in großräumige Bewegung setzt und auf viele Länder verteilt. Vol-

Abb. 15 Basketball ist internationaler Sport

leyball, Tennis, Fußball werden überall nach denselben Regeln gespielt und verbinden im sportlichen Handeln die Bewohner unterschiedlicher Länder und die Menschen verschiedenen Alters und Geschlechts. Die auf das Erlernen des internationalen Sports ausgerichtete Erziehung leistet einen bedeutsamen Beitrag zur Völkerverständigung, weil die gemeinsame Sprache des Körpers und der Bewegung friedensstiftend wirken kann.

Im Schatten dieser motorischen Internationalität aber verschwindet die Regionalität der Bewegungskultur aus dem Handeln und dem Bewußtsein der Menschen. Lokale Bewegungsformen, Wettkämpfe, Tänze und Bewegungsspiele verkümmern neben dem medienwirksamen internationalen Sport und fristen oft nur mehr in Heimatvereinen ein bescheidenes und belächeltes Dasein. Die Bewegungserziehung hat in diesen beiden Grundsätzen

Abb. 16 Peitschenschnallen ist alpenländische Bewegungskultur

nicht den Gegensatz sondern die Ergänzung zu sehen und den internationalen Sport ebenso wie die lokalen Bewegungsformen im Unterricht zu vermitteln.

3. Kind und Bewegung — eine lebensweltliche Betrachtung

Die beiden zentralen Begriffe und Themen dieses Abschnittes sind in jeweils der weitesten Fassung gebraucht: Kindheit umfaßt die gesamte Epoche des Heranwachsens und schließt die Jugendzeit mit ein und Bewegung meint all das, was in den beiden vorangegangenen Abschnitten damit angesprochen worden ist: die Vielzahl der Ausdrucksformen menschlicher Bewegungskultur mit den vier hauptsächlichen Sinngehalten der spielerischen, wettkämpfenden, gestaltenden und gesundheitsbedachten Handlungsweisen.

Die lebensweltliche Betrachtung des sich bewegenden und heranwachsenden Menschen geschieht ausdrücklich in pädagogischer Absicht und verfolgt das Ziel, die Rahmenbedingungen einer wirksamen Bewegungserziehung zu erkennen und zu beschreiben, weil nur in Kenntnis dieser die erzieherischen Bemühungen zum Erfolg führen.

3.1. Idee und Wirklichkeit der Kindheit

3.1.1. Der Begriff der Lebenswelt

Im 5. Kapitel dieses Buches wird der Erörterung des Lebensweltbegriffes im Rahmen der wissenschaftstheoretischen Überlegungen zur Bewegungspädagogik noch einmal Raum gegeben. Dort werden Begriffsbestimmung und Begriffsdeutung unter Einbeziehung weiterer Fachliteratur vorgenommen. An dieser Stelle ist die Beschreibung wichtiger Strukturelemente der Lebenswelt als Einleitung zur Analyse der kindlichen Lebens- und Bewegungswelt erforderlich. Dabei folge ich den Aussagen von Alfred SCHÜTZ, die Thomas LUCKMANN in dem umfangreichen Werk „Strukturen der Lebenswelt“ zusammengefaßt und mit eigenen Ansichten erweitert vorgelegt hat.

„Die alltägliche Lebenswelt ist die Wirklichkeitsregion, in die der Mensch eingreifen und die er verändern kann, indem er in ihr durch die Vermittlung seines Leibes wirkt“ (SCHÜTZ/LUCKMANN 1979, 25).

Diese einfache und verständliche Aussage enthält mehrere strukturelle Merkmale des Begriffes Lebenswelt: Die Lebenswelt des Menschen ist jene Alltagswirklichkeit, in der er durch seine Leibhaftigkeit existent ist, in der er handelt, indem er sie gestaltet und nach seinen Lebens- und Erlebnisbedürfnissen herrichtet und von der er behandelt, d. h. beeinflußt und geprägt wird. Allen menschlichen Lebewesen ist sie eine fraglose und selbstverständliche Wirklichkeit, allerdings keine natürliche Umwelt wie die tierische Lebenswelt, sondern eine kulturell geformte und künstlich gestaltete Welt. Mit anderen Worten doch demselben Sinn vorgetragen: Die Lebenswelt ist das Gefüge der naturgegebenen, kulturellen und gesellschaftlichen Realität, in der das Lebewesen Mensch fraglos handelnd und selbstverständlich existierend integriert ist. Selbstverständlich und fraglos ist die keineswegs einfach strukturierte Lebenswelt deshalb, weil in ihr als gegeben hingenommen wird, daß die Natur- und Kulturobjekte, die Wertzuschreibungen und sozialen Beziehungen für das Individuum und für die Mitmenschen dieselbe Bedeutung haben und mit derselben Art des Bewußtseins wahrgenommen werden. Bewegend, entscheidend, reflektierend, gestaltend, leidend existiert der Mensch in seiner Lebenswelt und führt darin ein fragloses, unproblematisches, oder wie SCHÜTZ es nennt, ein natürliches Leben.

„Das in der jeweiligen lebensweltlichen Situation Fraglose ist umgeben von Unbestimmtem“ (SCHÜTZ/LUCKMANN 1979, 31). So erweist sich die Lebenswelt nicht als einzige der Welten der menschlichen Existenz. Wenn der angesammelte Erfahrungsvorrat für das lebensweltliche Handeln nicht mehr ausreicht, wenn routinemäßiges und rituelles Tätigsein versagt, wenn bisherige Gewohnheiten und Gebräuche Lebensprobleme nicht mehr lösen und Problematisches sich auftürmt, tritt der Mensch aus der Lebenswelt heraus und in eine neue Lebenssituation ein. Was ist das für eine Welt?

Schieben wir den Versuch einer Antwort auf diese Frage hinaus, um die Strukturen der ersten Welt, der Lebenswelt, zu beschreiben, weil in ihr die Bewegungserziehung stattfindet, um deren Grundsätze und Ziele es uns geht.

Der Mensch handelt fraglos und selbstverständlich in den lebensweltlichen Situationen, aber er bedenkt seine Entscheidungen und Tätigkeiten nachträglich, schreibt ihnen Sinn zu und verdichtet sie zu Erfahrungen. Lebensweltliches Handeln ereignet sich nicht unbewußt aber auch nicht in jedem Augenblick bedacht, nicht immer sinnbezogen und erfahrungsgeleitet aber auch nicht nur spontan und sinnabwesend, nicht immer in den Konsequenzen durchschaut aber durch nachfolgende Auslegung erklärt und verstanden. Die Lebenswelt ist also mehr die Handlungs- als die Denkwelt, wiederum nicht in der Art, daß Denken und Handeln zu trennen wären und Leben in Theorie und Praxis auseinanderfallen könne. Doch kann akzentuiert gelebt sein. Die Lebenswelt ist vorgegebene und aufgegebene Welt für den Menschen, fordert ihn zum Handeln heraus, weil sie ihm Widerstand gibt und formt ihn durch ihr materielles und geistig-kulturelles Gegebensein.

Den für die Lebenswelt charakteristischen Erlebnis- und Erkenntnisstil beschreiben SCHÜTZ/LUCKMANN (1978, 63) durch vier räumliche, zeitliche und soziale Merkmale:

1. Die Lebenswelt ist die Wirkzone (auch manipulative Zone genannt), in der das menschliche Lebewesen im hellwachen Zustand durch Körperbewegungen handelnd existiert.
2. Die natürliche Einstellung nimmt die Lebenswelt als gegeben hin wie sie in der Wahrnehmung erscheint und zweifelt nicht an der Existenz der vorhandenen Objekte und Subjekte.
3. Die lebensweltlichen Zeitstrukturen sind Endlichkeit, Zwangsläufigkeit und Geschichtlichkeit. Der Mensch erlebt sie als unabwendbar und auferlegt.
4. Die soziale Struktur der Lebenswelt ist gegliedert durch die gemeinsame Kulturwelt, die biographische Besonderheit und die angenommene Tatsache, daß die Mitmenschen der Lebenswelt mit derselben Art von Wahrnehmung und Bewußtsein ausgestattet sind. Die Lebenswelt ist also fraglos von gemeinsamen Erfahrungen getragen.

3.1.2. Theorien über die Kindheit

Die biologische Tatsache des Kindseins mit den Merkmalen des körperlichen Wachstums und der geistig-seelischen Entwicklung hat es in allen Zeiten gegeben und wird es in Zukunft geben, auch wenn derzeit häufig vom „Verschwinden der Kindheit“ (POSTMAN 1989), vom Aufkommen der Idee der Kindheit in der frühen Neuzeit (ARIÈS 1976) und von der kulturellen Bedingtheit des Kindseins geschrieben und gesprochen wird. Das biologische Kindsein ist deshalb nur ein Ausschnitt im Bild der Kindheit und in seiner Realität veränderlich, wenn die Theorie der Kindheit als Folge veränderter, gesellschaftlicher Voraussetzungen sich wandelt oder die Einstellungen der Erwachsenen die Kindheit anders als gewohnt definieren. Wir haben es hier auch mit einem Theorie-Praxis-Problem zu tun, insofern als Theorien über das Kindsein dessen Realität prägen, andererseits aber auch gesellschaftliche Veränderungen andere Vorstellungen des Kindseins hervorbringen. Die Einflüsse zwischen Theorie und Wirklichkeit des Kindseins sind wechselseitig und abwechselnd gegeben. Das läßt sich an einem Beispiel verdeutlichen: Die Geschlechtsreifung ist ein entscheidendes Ereignis im Verlaufe der Kindheit und sollte als biologische Tatsache zeitlich unverrückbar sein, ist es aber nicht, weil sie, solange die Theorie der Kindheit noch wenig entwickelt war, früher eingesetzt hat, mit der Entfaltung dieser Theorie zeitlich hinausgeschoben und mit dem allmählichen Verschwinden der Kindheit wieder in frühere Lebensalter vorgerückt wurde.

So wirkt gewiß die Idee auf die Realität der Kindheit und umgekehrt schaffen neue Lebensbedingungen und gesellschaftliche Zustände geänderte Ansichten und damit auch Theorien vom Kindsein. Diese Erkenntnis bildet die Grundlage jener Theorien über die Kindheit, die von POSTMAN, ARIÈS, DE MAUSE und anderen Autoren der Gegenwart vertreten werden.

Im europäischen Kulturraum ist die heute gebräuchliche Idee der Kindheit eine Erfindung des Renaissance-Humanismus, entstanden in enger Beziehung und Wirkungsabhängigkeit von der wohl berühmtesten und bedeutsamsten Erfindung jener Epoche, der Kunst des Buchdruckes. Vor diesem Ereignis war Kindsein lediglich die biologische Tatsache des Zustandes eines verkleinerten Erwachsenen, den alle, auch die Kinder selbst, möglichst rasch beenden wollten und der nur kurz dauerte im Vergleich zur kindlichen und jugendlichen Lebensspanne von heute. Sieht man von der Lebensweise der adeligen Oberschicht des Mittelalters einmal ab, bei der Kindheit jedenfalls bis zum 7. Lebensjahr eine unbeschwerte und bis zum 14. Lebensjahr für die männlichen Kinder eine durch körperliche Erziehung geprägte Lebensphase war, zeigt sich dem Betrachter der bildlichen und schriftlichen Darstellungen des Mittelalters, daß Kinder und erwachsene Menschen dieselben Lebensbedingungen hatten und die Unterschiede der Lebensführung graduell nicht aber qualitativ anders hervortraten.

Kinder führten die Arbeitstätigkeiten der Eltern aus, spielten neben aber nicht mit ihnen dieselben Spiele, wohnten denselben Ereignissen (z. B. öffentlichen Hinrichtungen) bei und beobachteten ohne Schamgefühle die sexuellen und hygienischen Verrichtungen, die in aller Öffentlichkeit praktiziert wurden. Deshalb zeigt die mittelalterliche Malerei auch keine Kindergesichter und keine gegenüber den Erwachsenen andersgekleideten Kindergestalten, sondern wahrhaft nur verkleinerte Erwachsene. Noch in Pieter BRUEGEL d. Ä. (1520–1569) berühmten Gemälde der Kinderspiele schaut

Abb. 17 Die Vielfalt der Kinderspiele bei Pieter Bruegel d. Ä.

kein Kind wie ein solches aus. Heranwachsende und erwachsene Menschen hatten, da die einen wie die anderen weder lesen noch schreiben konnten, den gleichen Bildungsstand, dasselbe geringfügige Wissen, und lediglich verschiedene Lebenserfahrungen, aufgrund der zeitlich unterschiedlichen Lebensspanne.

Daran änderte Gutenbergs Erfindung vieles grundlegend: Mit der Buchdruckerkunst entstand die neue Idee der Kindheit und die Andersartigkeit der kindlichen Lebenswelt. Die neue Sicht breitete sich über die Zeit und die Lebensräume aus und ließ nichts aus, was im kindlichen Leben von Bedeutung war. Ein Bereich von besonderer Wichtigkeit war die Schule und die Schulpflicht. Die Kinderzeit wird zur Schulzeit, angefüllt mit Unterricht und Lernen. Denn die Ausbreitung des gedruckten Wortes durch Bücher scheidet die Menschen in Kundige und Unkundige des Lesens und Schreibens. Von den lange Zeit noch vorhandenen Standesunterschieden abgesehen, waren es jetzt die Erwachsenen, die diese Fähigkeit besaßen und die Heranwachsenden, die sie erlernen mußten. Ein gleicher Informationsstand existierte zwischen den Generationen nicht mehr, die Mehrwissenden unterrichteten die Wenigerwissenden und dieser gesellschaftliche Tatbestand brachte die Lehrer und die Schüler, die Erzieher und die Zöglinge und die dazugehörigen hierarchischen Verhältnisse und Umgangsformen hervor. Das durch das Buch erzeugte Wissensgefälle zwischen Alt und Jung, Erwachsenen und Kind vergrößerte sich mit der Zunahme und Verbreiterung des Wissens. Die Wissenschaft im heutigen Sinngebrauch entstand in dieser Zeit und entfaltete sich geradezu stürmisch durch die über den Buchdruck hergestellte Ausbreitung der Erkenntnisse. Je größer der Wissensbestand vor allem der Naturwissenschaft (Kopernikus, Kepler, Galilei, Vesalius, Descartes, Newton usw.) wurde, umso länger dauerte auch die Unterrichtszeit und damit die Kindheit.

Im Gefolge von Schule und Unterricht stellten sich viele weitere Erscheinungen der Kindheit ein, die alle aus derselben Wurzel der nun vorhandenen Möglichkeit entsprossen sind. Dazu gehört die Verpflichtung zur Erziehung der Kinder, die zuerst von der Familie und später auch von der Schule erkannt und anerkannt wurde, und mit dieser pädagogischen war eine emotionale Zuwendung der Erwachsenen zu den heranwachsenden Menschen verbunden. Der Hauslehrer und Erzieher als Berufsstand trat auf die Bühne des Lebens, Anstandsbücher zu schreiben, waren sich die größten Geister nicht zu gut (z. B. Erasmus von Rotterdam „De civilitate morum puerilium").

Diese neuen Umstände im Leben der Kinder bewirkten aber auch deren zeitweilige Ausgrenzung aus der Gesellschaft der Erwachsenen, ihre Abhängigkeit von diesen und die nahezu vollständige Auslieferung an deren Machtbefugnisse. Die Kinderwelt wird nun zunehmend mehr zu einer geschützten aber auch von außen, d. h. von den Erwachsenen bestimmten Welt. Die Kleidervorschriften, die Kinderliteratur, die moralischen Leitlinien und die Handlungsanweisungen entsprangen und entsprachen den Vorstellungen der Erwachsenen vom Kindsein und nahmen wenig Bedacht auf die kindlichen Bedürfnisse und Erlebensweisen. Erst spät in dieser kulturellen Entwicklung fanden die erforderlichen Anpassungen statt, die aus den Erkenntnissen und Ergebnissen der wissenschaftlichen Erforschung der Kindheit gewonnen wurden.

Zwei Jahrhunderte nach GUTENBERGS Erfindung ist die Idee der Kindheit so weit entwickelt, daß sie die Realität des Kindseins in allen Lebensbereichen bestimmend prägt. Die Schulpflicht ist gesetzlich verankert, die bildende Kunst stellt Kinder nicht mehr als verkleinerte Erwachsene dar, die Heilkunst hat sich dem Kinde zugewandt, Kinderspiele, Kinderkleidung, Kinderbücher existieren und spiegeln die eigene Welt des Kindes wider. Jean-Jacques Rousseau (1712–1778) hat die Kindheit zwar nicht entdeckt, ihr aber die volle Wertigkeit verschafft und eine eigene Würde verliehen. Vor ihm haben aufgeklärte Denker wie Michel de Montaigne (1533–1592), John Locke (1632–1703) und pädagogisch denkende Philosophen wie Comenius (1592–1670) oder Ratke (1571–1635) am Bilde des Kindseins gewirkt.

Die Industrialisierung brachte zwar Rückschritte durch die Kinderarbeit, konnte die Idee der Kindheit aber nicht zum Verschwinden bringen. Die durch den großen Arbeitskräftebedarf des aufsteigenden Kapitalismus bewirkte Kinderarbeit blieb dank dieser Idee stets mit einem schlechten gesellschaftlichen Gewissen behaftet. Geistige Strömungen wie der Sturm und Drang und vor allem die Jugendbewegung am Beginn des 20. Jahrhundert erweiterten und vertieften die Vorstellungen über die kindgemäße Lebensweise in die Jugendzeit, verlängerten die geistige und körperliche Entwicklungsphase und entfalteten die Kinder- und Jugendkultur in bewußter Abhebung zur Erwachsenenkultur. Natur- und Geisteswissenschaften, Medizin, Psychologie und Pädagogik trugen Maßgebliches zum Bilde der Kindheit bei, Rechtswissenschaften und Politik schufen die gesetzlichen Grundlagen des Kinder- und Jugendschutzes. Zwischen 1850 und 1950 wird das Kindsein in den Industrienationen gesetzlich geregelt, kulturell geformt und verhaltensmäßig genormt.

Die optische und elektronische Revolution des 20. Jahrhunderts — so die These Neil POSTMANS — bringt die Idee und die Wirklichkeit der Kindheit wirklich zum Verschwinden. POSTMANS Überlegungen blieben nicht unwidersprochen, brachten sogar gegenteilige Ansichten hervor und sind in ihrer radikalen Aussage kaum für die Wirklichkeit zu nehmen. Sie enthalten aber durchaus zutreffende Beobachtungen und Analysen der kindlichen Lebenswelt sowie nachvollziehbare Schlußfolgerungen, von denen einige hier dargelegt wurden.

Die Idee der Kindheit schuf einen Grundplan der Erziehung, der in den geistig unterschiedlichen Epochen zwar durchaus unterscheidbare Erziehungsanstalten und Schulideen hervorbrachte, im generellen aber einen festen Kern pädagogischer Grundsätze aufwies, der die Zeitläufe und ihre Wandlungen überdauerte. Das Kindsein war mit folgenden Vorstellungen und Ideen verknüpft:

1. Die geistige und reale Welt erscheint dem Kind voller Rätsel und Geheimnisse, die ihm durch Erziehung und Unterricht in Übereinstimmung mit der geistigen und körperlichen Entwicklung stück- und schrittweise entschlüsselt werden. Der Sinn der Schule liegt auch in der entwicklungsgemäßen Enträtselung der Welt durch didaktisch aufbereitete Informationen über sie. Negativ betrachtet wird dieser Vorgang als Wissensanhäufung, mit positivem Vorzeichen aber als Aufklärung und Enträtselung bezeichnet.
2. Kindsein bedeutet, dem geplanten Aufbau moralischer Vorstellungen durch die Einrichtungen der Erziehung ausgesetzt zu sein. Dieses pädagogische Vorhaben war und ist mit der Entfaltung und inhaltlichen Strukturierung der Schamgefühle und der Vermittlung der Anstandsregeln und Höflichkeitsformen verbunden.
3. Um die Selbstwerdung des Kindes zu gewährleisten und die Persönlichkeitsbildung nach dem Bilde der Kindheit nicht zu gefährden, bleiben dem heranwachsenden Menschen die sexuellen und gewalttätigen Phänomene der Erwachsenenlebens lange Zeit verborgen. Die auffallenden Merkmale dieser pädagogischen Absicht sind die gereinigte Jugendliteratur, das Jugendverbot der Filme und zahlreiche weitere Maßnahmen des Jugendschutzes.

Diesen, aus der Idee der Kindheit erwachsenen Erziehungsgrundsätzen und pädagogischen Absichten erstand im elektronischen Medium Fernsehen der stärkste Widersacher. Dieses Kommunikationsmittel erzeugt eine neue Kommunikationsstruktur, die durch undifferenzierte Zugänglichkeit, ungegliederte Information, voraussetzungslose Unterweisung und totale Enthüllung gekennzeichnet ist. POSTMANS (1989) Aussagen über die Fernsehgewohnheiten amerikanischer Kinder und seine Analysen der Fernsehprogramme lassen den Schluß zu, daß es keine eigentlichen Kindersendungen mehr gibt, weil die gesamte Fernsehinformation auf das geistige Niveau von 12jährigen ausgerichtet ist, die Mehrzahl nordamerikanischer Kinder bis nach Mitternacht vor dem Fernsehgerät sitzt, und der vollständigen Enthüllung der Gewalt und der Sexualität ausgesetzt ist. Diese Zustandsbeschreibung ist mit geringen Einschränkungen quantitativer Art auf die Lebenswelt europäischer Kinder übertragbar.

Neil POSTMAN (1989) diagnostiziert das Verschwinden der Kindheit als Folge der elektronischen Revolution an zahlreichen Erscheinungformen kindlichen und jugendlichen Verhaltens und zählt auf:

— der Verlust der Schamhaftigkeit, der sich besonders deutlich in der Kindersprache ausdrückt;
— die Trink- und Rauchgewohnheiten und der Drogenkonsum;
— das Verschwinden der kindlichen Manieren;
— die Zunahme der Kinder- und Jugendkriminalität;
— der Verlust der Fähigkeit des Staunens;
— die zeitliche Vorverlegung der Sexualreife;
— das Verschwinden der selbstorganisierten Kinderspiele auf Straßen, Wiesen und in Wäldern.

„Es gibt kein eklatanteres Symptom für das Verschmelzen der Wertvorstellungen und Stile von Erwachsenen und Kindern als das Schicksal, das den Kinderspielen widerfährt: sie schwinden mehr und mehr ... Zusammen mit den Kindern verschwindet die kindliche Auffassung vom Spiel“ (POSTMAN 1989, 146 und 148).

POSTMANs Thesen finden Bekräftigung und Widerspruch, wenn man die Arbeiten anderer Autoren zu diesem Thema beachtet.

In seinem fakten- und thesenreichen Buch „Die Geschichte der Kindheit“ setzt sich Philippe ARIÈS (1982) mit der Theorie von der Entdeckung der Kindheitsidee nach dem Mittelalter auseinander, kommt aber, gestützt auf vorwiegend französische Quellen, in vielen Details zu anderslautenden Aussagen, wenn er im grundsätzlichen auch POSTMAN darin zustimmt, daß die Idee der Kindheit im Mittelalter nicht existiert hat und erst in den darauffolgenden Jahrhunderten entstanden ist. Über ein Verschwinden der Kindheit, weder als Idee noch als Realität ist bei ARIÈS (1982) nichts zu lesen und das Aufkommen der Kindheitsidee wird in andere Epochen gelegt und aus anderen Ursachen erklärt. ARIÈS (1982), der Kulturhistoriker, vermeidet die monokausale Erklärung für die Geburt der Kindheitsidee, wie sie POST-

MAN (1989), der Kommunikationswissenschaftler, der Erfindung der Buchdruckerkunst zuschreibt. ARIÈS zieht die Dokumente der Kunstgeschichte und der Literaturgeschichte heran, untersucht Familienstrukturen und greift auf die unscheinbaren Quellen der Volks- und Alltagskultur zurück. In seiner Interpretation müßte von einer Wiederentdeckung der Kindheitsidee im 17. Jahrhundert (mit Vorläufen im 15. und 16. Jahrhundert) gesprochen werden, weil diese Idee in der Antike vorhanden und wirklichkeitsbestimmend war, sich aber für ein Jahrtausend aus der europäischen Kultur- und Gesellschaftsentwicklung in den Untergrund entfernt hatte.

In der bildenden Kunst gibt es zaghafte Andeutungen des Kindseins in vereinzelten Jesusdarstellungen ab dem 13. Jahrhundert, den Erinnerungsbildern an verstorbene Kinder im 15. und 16. Jahrhundert, „doch werden die Zeugnisse dieser Entdeckung erst ausgangs des 16. Jahrhunderts und im 17. Jahrhundert besonders zahlreich und signifikant“ (ARIÈS 1982, 108).

Erst mit dem 17. Jahrhundert, in das ARIÈS die Entdeckung der Kindheit legt, werden Kinder als solche portraitiert, um das Kindsein für alle Zeiten festzuhalten. In den beliebten Putto-Darstellungen dieser Epoche erscheinen die Kinder auch nackt und immer häufiger als Spielende.

Die von ARIÈS herangezogenen literarischen Quellen des 17. Jahrhunderts enthalten Szenen, in denen Kinder nicht als verkleinerte Erwachsene, sondern als eigentümliche und eigenwertige menschliche Lebewesen dargestellt sind. Diese Belege und viele weitere aus den Lebensbereichen der Sprache, Kleidung, Schule und Erziehung stützen die aus der bildenden Kunst abgeleitete Theorie vom Aufkommen einer neuen Idee der Kindheit im 17. Jahrhundert. Das wichtigste Indiz ist bei ARIÈS (1982) aber die Familie, der er ein eigenes und ausführliches Kapitel widmet.

Dem Mittelalter fehlt die Idee der Kindheit, weil es keine Probleme mit den Kindern hatte. Diese wuchsen wie von selbst in die Gesellschaft der Erwachsenen hinein, wobei lediglich in den verschiedenen Standesgesellschaften der Zeitpunkt des Eintrittes verschieden ausfiel. Die alles verändernde Einsicht, daß es einer Vorbereitung bedürfe, damit die heranwachsende Generation in der Gesellschaft einen vollwertigen Rang und eine nützliche Position einnehmen könne, schuf die Idee der Kindheit und alles was damit zusammenhängt und an früherer Stelle schon aufgeführt wurde. Die beiden wichtigsten Konsequenzen aus der neuen Bewertung der Kindheit aber waren die Erziehung und die Umgestaltung der Familie. Die nun einsetzende Geschichte der Kindheit als reale und ideelle Ausformung der Ursprungsidee ist in ihren wesentlichen Teilen von der Schule und der Familie geschrieben worden. Der Familie fiel in dieser Entwicklung vor allem der emotionale und der Schule der intellektuelle Part zu. Der stetige Anstieg der familiären Gefühlsbindungen im Gefolge der Entdeckung der Kindheit verwandelte die Großfamilie zur Kleinfamilie und ihre Nest- und Überlebensfunktion zur Erziehungs- und Erlebensfunktion. Die Kinder, auch wenn sie nur als verkleinerte Erwachsene betrachtet wurden, sind von den Eltern in allen Epochen (auch im Mittelalter) „aufgezogen" worden, die dabei allerdings Praktiken anwandten, die mit der in der Neuzeit aufkommenden Erziehungsidee immer weniger in Einklang zu bringen waren und aus heutiger Sicht der Kindheit und der Erziehung geradezu unmenschlich anmuten. Lloyd DE MAUSE (1980, 12–111) beschreibt ausführlich die „erzieherischen" Maßnahmen der Eltern vom antiken Kindesmord, dem Aussetzen der schwächlichen und überzähligen Kinder, über das Anschnallen, Wickeln und Festbinden der Kinder (Gängelband), bis zu den grausamen Prügelstrafen, dem Einsperren in dunkle Räume und dem Drohen und Angstmachen mit Teufeln, Hexen, Gespenstern, Wölfen und vielen anderen furchteinflößenden Gestalten. Dieser Erziehungsstil offenbart zweierlei: die fehlende Einsicht in das Wesen kindlichen Seins und die nicht ausgebildeten Gefühlsbindungen zwischen erwachsenen und heranwachsenden Familienmitgliedern. In den höheren wie in den niedrigeren Sozialschichten wandten die Eltern wenig Zeit für die Erziehung des Nachwuchses auf. Bauern und Handwerker hätten die Zeit dafür, selbst wenn sie es gewollt hätten, nicht aufbringen können, weil der tägliche Kampf ums physische Überleben sie voll in Anspruch nahm, und die feinen Leute in jenen Jahrhunderten übergaben die Kinder den Ammen und Dienstboten zur Aufzucht, weil sie die nicht existente Idee der Kindheit nicht zu dieser Tätigkeit verpflichtete.

Die mit vielen Fakten versehene und gestützte Theorie vom Aufkommen der Idee der Kindheit im Renaissance-Humanismus (POSTMAN 1989) oder im 17. Jahrhundert dem Zeitalter der großen Glaubenskriege (ARIÈS 1982) wird von Lloyd DE MAUSE und seinen Mitautoren in einem ebenfalls an Fakten und Thesen reichen Buch (Hört ihr die Kinder weinen, 1980) nicht bestätigt. Vielleicht liegt es an der Methode der Erkenntnisgewinnung und Quelleninterpretation. Die psychoanalytische Betrachtung der historischen Ereignisse durch DE MAUSE bringt ein anderes Bild hervor als die kulturhistorische von ARIÈS oder die kommunikationstheoretische von POSTMAN. Damit soll nicht gesagt sein, daß die von DE MAUSE (1980) vertretene psychogenetische Theorie unbrauchbar für die Erklärung der Theorie der Kindheit wäre. Die vielen Belege über den Umgang der erwachsenen Menschen mit eigenen und fremden Kindern, die DE MAUSE und seine Mitautoren (1980) aus den Jahrhunderten vom Mittelalter bis ins 19. Jahrhundert vorlegen, zeigen nur zu deutlich, daß es die Idee der Kindheit, wie sie uns heute vertraut ist, im Mittelalter nicht gegeben hat und daß diese Idee sich in den darauffolgenden Jahrhunderten in vielen Einzelheiten erst langsam entwickelt hat. Darin bestätigt meiner Ansicht nach DE MAUSE unbeabsichtigt die grundlegende Aussage von ARIÈS (1982) vom Entstehen der Kindheit, obwohl er auf den ersten Seiten seines Beitrages in dem Buch „Hört ihr die Kinder weinen“ genau diese Aussage in Frage stellt.

3.1.3. Strukturen der kindlichen Lebenswelt in der Gegenwart

Kindheit und Jugend sind als unzureichend charakterisiert, wenn sie vorrangig als biologische Phänomene gedeutet werden. Die Idee der Kindheit prägt die Lebensform des heranwachsenden Menschen in bedeutsamerer Weise als es die biologischen Tatsachen des Wachstums und der Reifung vermögen. Die nachfolgende Aufzählung und Beschreibung einiger Merkmale gegenwärtigen Kindseins geschieht im Lichte jener Theorien, die in Anlehnung an POSTMAN (1989), ARIÈS (1976) und DE MAUSE (1980) skizziert wurden. Dabei spielt die These vom Verschwinden der Kindheit eine herausragende Rolle. Die Lebensweltanalyse für Kinder und Jugendliche der Gegenwart erschließt die Theorie der Kindheit an den Begriffen Information, Uniformierung, Entlastung und Erziehung.

Kinder haben heute einen nahezu unbeschränkten Zugang zu den *Informationen* der Erwachsenenwelt

Untersuchungen über das Fernsehverhalten europäischer Kinder bestätigen die Aussage POSTMANS, daß amerikanische Kinder das gesamte TV-Programmangebot konsumieren und nicht auf das sogenannte Kinderprogramm eingeschränkt werden. Der Fernsehapparat ist eben nicht wie ein Buch vor dem Kind zu verbergen und läßt keine lückenlose Kontrolle durch die Eltern zu. Die Bildsprache wiederum ist für Kinder in dergleichen Weise verständlich wie für den Erwachsenen, so daß die Heranwachsenden alle Botschaften des Fernsehens aufnehmen können. Das Fernsehen ist in den Industriegesellschaften die Hauptquelle der Information und ebnet die Unterschiede zwischen heranwachsenden und erwachsenen Menschen hinsichtlich des Wissens in allen Lebensbereichen ein. Das Schlagwort von der *einen* Welt trifft für diesen Tatbestand voll und ganz zu: Kinder und Erwachsene leben in einer einheitlichen, vom Medium Fernsehen geschaffenen Welt. Die Kinderwelt des entwicklungsgemäßen Wissens und der schrittweisen Informationseingabe existiert nicht mehr oder ist zumindest im Verschwinden begriffen.

Die Uniformierung des Handelns und Aussehens bei Kindern und Erwachsenen

Die Nivellierungstendenzen betreffen die Kleidung, die Sprache und das Freizeitverhalten der Kinder, Jugendlichen und erwachsenen Menschen. Die Angleichung geht im Aussehen und Handeln nicht einseitig von den Kindern aus, weil die Erwachsenen von der anderen Seite her den Kindern entgegenkommen.

Die Sprache des erwachsenen Menschen enthält die Merkmale des jugendlichen Superlativstils (gigantisch, irrsinnig usw.) und die Kindersprache und erst recht die des Jugendlichen ist angefüllt mit den Fäkalwörtern, die früher den Kindern untersagt wurden. Die Verarmung des Ausdrucksvermögens, die Verringerung des Wortschatzes auf das Comic-Niveau, die Anglikanisierung und die Fäkalisierung sind demnach Erscheinungen in den Sprach(-un)kulturen der Kinder *und* der Erwachsenen. Von zwei Richtungen bewegen sich die heranwachsenden und erwachsenen Menschen im Sprachstil aufeinander zu und treffen sich auf der Plattform der gegenwärtigen Unkultur des Sprechens.

Derselbe Trend zur Annäherung von beiden Seiten her zeigt sich in der Kleidung. Eine eigene Kinderkleidung existiert ebenso wenig wie die davon abgehobene Jugend- oder Erwachsenenkleidung. Man trifft sich in der Uniform der Jeans. Die Nivellierung und Uniformierung betrifft nicht nur die Generationen, sondern auch die Geschlechter und die Wochentage. Weder heben sich noch Feiertags- und Wochentagskleidung voneinander ab, noch sind Männer und Frauen durch eine geschlechtstypische Kleidung auseinanderzuhalten. Der Siegeszug der Hose ist nicht aufzuhalten und nur in wenigen Ausnahmezeiten des Lebens (Theater, Tanzveranstaltung) unterstreicht die Kleidung die Zweigeschlechtlichkeit des menschlichen Wesens. Selbst dort noch neigt die Jugend zur Gleichartigkeit im Aussehen.

Immer ähnlicher wird auch das Freizeitverhalten der jungen und älteren Menschen. Die Angleichung ist nicht wie im Mittelalter durch die gemeinsame Betätigung von Jung und Alt bewirkt, indem die Jugend das nachahmt, was sie den Erwachsenen beim gemeinsamen Fest und Feierabend abschaut. Heute sind die Spiel- und Freizeitwelten der Generationen zwar getrennt und dennoch gleichförmig in der Ausführung der Tätigkeiten. Fernsehgerät, Computer, Lektüre und selbst der Sport sind Freizeitbetätigungen, die sich weder im Zeitaufwand noch in der Ausführungsart unterscheiden, ob sie nun von jungen oder erwachsenen Menschen ausgeübt werden. Die Bewegungsspiele der Kinder sind die genormten Sportarten, die von Erwachsenen in derselben Weise betrieben werden, die Straßen- und Geländespiele sterben aus und werden durch den Sport in Hallen und Anlagen ersetzt. Die Sendungen des Fernsehens und die vorherrschenden Lektüregewohnheiten (Comics, Trivialliteratur) unterscheiden sich nach Bildungs- nicht aber Altersstufen, der Computer ist zum beliebten Spielgerät im Büro und im Kinderzimmer geworden.

Die Lebensgewohnheiten der Kinder und Jugendlichen sind ebenso dynamisch und *mobil* wie die der erwachsenen und der älteren Menschen. Die Leidenschaft des Jahrhunderts, die Touristik, hat die Kinder und Jugendlichen nicht ausgelassen. Junge Menschen sind häufig und weiträumig unterwegs und benützen zusammen mit den Eltern oder auch allein dieselben schnellen Verkehrsmittel, um in immer kürzeren Zeiten immer längere Wegstrecken zurückzulegen. Gegenbewegungen wie Rad- oder Fußwandern haben mehr in der erwachsenen Generation als in der Jugend Bedeutung gewonnen. Es ist zu vermuten, daß die räumliche Mobilität eine geistige Flexibilität nach sich zieht und das Kennenlernen fremder Länder, Gebräuche und Ansichten eine größere Offenheit des Denkens und Urteilens bewirkt. Andererseits bringt die Touristik die Lokalität zum Verschwinden und nimmt dem Einheimischen viel von seiner früheren Präge- und Überzeugungskraft. Gerade hierin deuten sich aber die Gegenkräfte der Lokalität, Regionalität und Nationalität unmißverständlich an und legen die Vermutung einer Umkehr und Abkehr von der Internationalität nahe.

Die Verringerung der körperlichen Beanspruchung im Alltag und das Vermeiden der körperlichen Belastung in der Freizeit kennzeichnen auch das Leben der jungen Generation. Kinder werden mit Bussen zur Schule gebracht, Jugendliche bewegen sich auf Mopeds oder in Autos dorthin, freie Zeit wird häufig im Auto der Eltern zugebracht, körperliche Tätigkeiten im Haus oder Garten werden gemieden und sämtliche Entlastungsangebote für körperliche Anstrengungen ganz selbstverständlich in Anspruch genommen. Die körperliche Belastung als freiwillig gesetzte Handlung ist kein Anreiz, wenn das Gesundheitsbewußtsein fehlt und die Einsicht des Zusammenhanges von Anstrengung und Wohlbefinden nicht vorhanden ist; und genau dies ist im Kindes- und Jugendalter der Fall. Askese als freiwilliger Verzicht in der Wohlstands-, Konsum- und Bequemlichkeitsgesellschaft ist bei Erwachsenen selten und in der jungen Generation aber so gut wie nie als Lebenshaltung auszumachen. Die beständige körperliche Entlastung verhindert Körpererfahrungen, die nicht nur für das Gesundheitsbewußtsein und das Wohlbefinden, sondern für die gesamte Persönlichkeitsentwicklung von Bedeutung wären. An der Persönlichkeitsentwicklung ist das Körperbild in wesentlichen Belangen beteiligt, wenn es nicht durch den stillgehaltenen Körper in der Schul-, Arbeits- und Freizeitwelt der Kinder in seiner Entfaltung beeinträchtigt ist. Zur Entwicklung eines Körperbewußtseins und -bildes gehören die Erfahrungen der Anstrengung, der Müdigkeit und selbst der grenznahen Erschöpfung unabdinglich dazu.

Anstrengende, psychisch herausfordernde und körperlich stärker belastende Bewegungstätigkeiten und die dabei gemachten Erfahrungen über die Grenzen und die Grenzverschiebungen der eigenen Leistungsfähigkeit sind unverzichtbare Bildungserfahrungen des heranwachsenden Menschen. Wenn nicht diese Einsicht in die Notwendigkeit sie zur freiwilligen Verpflichtung im Alltag und in der Freizeit macht, ist dieser Erfahrungshorizont in einer Wohlstands- und Entlastungsgesellschaft in unerreichbare Fernen gerückt. Den zahlreichen Verlockungen zur Bewegungsabstinenz im Alltag nicht zu erliegen (Auto, Rolltreppe, Moped, Hauslift usw.) und die anstrengenden Tätigkeiten in der Freizeit bewußt aufzusuchen (Spazierengehen, Gartenarbeit, Schneeschaufeln, Sport usw.) und nicht anderen zu überlassen, setzt allerdings eine durch Gewohnung, Anregung, Anleitung und Unterricht im Kindesalter bereits erworbene Lebenshaltung voraus, in der Bewegung in jeglicher Form zur täglichen Gewohnheit geworden ist. Die Konsequenz heißt Erziehung und damit ist das Stichwort für das nächste Thema der Lebensweltanalyse von Kindern und Jugendlichen gefallen.

Die Welt des Kindes kennzeichnet eine langdauernde und intensive *Erziehung* in natürlichen und künstlichen pädagogischen Einrichtungen. Die Familie ohne Erziehungsauftrag ist heute zwar undenkbar, hat sich aber als Verpflichtung gegenüber dem Nachwuchs erst mit dem Beginn der Neuzeit entwickelt und ausgeformt. Heute zählen viele pädagogischen Aufgaben einschließlich der Sorge um die körperliche Erziehung zu den Verpflichtungen der Kleinfamilie. Die zweiseitige Ausdehnung der Schulzeit nach vorne (Kindergarten, Vorschule) und hinten (Verlängerung der Pflichtschulzeit, Höhere Schule, Universität) erfaßt einen stetig größer werdenden Anteil in jeder Jugendgeneration. Ausbildungszeiten, die bereits ein Drittel der Lebenszeit ausmachen, sind nicht mehr auf eine kleine geistige Elite beschränkt. Je größer der zeitliche Umfang der Jugend- und Ausbildungszeit geworden ist, desto früher setzt allerdings das Bestreben der davon Betroffenen ein, diese Zeit nicht mehr jugendgemäß zu gestalten. Auf Erscheinungen der Anpassung an den Lebensstil der Erwachsenen wurde mehrfach hingewiesen. Die verlängerte Ausbildung beläßt die Heranwachsenden im Status der gesellschaftlichen Unmündigkeit und der ökonomischen Hilfsbedürftigkeit (z. B. Stipendien), dem die davon Betroffenen aber keineswegs durch „jugendliches“ Verhalten entsprechen. Im Konsum- und Freizeitverhalten, in der Kleidung und im öffentlichen Auftreten, in den Trink- und Sexualgewohnheiten offenbart sich keine „Jugendkultur“ und kein jugendgemäßes Handeln, sondern die frühe Angleichung an den Lebensstil erwachsener Menschen. Es bleibt aber die Notwendigkeit des langen Lernens und der lebenslangen Bereitschaft zum Umlernen in einer offenen und dynamischen Gesellschaft bestehen. Angesichts des Bedeutungsverlustes der normgebenden Instanzen Kirche und Politik kommt zum lebenslangen Lernen auch die lebensbegleitende Aufgabe der Selbsterziehung hinzu. Erwachsenenbildung ist längst kein bloßes Schlagwort mehr und beschränkt sich auch nicht mehr auf den Bereich Ausbildung und Zusatzqualifikation.

Ein nicht unbeträchtlicher Teil der Erziehungsarbeit an der heranwachsenden Generation wird der Schule zugewiesen, wofür sie mit einem großen Zeitbudget ausgestattet wird. Allerdings hat die abendländische Schultheorie durch die höchst einseitige Erziehungsidee der alles andere verdrängenden Rationalität eine ebenso einseitige Erziehungs- und Unterrichtspraxis zur Folge, in der für musische und motorische Anliegen zuerst kein Platz gegeben war und gegenwärtig eine randständige Existenz vorgesehen ist. Die Vorherrschaft des kognitiven Lernens und des Wissenserwerbes ist unangetastet und macht die Schule nach wie vor zu einer bewegungsarmen und unmusischen Unterrichtsanstalt, in der die motorischen und künstlerischen Neigungen und Bedürfnisse, die Spielfreude und die emotionalen Fähigkeiten im Bildungsauftrag und in der Erziehungsaufgabe zu wenig berücksichtigt werden. Die Sonderformen der Musik- oder Sportgymnasien fallen als seltene Ausnahmen angesichts der Tatsache, daß im Berufsschulwesen die Nicht-Lernfächer keine und im allgemein bildenden höheren Schulwesen nur eine nebensächliche Rolle spielen, nicht ins Gewicht.

Wenn die Idee der Kindheit für wert befunden wird, verteidigt und erhalten zu werden und wenn die kindliche und jugendliche Lebenswelt in allen Bereichen dieser Idee entsprechend gestaltet und umgestaltet werden soll, muß an der Schule zuerst und gründlich angesetzt werden. Es gehören nämlich auch die Bewegungslust und die Spielfreude unabdingbar zur Idee der Kindheit, was die schulische Realität aber nicht beachtet, wenn sie die Kinderkörper im ernsthaften Unterricht viele Stunden am Tag ruhigstellt. Die Antwort heißt „bewegte Schule“ und „spielendes Lernen“ und gilt für alle Schulstufen, in besonderer Weise aber für die Schuljahre der eigentlichen Kinderzeit bis zum Eintritt der Pubertät. Gegenwärtig ergänzt, unterstützt und verstärkt die Schule die anderen Widersacher des Körpers, der Bewegung und des Spiels. Wenn sie sich ändert, weil ihr Selbstverständnis ein anderes geworden ist und den kindlichen Bedürfnissen nach Bewegung und

Spiel mehr Zeit und Bedeutsamkeit einräumt, werden das Fernsehen, der elterliche Erziehungsstil und die manipulativen Absichten der elektronischen Spielzeugindustrie weniger körper- und bewegungsfeindliche Wirksamkeit in der Lebenswelt der Heranwachsenden entfalten können. Auf die Schule und die Herkunftsfamilie käme es hauptsächlich an, wenn die abendländische Idee der Kindheit bewahrt und den heutigen und zukünftigen Kindergenerationen eine kindgemäße Lebensform gewährt werden sollte.

Die Lebensweltanalyse für Kinder und Jugendliche in entwickelten Gesellschaften am Ausgang des 20. Jahrhunderts hat aufgedeckt, daß zwar nicht die biologische Tatsache des Kindseins, ausgedrückt in den Merkmalen des Wachstums und der Entwicklung, verschwindet, wohl aber das seit dem Ausgang des Mittelalters sich entfaltende Bild der Kindheit verblaßt, oder die Farben des Lebensstils erwachsener Menschen annimmt. Die in langen Kämpfen errungene Idee der Kindheit in ihren anthropologischen, pädagogischen, rechtlichen und politischen Facetten wird aufgegeben, ohne daß dafür eine gesellschaftliche Notwendigkeit bestünde. Offensichtlich ist das einzige aber ungemein wirkungsvolle Medium Fernsehen imstande, eine soziale Errungenschaft von ungewöhnlicher praktischer Bedeutsamkeit, wie es die Idee der Kindheit nun einmal ist, in relativ kurzer Zeit (seit der Mitte des 20. Jahrhunderts) zum Erliegen und Verschwinden zu bringen. Allerdings wird dasselbe beobachtbare Phänomen, die Auflösung der Verschiedenheit kindlicher und erwachsener Lebensformen, von Dieter LENZEN (1990) von einem anderen Blickpunkt her erklärt, wenn er aufzeigt, daß der Status des Erwachsenseins und die damit verbundenen Lebensgewohnheiten aufgegeben werden, weil der Mythos und die Macht der Jugendlichkeit alle Lebensbereiche durchdrungen und geformt haben[27]. Ähnliche und gleiche Tendenzen, wie sie durch die allgemeine Lebensweltanalyse der Kinder beschrieben wurden, kommen zum Vorschein, wenn ein Teilbereich der kindlichen Lebenswelt, die Bewegungs- und Spielwelt, genauer untersucht und dargelegt wird, was im nun folgenden Abschnitt geschehen soll.

3.2. Die Bewegungs- und Spielwelten der Kinder und Jugendlichen

Wir bauen den Kindern in allen Lebensfeldern Erwachsenenwelten auf, stellen sie in diese hinein und wundern uns über die gelangweilten Gesichter, die sie dort zur Schau tragen. So gestalten wir auch die kindlichen Spielräume und Bewegungswelten und denken fälschlicherweise, daß der Sport der erwachsenen Menschen den Kindern gleichviel Freude, Entspannung, Gesundheit und Erfolgserleben bescheren wird. Wir haben die Fähigkeit weitgehend eingebüßt, in der Bewegungserziehung wie in der Erziehung überhaupt, uns in das Denken, Fühlen und Wollen jüngerer und damit andersartiger Menschen einzubinden und einzuleben. Erstaunlicherweise begehren die Kinder gegen diese Einvernahme nicht auf, sondern richten sich in den Erwachsenenwelten recht behaglich ein. Angleichung und Gleichrichtung also auch in den Spiel- und Bewegungswelten zwischen dem Handeln der erwachsenen und dem der heranwachsenden Menschen.

Bewegen und Spielen werden als auffällige Merkmale des kindlichen Handelns und als hauptsächliche Tätigkeiten in der Lebensphase bis zur Pubertät angesehen und beides in enger Verbundenheit, weil die Bewegungsspiele den größten Teil kindlichen Spielens ausmachten. Ein aufmerksamer Betrachter der Spielhandlungen heutiger Kinder kann dieser Auffassung über die Bedeutung der Bewegung im kindlichen Spiel nicht mehr zustimmen. Er wird feststellen, daß jene Spielgeräte zunehmend bevorzugt werden, die das Kind in die sitzende Haltung und in die Bewegungslosigkeit bringen. Den engen Bezug zwischen Spiel und Bewegung verdeutlicht nur die kulturgeschichtliche Betrachtung des Kinderspiels, die im Abschnitt 3.2.1. eingenommen wird, währenddessen die daran anschließende Gegenwartsanalyse die immer stärker hervortretenden Tendenzen zum Ruhespiel offenbaren, und die Prognosen dem Bewegungsspiel nur mehr eine geringe Bedeutsamkeit zuschreiben. Die Situationsanalyse der Bewegungs- und Spielräume heutiger Kinder unter den gegebenen gesellschaftlichen Bedingungen und die daran anschließende Handlungsanalyse des kindlichen und jugendlichen Spielens und Bewegens sollen diese These stützen und differenzieren. Das nächste Kapitel (4) über die Rolle des Spiels und der Bewegung in der Entwicklung heranwachsender Menschen und die Überlegungen zur Bewegungsförderung in Schule, Familie und Verein wollen Lösungen des Problems und Wege aus der Bewegungsverarmung und dem Spielverlust der Kinder und Jugendlichen aufzeigen.

3.2.1. Historische Spiel- und Bewegungswelten

Die schon in einem früheren Zusammenhang dieses Kapitels zitierten Bücher von Philippe ARIÈS „Die Geschichte der Kindheit“ und Lloyd DE MAUSE „Hört ihr die Kinder weinen“ enthalten zahlreiche Materialien und Thesen zum kindlichen Spiel- und Bewegungshandeln in vergangenen Epochen. Mit eigenen Überlegungen zur Geschichte der kindlichen Bewegungsspiele verknüpft und als Einleitung für die gegenwartsbezogene Situations- und Handlungsanalyse kindlicher Spiel- und Bewegungstätigkeiten gedacht, wird im folgenden eine kurzgefaßte Darstellung der Entwicklung dieser auf Bewegung und Spiel aufbauenden kindlichen Lebenswelt geboten.

Die Lebens-, Arbeits- und Spielwelten der erwachsenen und der heranwachsenden Menschen waren bis zur Aufklärung im 18. Jahrhundert gemeinsame Welten, in denen die Kinder in die Gesellschaft der Erwachsenen hineinwuchsen, indem sie deren Handlungen beobachteten und nachahmten. Das galt für die Arbeit und das Spiel. Die Kinder waren Zuschauer und Mitwirkende bei den Schauspielen der Gaukler, Spielleute und Ärzte, bei Tierkämpfen, Tanzaufführungen, Ballspielen, Wettläufen, Ringstechen und Reiterspielen, bei allem, was in den Jahrhunderten bis zur Aufklärung der Schaulust und der Bewegungsfreude, der Spiellust und dem Wettkampfverlangen des Menschen geboten wurde. Niemand dachte daran, die Kinder aus pädagogischen Gründen von diesen und anderen Aufführungen und Schauspielen fernzuhalten. Deshalb waren sie auch Zuschauer bei Hinrichtungen, Hexenverbrennungen, Tierhetzen und jenen grausamen Spielen, die früher mit den behinderten und mißgestalteten Menschen veranstaltet wurden. Die im 18. Jahrhundert einsetzende und sich rasch vollziehende Trennung der Generationen sparte auch das Spielen nicht aus. Auch hier wurde die Welt geteilt in die für die Großen und die für die Kleinen. Die gesellschaftliche Ausgliederung des Kindes mit der zunehmenden Ausbildung der Idee der Kindheit fand auch in der Spiel- und Bewegungswelt statt und hatte die Abwertung dieser Welt zur Folge. Denn es trennten sich nicht nur die Arbeits- und die Spielsphären voneinander, sie erhielten auch einen unterschiedlichen Stellenwert. Die Arbeit nahm den obersten Rangplatz in der neuen Hierarchie der Lebenswerte ein und das Spiel wurde unten angesetzt. In der Aufklärung erst entstand das eigentliche Kinderspiel[28] und die eigenartige, allerdings vom Erwachsenen bestimmte und ausgerichtete kindliche Bewegungs- und Spielwelt als pädagogische Provinz. Die Trennung der Spielwelten bedeutete zugleich die Trennung der Spielkulturen. Beide Spielkulturen verkümmerten im 19. Jahrhundert, die der Erwachsenen fast vollständig, die der Kinder deshalb nur vorübergehend, weil die Einsicht in den pädagogischen Wert des Kinderspiels in der zweiten Hälfte des 19. Jahrhunderts die Spielbewegung auf den Plan rief. Die Bewegungswelt der erwachsenen Menschen reduzierte sich in diesem Jahrhundert auf das spielferne Turnen und erhielt erst im Übergang vom 19. zum 20. Jahrhundert mit dem

Aufkommen der Sportbewegung wieder einen größeren und vielfältigeren Bewegungs- und Spielraum.

Doch interessiert uns die Bewegungs- und Spielwelt der Kinder. Es hat in ihr nicht nur die Trennung der Generationen, sondern auch die der sozialen Schichten und der Geschlechter stattgefunden. Die ausgeprägte Standeskultur des Mittelalters hat auch die Bewegungshandlungen sozial differenziert in die der Adeligen (Turnier), Stadtbürger (Stahlschießen), Handwerker (Fechten) und Bauern (Ringen, Bogenschießen, Tanzen). Ähnlich gegliedert waren deshalb auch die kindlichen Spielwelten in jenen Epochen. Doch schon der Ausgang des Mittelalters und erst recht die nachfolgenden Jahrhunderte boten das Bild der sozialen Einebnung der Bewegungs- und Spielkulturen, wenngleich diese nie vollständig erfolgte und die Bewegungswelten beispielsweise im Barockzeitalter wieder deutlich standesgemäße Züge annahmen. Mit der gesellschaftlichen Verfestigung der Sozialschichten differenzierten sich die Bewegungs- und Spielkulturen aber immer mehr aus und halten sich selbst im ausgehenden 20. Jahrhundert noch in den Ober- und Unterklassensportarten auf Distanz. Wenngleich die zunehmende Freizeit und die wichtigsten Freizeittätigkeiten (zu denen Sport, Spiel und Bewegung gehören) viel zur Demokratisierung des Lebens beigetragen haben, sind auch heute noch bei Erwachsenen und auch bei Heranwachsenden deutliche schichtspezifische Unterschiede im Bewegungshandeln festzustellen.

In ähnlicher Weise vollzog sich die Geschlechtsdifferenzierung der kindlichen Spiel- und Bewegungswelten. Auf dem Bild der Kinderspiele von Pieter BRUEGEL d. Ä. (1520–1569) sind Jungen und Mädchen bei allen Spielen gemeinsam am Werk, Bilder aus dem Biedermeier und vor allem aus der 2. Hälfte des 19. Jahrhunderts zeigen nur mehr Mädchen und Jungen voneinander getrennt bei ihren geschlechtstypischen Spielen und Bewegungstätigkeiten. In der Zwischenzeit hat sich die Trennung der Geschlechter auch in der Bewegungskultur vollzogen. Dabei kam es zur Benachteiligung der Mädchen in allen bewegungskulturellen Bereichen und Tätigkeiten. Sie erhielten nur mehr einen kleinen Teil der Spielkultur zugewiesen, wurden vom Turnen und vom Sport ferngehalten und schufen sich erst in der Gymnastikbewegung des beginnenden 20. Jahrhunderts den ihnen gemäßen Bewegungsraum und -ausdruck.

Die bildlichen Darstellungen spielender Kinder und die literarischen Beschreibungen des Kinderspiels zeigen Spielformen und Spielsachen, die über die langen Zeiten seit dem Mittelalter sich gehalten haben, aber auch solche, die irgendwann aus dem Gebrauch gekommen sind. Zu den dauerhaften Spielformen und Spielsachen der Kinder gehören die Fang- und Ver-

Abb. 18. Knabenspiele im Biedermeier

Abb. 19 Mädchenspiele im Biedermeier

steckspiele, das Tempelhüpfen, die Puppen, der Kreisel, die Windmühle, das Steckenpferd, die Brett- und Würfelspiele und die in die Lüfte steigenden Papierdrachen. Nicht mehr in Verwendung sind die Glücksspiele, die in früheren Zeiten auch von Kindern mit Einsatz von Geld oder begehrten Gegenständen gespielt wurden, das Murmel- oder Kugelspiel und die Spiele mit den an Leinen gebundenen echten oder künstlichen Vögel.

Die Spiele der Menschen in früheren Epochen fanden in den dafür vorgesehenen Zeiten des Frühlings (Winterende, Ostern, Sonnenwende) oder Herbstes (Erntedank), in den außergewöhnlichen Lebenssituationen (Brautball, Totenspiele) oder an den Sonn- und kirchlichen Feiertagen statt. Brauchtum, Fest und Feierabend waren auch den Kindern Anlässe zum Spielen, doch beschränkten sie sich nicht darauf, weil ihr Spieldrang und ihre Bewegungslust sie bei jeder sich bietenden Freizeit und Gelegenheit dazu verlockten. Was nicht immer die Billigung der Eltern, Lehrer, Pfarrer oder Stadtväter fand und zu vielen und oft strengen Spielverboten führte. Die schwarze Pädagogik des Kinderspiels ist noch nicht geschrieben worden, doch zeugen Verordnungen der Städte, schulische Erlässe, priesterliche Mahnungen und viele Geschichten über Kindheiten von der Allgegenwart der Spielverbote. Der Weg zur Hölle schien in den Augen vieler erwachsener Menschen in mehreren Jahrhunderten mit Spielen gepflastert zu sein. Die Alltagsgeschichte der abendländischen Kultur ist reich an Spiel- und Bewegungsverboten und einfallsreich an Bestrafungen, wenn diese Verbote übertreten wurden. Der langwährende Kreuzzug der Feudalherren und Kirchenmänner gegen die Spiele, Tänze und das Bewegungsvergnügen des Volkes ließ auch die Kinder nicht aus und ungeschoren, wenn sie dabei ertappt wurden. Wenn sie beim Murmel- oder Ballspielen gesehen und eingefangen wurden, steckte sie der Stadtbüttel in ein Drillhäuschen und drehte dieses so lange herum, bis die Kinder erbrachen. Spielende Schulkinder wurden verprügelt oder mit Ruten gezüchtigt und in späteren, humaneren Epochen nur mehr aus der Schule verwiesen. Vom 12. bis zur Mitte des 18. Jahrhunderts war dem Bewegungsspiel der Kinder (wie auch dem der erwachsenen Menschen des niederen Standes) keine gute Zeit beschieden, und es mutet wie ein Wunder an, daß es den Priestern und Lehrern, den Stadtherren und den Feudalherren nicht gelungen ist, das Bewegungsspiel aus der abendländischen Kultur und das Spielen aus den Herzen der jungen und erwachsenen Menschen zu vertreiben. Es sieht allerdings ganz so aus, als sollte diese Tat heute den Massenmedien, der Computerindustrie und den Wohlstandsstrategen aus Politik und Wirtschaft gelingen, ohne daß ein einziges Spielverbot ausgespochen worden wäre.

3.2.2. Situationsanalyse: Bedingungen kindlicher Bewegungstätigkeit

Die Situationsanalyse der kindlichen Spiel- und Bewegungswelt[29] fällt höchst widersprüchlich und wenig eindeutig aus, weil sie ambivalente und polare Tendenzen in der Gestaltung dieser Welten zum Vorschein bringt. Bewegungseinschränkenden Bedingungen und bewegungsvermeidenden Einstellungen steht ein noch nie dagewesenes Angebot an Sportmöglichkeiten gegenüber, so könnte man die Polarität dieser Situation in einem Satz zusammenfassen.

Einleitend zu den Ausführungen über die Bewegungswelt der Kinder und Jugendlichen soll betont werden, daß es eigentlich verschiedene und in sich vielfach gegliederte Bewegungswelten sind, die den Kindern zugänglich sind und die von ihnen gestaltet werden. Denn die Ausstattung der Spiel- und Bewegungswelt und die darin ausgeübten Bewegungstätigkeiten sind für Jungen und Mädchen, für Großstadt-, Kleinstadt- und Dorfkinder, für Kinder aus Akademiker- oder Arbeiterfamilien, für Einzelkinder oder solchen, die aus kinderreichen Familien stammen, für Kinder armer oder wohlhabender Eltern verschiedenartig und voneinander abweichend. Kulturelle, ökonomische, soziale, pädagogische und geographische Unterschiede in den Herkunftsfamilien differieren die Bewegungswelten und -tätigkeiten der Kinder und Jugendlichen oftmals in starker Weise wenn auch nicht in der Art, daß für Landkinder mehr Spielraum als für Stadtkinder, für Kinder in höheren Sozialschichten bessere Spielmöglichkeiten als für Unterschichtsangehörige, für Jungen mehr Bewegungsfreiheit als für Mädchen gegeben wären. Das kann bei Einzelfällen durchaus zutreffen und in anderen Fällen genau das Gegenteil sein, in manchen Städten sind die Spielmöglichkeiten für Kinder verheerend schlecht und in manchen ländlichen Gebieten sind sie es ebenfalls, wo hingegen die nahe Kleinstadt ein großartiges Bewegungsangebot zur Verfügung stellt. Noch ein Faktor fällt in der Differenzierung der Spiel- und Bewegungswelten Heranwachsender stark ins Gewicht: das Lebensalter. Wenngleich mehrere räumliche und zeitliche Bedingungen des Bewegungshandelns für 8- und 16jährige gleich oder sehr ähnlich sind, unterscheidet das Lebensalter diese beiden Personengruppen in einem Punkt ganz wesentlich: zum Lebensstil der achtjährigen Kinder gehört unabhängig vom Geschlecht, von der Sozialschicht oder der geographischen Umgebung das Spielen und Bewegen dazu. Einflüsse, die von der Gruppe der Gleichaltrigen ausgehen, medienvermittelte Einstellungen und gesellschaftliche Trends hingegen prägen den Lebensstil vieler 16jährigen in der Weise, daß die Ablehnung der motorischen Aktivität und der damit verbundenen körperbildenden Erscheinungen (z. B. athletische Figur) so stark entwickelt ist, daß weder der Schulsport, noch die elterlichen Sportinteressen und nicht einmal die Verführungen der Fitness- und Sportartikelindustrie dagegen ankommen.

Die unterscheidende Betrachtung kindlicher Bewegungswelten würden noch weitere Abweichungen und Sonderformen zum Vorschein bringen, doch soll diese diskriminierende Betrachtungsweise nicht fortgesetzt werden. Es zeigen sich nämlich auch allgemeine und alle Ausprägungen der kindlichen Bewegungswelt betreffende Tendenzen, die in den folgenden Ausführungen herausgestellt werden sollen.

Abb. 20 Kinderspielplatz (Foto: IfS Salzburg)

Die Lebenswelt des heutigen Menschen ist insgesamt und alle Altersstufen betreffend im höchsten Ausmaß bewegungsfeindlich, wenn man die Kriterien des freien Zugangs, der räumlichen Nähe und der natürlichen Ausstattung zum Maßstab der Beurteilung nimmt. Städteplanung und -gestaltung, Verkehrsaufkommen, Wohnhausbau und Wohnungseinrichtung, die Errichtung der Grünanlagen, die bäuerliche Produktionsweise, Forstgesetze, Landschaftszersiedelung u. a. beachten und berücksichtigen das Bewegungs- und Spielbedürfnis des Menschen und insbesondere des jungen Menschen an letzter Stelle. Davor rangieren die offensichtlich wichtigeren Absichten und Erfordernisse des fließenden und ruhenden Autoverkehrs, der Rasenpflege und Jagdinteressen, der maschinengerechten Landwirtschaft und des individuellen Eigentums. Diese typischen Lebensumstände der Gegenwart schränken die natürlichen Spielmöglichkeiten und Bewegungsbedürfnisse der heranwachsenden Generation so ein, daß sie beides zum Erliegen bringen. Ein Ensemble aus räumlichen und zeitlichen Bedingungen, Lebensstilen und Einstellungen, Interessen und gesellschaftlichen Gegebenheiten wirkt zusammen und in die gleiche Richtung; die Bewegungsmöglichkeiten des Kindes zu verengen, die Bewegungsbedürfnisse zu unterdrücken und die Bewegungsinteressen auf den Sportkonsum hinzulenken.

Abb. 21 Kinderspielplatz (Foto: IfS Salzburg)

Das Kinderzimmer ist im Regelfall der kleinste Raum der Wohnung und auf die Tätigkeiten des Schlafens, der Schularbeit und des Sitzspiels orientiert eingerichtet. Musikanlage, Farbfernseher, Spielcomputer, Schreibtisch, Bücherbord und Bett nehmen den vorhandenen Raum fast zur Gänze ein und verhindern damit jegliche Art des Bewegungsspiels im Zimmer. Straßen, Höfe, Parkanlagen sind von den Schildern des Spielverbotes gesäumt, die öffentlichen Spielplätze in den Städten sind entweder in einem unbenützbaren Zustand oder bieten ein fertiges Spiel- und Bewegungsangebot, das weder die Bewegungsphantasie noch die Eigengestaltung der Spielhandlungen zuläßt. Wiesen, Wälder, Flüsse und Seen sind umzäunt, gesperrt, verbaut oder mit sonstigen Zugangsverboten ausgestattet und damit dem freien Spielen und Bewegen unzugänglich oder nur erschwert erreichbar. Einer solcherart bewegungsfeindlichen Umwelt alltäglich ausgesetzt zu sein, fördert das bewegungsvermeidende Verhalten, läßt Bewegungsantriebe verkümmern und gibt den Bewegungsspielen wenig Chancen, der reichhaltigen Verlockung der Sitzspiele ein wirksames Angebot entgegenzustellen.

Die motorische Dürftigkeit der kindlichen Lebenswelt verbindet sich mit zahlreichen bewegungsvermeidenden Lebensweisen, denen das Kind vom ersten Lebensjahr an durch elterliche Erziehung, schulische Zwänge, eigene Freizeitgewohnheiten und alltägliche Verlockungen zur Untätigkeit ausgesetzt ist. Das vom Auto geprägte Freizeitverhalten der erwachsenen Generation zwingt den Kindern ungleich mehr Sitzzeit als Bewegungsstunden auf, selbst dann, wenn das Fahrzeug zum Erreichen und Verlassen von Sportanlagen benützt wird, weil die Fahrzeiten häufig länger dauern als die Sportzeiten.

Die bewegungsarme Schule ist die alltägliche Wirklichkeit der Kinder, der die zwei bis drei Wochenstunden Leibesübungen einen unzureichenden Ausgleich entgegenstellen. Dabei ließe sich durchaus mehr Bewegung in der Schule unterbringen, wenn die Pausenräume und -plätze bewegungsanregend gestaltet und die Pausenzeiten zur aktiven Erholung genützt werden, wenn die Wandertage, Spiel-, Sportfeste und Wettkämpfe tatsächlich und für alle Schüler Bewegungsereignisse wären und im Bewußtsein von Schülern und Lehrern die Vorstellung einer „bewegten Schule“ verankert werden könnte. Mehr Bewegung in den Schulen, vor allem in den ersten acht Schuljahren, bedeutet keineswegs — wie es mehrere Untersuchungen zur täglichen Turnstunde bestätigt haben — weniger Wissen und geringere intellektuelle Förderung.

Auch wenn Freizeiterhebungen bei Kindern und Jugendlichen dem Sport einen hohen Stellenwert unter den Freizeitaktivitäten bescheinigen, liegt diese Bedeutsamkeit mehr in der Selbsteinschätzung als im tatsächlichen Handeln. Der Fernsehkonsum, Musik hören und die Computertätigkeit nehmen das größte Zeitbudget in Anspruch und verweisen vom Zeitaufwand her alle Bewegungstätigkeiten auf die hinteren Ränge. Was im Bewußtsein der Befragten als regelmäßiger Sport ausgewiesen ist und daher im Fragebogen angegeben wird, zeigt sich in der genaueren Erkundung häufig als gelegentliches Baden, Spazierengehen oder Radfahren. Die Diskrepanz zwischen vermeintlichem Sporttreiben und tatsächlicher Bewegungstätigkeit in der Freizeit von Kindern und Jugendlichen ist offenkundig, wenn auch den Betroffenen selten bewußt. Zuletzt sei noch auf die Verlockungen zur Untätigkeit hingewiesen, denen heranwachsende genauso wie erwachsene Menschen im Alltag erliegen, auch wenn erstere noch mit einem stärkeren Bewegungsdrang versehen sind. Auch Kinder benützen Schulbusse, Hauslifte, Rolltreppen und andere technische Bewegungsentlastungen bei jeder sich bietenden Gelegenheit und gehen den körperlichen Anstrengungen aus dem Wege, statt sie freiwillig aufzusuchen aus der Erkenntnis heraus, daß Wohlbefinden und Gesundsein mit solch alltäglichen Handlungen anfängt.

Bewegungsfeindliche Umwelten und bewegungsvermeidende Tätigkeiten im Alltag und in der Freizeit sind allerdings nur die eine Ansicht vom Bild der kindlichen Spiel- und Bewegungswelt. Erst die zweite Sicht hinzugefügt, ergibt das ganze und genaue Bild. Die Bewegungswelt des Kindes und Jugendlichen zeigt dem Betrachter wahrhaft das Doppelgesicht des Januskopfes, das düstere der Verweigerung der natürlichen Bewegungs- und Spielräume und der offenen Bewegungstätigkeit auf der einen Seite und das helle der zahlreichen Sportangebote auf der anderen Seite.

Wenn heranwachsende Menschen bereit sind, Erwachsenensport zu treiben, steht ihnen eine noch nie dagewesene Angebotspalette zur Verfügung. Sportanlagen der genormten Art, Fußballfelder, Tennisplätze, Schwimmbäder, Turnhallen, Skipisten, Loipen usw. in großer Zahl und guter Ausstattung sind zugänglich, finanziell erschwinglich zu benützen und schaffen die materiale Grundlage für den selbstorganisierten Freizeitsport. Das kommerzielle Sportangebot der Sportgeschäfte, Fitness-Studios, Urlaubsorte und vieler weiterer Anbieter der Ware Sport ist reichhaltig und ermöglicht auch Kindern und jungen Menschen einen vielfältigen Sportkonsum. Die gemeinnützigen Sportvereine haben immer noch Zuwachsraten in den Mitgliederzahlen und sind die mitgliederstärksten Vereinigungen in der Gegenwart geworden. Wenn es auch Unterschiede zwischen den gegliederten großen Stadtvereinen mit ihrem vielfachen Sportangebot und den kleinen Landvereinen, die sich auf eine oder zwei Sportarten beschränken müssen, gibt, ist das umfangreiche Breitensportangebot der Vereine dennoch ein wesentlicher Faktor der gegenwärtigen Bewegungskultur.

Die zielgruppenorientierte Betreuung (Kinder-, Senioren-, Eltern-, Behindertensport u. a.), die Öffnung für Nichtmitglieder, Sportkurse, Spiel- und Sportfeste und die damit verbundene Geselligkeit sind die Stärken eines zeitgemäßen Sportvereines. In dieselbe Richtung der Einflußnahme auf das Bewegungshandeln der Kinder und Jugendlichen zielt die Information durch die Massenmedien, allen voran durch das Fernsehen, die dieses Bild vom Sport vermitteln und dieses Sportverhalten übertragen. So entsteht ein Gleichklang des Denkens und Tuns, des Betrachtens und Ausübens, des Angebots und des Bedarfs. Die heranwachsenden Menschen erhalten ein von Leistungssteigerung, Wettkampf und Regelung geprägtes Bild der Bewegungskultur und finden sich darin im eigenen Handeln wieder.

Es setzt sich das vollständige Bild der heutigen Sportkultur aus den hellen Farben des reichhaltigen Sportangebotes durch Vereine und kommerzielle Anbieter sowie dem Einfluß der Massenmedien, bzw. ihrem Anregungspotential und den dunklen Farben der Bewegungsbehinderung und -vermeidung in natürlichen Räumen und im Alltag zusammen. Dem hohen gesellschaftlichen Stellenwert des Sports, vornehmlich des Hochleistungssports aber auch des Gesundheitssports, steht eine geringschätzende Haltung zur Beweglichkeit gegenüber. Bewegung im alltäglichen Leben, Bewegung im schulischen Unterricht, Eigenbewegung in der Freizeit, Bewegung in naturbelassenen Räumen und Landschaften bedeuten dem jungen und dem erwachsenen Menschen immer weniger, Sporttreiben, oft verbunden mit großem Aufwand an Zeit, Raum, Material und Geld, Sport in künstlichen und eigens dafür oft (miß-)gestalteten Räumen, Sport nach den international geregelten Bestimmungen ausgeführt, genießt hingegen die Wertschätzung der Bevölkerung in allen entwickelten Industriestaaten.

3.2.3 Handlungsanalyse: Merkmale des kindlichen Bewegungshandelns

Die im vorigen Abschnitt vorgenommene Situationsanalyse der kindlichen Bewegungs- und Spielwelten schafft die Voraussetzungen für die Beschreibung und Erklärung des kindlichen Bewegungshandelns, das durch folgende acht Merkmalsgruppen hinreichend, wenn auch nicht vollständig, charakterisiert ist: Reduzierung (1), Versportlichung (2), Manipulation (3), Profanisierung (4), Verlagerung (5), Soziale Strukturierung (6), Lustgewinn (7) und Verführung (8).

1. Im Freizeitverhalten der Kinder vermindert sich die Bewegungstätigkeit

Es gibt eine gleichsam entwicklungsbedingte Reduzierung und Vereinseitigung der Bewegungsinteressen und folglich auch der Bewegungstätigkeiten, die auffallend bemerkbar im Pubertätsalter in Erscheinung treten und sich im Jugendalter fortsetzen, wenn nicht besondere Anregungen, Anlagen oder Lebensumstände diesen Trend umkehren oder verlangsamen. Stärker aber als ein möglicherweise vorhandenes biogenetisches Programm zur Reduzierung des motorischen Dranges wirken gegenwärtig gesellschaftliche Wertvorstellungen, mediale Beeinflussungen und Gruppentrends in diese Richtung. Denn es verführt die Sportberichterstattung des Fernsehens und der Printmedien zur Leistungsbewunderung, Heroisierung der Athleten und passiven Sportunterhaltung und nicht zur Nachahmung und aktiven Betätigung. Kinder und Jugendliche wissen viel über den Sport und leben gerne in seiner Zahlenwelt, bleiben aber ungerührt vom Zauber der Bewegung, der zum Wesen des Sports gehört. In den Jugendcliquen haben Anstrengung, Engagement, Bewegung und Askese, das sind jene Einstellungen, die das Bewegungshandeln bestimmen, einen geringen Stellenwert, weshalb von diesem sozialen Umfeld auch keine Anregungen zu Spiel, Sport und Bewegung ausgehen. Im beginnenden Jugendalter handelt der Mensch nach den Gebräuchlichkeiten der Gleichaltrigengruppe. Gebräuchlich in den Jugendgruppen aber ist weder der muskulär-entwickelte Körper oder die sportliche Gestalt noch die bewegliche Lebensweise. In den Wertvorstellungen der erwachsenen Generation wird Jugendlichkeit mit Sportlichkeit gleichgesetzt[30], die Jugend selbst aber will weder jugendlich noch sportlich sein. Deshalb nimmt auch ihr Bewegungshandeln in allen Ausprägungen erwachsenenkonforme Züge an, vorausgesetzt es wird überhaupt praktiziert.

2. Die kindlichen Bewegungstätigkeiten versportlichen immer mehr

Das Bewegungshandeln Heranwachsender unterscheidet sich in mehrfacher Weise wenig oder gar nicht vom Sporttreiben der Erwachsenen: in der Auswahl der Sportarten, in der Terminierung der sportlichen Aktivitäten, im Geräteaufwand und in der Konsumhaltung. Kinder kaufen die Ware Sport und verbrauchen sie, übernehmen das fertige Bewegungsangebot und bezahlen dafür. Sie benötigen dafür keine Phantasie und Erfindungsgabe, sondern begeben sich in eine fertige Spiel- und Bewegungswelt, aus deren reichhaltigem Angebot sie je nach Mode, Werbung, Kostenaufwand und Bewegungsvermögen ihre Auswahl treffen. Gleich den Erwachsenen verfallen sie den wechselnden Bewegungsmoden, lassen sich von den Sportbildern der Medien beeinflussen und sind bereit, fertigen Sport zu konsumieren und dafür zu bezahlen.

Dies erfordert auch die strenge Terminierung der Bewegungszeit. Für spontanes Bewegungshandeln und frei verfügbare Bewegungszeiten gibt es im Leben der Kinder nur noch wenig Gelegenheit. Die Sportstunden in Vereinen liegen fest, die Eltern besorgen die Zubringerdienste mit dem Auto und der Stundenplan regelt nicht nur die Arbeits- sondern auch die Spielzeit in allen Einzelheiten. Die kindlichen und jugendlichen Bewegungstätigkeiten finden deshalb weniger im hausnahen Bereich oder in der sozialen Nachbarschaft statt, sondern dort, wo die Anbieter sind oder wohin diese die Sportkonsumenten bringen: in den Vereinsturnhallen, den Anlagen der Sportclubs, den Skipisten, Loipen, Hallenbädern, Seen und Meeresstränden.

Diese Tatsache verknüpft das Sporttreiben der Kinder und Jugendlichen mit einem hohen Aufwand an Fahrzeiten und großen Streckenlängen, wodurch oftmals die Zeit für die aktive Bewegung in einem krassen Mißverhältnis zu Anfahrts- und Rückfahrtszeiten, also der passiven Bewegung, steht. Dadurch verliert sich aber auch die Andersartigkeit und Abgehobenheit der Freizeit der Kinder gegenüber ihrem Schul- und Arbeitsalltag, weil da wie dort dieselben Zwänge und Gebote das Handeln bestimmen: Terminplanung, exakte Tätigkeitszeiten, lange Anfahrts- und Abfahrtswege usw. Die veranstaltete Kindheit spart auch die Freizeit und das Bewegungshandeln nicht aus und ebnet auch die Freizeittätigkeiten auf die Gleichförmigkeit des kindlichen Alltags ein.

Das Sporttreiben der heranwachsenden Generation unterscheidet sich auch im Materialaufwand nicht von dem der Erwachsenen. Da wie dort herrscht die Kurzlebigkeit der verwendeten Sportgeräte, das Diktat des Designs, die Mentalität des Wegwerfens nach kurzdauernder Verwendung und die ökologische Unbedenklichkeit gegenüber dem Müllproblem. Das kindliche Bewegungshandeln spiegelt die allgemeine Tendenz der Versportlichung der Bewegungskultur wider und drückt der kindlichen Bewegungskultur den Stempel der Sportkultur überdeutlich auf. Die Versportlichung der kindlichen Bewegungsinteressen und -handlungen fördert auch der zum Schulsport gewordene Bewegungsunterricht der Schule, obschon die Untersuchungen über die Motivationskraft des Schulsports (vgl. BRETTSCHNEIDER/KRAMER 1978) es nahelegen, diesen Einfluß nicht sehr hoch anzusetzen. Viel mehr manipulative Wirkung wird dem Massenmedium Fernsehen zugeschrieben, dessen vom Leistungs- und Wettkampfsport geprägtes Sportbild den Kindern von klein auf in eindrücklicher Weise vorgesetzt und nahegebracht wird.

3. *Das Bewegungshandeln der Kinder und Jugendlichen ist wechselhaft und leicht beeinflußbar geworden*

Das freie Bewegungsleben der Kinder hat die Bahnen der überlieferten Bewegungs- und Spielkultur, innerhalb deren die Heranwachsenden ihr Spiel- und Bewegungsbedürfnis in früheren Zeiten befriedigen konnten, verlassen und sich dadurch den Bewegungsmoden und Sportaktivitäten der Erwachsenen ausgeliefert. Dadurch ist die kindliche Bewegungskultur wechselhaft, medienabhängig und durch wirtschaftliche Interessensgruppen höchst manipulierbar geworden. Deshalb werden keine Baumburgen und Schneehäuser gebaut, Hauswände nicht mit Bällen beworfen und die geometrischen Muster des Tempelhüpfens nicht mehr auf das Pflaster der Höfe gezeichnet. Das Kinderspiel hat sich von den Straßen, Wegen, Plätzen, Parks, Wiesen und Flüssen entfernt und in die Sporthallen, Schwimmbäder oder Skateboardanlagen zurückgezogen. Das Kinderspiel ist unsichtbar geworden und stellt kein Ärgernis mehr dar für Hauswarte, Schuldiener, Parkwächter, Fischer, Jäger und Autofahrer. Und es hat seine Kontinuität eingebüßt, sein konservatives Lebenselement, das es über die Jahrhunderte hinweg von Generation zu Generation bewahrt hat. Die Bewegungsinteressen der Kinder sind nicht mehr die jahrhundertealten „Märchen des Körpers" und motorischen Motive, sondern die mediengesteuerten Moden der Bewegungskultur der Erwachsenen.

4. Die Bewegungsspiele der Kinder sind alltäglich geworden

Ein auffälliges Merkmal der kindlichen Bewegungsspiele in der Gegenwart habe ich im historischen Exkurs zum Kinderspiel (3.1.1.) angedeutet: die Profanisierung dieser ehedem feiertäglichen und festlichen Tätigkeit. Der abgerissene Faden zum Fest und Brauchtum, der früher die Bewegungsspiele, die Tänze und die motorischen Wettbewerbe eng an das Jahresbrauchtum, die Hochzeitsfeste und sogar an die Begräbnissitten gebunden hatte, kennzeichnet heute die Spiele der Kinder wie die der erwachsenen Menschen. Daran ändern auch die pompösen Festspiele der Eröffnungs- und Schlußzeremonien großer Sportveranstaltungen und die ohnedies wieder im Schwinden begriffenen Spiel- und Sportfeste nichts. Was sich heute als Dorf- oder Stadtteilfest präsentiert, als Faschingsrummel, Osterfest oder Sonnwendfeier noch vorhanden ist, hat mit Bewegungstätigkeit und Bewegungsspiel nichts mehr im Sinn, sondern ist zumeist zur touristischen Folklore oder zum Eß- und Trinkgelage verkommen.

Die Alltäglichkeit des Lebens, die Preisgabe des Feiertages und der Verlust der Festlichkeit haben auch die Bewegungstätigkeit der heranwachsenden und erwachsenen Menschen nicht ausgespart und ihr die gemeinschaftsstiftende Bedeutsamkeit entzogen.

5. Das Bewegungshandeln der Kinder hat sich verlagert

Kindliche und jugendliche Bewegungstätigkeiten finden zunehmend häufiger in den dafür bestimmten und ausgestalteten Sportanlagen und immer seltener in den dafür geeigneten aber nicht vorgesehenen Orten und Plätzen statt. Das motorische Handeln der Kinder hat sich von Straßen, Plätzen,

Teichen, Flüssen, Wäldern zu den Turnhallen, Sportplätzen, Hallenbädern verlagert. Zwischen dem Bewegungsraum und dem Bewegungshandeln gibt es starke Wechselwirkungen, die Räume strukturieren die Bewegungen und je genormter diese Räume sind, desto phantasieärmer und fremdgeleitet wird das Handeln in ihnen.

6. Die kindliche und jugendliche Bewegungskultur hat veränderte soziale Strukturen angenommen

Der vielfältige Wandel in den kindlichen und jugendlichen Bewegungstätigkeiten, der bisher mit den Merkmalen der Aktivitätsverminderung, Versportlichung, Beeinflußbarkeit, Alltäglichkeit und räumlichen Verlagerung charakterisiert worden ist, hat auch eine veränderte soziale Struktur des Bewegungshandelns errichtet. Nicht mehr die informellen, wechselhaften, losen und offenen Gleichaltrigengruppen und Schulcliquen, sondern die festen Vereinsgruppen oder zufällig zustande gekommene Freizeitgesellungen, nicht mehr die intime Horde, sondern die anonyme Herde (z. B. der Pistenskifahrer), nicht mehr die Interessensgemeinschaft, sondern die Sportgesellschaft sind der hauptsächliche soziale Ort und Rahmen des Bewegungshandelns. Freilich ist dies nicht das vollständige Bild der gegenwärtigen Bewegungskultur, wohl aber die Trendbeschreibung.

7. Das sportbezogene Bewegungshandeln der Kinder ist augenblicksbetont und auf Lustgewinn gerichtet

Der Wertewandel im Sporttreiben aller Altersstufen ist durch die Abkehr von den Leistungs-, Anstrengungs- und Askesemotiven und die Zuwendung zu den Motiven des Wohlbefindens, Lustgewinns, der Zerstreuung, Unterhaltung und des Spaßhabens gekennzeichnet. Die Tendenz nimmt die Bewegungskultur der Kinder und Jugendlichen nicht aus und prägt auch dort das Handeln, die Interessen und die Zuwendung zu bestimmten motorischen Tätigkeiten. Bevorzugt werden jene Bewegungstätigkeiten, die ohne lange Lern- und Übungszeiten beherrscht werden, keine große Anstrengungsbereitschaft voraussetzen und nicht mit Konsumaskese verbunden sind und in der Durchführung Spaß und Lustgefühle wecken und möglichst lange aufrechterhalten. Lust ohne Leistung, so könnte man überspitzt das Hauptmotiv des Sporttreibens benennen, zumindest ohne diese Art von Leistung, die den Bedürfnisaufschub und die langfristige Perspektive kennt.

8. Das sportliche Bewegungshandeln setzt bereits im frühen Kindesalter ein

In einigen Disziplinen des Hochleistungssports sind das zeitaufwendige Training und der regelmäßige Wettkampf in die mittlere Kindheit, die Zeit zwischen dem Schuleintritt und dem 9. Lebensjahr, vorverlegt. Zehnjährige Spitzenturnerinnen oder Sportgymnastinnen, zwölfjährige Marathonläufer und elfjährige Tennisknaben und die noch jüngeren Eiskunstläuferinnen, deren gesamte Freizeit dem Sport gilt, sind keine Ausnahmeerscheinungen. Wenn auch mit weniger Aufwand an Zeit, Geld und Training, wird auch im Freizeitsport das Erlernen und Ausüben zumeist sportlicher Bewegungshandlungen in immer frühere Lebensalter gelegt. Eltern stellen schon Zweijährige auf Skier und Dreijährige werden in Skikurse gesteckt. Viele Mädchen erlernen mit vier Jahren das Eislaufen, Turnvereine bieten immer häufiger das Mutter-Kind-Turnen an oder richten eigene Kleinkinderabteilungen ein. Das Babyschwimmen wurde eine Zeitlang propagiert, die Miniknaben spielen Fußball und Knirpse werden in die unförmigen Dressen des Eishockeys gesteckt. Diesen Trend zur Verfrühung unterstützt die Sportartikelindustrie nachhaltig, indem sie Geräte zum Kauf anbietet, die dem kindlichen Körperbau und seinen Hebelverhältnissen entsprechen und das Lernen und Ausüben der Sportarten leichter ermöglichen.

Die wertende Beschreibung der acht Merkmalsgruppen des gegenwärtig beobachtbaren Bewegungshandelns der Kinder und Jugendlichen erhebt nicht den Anspruch, dieses vielschichtige, mehrsinnige, komplexe und vernetzte Handlungsgefüge vollständig erfaßt und aufgedeckt zu haben. Die acht Thesen über ein verändertes Bewegungshandeln und ein gewandeltes Bewegungsinteresse in der heranwachsenden Generation ergeben aber einen zureichenden Trendbericht und stützen die von Neil POSTMAN (1989) vertretene Theorie vom Verschwinden der Kindheit als Idee und beobachtbare Realität. Indem die traditionellen Bewegungsspiele „draußen" nicht mehr vorkommen, zumindest sehr selten noch zu beobachten sind und von den elektronischen Spielen „innen" abgelöst werden und indem die Kinder in ihrem ohnedies verminderten Bewegungshandeln die Tätigkeiten des Erwachsenensports nachvollziehen, verlieren schon die Kindheit und noch mehr die Jugendzeit die eigenkulturelle Prägung und Lebensform und entgleiten in die Einheitlichkeit des modernen Menschseins.

Das 3. Kapitel hat die Rahmenbedingungen der Bewegungserziehung und Bewegungsförderung zur Darstellung gebracht und zur Diskussion gestellt. Von der nur fragmentarisch dargelegten Theorie der Kindheit ausgehend, sind die lebensweltlichen und im besonderen die bewegungsweltlichen Zustände, Bedingungen und Handlungsweisen heutiger Kinder und Jugendlicher beschrieben, erklärt und einer Sinndeutung zugeführt worden.

„Pädagogische Maßnahmen sind vom Bedingungswissen abhängig und setzen eine Erforschung von Entwicklungsbedingungen voraus" (SCHEID 1989, 20).

Was wissen wir aber von den sozialökologischen und biogenetisch-individuellen Bedingungen der menschlichen Bewegungsentwicklung von der Geburt bis zum Erwachsensein? Es sind einige Faktoren zu benennen und etliche Voraussetzungen aufzuführen, die für die Bewegungsentwicklung im Kindes- und Jugendalter zuständig sind (vgl. SCHEID 1989): es sind dies räumliche, materiale, familiäre, soziale und personale Bedingungsfaktoren. Sie wurden in diesem 3. Kapitel unter dem Thema der Situationsanalyse der kindlichen Bewegungswelt und des kindlichen Bewegungshandelns beschrieben und in ihren vermuteten Wirkungszusammenhängen erklärt. Es wird aber zugleich eingestanden, daß viele dieser Aussagen wissenschaftlich wenig erforscht und gestützt sind, was aber den Umkehrschluß nicht zuläßt, daß sie deshalb falsch wären. Bewegungspädagogische Maßnahmen, die im nächsten Kapitel beschrieben werden, bedürfen einer mit wissenschaftlichen Methoden gewonnenen Sicherung. So wurden beispielsweise im Zusammenhang mit den Bemühungen um die Bewegungserziehung im Vorschulalter viele Feststellungen über die Wirkung motorischer Tätigkeiten auf die intellektuelle, soziale und emotionale Entwicklung getroffen, denen zwar die Plausibilität nicht aber die wissenschaftliche Bestätigung zugesprochen werden konnten (vgl. SCHEID 1989, 13). Genau dieses Defizit sollte durch die von SCHEID (1989) durchgeführte Untersuchung über die Bewegungsentwicklung im frühen Kindesalter behoben werden. Sein Ausgangspunkt ist ein Erziehungskonzept, das den heranwachsenden Menschen von den ersten Lebenstagen an als ein neugieriges und erkundungsgieriges Wesen annimmt und die Entwicklungsförderung in der Bereitstellung möglichst vieler, zugänglicher und von den Erwachsenen nicht gelenkter Bewegungsräume und -möglichkeiten erblickt. Die geistigen Wurzeln des hinter diesem Erziehungskonzeptes stehenden Menschenbildes führt SCHEID (1989) zurecht auf die reformpädagogische Erziehungsidee des Wachsenlassens zurück, die vom großen pädagogischen Dreigestirn Rousseau, Pestalozzi und Fröbel entwickelt und formuliert, von der Erziehungsreformbewegung am Anfang des 20. Jahrhunderts aufgegriffen und ausgebaut wurde und über Jean Piaget bis in die Gegenwart getragen worden ist. Im Bereich der körperlichen und motorischen Erziehung sind dieser pädagogischen und anthropologischen Vorstellung das Konzept des Natürlichen Turnens von Karl Gaulhofer und Margarete Streicher, die Bewegungserziehung von Karlheinz Scherler oder die Körpererfahrungsdidaktik von Jürgen Funke verpflichtet und verschrieben.

Haben die familiären, landschaftlichen, gegenständlichen, räumlichen, sozialen und biogenetisch-personalen Bedingungsfaktoren nun tatsächlich die ihnen zugeschriebenen Einflüsse und Wirkungen auf die Bewegungsentwicklung eines heranwachsenden Menschen? Gehen wir dieser Frage an einem Beispiel nach und vielleicht auf den Grund, der eine gesicherte Antwort zuläßt. In der Untersuchung von Volker SCHEID (1989) wird für die kurze Entwicklungsphase der frühen Kindheit die Diskrepanz zwischen vermuteten und „tatsächlichen"[31] Wirkungen der wichtigsten Bedingungsfaktoren auf die Bewegungsentwicklung aufgezeigt.

Für die Lebensjahre bis zum Schuleintritt (0–6) werden folgende neun, in ungleich große Gruppen zusammenfaßbare, sozial-ökologische Faktoren für die Bewegungsentwicklung im besonderen und für die personale Entfaltung des Menschen im allgemeinen als bedeutsam und wirksam angesehen (vgl. SCHEID 1989, 82/83):

1. Wohnort 2. Wohnungsgröße 3. Spielorte 4. Spielmaterialien	räumlich-materiale Faktoren
5. Sozialstatus der Eltern 6. Erziehungseinstellung der Mutter 7. Geschwister und Betreuungspersonen 8. Kontakte zu anderen Kinden/ regelmäßige Bewegungsangebote	sozial-familiäre Faktoren
9. Temperament	biogenetischer Faktor

Die häufigsten und wichtigsten Annahmen über den Einfluß dieser neun Bedingungsfaktoren auf die menschliche Bewegungsentwicklung, wie sie in der Literatur zur Bewegungsförderung im Vorschulalter (z. B. DIEM 1980, ZIMMER, 1981, SCHILLING 1977, KRÜGER 1990) zu lesen sind, lauten in Thesen zusammengefaßt wie folgt:

1. Ein bewegungsanregendes Wohnumfeld, Spielorte, die nicht mit vorfabrizierten und genormten Spielgeräten ausgestattet sind, die für das Bewegungshandeln verfügbaren Garten-, Hof- und Straßenräume, betretbare Wiesen und Wälder, ein großes und geräumiges Kinderzimmer mit den Spielgeräten, die zu Ganzkörperbewegungen anregen, fördern die kindli-

che Bewegungsentwicklung im Vorschulalter und sichern eine zufriedenstellende personale Entwicklung. Kinder, die solche räumlichen und materialen Bedingungen vorfinden und ausnützen, zeigen sowohl hinsichtlich des quantitativen Zuwachses wie auch der qualitativen Ausformung ihres Bewegungsvermögens und -handelns die besseren Ergebnisse gegenüber den Kindern, die in diesen räumlich-materialen Bereich schlechte Voraussetzungen und einschränkende Bedingungen haben.

2. Ein elterlicher, vornehmlich aber mütterlicher Erziehungsstil, der den heranwachsenden Kindern in den ersten Lebensjahren genügend Freiräume für die motorischen Erkundungen und Erprobungen gewährt und Kontakte zu gleichaltrigen Spielgefährten zuläßt und sogar fördert, schafft bessere Ergebnisse in der Bewegungsentwicklung als das gängelnde und bewahrende Elternverhalten.
3. Kinder, die in größeren Familienverbänden (Geschwister, Großeltern) leben, erhalten mehr Bewegungsanregungen und machen vielseitigere Bewegungserfahrungen als diejenigen, dic in der heute üblich gewordenen Kleinfamilie heranwachsen.
4. Eine für das Bewegungshandeln günstige biogenetische Ausstattung (Temperament, Neugierverhalten, Bewegungslust, Spielfreude) bewirkt die besseren Ergebnisse in der frühkindlichen Bewegungsentwicklung.

Solche Annahmen und Vermutungen über den Einfluß landschaftlicher, räumlich-materialer, familiär-sozialer und biogenetischer Bedingungen[32] auf die Bewegungsentwicklung und über diese hinaus und durch diese auf die Persönlichkeitsentwicklung im frühen Kindesalter finden sich häufig, wenn auch nicht immer widerspruchsfrei und allgemein akzeptiert in der diesbezüglichen Fachliteratur.

Diesem Annahmenkatalog hält SCHEID (1980, 131 ff.) die Ergebnisse seiner empirischen Untersuchung entgegen[33].

Für die frühkindliche körpermotorische Entwicklung haben folgende Bedingungsfaktoren keinen oder keinen nennenswerten Einfluß sowohl hinsichtlich der Quantität (Funktionserweiterung) als auch der Qualität des Bewegungshandelns:

— der Sozialstatus der Eltern;
— die regelmäßigen und absichtlichen Bewegungsangebote[34] (z. B. im Kindergarten oder in Vereinen);
— der Wohnort und die Wohnungsgröße, weil sie zu globale Indikatoren sind;

— häufige Kontakte mit anderen Kleinkindern, weil die Gleichaltrigengruppe erst mit dem Schuleintritt eine meinungsbildende und handlungslenkende Bedeutung erhält.

Einen nachweisbaren Einfluß auf die frühkindliche Bewegungsentwicklung hat SCHEID (1989) bei drei Bedingungsfaktoren ausgemacht:

— beim Wohnumfeld, d. h. bei den Bewegungs- und Spielorten der Wohnumgebung und ihrer materialen Ausstattung, wenn es für Bewegungstätigkeiten auch benützt wird und beim
— elterlichen Erziehungsstil, wenn er gewährend und nicht bewahrend, erlaubend und nicht gängelnd praktiziert wird. SCHEID (1989) spricht von der permissiven Erziehungsatmosphäre.

Zwischen diesen Wirkfaktoren der Bewegungsentwicklung hat SCHEID (1989, 131) einen wechselwirkenden Zusammenhang festgestellt, insofern das permissive oder zulassende Erziehungshandeln der Eltern die weitaus bessere und häufigere Nutzung der das Wohnfeld umgebenden Spiel- und Bewegungsräume durch die Kleinkinder mit sich bringt.

Die frühkindliche Bewegungsentwicklung und das beobachtbare Bewegungshandeln der Kleinkinder wird drittens:

— von der biogenetisch geprägten, aber auch sozialökologisch mitbestimmten Temperamentskonstellation (z. B. Ausdauerfähigkeit, Aufmerksamkeit, Ablenkbarkeit, Neugierde usw.) beeinflußt.

Diese Befunde von Volker SCHEID (1989) gelten für die Entwicklungsphase der frühen Kindheit. Wissenschaftliche Untersuchungen ähnlicher oder gleicher Güte und methodologischer Gründlichkeit liegen für die späteren Entwicklungsphasen nicht oder nur sehr spärlich vor. Analogieschlüsse sind nicht zulässig, weil sich die Einflußmöglichkeiten und Einwirkungen der räumlich-materialen und sozial-familiären Bedingungsfaktoren mit zunehmendem Alter der Heranwachsenden verändern. Das läßt sich am deutlichsten am Wandel der Bedeutung der Herkunftsfamilie und der Gleichaltrigengruppe in der Bewegungsentwicklung eines Kindes aufzeigen (vgl. Kap. 4.2.). An diesem einen Beispiel ist zu erkennen, daß die im 4. Kapitel dargelegten Aussagen über bewegungsfördernde Maßnahmen im Kindes- und Jugendalter mit Zurückhaltung und gebotener Vorsicht aufzunehmen sind, obschon das Bemühen gegeben war, sie auf eine von gesicherten Kenntnissen gebaute Grundlage zu stellen. Die pädagogischen und didaktischen Konsequenzen sind aber deshalb schwer zu ziehen und nachzuvollziehen, weil die breite wissenschaftliche Erkundung dieser Thematik noch nicht vorhanden ist und in den Ergebnissen einiger diesbezüglicher

Untersuchungen oft sehr widersprüchliche Meinungen und Aussagen zu finden sind[35].

Die Überlegungen des nächsten Kapitels (4) richten sich auf die pädagogischen Maßnahmen, Ereignisse und Gegenstände der gezielten und absichtsvollen Bewegungserziehung und Bewegungsförderung in der Herkunftsfamilie, dem Kindergarten, der Vorschule, der Schule, den Vereinen und den zumeist unbeabsichtigten Bewegungsanregungen in der Gleichaltrigengruppe in der Lebenszeit von der Geburt bis zum Berufseintritt. Sie beruhen auf der anthropologischen Annahme eines Menschenbildes, das den Menschen als offenes, fragendes, sinnsuchendes, weltbezogenes und bewegliches Lebewesen darstellt.

4. Bewegungsentwicklung und Bewegungslernen

Die bisherigen Ausführungen haben die Praxis und die Theorie der Bewegungserziehung mit dem hohen Anspruch betraut, die individuelle Bewegungskultur im heranwachsenden Menschen anzubahnen und mit jenen Merkmalen auszustatten, die in ihrer Gesamtheit eine auch gesellschaftlich wünschenswerte Form von Bewegungs- und Körperkultur ergeben. Dafür wird eine Bewegungsphilosophie benötigt, die mehr und anders ist als die Biomechanik. Denn aus neurophysiologischen und mechanischen Vorgängen und Erkenntnissen allein fügt sich kein vollständiges Bild der menschlichen Bewegung zusammen. Die Themen dieses 4. Kapitels sind deshalb ein Beitrag zur Entwicklung und thematischen Ausstattung einer Philosophie der menschlichen Bewegung, ergeben aber auch nicht annähernd ein vollständiges Konzept derselben. Dieser Teil des Buches enthält Fragen und Antworten über die Sinnhaftigkeit und Wirkung der Bewegung in den Lebensphasen der Kindheit und Jugend, über erzieherische und unterrichtliche Maßnahmen einer gezielten Bewegungsförderung, über Aspekte und Probleme des Bewegungslernens in der Schule, Familie und im Verein, über Theorien ganzheitlichen Bewegungslernens und Prinzipien einer Bewegungserziehung im Kindes- und Jugendalter. Die menschliche Bewegung wird aus dem Blickwinkel der Bildung und Erziehung betrachtet, nach Sinnzusammenhängen und auf die lebensweltliche Bedeutsamkeit befragt. Dieser Standort schließt die Biomechanik der menschlichen Bewegung nicht aus, rückt sie aber auch nicht in den Mittelpunkt der Theoriebildung. Bewegung ist als Lebensthema des Menschen ein seinen Lebenslauf begleitendes bedeutsames Geschehen. Es kennzeichnet den Menschen geradezu, daß er ein bewegliches Wesen ist, das für seine körperliche, geistige und seelische Entfaltung und sein lebenslanges Dasein Bewegung nötig hat. Ganz wesentlich aber entscheidet die Bewegungserziehung im Kindesalter darüber, ob die Bewegungsbereitschaft und die Beweglichkeit als handlungsbestimmende Faktoren lebenslang erhalten bleiben.

4.1. Die Bedeutung der Bewegung in der individuellen Entwicklung

Dieser erste Abschnitt behandelt die Bedeutung und Rolle der Bewegung, in der dreifachen Art des Lernens, Übens und Durchführens von Bewegungshandlungen, im Vorgang der Persönlichkeitsbildung im Kindes- und Jugendalter. Den Ausführungen liegt ein Entwicklungsverständnis zugrunde, das mit den Begriffen entwicklungspsychologisch, entwicklungsbiologisch oder sozialisationstheoretisch unzureichend und unzulänglich bezeichnet ist. Denn es stellt die menschliche Person als Ganzheit und Einheit in den Mittelpunkt der Betrachtung und beschreibt einzelne Merkmale menschlicher Entwicklung stets vor diesem Hintergrund. Darin gleicht es dem von Jürgen BAUR (1989a, 1989b) entwickelten und vorgestellten Konzept der Körper- und Bewegungskarriere[36]. So betrachtet, zeigt menschliche Entwicklung das Bild eines komplizierten, vernetzten und wechselwirkenden Geschehens im Gefüge von Individuum und Lebenswelt und stellt sich im Ergebnis als Lebenslauf dar, der sich offen und veränderlich, prinzipiell unabgeschlossen und unvollendet, geschichtlich und nicht natürlich ereignet. Die Beschreibung individueller Lebensentfaltung als Entwicklungsprozeß kann Einzelheiten des komplexen Geschehens herauslösen, wird aber unstimmig, wenn das dahinterstehende Ganze des konkreten Lebens nicht jederzeit sichtbar bleibt.

Die Antwort auf die Frage, wie menschliche Entwicklung vor sich geht, ist zugleich die Antwort auf die Frage nach dem Wesen des Menschen. Wenn der Mensch ein kulturell geprägtes Lebewesen ist und darin seine Sonderstellung im Reich des Lebendigen begründet liegt, dann ist seine lebenslange Entwicklung ein Vorgang der Auseinandersetzung und Entscheidung mit der ihn umgebenden Welt, deren Sinngehalten und kulturellen Schöpfungen.

Die menschliche Entwicklung ist ein ganzheitliches Ereignis von großer Komplexität, Variabilität und Dynamik und in dieser Erscheinungsweise nicht beschreibbar. Die Darstellung dieses komplizierten Ereignisses gelingt nur mit Reduktion, Regelhaftigkeit und Statik. Was oftmals synchron abläuft, wird nachfolgend beschrieben, verwirrende Wechselwirkungen werden vereinfacht, individueller Ausdruck kollektiviert. Sprachentwicklung, Begriffsbildung, Willensprägung und Gefühlsdifferenzierung, die körperlichen Veränderungen und motorischen Gewinne, die Ausprägung sozialer Handlungs- und Denkmuster und die intellektuelle Entfaltung; die vielen

Ereignisse in der Entwicklung des Menschen sind die Instrumente eines Orchesters, die im Zusammenspiel erst die Musik des Lebens hervorbringen, jene Melodie und Rhythmik, welche unverkennbar die Eigenart eines Menschen ausmacht. Die schriftliche Darstellung dieses Ereignisses bringt niemals das gesamte Musikstück zu Gehör, läßt aber ahnen, wie es im Ensemble der Instrumente und im Reichtum der Harmonien klingen könnte.

Und eine weitere Einschränkung ist zu vermerken: Das Thema dieses Buches ist die Bewegungserziehung als *einer* von mehreren Wegen zur bewegungskulturellen Lebenshaltung. Die körperliche und die motorische Entwicklung des heranwachsenden Menschen sind dafür von größerer Bedeutsamkeit als die intellektuelle, soziale oder emotionelle Entfaltung und werden deshalb auch mehr beachtet und ausführlicher beschrieben.

4.1.1. Entwicklung als Anlage-Umwelt-Interaktion

Es gibt keine theoretische Einmütigkeit und wenige übereinstimmende Ansichten über das Phänomen der menschlichen Entwicklung innerhalb der Entwicklungspsychologie, was bei einem so komplexen Geschehen auch nicht zu erwarten ist. Ob die Anlagen oder die Umwelt die stärkere Triebkraft der Veränderungen sind, ob die Phaseneinteilung gerechtfertigt ist und ob Differenzierung, Integration und Kanalisierung wirklich allgemeine Gesetzmäßigkeiten menschlicher Entfaltung sind, ist wissenschaftlich nicht ausreichend untersucht und wird deshalb widersprüchlich oder zumindest uneinheitlich beurteilt. Im weiteren Verlauf dieser Ausführungen werden unterschiedliche Meinungen, stützende oder widerlegende Aussagen und divergierende Aussichten zu den vorhin genannten Punkten wiedergegeben.

Jürgen BAUR führt im dritten Kapitel seines Buches „Körper- und Bewegungskarrieren" (1989b, 26–47) einige theoretische Modelle an, welche die menschliche Entwicklung aus unterschiedlichen Einflußfaktoren beschreiben und erklären. Der Verlauf der menschlichen Entwicklung in seiner Gesamtheit wie in den (allerdings nur theoretisch) unterscheidbaren Einzelheiten (wie etwa der körperlichen, der kognitiven oder der motorischen Entwicklung) wird durch Annahmen erklärt, die entweder von genetischen Prädispositionen (dazu gehören viele entwicklungspsychologische Konzepte traditioneller Art) ausgehen und den Reifungsprozeß dafür verantwortlich machen oder von sozialökologischen Determinanten, in denen der Umwelt die entwicklungsbedingende Hauptrolle zufällt. Phaseneinteilungen nehmen beide Konzeptionen vor, wobei im ersteren Fall bedeutsame Reifungsereignisse (z. B. der Gestaltwandel, Sexualreife), im zweiten Fall die Umweltbedingungen (z. B. der Schuleintritt) die Gründe für Markierungen und Phasengrenzen sind.

Das diese beiden theoretischen Konzeptionen voneinander unterscheidende Kriterium ist die Aktivität, die Entwicklungsvorgänge auslöst. Im biogenetischen Modell ist die Anlage der entwicklungsbedingende Faktor und im sozialisationstheoretischen Modell die personale und gegenständliche Umwelt. Ein drittes, von BAUR (1989b) beschriebenes entwicklungstheoretisches Konzept, das den Einsichten Jean Piagets folgt und „interaktionistisch“ bzw. „konstruktivistisch“ bezeichnet[37] wird, schreibt dem Individuum als handelndes Wesen die entwicklungsgestaltende Rolle zu.

Alle drei Erklärungsmodelle sind einseitig und theoretisch teilweise überholt, was ihnen aber weder die praktische Wirksamkeit in entwicklungsbiologischen Forschungsprogrammen noch die Glaubhaftigkeit bei den Anwendern in der Schul- und Erziehungspraxis genommen hat.

Theoretisch ist der Streit, ob die Anlage oder die Umwelt die entscheidenden entwicklungsbedingenden Faktoren sind, beendet und durch eine Theorie der wechselseitigen Wirkung und beiderseitigen Beeinflussung abgelöst worden. Die Wahrscheinlichkeit eines vernetzten, dynamischen und variablen Zusammenspiels genetischer und milieubedingter Kräfte, endogener und exogener Faktoren, ererbter und erlernter Fähigkeiten, ist inzwischen aufgrund vieler Untersuchungen plausibler als jede einseitige Interpretation des Entwicklungsgeschehens geworden.

Betrachten wir daraufhin die motorische Entwicklung und folgen wir den Überlegungen von Jürgen BAUR (1989a):

Einige Fakten sprechen in der Bewegungsentwicklung für den starken genetischen Anteil. BAUR (1989a) zählt folgende „Indizien für biogenetische Prädispositionen“ auf:

1. Bei Neugeborenen lassen sich neben anderen auch Unterschiede in der motorischen Aktivität feststellen. Freilich muß dazu gleich wieder einschränkend bemerkt werden, daß pränatale Einflüsse auf nachgeburtliches Verhalten noch wenig erforscht sind und gleich nach der Geburt unterschiedliche personale und materiale Umwelten auf das Kind einwirken. Nur wenn diese beiden Faktoren als differenzierende Gesichtspunkte nicht in Betracht kommen, kann angenommen werden, daß ein unterschiedliches Bewegungsverhalten in den ersten Lebensmonaten genetisch bedingt ist.

2. Unabhängig vom Ort der Geburt, den elterlichen Erziehungseinflüssen und familiären Milieuwirkungen vollzieht sich die Entwicklung des Kriechens, Stehens und Gehens im ersten Lebensjahr nach einem anscheinend universellen, d. h. genetisch bedingten Programm in zeitlich unterschiedlicher aber ausführungsmäßig gleicher Art und Weise. Kinder durchlaufen überall auf der Welt die motorischen Stadien des Kriechens, Stehens und Gehens zwar nicht immer zeitgleich aber unabhängig davon, welchen Einfluß die Eltern auf die Ausprägung dieser Fähigkeiten nehmen. Sie folgen einem genetischen Programm zum aufrechten Gang. Diese These stützt in besonderer Weise die bei BAUR (1989a, 76/77) wiedergegebene Untersuchung von Dennis/Dennis aus dem Jahre 1940. Zwei Gruppen von Kindern der Hopi-Indianer (N 63 / N 42) wurden hinsichtlich der Gehfähigkeit an einem bestimmten Alterspunkt untersucht. Die Kinder der einen Gruppe waren durch den Gebrauch von Wickelbrettern, an die sie in den ersten Lebensmonaten festgebunden waren, stark in ihren Bewegungsmöglichkeiten eingeschränkt, die Kinder der Vergleichsgruppe wuchsen ohne Wickelbretter auf. Die Fähigkeit des ersten freien Gehens war bei beiden Gruppen im Durchschnitt im 15. Lebensmonat in derselben Weise gegeben (vgl. BAUR 1989a, 77).
3. Ein bevorzugtes Gebiet zur Stützung der Annahme des genetischen Einflusses in der Entwicklung ist die Zwillingsforschung, die sowohl für intellektuelle wie auch motorische Tatbestände Erklärungen anzubieten hat. Eineiige Zwillinge weisen im motorischen Handeln ebenso wie in anderen Entwicklungsverläufen größere Ähnlichkeiten als zweieiige auf, was wiederum für eine starke endogene Verfaßtheit in den ersten Lebensjahren spricht.

Natürlich gibt es auch einige Befunde für die „sozialökologische Präformation“ (BAUR 1989a) in der körperlichen und motorischen Entwicklung der frühen Kindheit. Es ist wichtig, darauf hinzuweisen, daß die für die sozialökologische Präformation verantwortliche Umwelt zwar in dingliche und soziale Gegebenheiten zu unterscheiden ist, beide aber nicht in einer „objektiven“ Tatsächlichkeit sondern in einer „subjektiven“ Bedeutsamkeit auf die Entfaltung der menschlichen Person einwirken.

1. Da fällt zuerst das Phänomen des Hospitalismus ins Auge, das vor allem SPITZ (1969) untersucht und beschrieben hat. Heimkinder sind in allen Entwicklungsmerkmalen defizitär gegenüber den in Familien aufwachsenden Kindern. Die heimtypischen Einschränkungen in der emotionalen Zuwendung, der intellektuellen Anregung und der motorischen Beanspruchung bedingen einen Entwicklungsrückstand, der sich sowohl im

motorischen Können wie in gesundheitlichen Beeinträchtigungen anzeigt und bis zur deutlich erhöhten Sterblichkeitsrate der Heimkinder gegenüber den Familienkindern reicht.

2. Interkulturelle Vergleiche zeigen Unterschiede im Bewegungsvermögen bei Kindern aus verschiedenen Kulturen. Daß diese Unterschiede nicht rassisch (und damit wieder genetisch) bedingt sind, verrät die Tatsache, daß bei diesen Untersuchungen stets jene Kinder einen höheren motorischen Standard haben, bei denen die Erziehungspraktiken der Eltern das Bewegungshandeln im frühen Kindesalter fördern und nicht hemmen.
3. Als dritten Beleg für den Milieueinfluß führt BAUR (1989a) die Fälle der Wolfskinder und der extrem vernachlässigten Menschenkinder an, bei denen sich die Gehfähigkeit aufgrund der umweltbedingten Einschränkung nicht von selbst, d. h. reifebedingt, eingestellt hat.

Diese zwei Beispielsgruppen belegen überzeugend die Tatsache, daß menschliche Entwicklung weder ausschließlich als genetische Programmierung noch einseitig als sozialökologische Prägung zu erklären ist. Das gilt für die Bewegungsentwicklung ebenso wie für andere gesonderte Entwicklungsverläufe. Menschliche Entwicklung im einzelnen und im gesamten ihrer Erscheinung läßt sich demnach angemessen nur durch die Theorie der Interaktion von Anlage und Umwelt erklären[38]. BAUR (1989a, 83) faßt die Anlage-Umwelt-Interaktion als „handlungsvermittelte Dialektik der Entwicklung der biogenetisch prädisponierten Person im Kontext ihrer Lebensverhältnisse" auf. Dieser Satz bedarf der erläuternden Anmerkungen. Die Entwicklung der Bewegungsfähigkeiten des Kindes in den ersten Lebensjahren ist weder genetisch noch umweltlich determiniert, auch wenn beide Wirkfaktoren nicht zu leugnen sind. Auch die Wechselwirkung beider Faktoren reicht als Erklärung nicht aus. Der Mensch realisiert seine genetisch gegebenen Bewegungsmöglichkeiten im Handeln, das Selbstbestimmung ebenso wie Fremdbestimmung kennt, in dem kulturelle Bewegungsmuster und Erziehungspraktiken ebenso und wahrscheinlich stärker wirken als selbstbestimmte Entscheidungen des Individuums. Jedenfalls ist Entwicklung ein dialogisches Geschehen zwischen dem Individuum und seiner gegenständlichen und personalen Umgebung, in der es lebt.

Fassen wir die Trias der menschlichen Entwicklung in ihrer Gesamtheit wie in ihren Ausschnitten (wie es z. B. die Bewegungsentwicklung ist) zusammen, so spielen alle drei Faktoren — genetische Vorgabe und Reifung, sozialökologische Beeinflussung und individuelles Handeln — aktive Rollen in diesem Geschehen. Auch die motorische Entwicklung ist mithin ein dialektischer Prozeß, den BAUR (1989b, 52/53) folgendermaßen beschreibt:

„Die Entwicklung von Körper und Bewegung ist demnach nicht biogenetisch festgelegt, etwa derart, daß bestimmte somatische oder motorische Merkmale im Kindes- und Jugendalter „von selbst“ ausreifen oder im höheren Erwachsenenalter sich zurückbilden, wenngleich biogenetische Entwicklungsfaktoren in Betracht zu ziehen sind. Ebensowenig ist die Entwicklung von Körper und Bewegung umgekehrt sozial determiniert etwa derart, daß bestimmte Umweltbedingungen körper- und bewegungsbezogene Merkmale aus einem passiven Organismus gleichsam zwangsläufig hervortreiben, wenngleich Umwelteinflüsse nicht übersehen werden dürfen. Obwohl weder „die Biologie“ noch „die Umwelt“ übersprungen werden können, bleibt die Person gleichwohl Subjekt ihrer Entwicklung, indem sie in ihrem Handeln zum einen ihre biogenetischen Prädispositionen in einer bestimmten Weise erst realisiert, indem sie sich zum anderen mit den sozialökologischen Gegebenheiten auseinandersetzt und auf sie einwirkt. Unterstellt wird also das Modell eines handelnden Subjekts, das über sein (biogenetisch prädisponiertes) Handeln in einer dialektischen Beziehung zu seiner Umwelt steht“.

Alle drei Einflußbereiche menschlicher Entwicklung sind in sich vielfach gegliedert. Ich verweise wiederum auf das umfangreiche Werk von Jürgen BAUR (1989b), in dem die genetischen Determinanten und die sozialökologischen Beeinflussungen ausführlich behandelt sind und das Handeln des Individuums näher erläutert wird. An dieser Stelle muß eine Aufzählung der wichtigsten Reifevorgänge und der hauptsächlichsten Einwirkungen der Umwelt das Auslangen finden.

Stärker den genetischen Bedingungen und Gegebenheiten unterstellt sind die Größe, das Gewicht und die Proportionen des Körpers, die Hautfärbung, Behaarung, die Formung der Nase und des Mundes und die Ausmaße der primären und sekundären Geschlechtsorgane. Natürlich gibt es auch einige geschlechtsgebundene biogenetische Differenzen, wie die geringere Entwicklung der Kraft bei Mädchen. In der Motorik sind die konditionellen sowie die einfacheren koordinativen Fähigkeiten (z. B. Hand- und Fußgeschicklichkeit) und wahrscheinlich auch die motorische Lerngeschwindigkeit biogenetisch festgelegt. Die in den ersten beiden Lebensjahren erworbenen motorischen Fertigkeiten des Kriechens, Sitzens, Stehens und Gehens folgen ebenfalls mehr dem genetischen Programm als den Umwelteinwirkungen, die zweifelsohne auch gegeben und nicht ohne Bedeutung sind. Umfangreicher fällt die Aufzählung der sozialkulturellen Wirkfaktoren aus, die die menschliche Entwicklung prägen. Sie beginnt mit der geographischen Lage und den klimatischen Bedingungen des Lebensraumes, setzt sich fort mit Einflüssen, die von Tieren oder Gegenständen des Wohnraumes ausgehen und reicht bis zu den vielfältigen personalen Wirkfaktoren in den zahlreichen und vernetzten Sozialgebilden der Familie, der Schule, des Kindergartens, der Nachbarschaftsgruppen und der Vereinsgemeinschaften.

Weil die menschliche Entwicklung das aktive Eingreifen und Entscheiden des Individuum in das dialogische Geschehen zwischen dem genetisch prädisponierten Subjekt und seiner vielgestaltigen Umwelt voraussetzt, wird Handeln zu einem zentralen entwicklungstheoretischen Begriff und Faktum. Die handelnde Interaktion des Individuums mit sich selbst, mit seinem eigenen Körper, mit allen Gegenständen und Begebenheiten seiner personalen und dinglichen Welt, erzeugen jene Erfahrungen und Erlebnisse in ihm und bringen jenes Wissen und jene Erkenntnisse hervor, die Entwicklung in Gang setzen und zu personalen Merkmalen, Einstellungen und Gewohnheiten führen.

Handeln in allen Bereichen und Formen, z. B. auch als Bewegungshandeln, bedeutet aktives Gestalten aber auch Reagieren, Entscheiden und Anpassen. Die handelnde Aktivität fällt also beiden Seiten in diesem Subjekt-Welt-Bezug zu, weil er im vollen Sinn des Wortes ein dialogisches Verhältnis zwischen einem handelnden Subjekt und einer handelnden Welt ist, welches menschliche Entwicklung leitet und prägt. Denn die personale und gegenständliche Welt greift aktiv in das Erleben und Leben des Individuums ein und dies in dauernder, beabsichtigter oder unbewußter, wirksamer oder bedeutungsloser Art und Weise. Menschliche Entwicklung als dialogisches und interaktionelles Geschehen ist deshalb aus der Sicht des Individuums ein Handeln und Behandelt-Werden, Einflußnehmen und Beeinflußt-Werden, ein Eingreifen und Erleiden. Zurecht stellt daher Jürgen BAUR (1989b) die Entwicklungstheorie von Piaget, in der ein aktives Subjekt eine passive Umwelt zum Anlaß der Entfaltung nimmt, ebenso in Frage wie die traditionellen Phasentheorien oder die sozialisationstheoretischen Erklärungen der Entwicklung, in denen ebenfalls die eine Seite zur Aktivität und die jeweils andere zur Passivität bestimmt werden.

Fassen wir die von Jürgen BAUR[39] (1989b) vorgetragenen Aussagen über die Anlage-Umwelt-Interaktion in der Entwicklung einer aktiv in dieses Geschehen eingreifenden Person zusammen und erweitern wir sie durch eine Annahme, die bei BAUR nicht gebührend zum Tragen kommt. So einleuchtend das dialektische Theoriemodell die menschliche Entwicklung besser erklärt als das biogenetische, das konstruktivistische und das sozialdeterministische Modell und dadurch den menschlichen Entwicklungsverlauf als beidseitiges Aktivsein auch richtiger beschreibt, so wenig überzeugt mich die Annahme der ständigen aktiven Beteiligung des Individuums an seiner eigenen Entwicklung. Betrachtet man den Lebenslauf eines Menschen unter dem Zeitaspekt, erhält die aktive Beteilung am Beginn des Lebens einen geringen Stellenwert, bzw. ist im Säuglingsalter überhaupt noch nicht vorhanden. Die primären Sozialpartner des Kindes, die Eltern, Großeltern und älteren Geschwister sind die aktiven Gestalter der Entwicklung und geben diese Rollen nur schrittweise auf, zugunsten eines sich anbahnenden Gleichgewichtes von Aktivität und Beeinflußt-Werden. Im Zeitraum der ersten beiden Lebensjahrzehnte wird es weniger aktive und mehr passive Abschnitte in der Gestaltung der eigenen Entwicklung geben, wird einmal die Umwelt und ein anderes Mal der Reifungsprozeß der stärkere Wirkfaktor sein, einmal die Person selbst und ein anderes Mal die soziale oder gegenständliche Welt die Hauptrolle in der Entwicklung spielen. Neben dem Zeitfaktor ist aber auch der besondere Entwicklungsfaktor ein variierendes Element: In der Entwicklung der Bewegungsfertigkeiten spielt die Aktivität des Subjekts am Anfang des Lebenslaufes eine größere Rolle als bei der Sozial- oder Intelligenzentwicklung, weil ein „angeborener" Bewegungstrieb die motorische Aktivität geradezu einfordert. Ein angeborener Denk- oder Sozialtrieb läßt sich mit weniger Sicherheit annehmen[40].

4.1.2. Allgemeine Entwicklungstendenzen

Der Entwicklungsverlauf beim Menschen ist ein Vorgang der Differenzierung und der Integration, der Verfeinerung und Verästelung aller Bereiche der sozialen, emotionalen, intellektuellen und motorischen Lebensäußerungen, bei dem die Auseinanderentwicklung bereits im Verlauf des kindlichen Lebensabschnittes sich verlangsamt und auf eine personale Mitte hin gelenkt wird. Die Gefühlsempfindung des Säuglings kennt die Pole Lust und Unlust und alles, was dazwischen noch verdeckt liegt, entfaltet sich in den Entwicklungsjahren zur breiten Palette der Gefühlsregungen, die dem Erwachsenen als emotionaler Eindruck und Ausdruck zur Verfügung steht. In der gleichen Art und Weise differenzieren auch die intellektuellen und sozialen Fähigkeiten aus. Die motorischen Äußerungen des Säuglings sind unkoordinierte und ungerichtete Ganzkörperbewegungen, die durch Reifung und tägliches Üben als endogene Potenzen durch die räumliche und personelle Umgebung gefördert, zum breiten motorischen Handlungsrepertoire des erwachsenen Menschen ausgebildet werden. Die breite Ausbildung der Bewegungsfähigkeiten und ihre zugleich stattfindende individuelle Ausprägung infolge konstitutioneller Faktoren sind ein besonders überzeugender

Beweis für das allgemeine Entwicklungsgeschehen der Differenzierung und Integration (vgl. OERTER 1980, 22). Differenzierung und Integration (OERTER spricht von der Zentralisation) der Entwicklung sind abhängig von Umweltfaktoren und genetisch bedingten Dispositionen und führen dazu, daß sich Menschen als Individuen voneinander unterscheiden und doch wiederum innerhalb desselben Geschlechtes, derselben Generation, der ähnlichen räumlichen Umgebung oder der gleichen Sozialschicht einander in vielen Denkgewohnheiten und Handlungsbereichen ähnlich sind.

Damit ist die dritte allgemeine Entwicklungstendenz der Kanalisierung angesprochen. Das offene Lebewesen Mensch entwickelt sich in Bahnen, die durch Kultur, Landschaft, Gesellschaft, Familie, Schulausbildung und durch weitere Institutionen der Sozialisation in die Gefilde seines Lebens gezogen sind. Gebahnte Entwicklung engt die Möglichkeiten der Entfaltung zwar ein, verleiht dem Individuum aber auch seine Besonderheit und Eigenart. Die Kanalisierung als Entwicklungstendenz sei wieder an der Motorik demonstriert: Die den Menschen kennzeichnende Vielfalt und Plastizität des Bewegungsvermögens und die große motorische Lernfähigkeit werden schon im frühkindlichen Lebensalter durch den elterlichen Erziehungsstil (bewahrend oder bewährend), durch Freizeitgewohnheiten (viel oder wenig Bewegung), durch Wohnverhältnisse (z. B. Größe des Kinderzimmers, beschränkter oder fördernder Bewegungsraum der Wohnumgebung), ökonomische Möglichkeiten der Eltern, Verhaltenstrends in der Gleichaltrigengruppe, schulische Angebote u. a. in unterschiedlicher Weise geprägt[41] und in verschiedene Richtungen gelenkt. Kein heranwachsender Mensch entwickelt sich motorisch zur Fülle seiner ihm genetisch und sozialkulturell gegebenen Möglichkeiten, sondern zu einer kulturell und gesellschaftlich bedingten Auswahl derselben. Auch die jeweilige epochale Bewegungskultur ist ein selektiver Faktor der Bewegungsentfaltung und -prägung für jedes Individuum.

Die „sachimmanente Entfaltungslogik" (HECKHAUSEN 1965), nach der komplexere Fähigkeiten und Fertigkeiten den vorangegangenen Erwerb einfacherer voraussetzen, hat eine Entsprechung in der Bewegungsentwicklung, für die BAUR (1989a, 82) die Bezeichnung „bewegungsstrukturelle Entwicklungslogik" eingeführt hat.

„Die Annahme einer bewegungsstrukturellen Entwicklungslogik meint, daß in der motorischen Entwicklung bestimmte motorische Fertigkeiten erst ausgebildet sein müssen, bevor andere erworben werden können, wobei die Beherrschung der ersteren die bewegungsstrukturelle Voraussetzung für die Bewältigung der letzteren darstellt" (BAUR 1989a, 82). Die Gleichgewichtsfähigkeit ist eine Bedingung des aufrechten Ganges, die Auge-Hand-Koordination die bewegungsstrukturelle Voraussetzung für das Festhalten an Gegenständen und das Aufziehen in den Stand. Nur ist dies nicht so zu verstehen, daß das Gleichgewichtvermögen vollends entwickelt sein muß, ehe es zum aufrechten Gang kommt, weil während der ersten und unsicheren Gehversuche des Kindes das Gleichgewicht zwar schon gebraucht aber zugleich weiter geschult und verbessert wird. Die „bewegungsstrukturelle Entwicklungslogik" meint also keineswegs die vollständige Entwicklung einer Fertigkeit für den Erwerb einer darauf aufbauenden, sondern das Beherrschen einfacher motorischer Tätigkeiten als Voraussetzung für komplexere oder die graduelle Ausbildung eines motorischen Vermögens für die Bewältigung eines anderen und deren gegenwirkende Einflußnahmen aufeinander. Annäherndes Gleichgewicht ermöglicht aufrechtes Gehen, aufrechtes Gehen fördert die weitere Entwicklung des motorischen Gleichgewichtes.

Es ist in der Entwicklungstheorie üblich geworden, den Vorgang der Entwicklung nicht mehr als Stufenabfolge zu beschreiben, sondern als kontinuierliches Ereignis mit fließenden und individuell unterschiedlichen Übergängen zwischen den einzelnen Lebensabschnitten. Dennoch verzichtet auch diese Betrachtungsweise nicht auf die Einteilung in mehrere, voneinander unterscheidbare, Entwicklungsphasen von der Geburt bis zum Ende der Schulzeit. Nur ist die Vorstellung nicht mehr tragbar, daß es zwischen den Entwicklungsphasen klare Grenzen gibt, die sich durch Zeitangaben fixieren lassen, und daß alle psychophysischen Fähigkeiten innerhalb einer Phase oder Stufe auf einem Niveau verharren und erst in der darauffolgenden Phase um eine Stufe höher gerückt sind. Wiederum beweist die motorische Entfaltung recht deutlich sowohl die Kontinuität der menschlichen Entwicklung als auch die individuelle und geschlechtliche Verschiedenheit der Entwicklungsverläufe und die umweltbedingten Abweichungen vom Regelfall. Dies bedenkend, erweist sich die Phaseneinteilung der körperlichen und motorischen Entwicklung innerhalb der ersten beiden Lebensjahrzehnte als akzeptabel und brauchbar. Nur darf sie Erzieher, Eltern und Lehrer nicht zur schematischen Anwendung in den Situationen des Unterrichtens und Erziehens verführen. Insgesamt aber ist die Einteilung in Entwicklungsphasen für Unterricht und Erziehung angebrachter als die Altersbestimmung, weil es entscheidend wichtiger ist, zu wissen, daß ein Kind im zweiten Gestaltwandel und in der seelischen Pubertät steckt, als sein Lebensalter zu kennen. Ein 14jähriger Junge kann noch ein Kind sein, ein Pubertierender oder bereits die Phase der Adoleszenz erreicht haben. Für das Bewegungslernen und die körperliche Beanspruchung sind aber die

Merkmale der jeweiligen Entwicklungsphase von größerer Bedeutung als das kalendarische Alter.

Gibt es für das Bewegungslernen des Individuums günstige oder ungünstige Entwicklungsphasen? Damit ist die Frage nach der Akzentuierung oder den „sensiblen" Phasen aufgeworfen (vgl. MARTIN 1982, 271), d. h. nach jenen Entwicklungsabschnitten, in denen das motorische Lernen einen besonders guten Boden vorfindet, weil die Voraussetzungen dazu in den Phasenmerkmalen in günstiger Ausprägung zu finden sind. So etwa könnte die hohe Ansprechbarkeit für Bewegungsreize im späten Kindesalter (9.–12. Lebensjahr), verbunden mit belastungsfähigen Organen und einer weltzugewandten Lebenshaltung eine sensible Phase für das Bewegungslernen sein. Das würde allerdings der These vom kontinuierlichen Anstieg der koordinativen und konditionellen Fähigkeiten keine Stütze sein, sondern eher einer wellenförmigen Interpretation des Entwicklungsverlaufes entsprechen.

Die menschliche Entwicklung hört mit dem 20. Lebensjahr nicht auf, auch wenn sich die Entwicklungspsychologie auf die ersten beiden Lebensjahrzehnte konzentriert hat. Bewegungslernen wiederum ist ein lebensbegleitender Vorgang und kennt ebenfalls keine Altersbegrenzung, weil auch 70- und 80jährige Menschen noch in der Lage sind, neue Bewegungsfertigkeiten lernend zu erwerben. Dennoch legt auch die nachfolgende Darstellung des Bewegungslernens in den Entwicklungsphasen (4.2.) den Akzent auf die Zeit der Kindheit und Jugend, weil in den ersten zwei Lebensjahrzehnten die lebensentscheidenden Lernerfahrungen gemacht und wichtigsten Lernergebnisse erzielt werden.

4.1.3. Der Einfluß des Bewegungshandelns auf Faktoren menschlicher Entwicklung

Die menschliche Entwicklung ist ein überaus komplexer und vielfach verknüpfter Vorgang der Interaktion zwischen dem Individuum und seiner dinglichen und personalen Welt. Sie ist die Entfaltung der ganzen und unteilbaren Person in ihrer konkreten Lebenswelt im Wirkungsgefüge aller, nur einer theoretischen Sicht voneinander getrennt erscheinender, Merkmale der menschlichen Persönlichkeit. Die Bedeutung der Bewegung als entwicklungsförderndes Lebenselement ist nur an der ganzen Person zu bestimmen, kann aber an einzelnen Entwicklungsfaktoren beschrieben werden. Das soll in diesem Abschnitt geschehen, der den Einflüssen und Einwirkungen der verschiedenartigen Bewegungstätigkeiten auf die körperliche, intellektuelle, soziale und emotionale Entwicklung nachspürt und in Überlegungen zur Identitätsbildung und -findung mündet. Es soll also theoretisch getrennt werden, was ungeschieden in der menschlichen Person sich vollzieht. Die körperliche und die motorische Entwicklung sind „als eine integrale Komponente der Persönlichkeitsentwicklung zu verstehen" (BAUR 1989, 241)[42].

Körperliche Entwicklung

Es wäre naheliegend, den Einfluß unterschiedlicher Bewegungstätigkeiten auf das körperliche Wachstum, die Leistungsfähigkeit der Herz- und Kreislauforgane, die Struktur der Muskulatur, die Bildung der neuronalen Synapsen und weiterer Vorgänge der körperlichen Entwicklung ausführlich darzustellen, weil dazu wissenschaftlich erhobene und theoretisch fundierte Untersuchungsergebnisse vorliegen. Doch befaßt sich damit auch der nachfolgende Abschnitt (4.2.) für die ersten zwei Lebensjahrzehnte, in denen die Entwicklung über die Phasen der Kindheit und Jugendzeit zum Erwachsensein erfolgt. Als Einführung dazu werden an dieser Stelle einige allgemeine Aussagen gemacht, deren Konkretisierung im Abschnitt über die Entwicklungsförderung vorgenommen wird.

Vielseitige, regelmäßige und wohl dosierte Bewegungsbeanspruchungen im Kindes- und Jugendalter haben einen positiven Einfluß auf die körperliche Entwicklung[43] des heranwachsenden Menschen, der in Anlehnung an Jürgen WEINECK (1988) in folgenden Bereichen festzustellen ist:

1. In der verbesserten Entwicklung und verstärkten Leistungsfähigkeit des Herz-Kreislauf-Systems.

   Die ausdauernden Bewegungstätigkeiten vor allem verändern die anatomischen Zustände des Herzens durch dessen Gewichtszunahme, Vergrößerung und der Erweiterung der Herzhöhlen sowie der positiven Veränderungen der Herzkranzgefäße (Sportherz). Mit der morphologischen Besserstellung untrennbar verknüpft ist die Erhöhung der funktionalen Leistungsfähigkeit des Herzens, meßbar am Schlagvolumen, Herzminutenvolumen und Sauerstoffpuls. Im Gefäßbereich kommt es zu einer verbesserten Kapillarisierung durch Öffnung und Erweiterung der Haargefäße und zur Herausbildung von Kollateralkreisläufen. Die von Bewegungstätigkeiten bewirkten morphologischen Verbesserungen im Atmungssystem sind die besonders während der Pubertät stattfindende Vergrößerung der Alveolaroberfläche und die Hypertrophierung der Atemmuskulatur. Die funktionelle Anpassung an erhöhte Bewegungsbelastungen sind die Steigerung des Atemminutenvolumens mit besserer Totraumventilation und die vermehrte Sauerstoffaufnahme.

2. Regelmäßige, andauernde und kräftigende Bewegungstätigkeiten rufen günstige Adaptationen im aktiven Bewegungsapparat hervor.

   Dies bewirkt zwar bei normaler Beanspruchung nicht die Umwandlung von FT-Fasern (weißen) in ST-Fasern (roten) weil dies ein jahrelanges und intensives Ausdauertraining zur Voraussetzung hat (vgl. WEINECK 1988, 183).

   Im muskulären Bereich kommt es aber zu mehreren Anpassungserscheinungen bei körperlicher und motorischer Beanspruchung, so z. B. zur verbesserten intramuskulären Blutverteilung (Kapillarisierung und Kollateralbildung), Erhöhung des Myoglobingehalts, Vermehrung der Energiespeicherfähigkeit (Glykogen) und Schonung des Glykogendepots in der Leber durch bessere Verwertung der Fettsäuren, Vermehrung der Kreatinphosphatspeicher und Hypertrophierung des Muskels durch die Verdickung (nicht der Vermehrung) der Muskelfasern.

3. Erhöhte körperliche und motorische Belastung läßt auch im passiven Bewegungsapparat günstige Anpassung erkennen.

   Generell verbessert sich die Knochenstruktur in der Substanz (Fließgleichgewicht) und in der Widerstandskraft in der Hauptbeanspruchungsrichtung. Die Beweglichkeit der Knochenverbindungen wird größer, der hyaline Knorpel reagiert auf motorische Beanspruchung durch Vergrößerung der Knorpelzellen und Zellvermehrung in den Chondronen, was eine höhere mechanische Belastbarkeit mit sich bringt und zuletzt erfahren auch die Sehnen und Bänder eine Qualitätsverbesserung durch Anpassung.

4. Vielseitige Bewegungserfahrungen aus vielfachen und regelmäßigen Bewegungstätigkeiten beeinflussen das Zentralnervensystem.

   Es erfolgt eine Verbesserung der „Feinabstimmung der reflektorischen Mechanismen im Rückenmark" (WEINECK 1988, 57), die Entlastung der Großhirnrinde bei automatisierten Bewegungsabläufen, vor allem aber bewirken vielseitige Bewegungshandlungen im Kleinkindalter (0–3 Jahre) die Faseraussprossung im Zuge der Vernetzung der Neuronen. Gestützt durch Untersuchungen von Israel, Pickenhain und Le Boulch kommt WEINECK zu dem Schluß, daß motorische Übungen für die Ausgestaltung des Gehirns in den ersten drei Lebensjahren von großer Bedeutung sind. „Unterbleiben derartige Förderreize oder werden sie nicht in ausreichender Menge geboten, dann kommt es zu einer qualitativ verschlechterten Infraarchitektur der Neuronenverbände bzw. zu einer geringeren funktionellen Ausreifung" (1988, 73).

5. Dic körperliche Entwicklung ist in der Gegenwart durch viele Faktoren vom Haltungsverfall bedroht.

   Wenngleich die Zahlen über Haltungsschwächen und -schäden der Schuljugend eine große Schwankungsbreite aufweisen und zwischen 25% und 75% schwanken, was sicherlich auch von der Definition der Begriffe Haltungsschwächen und Haltungsschäden abhängig sein dürfte, bleibt das Problem gegeben, daß viele Faktoren im öffentlichen und privaten Leben der Heranwachsenden zum Haltungsverfall beitragen. Der wichtigste Faktor ist der Bewegungsmangel. So besteht also ein ursächlicher Zusammenhang zwischen der von der Schule verordneten und in der Freizeit freiwillig eingenommenen Sitzhaltung des Kindes, dem Bewegungsmangel im großmotorischen Bereich und der zunehmenden Tendenz zur kindlichen und jugendlichen Haltungsinsuffizienz mit den schwerwiegenden Folgen für die spätere Lebenszeit.

   Bewegungsförderung und Bewegungserziehung im Kindes- und Jugendalter ist mithin ein langfristig positiver Beitrag zur richtigen Körperhaltung und zur Vermeidung jener Beeinträchtigungen der Gesundheit und des Wohlbefindens, die sich im Erwachsenenalter unweigerlich aus Haltungsfehlern und -schwächen ergeben, die im Kindesalter erworben wurden und im Erwachsenenalter mit Wirbelsäulengymnastik und Rückenschulen nicht mehr korrigierbar, sondern höchstens stabilisierbar sind.

6. Die regelmäßige Bewegungstätigkeit ist die Bedingung der Beweglichkeit.

   Daß die regelmäßig betriebenen Bewegungstätigkeiten in den Entwicklungsjahren einen günstigen Einfluß auf die Beweglichkeit und die koordinativen Fähigkeiten des Körpers haben, ist eine selbstverständliche aber durchaus bedeutsame Aussage. Beweglichkeit ist ein Merkmal der Lebensqualität, das bis ins hohe Alter (und dort erst recht) einen hohen Anteil am Lebensglück hat. Wenn auch ein enger Bezug zu den koordinativen Fähigkeiten besteht, kommt es bei der Beweglichkeit nicht so sehr auf das spezifische motorische Vermögen zur Ausübung spezieller Bewegungstätigkeiten an als vielmehr auf einen Zustand allgemeiner Beweglichkeit, der im Alltag die befriedigenden Ausführungen der Lebenshandlungen zuläßt. Die Bewegungserziehung im Kindes- und Jugendalter wird unter dieser Perspektive die pädagogische Anleitung und Hinführung zur lebenslangen Beweglichkeit und darin zur Begründung einer beglückenden Lebensqualität.

   Über die Güte der Bewegungstätigkeit entscheidet die Bewegungskoordination, die aus dem Zusammenspiel des Zentralnervensystems und des aktiven Bewegungsapparates (Skelettmuskulatur) hervorgeht und in der Ausführung der Bewegungshandlungen erworben, verfeinert und schließlich in manchen Fällen automatisiert wird.

Diese wenigen und verkürzten Ausführungen über den Einfluß der Bewegungstätigkeiten auf die körperliche Entwicklung des heranwachsenden Menschen stützen die Forderung nach einer systematischen, zielgerichteten und vielseitigen Bewegungsförderung und -erziehung vom ersten Lebenstag eines Menschen an. Die nachfolgend vorgebrachten Erkenntnisse über die Wirkung der Bewegung auf kognitive, soziale und emotionale Entwicklungsverläufe und -ergebnisse bekräftigen die Notwendigkeit dieser Seite der menschlichen Erziehung und Bildung.

Kognitive Entwicklung

So umstritten der methodische Weg der Erkenntnisgewinnung von Jean Piaget auch gewesen sein mag, als er die Theorie der sensumotorischen Intelligenzentwicklung aus der Beobachtung der Entwicklung seiner beiden Töchter abgeleitet hatte, so unbestritten ist die Wirkung seiner Thesen in der Pädagogik und der Sportpädagogik (vgl. SCHERLER 1975). Piagets Aussagen zur sensumotorischen Intelligenz in den ersten beiden Lebensjahren stützen die theoretische Legitimation der Bewegungserziehung im frühen Kindesalter selbst jetzt noch, nachdem einzelne seiner Thesen über den Zusammenhang von Bewegung und Intelligenz widerlegt, bezweifelt oder eingeschränkt worden sind (vgl. KRÜGER 1990). Eine grundsätzliche Ablehnung oder eindeutige Widerlegung haben Piagets Forschungsergebnisse ohnedies nicht erfahren. Im Gegenteil: andere Untersuchungen verlängern die Zeitspanne der nachweisbaren Wechselwirkung zwischen Bewegungstätigkeit und Intelligenzentfaltung über die ersten zwei Lebensjahre hinaus bis zum Eintritt der Pubertät (vgl. Le BOULCH 1972 und übersichtsmäßig KRÜGER 1990). Dieser Zusammenhang wird so beschrieben und begründet, daß der Erwerb motorischer Fertigkeiten bereits als Lernvorgang die Förderung kognitiver Fähigkeiten bedeutet und die Bewegungsausführung günstige Voraussetzungen für die Schulung der Intelligenz schafft. Der Nachweis der Wechselwirkungen zwischen Bewegung und Intelligenz gelingt aber noch überzeugender, wenn er an konkreten Merkmalen der Intelligenz verdeutlicht wird. Im Vorschulalter haben Kinder mit gut entwickelten Bewegungsfähigkeiten einen höheren Intelligenzquotienten als Kinder mit geringeren motorischen Fähigkeiten (ZIMMER 1981). Zwischen der Schulreife und dem motorischen Leistungsprofil haben EGGERT/SCHUCK (1975) einen positiven Zusammenhang nachgewiesen. Die Untersuchungen von DIEM (1976) erbrachten den Nachweis der Verbesserung der Konzentrationsfähigkeit durch gezielte motorische Stimulation in der frühen Kindheit. Art und Ausmaß der Bewegungstätigkeit, aber auch die Zugehörigkeit zu unterschiedlichen Sozialschichten, variieren die Beeinflussung der Intelligenzentwicklung durch Bewegungstätigkeiten. Bei aller Vorsicht gegenüber der Erkenntnismethode Piagets, bei genauer Berücksichtigung jener Faktoren, die diesen Wirkungszusammenhang verändern und abwandeln, und trotz der Beachtung der kritischen Stimmen über dieses Thema kann doch die Grundannahme weiterhin aufrecht bleiben, daß eine gezielte und vielseitige Bewegungserziehung und Bewegungstätigkeit im frühen Kindesalter die Entwicklung und Ausprägung intellektueller Fähigkeiten befördert.

Soziale Entwicklung

Die schwierige Thematik der Entfaltung und Verfestigung sozialer Eigenschaften unter Beteiligung des Bewegungshandelns ist mehr auf Vermutungen und Annahmen denn auf wissenschaftliche Erkenntnisse gestützt und legt in nachhaltiger Weise die differenzierende Sicht auf die verschiedenartigen Bewegungstätigkeiten und deren sozialbildende Wirksamkeit nahe. In der sozialen Vielfalt des Bewegungshandelns und den damit verbundenen Gruppenaktivitäten und Gruppenformen liegt auch die Ursache für verschiedenartige sozialbildende Wirkungen, die im heranwachsenden Menschen durch Bewegungstätigkeiten erzielt werden. Es soll an dieser Stelle allerdings nicht dargelegt werden, welche sozialerzieherischen Einflüsse von Mannschaftsspielen oder Individualsportarten, von der Gymnastik oder der Leichtathletik, vom Tanzen oder dem Turnen ausgehen. Denn in der schulischen und familiären Bewegungserziehung sind nicht die motorisch einseitig geprägten Sozialverläufe, sind nicht die mannschaftssportlich oder gymnastisch-tänzerisch sozialisierten Menschen die wünschenswerten Bildungsergebnisse, sondern der vielseitig gebildete Mensch, der über seine vielfältigen Bewegungstätigkeiten in seinem sozialen Denken und Handeln geprägt worden ist.

Deshalb werden im folgenden jene Aussagen bevorzugt, die den wechselwirkenden Zusammenhang zwischen sozialer Entwicklung und Bewegungshandeln in allgemeiner und nicht bewegungsspezifischer oder gar sportartbezogener Weise zum Ausdruck bringen. Die sozialbildenden Erfahrungen, die ein heranwachsender Mensch in den Bewegungshandlungen machen und erwerben kann, sind in starkem Maße durch die Strukturen jener Sozialisationsinstanzen beeinflußt, die dem Individuum die Handlungsräume eröffnen und gestalten. Es sind dies die Herkunftsfamilie, die Nachbarschaftsgruppen der Gleichaltrigen, der Kindergarten, die Schule und die Vereinsgruppierungen. Diese Instanzen der primären und sekundären Sozialisation bilden ein vielfältig vernetztes Handlungs- und Wirkungsgefüge und erhalten für die Körper- und Bewegungsentwicklung des Kindes in den verschiedenen Lebensphasen eine unterschiedliche Bedeutsamkeit und Gewichtung.

Die Herkunftsfamilie ist im ersten Lebensjahrzehnt für jeden Menschen in jedem Lebensbereich die wichtigste und prägendste Einrichtung der geplanten wie der unbeabsichtigten Sozialbildung. Von den Familienmitgliedern, den Eltern, Geschwistern und Großeltern gehen die ersten Bewegungsanregungen aus, sie sind die ersten Partner in den Bewegungsspielen, sie entscheiden über die häuslichen und außerhäuslichen Bewegungs- und Erkundungsräume, nehmen Einfluß auf die gleichaltrigen Spielgenossen, treffen die schulischen Entscheidungen und schaffen die Vereinskontakte.

Im zweiten Lebensjahrzehnt verliert die Familie auch in der Körper- und Bewegungsbiographie ihre dominante Stellung und gibt Entscheidungsbefugnisse und Einflußnahmen an die Schule und die Gruppe der Gleichaltrigen ab. Von Sonderentwicklungen abgesehen (Leistungssportler), verliert der Sportverein mit dem Eintritt ins Jugendalter und dem Beginn der körperlichen Pubertät seine sozialisierende Funktion weitgehend. Auch die Schule und die dort gebotene Bewegungserziehung dürften kein machtvoller Faktor der Sozialbildung in dieser Lebensspanne sein. Der frühe starke Einfluß der Herkunftsfamilie geht jetzt auf die Gruppe der Gleichaltrigen über.

Diese Sozialisationsinstanzen, jede für sich und alle zusammen in ihren gegenseitigen Einwirkungen, prägen die soziale Entwicklung des heranwachsenden Menschen auch über die Bewegungstätigkeiten, die sie ermöglichen oder verhindern, die sie in dieser oder jener Art anbieten, die sie vielseitig oder einseitig gestalten, die sie bewußt und nachdrücklich oder unbewußt und nebenher als sozialisierendes Mittel einsetzen. Das führt dann zu wünschenswerten oder ungünstigen, zu prägenden oder bedeutungslosen, zu vielseitigen oder einseitigen sozialen Wirkungen und Entfaltungen beim heranwachsenden Menschen.

Die sozialbildenden Ereignisse und Ergebnisse sind wie in anderen Lebenslinien auch in der Körper- und Bewegungsentwicklung von Faktoren abhängig und geleitet, die in der eigenen Geschlechtlichkeit und im Sozialstatus der Eltern begründet liegen. Wenngleich es Zeichen und Tendenzen des Abbaus von Geschlechtsrollen gibt und in einigen Lebensbereichen sowie in der äußeren Erscheinung die Unterschiede zwischen männlich und weiblich geringer werden oder sich völlig einebnen, verraten doch gerade die Entwicklungsverläufe in den Handlungsfeldern des Körpers und der Bewegung deutliche Differenzen geschlechtsspezifischer Art. Den männlichen Kindern werden größere Handlungs- und Bewegungsräume innerhalb und außerhalb der Wohnung gewährt, während die gleichaltrigen Mädchen stärker an das „Haus" gebunden sind. Jungen können mit Gleichaltrigen freier handeln und räumlich weiter „ausgreifen", sie bestimmen selbständiger ihre Bewegungsaktivitäten und üben sie auch häufiger aus. Die Mädchen sind auch darin viel stärker an die Herkunftsfamilie gebunden. Sportvereine und Schulen haben für Jungen mehr und vielseitigere „Sportangebote" und vernachlässigen immer noch die weiblichen Bewegungsinteressen. Deshalb wenden sich die männlichen Kinder und Jugendlichen auch mehr dem Sport zu, sind häufiger als die weiblichen Mitglieder in Sportvereinen und schätzen das Unterrichtsfach Sport oder Leibesübungen auch höher ein.

Die Geschlechtlichkeit ist nicht das einzige differenzierende Merkmal der sozialen Entwicklung in den Handlungsfeldern des Körpers und der Bewegung. In den verschiedenen Sozialschichten[44] sind unterschiedliche Einstellungen zum Körper vor allem aber auch unterschiedliche Bewegungsgewohnheiten und Sportinteressen vorhanden, welche die Entwicklungsverläufe Heranwachsender prägen und in vorgezeichnete Richtungen lenken. Aus zahlreichen soziologischen Erhebungen (vgl. BAUR 1989 b, 215–227) geht die schichtspezifische Unterschiedlichkeit der Körper- und Bewegungskultur eindeutig hervor. Dazu einige Belege, die BAUR (1989 b) aufzählt[45]: In unteren Sozialschichten ist das Körperbild bestimmt vom Gedanken der Verfügbarkeit in krafterfordernden Situationen, von der Vorstellung des Körpers als leistungsfähiges Werkzeug, vom starken, d. h. meist auch übergewichtigen Körperzustand, von fürsorgemedizinischen Aspekten, unvernünftigen, fettreichen Ernährungsgewohnheiten und augenblicklichen Erfolgs- und Lusterwartungen.

Dem entgegen enthält das Körperbild in höheren Sozialschichten in allen Belangen eine längerfristige Perspektive, ist mehr auf Zukunft und weniger auf gegenwärtige Bedürfnisbefriedigung gerichtet, bevorzugt präventive Medizin und ist durch mehr Wissen und Vernunft in den Ernährungsgewohnheiten gekennzeichnet. Der äußere Zustand des Körpers ist stärker mit ästhetischen Kriterien als mit instrumentellen Absichten verbunden.

Auffallende schichtspezifische Differenzen im Bewegungshandeln sind erkennbar in der Tatsache, daß Angehörige höherer Sozialschichten beweglicher sind, mehr Sport treiben und bewußter die gesundheitlichen Wirkungen regelmäßiger Bewegung erfassen als Angehörige unterer Schichten. Verschieden sind auch die Sportarten, denn trotz einiger Anzeichen sozialer

Nivellierung gibt es weiterhin die typischen Oberklassendisziplinen (Golf, Tennis, Leichtathletik, Segeln) und die ebenso typischen Unterklassensportarten (Boxen, Schwerathletik, Fußball, Kegeln).

Die soziale Entwicklung eines Heranwachsenden verläuft aber auch in den körper- und bewegungskulturellen Entwicklungsbereichen innerhalb solcher schichtspezifischen Vorgaben. Wenngleich durch sozialen Aufstieg der Kinder auch die schichttypischen motorischen Barrieren übersprungen und veränderte Körperbilder entwickelt oder beim Verbleib im Sozialstatus durch eigene Entscheidungen oder umweltliche Einflüsse auch andere Lebensgewohnheiten und soziale Denkmuster aufgebaut werden können, sind diese Beispiele doch nur die Ausnahmen von der Regel der schichttypischen Sozialisation. Die Körpereinstellung, Ernährungsgewohnheiten, Pflegetätigkeiten, hygienischen Verrichtungen und Bewegungshandlungen werden durch den sozialen Status der Herkunftsfamilie im Heranwachsenden schichtspezifisch ausgebildet.

Sozialisierende Wirkungen der Bewegungstätigkeiten sind in Art, Richtung und Stärke auch von einigen Faktoren der Lebenswelt von Kindern und Jugendlichen beeinflußt und bestimmt. Die Instanzen der primären und sekundären Sozialisation, die Herkunftsfamilie, die Schule und der Kindergarten, die Gleichaltrigengruppen und die Vereine, aufeinander einwirkend und miteinander in vielfacher Weise vernetzt, prägen nicht nur das Bewegungshandeln und das Körperbild der heranwachsenden Generation, sondern lenken auch die Sozialbildung in vorausbestimmte Bahnen und Richtungen. Diese sozialbildenden Einrichtungen wirken allerdings nicht immer in ein und derselben Art und Weise auf Kinder und Jugendliche ein, bieten unterschiedliche Ansichten über Körper und Bewegung dar und unterbreiten durchaus verschiedenartige Bewegungsangebote. Oftmals muß bereits das Kind zwischen widersprüchlichen Forderungen und Angeboten entscheiden und den eigenen Weg gehen lernen. Es sind Wege der Sozialisation, die außerdem geschlechtlich und schichtspezifisch kanalisiert sind und auch im Bereich des Körpers und der Bewegung dem Individuum nicht alle Möglichkeiten offenhalten, die es an sich gäbe.

Emotionale Entwicklung

Manche Bewegungstätigkeiten haben einen hohen Erlebniswert. Diese Behauptung muß allerdings sofort eine sie einschränkende Aussage erhalten, wenngleich sie dadurch in ihrer allgemeinen Annahme nicht bezweifelt werden soll. Nicht in jeder Altersspanne ist der Mensch in gleicher Weise dem Erleben in der Bewegungstätigkeit aufgeschlossen, nicht jede Art des Bewegungserlebens ist jedem Menschen zugänglich und nicht jede Bewegungssituation gewährt jedem Menschen dieselbe Art des Erlebens. Bestand aber hat die Behauptung, daß grundsätzlich ein positiver Zusammenhang zwischen der Bewegungshandlung und dem Erleben existiert. Einzelheiten dieses Bezuges sind auch schon im 2. Kapitel dieses Buches behandelt worden.

Die emotionale Entwicklung des heranwachsenden Menschen ist auch abhängig und geprägt von der Art und der Häufigkeit der in Bewegungstätigkeiten erfahrenen und erlebten Situationen. Es ist davon auszugehen, daß die Gefühlsentwicklung eines Menschen nachhaltiger verläuft, wenn er die Gelegenheiten zu reichhaltigem Erleben in vielfältigen Bewegungshandlungen aufgrund positiver sozialökologischer Gegebenheiten vorfindet und wahrnimmt. Bewegungssituationen und Bewegungshandlungen bieten dem Erleben des Menschen Anlässe und Anregungen durch die sozialen Umstände, körperlichen Erfahrungen, Natureindrücke, herausgehobenen Gefühlszustände und gegenständlichen Angebote, die sie enthalten. Bewegungshandlungen werden allein, zu zweit, in kleineren oder größeren, lockeren oder festeren Gruppen, in Natur- und Kunsträumen, in verschiedenartigen Elementen (Wasser, Eis, Luft) mit großen und kleinen, runden und eckigen, sperrigen und verfüglichen, schweren und leichten Gegenständen, mit Tieren, mit dem eigenen und dem fremden Körper, mit und gegen andere Menschen gelernt, geübt und ausgeführt. In diesen Situationen werden Freude und Ärger, Sieg und Niederlage, Widerstand und Kraft, Grenzen und Ausweitungen, Beziehungen und Versagungen, Einsamkeit und Geborgenheit, Angst und Risiko, Sicherheit und Hilfe erfahren und erlebt. Die menschliche Bewegung und ihre Handlungsfelder sind gewiß nicht die einzig möglichen Auslöser emotionaler Erfahrungen und gefühlvoller Erlebnisse, sicherlich aber im Reigen jener Anlässe, die zur emotionalen Entwicklung des Individuums beitragen, ein nicht unwichtiger und wirkungsloser Faktor.

Da in mehreren sportbezogenen Untersuchungen[46] zwischen 1970 und 1990 die Aussage zu finden ist, daß die Hälfte der Kinder und Jugendlichen zwischen 12 und 18 Jahren Sport auch alleine ausübt, ist anzunehmen, daß gerade diese „einsamen“ Bewegungshandlungen einen hohen Erlebniswert haben und aus diesem Grunde auch von den heranwachsenden Menschen geschätzt und aufgesucht werden.

Bewegungshandlung und personale Entfaltung

Die menschliche Entwicklung ist der verschlungene und noch immer dunkle Weg zu einer mehr oder weniger geglückten personalen Entfaltung im

Kindes- und Jugendalter, an der die genetische Mitgift und die zahlreichen sozialökologischen Einflußnahmen in interaktioneller Wechselwirkung Anteil haben, die sich in theoretisch unterscheidbare Einzelverläufe kognitiver, sozialer, emotionaler, körperlicher und motorischer Art gliedern läßt und doch in Wirklichkeit und jederzeit ein ungeteiltes personales Geschehen innerhalb eines Individuums in Beziehung zu seiner räumlichen und zeitlichen Lebenswelt darstellt. Das Ausmaß der Bewegungsanregungen, die Möglichkeiten des Bewegungshandelns und die Maßnahmen der geplanten Bewegungserziehung nehmen einen bedeutsamen Einfluß auf die menschliche Entwicklung im Sinne der personalen Entfaltung. Diese fällt dürftiger und einseitiger aus, wenn der heranwachsende Mensch infolge situativer, erzieherischer, sozial-ökonomischer oder gesellschaftlicher Einschränkungen in seinem Bewegungslernen und -handeln eingeengt oder einseitig ausgerichtet wird[47]. Als wesentlicher Faktor personaler Entwicklung tragen also auch der Umfang und der Inhalt der Bewegungstätigkeiten im Kindes- und Jugendalter entscheidend dazu bei, ob die Persönlichkeitsentwicklung zu einem pädagogisch wünschenswerten und persönlich zufriedenstellenden Ergebnis gelangt.

Die Annahme, daß es in der Körper- und Bewegungsentwicklung ebenfalls biogenetische Prädispositionen und sozialkulturell ähnliche oder gleiche Umwelteinwirkungen gibt, läßt keineswegs den Schluß zu, daß es innerhalb desselben Geschlechtes, ähnlicher Familienkonstellationen, gleicher ökologischer Gegebenheiten (Stadt/Land), vergleichbarer gesellschaftlicher Ordnungen und kultureller Bedingungen zu gleichen oder doch sehr ähnlichen Entwicklungsverläufen kommen muß. Jeder Mensch entwickelt sich bei noch so ähnlichen genetischen und sozialökologischen Lebensbedingungen unverwechselbar zum Individuum. Jedes Kind entwickelt sein ihm eigenes Körperbild, sein es kennzeichnendes Bewegungshandeln, seine charakteristischen Bewegungen, seine ihm eigenen sportlichen oder spielerischen Neigungen. Kurzum jeder Mensch ist Person und Persönlichkeit aufgrund einer individuellen Entwicklung trotz ähnlicher Rahmenbedingungen und genetischer Voraussetzungen. Mit den Worten Jürgen BAURS (1989b, 109) noch einmal verdeutlichend gesagt:

„Körper- und Bewegungskarrieren, so läßt sich zusammenfassen, werden folglich von Anfang an immer auch als Körper- und Bewegungsbiographien konstituiert, indem Kinder und Jugendliche im Zusammenhang mit ihren jeweiligen biogenetischen Prädispositionen und unter den spezifischen sozialökologischen Gegebenheiten ihrer konkreten Umwelt individuell-subjektive Körper- und Bewegungserfahrungen sich aneignen. Indem sich diese persönlichen Erfahrungen im Verlauf der Körper- und Bewegungsbiographie kumulieren, entwickelt der Einzelne seine individuellen organischen Kapazitäten, sein eigenes Bewegungsrepertoire mit spezifischen motorischen Fähigkeiten und Fertigkeiten und seine subjektiven Orientierungen in bezug auf seinen Körper und seine Bewegung. Und indem diese Erfahrungen sein Handeln tragen und darin weiterentwickelt werden, erhält die Körper- und Bewegungskarriere jedes einzelnen ihr einmaliges biographisches Profil."

Die Anerkennung der individuellen Vielfalt menschlicher Entwicklung soll eines aber nicht außer acht lassen: Es gibt Phasen in der personellen Entwicklung, in denen Körper und Bewegung als Entwicklungsfaktoren eine herausgehobene und besonders wichtige Bedeutung erlangen. Eine solche Phase ist beispielsweise die späte Kindheit vom 6./7. Lebensjahr bis zum Eintritt der Pubertät (11./12. Lebensjahr), in der körperliche und motorische Fähigkeiten (Kraft, Geschicklichkeit) einen hohen sozialen und damit verbunden auch individuellen Wert in der Gleichaltrigengruppe besitzen. Die Entwicklung des Selbstwertgefühls, der Ich-Identität und des Körper-Bewußtseins sind maßgeblich davon beeinflußt, welche positiven oder negativen Erfahrungen und Erlebnisse ein Mensch in dieser Altersstufe in den Bewegungshandlungen machen kann oder machen muß.

Bis an dieser Stelle ist die Bedeutung der Bewegungshandlungen für einzelne Bereiche menschlicher Entwicklung für den „Normal-" oder „Regelfall" überlegt und erörtert worden. Im Leben des Menschen aber gibt es auch während der Kindheit und Jugendzeit außergewöhnliche Ereignisse, die tiefgehende Spuren in der personalen Entfaltung hinterlassen. Es können Ereignisse sein, die genetisch bedingt sind oder von besonderen Umwelteinflüssen bewirkt wurden oder — wie meistens der Fall — aus dem Zusammenspiel beider Faktoren unter aktiver Mitwirkung der Person zustandekommen. Welcher Anteil an diesen besonderen, lebensgestaltenden und persönlichkeitsprägenden Ereignissen der Anlage oder der Umwelt zufällt, soll nicht erörtert werden. Aufgeführt werden Beispiele für jene Ereignisse, die in einen näheren Bezug zur Körper- und Bewegungsbiographie eines Menschen gebracht werden können.

Eine Sonderform der Entwicklung in den hier angeführten intellektuellen, emotionalen, körperlichen, motorischen und sozialen Bereichen bildet sich bei jenen Menschen heraus, die im Kinder- oder Jugendalter Hochleistungssport betreiben. Unter den heute üblichen Wettkampf- und Trainingsbedingungen in vielen Sportarten kommt es dabei nicht selten zu intellektuellen Defiziten, sozialen Einseitigkeiten, körperlichen Beschädigungen und Spätschäden oder emotionalen Sonderentwicklungen. Der hohe Zeitaufwand für die sportliche Betätigung schränkt die vielseitige Interessensentfaltung und kognitive Förderung durch die Schule ein, die soziale Monokultur der gleichgesinnten und gleichdenkenden Eltern, Trainer, Funktionäre und Sportkameraden verhindert die Vielfalt der Sozialerfahrungen, die übermäßige körperliche Beanspruchung im Training und im Wettkampf führt nicht selten zu den körperlichen Beschädigungen und Spätschäden und der volle mentale Einsatz im heutigen Hochleistungssport erschwert die Ausbildung jener Gefühlsbereiche, die nichts oder wenig mit Durchsetzung, Überbietung, Disziplin, Zielstrebigkeit und Verzicht zu tun haben.

Die intensive leistungssportliche Betätigung im Kindes- und Jugendalter ist allerdings nicht die einzige Ursache für Sonderentwicklungen, die über die ohnedies stets individuelle humane Entfaltung hinaus auftreten können. Chronische Erkrankungen (z. B. Asthma), angeborene oder traumatisch erworbene körperliche, geistige oder soziale Behinderungen, angeborene oder erworbene Ängstlichkeit, ein einseitig orientierter elterlicher Erziehungsstil, außergewöhnliche familiäre Konstellationen oder Schulsituationen verändern in diese oder jene Richtung die „normalen" Entwicklungsverläufe. Dadurch bedingt kann die „Körper- und Bewegungskarriere" (BAUR 1989 b) eines Menschen auch einseitig positiv oder negativ ausfallen und darin einen verhängnisvollen oder erfreulichen Einfluß auf die gesamte personale Entwicklung ausüben. Solche Sonderformen der Entwicklung können durch Augenblickserlebnisse von ungewöhnlicher Intensität[48] oder durch kontinuierliche und langzeitliche Ereignisse ausgelöst werden. Der Weg zur hochleistungssportlichen Sozialisation führt über eine größere zeitliche Lebensstrecke, hohe Ängstlichkeit in motorischen Handlungen wird nicht durch eine einzige unvernünftige Elternhandlung bewirkt, häufige Mißerfolgserlebnisse im Schulsport bedingen erst die wirkliche Abwendung vom Sport usw. Aber es gibt auch das einmalige Ereignis, das ein personales Gefüge grundlegend verändern und ein neues Körperbild oder Bewegungshandeln zur Folge haben kann. Es sind dies jene intensiven Erlebnisse im Lebensbereich des Körpers und der Bewegung, die eine tiefgehende Veränderung in der Einstellung und im Handeln der Person bewirken. Die Empfänglichkeit für Erlebnisse dieser Art ist in jenen Lebensperioden größer, die generell als Umbruchszeiten ausgewiesen sind: beispielsweise in der Pubertät, in der sich das Körperbild oder die Einstellung zum Bewegungshandeln oft grundlegend wandeln.

Über das Phänomen der erlebnishaften Lebensereignisse im Bereich der Körper- und Bewegungsbiographie ist noch wenig bekannt, weil dieses Thema bisher keiner systematisch-qualitativen Forschung zugeführt worden ist. Ergiebige und weiterführende Untersuchungsaspekte und Forschungsgegenstände wären die Kindheitserinnerungen von Dichtern, biographische Äußerungen von Spitzensportlern oder die umfangreiche Literatur über Kindheiten in Vergangenheit und Gegenwart.

Fassen wir diesen Gedankengang zusammen: Die personale Entwicklung eines Individuums ist von gewöhnlichen und von außergewöhnlichen Ereignissen, Situationen, Erfahrungen oder Erlebnissen bestimmt. Ungewöhnliche Geschehnisse, die in besonderen Lebensabschnitten (z. B. Pubertät) gehäufter auftreten, können zu Schlüsselerlebnissen und damit zu Wendepunkten in der Biographie eines Menschen werden. Sie ereignen sich auch im Lebensbereich des Körpers und der Bewegung, erfassen aber stets das Individuum als Gesamtheit und verändern dessen Haltungen und Handlungen. Sie können wie Blitze aus heiterem Himmel plötzliche und einmalige Erlebnisse sein oder aus Erlebnisfolgen sich zum lebensverändernden kritischen Ereignis zusammenfügen.

Im Lebenslauf bündelt sich die ganzheitliche Entwicklung des Menschen, ihn prägen zu verschiedenen Zeiten verschiedene Ereignisse stärker oder schwächer, er integriert die intellektuellen, emotionalen, motorischen, sozialen und körperlichen Teilentwicklungen in den Gesamtzusammenhang der personalen Entfaltung, der Persönlichkeitsbildung. Es kennzeichnet das menschliche Lebewesen, ja es zeichnet es aus und hebt es über das Leben anderer Geschöpfe weit hinaus, daß seine Entwicklung lebenslang vor sich geht und in keinem Lebensbereich vor dem Ereignis des Todes eine Erstarrung eintreten könnte. In diesem zeitlebens dynamischen und wandelbaren Geschehen der menschlichen Existenz gibt es allerdings Phasen größerer und geringerer Veränderung, gibt es Zeitabschnitte, in denen die motorische Entwicklung im Mittelpunkt steht und andere, in denen das Körperwachstum auffallend ist (z. B. Pubertät), die soziale Dynamik vorherrschend in Erscheinung tritt (Schuleintritt, Jugendkrise) oder emotionale Ereignisse das übrige Entwicklungsgeschehen überlagern (Partnersuche im frühen Erwachsenenalter). Aktiv und passiv beteiligt an der lebenslangen Entwicklung ist stets die ganze Person, akzentuiert sind aber in verschiedenen Zeiten verschiedene Linien oder Faktoren. Die Bewegungsentwicklung hat im Rahmen der personellen Entfaltung Schwerpunktzeiten in der späten Kindheit, im leistungsmotorischen Alter der Pubeszenz und reifebedingt in den ersten zwei Lebensjahren. Körperzeiten sind die Pubertät und im späteren Lebensalter die Zeit um das 30. Lebensjahr (Gewichtszunahme) oder das Klimakterium, das für beide Geschlechter, wenn auch nicht zeitgleich, eine sensible Phase der Körperlichkeit darstellt.

Zusammenfassung

In diesem Abschnitt, der sich mit der Bedeutung der Bewegung in der kindlichen und jugendlichen Entwicklung in allgemeiner Weise befaßt und noch nicht die einzelnen Phasen der Entwicklung und die besonderen motorischen Fähigkeiten und Fertigkeiten berücksichtigt hat, wurden ausgewählte Merkmale des Entwicklungsgeschehens mit der Bewegungstätigkeit in Beziehung gesetzt und in ihrer Wechselwirkung beschrieben. Dabei lag die Betonung im Aufzeigen positiver und pädagogisch wünschenswerter Wirkungen der motorischen Stimulation auf körperliche, intellektuelle, soziale und emotionale Entwicklungsverläufe. Die Ausführungen mündeten im Versuch einer ganzheitlichen Betrachtung der Beziehung zwischen Bewegung und personaler Bildung.

Es ist aber angebracht, auch gegenteilige Ansichten oder einschränkende Meinungen über den Zusammenhang von Bewegung und Entwicklung vorzutragen[49]. Denn es läßt die wissenschaftliche Betrachtung dieses Sachverhalts keine allgemeingültigen und widerspruchsfreien Aussagen zu. Es gibt demnach keine wahren Aussagen über wirkliche Zustände, sondern nur vorläufig gültige Theorien, die früher oder später durch andere abgelöst oder durch bessere gestützt werden.

Neben den Untersuchungen, die ein positives Wirkverhältnis zwischen kognitiver Entwicklung und Bewegungsstimulation feststellen, gibt es auch solche, die keinen Zusammenhang herausgefunden haben (vgl. KRÜGER 1990). Die aufgewiesene Beziehung zwischen motorischer Aktivität und Sozialisation ist mehr von Annahmen als von gesicherten Erkenntnissen getragen. Den positiven Einflüssen der Bewegungstätigkeit auf Entwicklungsverläufe stehen negative gegenüber, die zwar nicht überwiegen aber doch bedacht sein müssen. Es ist außerdem höchst an der Zeit, jenen Begriff der Bewegungstätigkeit zu präzisieren, dem ein günstiger und pädagogisch erwünschter Einfluß auf die menschliche Entwicklung zugeschrieben wird. Nicht gemeint damit ist der durch ein zeitaufwendig betriebenes Training und einen zumeist hektischen Wettkampfbetrieb gekennzeichnete Leistungssport im Kindes- und Jugendalter. Dessen sozialerzieherische Bedenklichkeit, negativer Einfluß auf die Interessensentfaltung, die Schulleistung und damit auf die Entfaltung der Intelligenz, dessen Gefährdungen für die Entwicklung der emotionalen Vielseitigkeit sind mehrfach geäußert und vielfach belegt worden (vgl. MEINBERG 1984, 180–213). Gemeint hingegen ist das vielfältige, sinn- und formenreiche Bewegungshandeln, wie es in den ersten beiden Kapiteln dieses Buches als Inhalt der menschlichen Bewegungskultur und Ziel der Bewegungserziehung ausgewiesen worden ist. Daran und nicht an einzelnen Sportarten oder gar am Leistungssport ist der Zusammenhang zwischen Bewegung und Entwicklung aufzudecken und darzustellen. Zudem üben nicht nur die Inhalte, sondern auch die Methoden der Bewegungserziehung einen Einfluß auf das Entwicklungsgeschehen aus[50]. Es soll allerdings offen und unentschieden bleiben, welche Lern- und Lehrverfahren die günstigeren Wirkungen in der personalen Entwicklung hervorbringen, weil die darüber schreibenden Autoren keine übereinstimmenden Aussagen über induktives oder deduktives, nachahmendes oder erprobendes, vorgegebenes oder aufgegebenes, angeleitetes oder selbständig durchgeführtes Bewegungslernen machen. Die Einzelheiten des Bewegungslernens und der Bewegungsförderung in den Phasen des Kindes- und Jugendalters enthält der nun folgende Abschnitt.

4.2. Bewegungsförderung im Kindes- und Jugendalter

4.2.1. Die frühe Kindheit von der Geburt bis zum Schuleintritt

Obwohl in dieser entscheidenden Lebensphase alle Entwicklungsschritte und -erträge in besonderer Weise mit der Bewegung zusammenhängen, ist der motorischen Entfaltung in der Entwicklungspsychologie die geringste Beachtung zuteilgeworden. Sprachentwicklung, Sozialisation, Begriffsbildung und die Entfaltung der kognitiven Fähigkeiten sind offensichtlich gewichtigere Themen als die Entwicklung des Bewegungsvermögens. Übersehen wird dabei allerdings, daß sich diese Entwicklungsmerkmale in Abhängigkeit vom Bewegungshandeln des Kindes, von seiner Bewegungsfreiheit und -bereitschaft, von den Bewegungsanregungen und -angeboten, die es erhält, herausbilden und die Bewegungseinschränkungen in dieser Lebensphase auch eingeschränkte Intelligenz-, Sozial- oder Gefühlsentwicklung nach sich ziehen. Ist es doch einsichtig, daß ein Lebewesen, dessen Entfaltung sich in der Auseinandersetzung mit der es umgebenden Kulturwelt ereignet, seine Entwicklung davon abhängig macht, wie beweglich es in seiner Welt ist. Vielfältige und zeitaufwendige Bewegungshandlungen durch gezielte und pädagogisch durchdachte Bewegungsanregungen von seiten der Eltern, der Vereine und des Kindergarten können nicht spuren- und wirkungslos für die Persönlichkeitsentfaltung eines Kindes sein. Das gilt für die gesamte Phase der Kindheit und Jugendzeit und für die Lebenszeit bis zum Schuleintritt in ganz besonderer Weise. KRÜGER (1990) führt eine Reihe von Experimenten und Untersuchungen an, die eine Beeinflussung des Entwicklungsverlaufes durch motorische Stimulation im frühen Kindesalter nachweisen. Kinder, die regelmäßig und über längere Zeiträume Bewegungsangebote und -förderung im Schwimmen, Turnen oder Ballspielen erhielten, unterscheiden sich in mehreren Bereichen ihrer Entwicklung von Gleichaltrigen aus Kontrollgruppen mit wenig motorischer Stimulation. Im Abschnitt 4.1.2. wurde darüber hinsichtlich der körperlichen, motorischen, kognitiven, sozialen und emotionalen Entwicklung ausführlich geschrieben. Allein darum geht es diesem Konzept einer Bewegungserziehung nicht in erster Linie. Hinter solchen Forschungsvorhaben steckt eine entwicklungspsychologische und keine pädagogische Fragehaltung, was nicht heißen soll, daß erstere ohne Bedeutung wäre. Für die Konzeption einer praxiswirksamen Bewegungspädagogik ist der wissenschaftliche Nachweis eines persönlichkeitsbildenden Einflusses regelmäßigen sportlichen Trainings in dieser oder jener Sportart allerdings von geringer Bedeutung gegenüber der Erkenntnis, daß die vielseitige Bewegungstätigkeit im Kindesalter eine überaus günstige Wirkung auf die Entwicklung der gesamten heranwachsenden Person ausübt. Denn es geht in der Phase der frühen Kindheit keineswegs um das Erreichen außergewöhnlicher sportlicher Leistungen, sondern um die Ausbildung und Verbesserung motorischer Grundtätigkeiten, um ein transferförderndes Bewegungslernen, um ein spielerisches Üben und letztlich auch um das augenblickliche Glück des Kindes durch Bewegen und Spielen. Bevor diese Absicht in inhaltlicher und institutioneller Präzisierung beschrieben wird, sollen einige Überlegungen zum Sinn dieser Entwicklungsphase und einige Aussagen über die körperliche und motorische Entwicklung vorgebracht werden.

Behütet und beschützt vom Familienverband erweitert das Kind in den ersten sechs Lebensjahren beständig seinen Lebens- und Handlungsraum. Es fängt mit dem Greifraum an und geht über den Kriechraum und Schreitraum zum Fahrraum. Denn am Ausgang dieser Phase erobert das Kind den umgebenden Raum (Wohnumfeld) auch mit Fahrzeugen (Roller, Fahrrad mit Seitenstützen) und besondere Landschaften mit Sportgeräten wie Eisschuhen oder Skiern. Ein weiterer Entwicklungssinn in dieser Altersphase liegt in der motorischen Erkundung und Erprobung des Wassers, des Eises, des Schnees und anderer Elemente, in denen Bewegungen ausgeführt werden können. Wiederum ein anderer Entwicklungssinn ist in der freilich begrenzten Selbständigkeit des Handelns und zeitweiligen Unabhängigkeit des

Kindes von den Eltern und anderen Bezugspersonen gegeben. Der oft vehement vorgebrachte Wunsch des Selbermachens ist Ausdruck dieses Strebens nach Selbständigkeit. Diese Entwicklungstendenzen haben einen nahen Bezug zu Bewegungstätigkeiten und erfahren durch die letzteren Förderung, Prägung und Musterhaftigkeit. Sie stellen nicht das gesamte Sinngefüge der Entwicklung in der frühen Kindheit dar (Spracherwerb, Feinmotorik ...), bilden aber wichtige Elemente der Persönlichkeitsbildung und sollen deshalb auch unter dem Aspekt der Förderung durch Bewegung beachtet werden.

Der frühkindliche Körper zeigt einen ungegliederten Rumpf, gering entwickelte Muskulatur, einen im Verhältnis zum übrigen Körper übergroßen Kopf, einen gleichmäßig verteilten Fettpolster und eher schwach entwickelte Beinmuskulatur. Der erste Gestaltwandel um das 6. Lebensjahr verändert diese Gestalt qualitativ und schafft durch das vermehrte Längenwachstum der unteren Extremitäten bessere Bedingungen für alle frühkindlichen Bewegungstätigkeiten.

Abb. 22 Springen (Foto: Nikolaus Größing)

Die Bewegungshandlungen im frühkindlichen Lebensalter sind drei Bewegungsbereichen zuzuordnen:

1. Alltagsbewegungen und motorische Grundtätigkeiten:

   Greifen, Kriechen, Stehen, Gehen und Laufen sind die wichtigsten motorischen Erwerbungen bis zum 3. Lebensjahr. Diese und weitere Arten von Alltagsbewegungen, wie das Werfen und Fangen, Ziehen und Schieben, Springen, Hüpfen und Fallen, Klettern und die Gleichgewichtsübungen (auch mit Gegenständen und Geräten) sind die Anlässe, Anregungen und Ziele des kindlichen Bewegungslernen. Es erfolgt durch Nachahmung, Erprobung und Wiederholung hauptsächlich in der Form des Spielens.

Die Phase der frühen Kindheit dient also vornehmlich dem Erwerb der grundlegenden Bewegungsfertigkeiten des Alltags. Sie werden bis zum Schuleintritt jede für sich und bis zum 9. Lebensjahr in vielfältigen Kombinationen erlernt, geübt und erworben.

Interkulturelle Untersuchungen zeigen eine weltweite Gleichförmigkeit oder zumindest sehr große Ähnlichkeit des lebenszeitlichen Auftretens dieser fundamentalen motorischen Tätigkeiten und stützen damit die Theorie der biogenetischen Prädisposition, dieselben Untersuchungen belegen aber auch zeitliche Abweichungen des Auftretens und unterschiedliche Ausprägsgrade zu gleichen Zeitpunkten, wenn die Erziehungspraktiken der Eltern oder anderer frühkindlicher Bezugspersonen dem Kinde eine unterschiedliche Bewegungsförderung angedeihen lassen. Die Dialektik von genetischer Disposition (Anlage) und sozialökologischer Beeinflussung (Umwelt) für den Erwerb grundlegender Bewegungsfertigkeiten im frühen Kindesalter erhält durch die Einführung des Kulturbegriffes eine zusätzliche Deutung und Erklärung. Dazu vermerkt BAUR (1989 b, 250): „. . ., weil Kinder grundsätzlich in einer „aufrechten Kultur“ aufwachsen, weil sie sich deshalb um das Erreichen einer aufrechten Körperhaltung und Fortbewegung bemühen und darin von ihrer Umwelt unterstützt werden, kommt es zu einer universellen Realisierung jener biogenetischen Prädispositionen in der menschlichen Ontogenese.“ Aufrechter Stand, Gehen, Laufen sind also nicht nur biogenetische Programme, sondern erwünschte kulturelle Phänomene in allen menschlichen Gesellschaften. Das Bewegungshandeln und Bewegungslernen im frühen Kindesalter bleibt aber keineswegs auf die motorischen Grundtätigkeiten und Alltagsbewegungen beschränkt, sondern führt auch in nicht alltägliche Bereiche der menschlichen Bewegungskultur.

2. Freizeitorientierte Bewegungshandlungen:

Das Wasser ist für Kinder, wenn nicht falsches Elternverhalten oder traumatische Erlebnisse eine schwer zu überwindende Angst davor erzeugt haben, ein begehrtes Spiel- und Bewegungselement. Die Erlernung der Schwimmfähigkeit kann bis zum Schuleintritt ohne Drill erreicht werden, wenn Eltern wirklich daran interessiert und vor allem auch beteiligt sind. Das fünfte Lebensjahr ist für viele motorische Erwerbungen ein besonders günstiger Zeitraum und sollte unbedingt für die Erreichung des Schwimmkönnens genutzt werden. Skilauf, Eislauf und Rollschuhlauf entsprechen den kindlichen Interessen, können spielhaft vermittelt werden und bringen dem Kind wertvolle Bewegungserfahrungen in der freien Natur, in gesunder Umgebung und im Umgang mit Gleichaltrigen.

Abb. 23 Bewegungselement Wasser (Foto: U. Masarié-Gegenhuber)

Abb. 24 Bewegungselement Wasser (Foto: U. Masarié-Gegenhuber)

Ein weites Feld der Betätigung ist die Bewegung mit Musik- und Rhythmusbegleitung. Kinder tanzen gerne, erzeugen auch mit einfachen Instrumenten (Orff) rhythmische Tonfolgen und bewegen sich spontan und bereitwillig dazu.

3. Arbeitsbewegungen und Bewegungen der Körperpflege:

   Das Fahrrad ist zwar auch ein Spielgegenstand, dient dem heranwachsenden Kind aber in erster Linie zur weiträumigen Erschließung seines Wohnumfeldes. Mit ihm gelangt das Kind in die Schule und erreicht die entfernteren

Spielkameraden. Vorbereitet wird diese motorische Fähigkeit durch Dreiräder und kleine Fahrräder mit Seitenführung im Vorschulalter. Die zahlreichen Bewegungen des täglichen Umgangs mit dem Körper (Frisieren, Zähneputzen, Anziehen usw.) sind die feinmotorischen Erwerbungen in dieser Lebensphase.

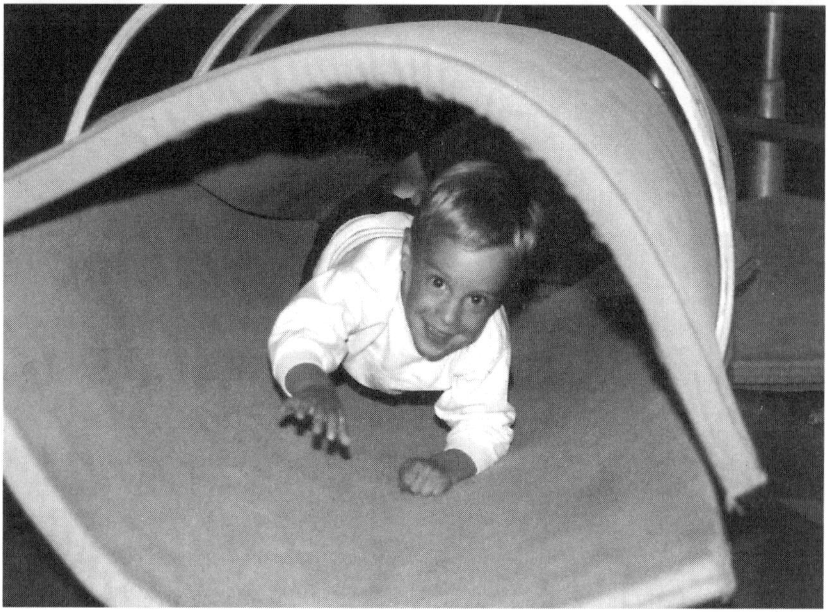

Abb. 25 Vielseitige Bewegungserfahrungen (Foto: Nikolaus Größing)

Über die Auswahl und den Einsatz der verschiedenen Bewegungstätigkeiten im frühen Kindesalter gibt es Erfahrungswerte, Untersuchungsergebnisse und Behauptungen, die oft durch die persönlichen Bewegungsinteressen der Autoren gestützt sind (vgl. KRÜGER 1990, DIEM 1980). Es ist nicht leicht, die zahlreichen Meinungen über den Nutzen einzelner Bewegungstätigkeiten für die Entwicklung des Kindes wissenschaftlichen Kriterien zu unterstellen und in ihrer Gültigkeit zu bewerten. Mag es unterschiedliche Vorstellungen über den Zeitpunkt der Schwimmreife oder die Technik der Anfängerschwimmart geben, Tennis von einigen Autoren befürwortet und von anderen für diese Altersphase abgelehnt werden, über nichtspielerische Formen der Bewegungskultur geteilte Ansichten bestehen, so wird doch grundsätzlich die Notwendigkeit einer gezielten, geplanten und vielseitigen motorischen Stimulation im frühen Kindesalter niemals und von niemanden in Frage gestellt. Eine Unterscheidung nach spielerischen, sportlichen, gestalterischen oder gesundheitsorientierten Bewegungshandlungen zu treffen, ist für diese Entwicklungsperiode nicht sinnvoll. Dem Kinde sollten bis zum Schuleintritt viele und verschiedene Bewegungstätigkeiten in Spielform angeboten werden, während sportliches Training, lange Lernzeiten und ernsthaftes Üben in dieser Lebensspanne nicht angebracht sind. Das Kind dieser Altersstufe verharrt in der Regel nicht lange bei einer Tätigkeit, liebt die Abwechslung, allerdings auch die Wiederholung und ist in der zeitlichen Zuwendung zu einer Tätigkeit nur begrenzt belastbar. Kombinierte Angebote von Bewegung, Musik und Zeichnen werden hingegen gern angenommen. In der Entwicklung der Bewegungsfähigkeiten sind in der Phase der frühen Kindheit einige Linien zu beobachten. Da gibt es einmal eine cephalocaudale und eine proximodistale Entwicklung (vgl. ALLMER 1983, 61). Die erstgenannte Bewegungsentwicklung fängt mit dem Heben des Kopfes an und gleitet durch den Rumpf nach unten zu den Füßen. Es ist die Entwicklung, die zum aufrechten Stand und Gang führt. Die für diese Altersphase sehr bedeutsamen Greifbewegungen bilden die proximodistale Entwicklungslinie, die von der Längsachse des Körpers über beide Seiten nach außen verläuft. Die ersten Greifbewegungen führt das Kind mit dem ganzen Körper aus, dann mit zwei Händen, mit einer Hand und zuletzt nur mehr mit Daumen und Zeigefinger.

Die Bewegungsentwicklung in dieser Lebensphase fängt reflexgesteuert (Neuromotorik) an und führt über die Kombination von Wahrnehmung und Ausführung (Sensomotorik) zur kognitiven und emotionalen Bewegungsregulation (Psychomotorik) (vgl. dazu ALLMER 1983, 64–66). Die Entfaltung der Bewegungsfähigkeiten und -fertigkeiten ereignet sich demnach unter Einschluß immer weiterer personaler Eigenschaften. Am Anfang des Lebens werden die motorischen Grundtätigkeiten und Alltagsbewegungen über drei Stadien der motorischen Entwicklung angeeignet: 1. über die wenig koordinierten Ganzkörperbewegungen (Strampeln, Greifversuche), 2. über die grobkoordinierten Greif- und Gehbewegungungen und die feinkoordinierten Kombinationsbewegungen des Laufens, Springens, Werfens, Fangens usw. und darauf bauen 3. die gestalteten Freizeitbewegungen des Eislaufens, Schwimmens, Turnens und Tanzens usw. auf. Parallel zu diesen motorischen Entwicklungslinien werden die feinmotorischen Handlungen der Körperpflege erworben.

Bleibt noch die Frage nach den *Institutionen* der Bewegungserziehung in der Phase der frühen Kindheit zu stellen und deren bewegungspädagogische Bedeutsamkeit zu erörtern:

Die eigentliche und wichtigste Einrichtung für die Bewegungsförderung und -erziehung der Kinder bis zum Schuleintrittsalter wäre die *Familie*, wenn die Eltern von der Notwendigkeit der körperlichen Ausbildung ihrer Kinder ebenso überzeugt wären wie von deren geistigen und seelischen Bildung. Sie sind es aber in der Mehrzahl der Fälle nicht, kümmern sich um die geistige Entwicklung oder überantworten sie mit Nachdruck dem Kindergarten und der Vorschule, sind interessiert an der sozialen Entwicklung ihrer Kinder und beachten die körperliche Entfaltung meist nur unter dem gesundheitlichen Aspekt. Das Interesse vieler Eltern gilt den körperlichen und motorischen Erwerbungen häufig nur bis zum 2. Lebensjahr der Kinder. Ist die Gehfähigkeit erreicht, wendet sich die elterliche Aufmerksamkeit den scheinbar wichtigeren Fähigkeiten zu: dem Sprechen, der Reinlichkeitserziehung, der sozialen Disziplinierung und in den Jahren vor dem Schulbeginn der kognitiven Schulreife. Das geringe Interesse an der motorischen Entwicklung und an der Körperhaltung der Kinder hält weiterhin an und macht die Eltern zu Partnern der „Schulturnmisere" in der Grundschule. Würden die Eltern gegen den häufigen Ausfall der „Turnstunden" ebenso protestieren wie gegen die Vernachlässigung des Rechenunterrichts, täten sich die Grundschullehrer schwerer bei der Nichtbeachtung einer planvollen Bewegungserziehung.

Zumeist ist die Bewegungserziehung im frühen Kindesalter ein unbeabsichtigtes Nebenprodukt des elterlichen Sporttreibens: Kinder werden ab dem 4. Lebensjahr zum Skifahren mitgenommen und in einen Kinderskikurs gesteckt, im Sommerurlaub langsam an das Wasser gewöhnt, aber kaum im Schwimmen unterrichtet und müssen die Eltern meist protestierend auf Wanderungen begleiten. Um das Eislaufen kümmern sich hin und wieder die Mütter und manche Väter spielen etwas regelmäßiger mit den Buben Fußball. Das könnte ausreichen, wenn der Kindergarten ein großes und vielseitiges Bewegungsangebot hätte, das Kind einmal in der Woche im Verein turnt, ein bewegungsanregendes Kinderzimmer bewohnt und die Wohnungsumgebung es motorisch nicht behindert. Weil dieser geschilderte Zustand aber selten anzutreffen ist, wäre die planvolle und regelmäßige Bewegungsförderung der Kinder im Elternhaus bis zum Beginn der Schulzeit ein dringendes Erfordernis. Bis zum Zeitpunkt des Schulbeginns bildet die familiäre Situation den Handlungsraum des Kindes und darin auch den Spielraum für die motorische Entfaltung im Rahmen der beabsichtigten und der ungeplanten Bewegungserziehung. Der Begriff der familiären Situation umfaßt den elterlichen Erziehungsstil, das zeitliche Maß der aktiven Zuwendung beider Elternteile, die Anzahl, das Alter und die Geschlechtlichkeit der Geschwister, die Stellung in der Geschwisterreihe, die An- oder Abwesenheit der Großeltern, deren Alter und Lebensstil, die Lage, Größe und Ausstattung der Wohnung, vornehmlich des Kinderzimmers, die Wohnumgebung und deren Bewegungs- und Spielmöglichkeiten, Nachbarschaftsgruppen, die ökonomische Situation der Eltern, deren Freizeitgewohnheiten u. a. So hat sich etwa gezeigt, daß sportlich aktive Großeltern, die bereit sind, mehr als die übliche Zeit für die Betreuung der Enkelkinder aufzubringen, viel zu deren günstigen motorischen Entwicklung beitragen können.

Die familiäre Lebenswelt, die dem Kinde bis zum Schulalter den Spielraum der Bewegungstätigkeiten und -erfahrungen gestaltet, in die das Kind aber auch mit zunehmendem Lebensalter seine Bedürfnisse und Interessen einbringen kann, ist demnach die vieles, wenn nicht alles entscheidende Bedingung kindlicher Bewegungsentfaltung und Gesamtentwicklung.

Als pädagogische Forderung wäre an die Familienerziehung hinsichtlich der Körper- und Bewegungsentwicklung der Kinder in der Lebensspanne bis zum Schuleintritt ein vierfaches Anliegen zu formulieren:

1. Die Förderung der Entfaltung der elementaren Bewegungsfertigkeiten und -fähigkeiten.
2. Die Anbahnung sportlicher, spielerischer, gestalterischer und gesundheitsorientierter Bewegungshandlungen.
3. Die Vermittlung erster Kenntnisse des Körper- und Bewegungsbewußtseins.
4. Die Einübung der Praktiken des Körpermanagements.

Die Zeit, welche die Kinder vom 4. bis zum 6. Lebensjahr im *Kindergarten* zubringen, ist zumeist eine motorisch vernachlässigte oder wenig genutzte Lebensspanne, weil ausgewiesene und eingerichtete Bewegungsräume in dieser Einrichtung häufig fehlen, in der Ausbildung der Kindergärtnerinnen die Bewegungserziehung als Thema und Tätigkeit keine oder eine geringe Rolle spielt, und die Zielsetzungen und Programmschwerpunkte der Kindergartenerziehung einseitig und eindeutig auf die Förderung der kognitiven und sozialen Fähigkeiten des Kindes gerichtet sind. Die Möglichkeiten der motorischen Entwicklungsförderung, die Zusammenhänge zwischen großräumigen Bewegungen und sozialen Erfahrungen, die Anteile der Bewegungstätigkeiten an der Begriffsbildung im Zuge der Intelligenzentwicklung hingegen werden wenig beachtet, erkannt und genutzt. Wissenschaftlich begleitete Versuche einer inhaltlich umfangreichen und zeitlich intensiven Bewegungsförderung in „Sportkindergärten" (vgl. KRÜGER 1990, DIEM 1980) haben etliche Erkenntnisse zustandegebracht: Die erhöhte Bewegungsbeanspruchung ist gesundheitlich (an medizinischen Faktoren gemessen) unbedenklich und ungefährlich, verbessert die körperlichen und motorischen Entwicklungsabläufe und stimuliert in günstiger Weise die Entfaltung kognitiver und sozialer Eigenschaften. Das gebräuchliche Wort „Sportkindergarten" darf aber weder zu falschen Erwartungen der Eltern noch zur unrichtigen Gestaltung dieser Einrichtung verführen. Es geht weder um die frühzeitige Talentförderung und die Heranführung der Kindergartenkinder an den Wettkampfsport, noch um sportliches Training in noch so vereinfachter Form, sondern um die vielseitige Bewegungsförderung, bei der Sportarten wie Eislaufen, Skifahren, Schwimmen oder Tennis in spielerischen Lernsituationen und Übungsformen zum Einsatz kommen.

Abb. 26 „Sportkindergarten" (Foto: U. Masarié-Gegenhuber)

Auch dem *Turn- und Sportverein* kommt in dieser Altersstufe eine nicht geringe Bedeutung in der Bewegungsförderung zu, weil Kleinkindergruppen, Mutter-Kind- oder Eltern-Kind-Gruppen durchaus ins Vereinsprogramm passen und von zunehmend mehr Vereinen auch angeboten werden. Doch erwächst auch hierin den eher schwerfälligen Vereinen eine vielfache Konkurrenz in Volkshochschulen, Hochschulinstituten für Sport, Sportgeschäften und vielen weiteren kommerziellen Unternehmen (z. B. Skischulen). Entscheidend für die Bewegungsförderung im Kleinkindalter ist nicht die Institution, sondern die pädagogische Betreuung, doch ist diese nicht immer gewährleistet, wenn die kommerziellen Interessen vorherrschend sind, weil dann meist die Gruppengrößen und die Ausbildung der Betreuer den pädagogischen Anforderungen nicht entsprechen. Wiederum kommt es in besonderer Weise auf die Kompetenz der Eltern an, die nicht nur selber viel zur Bewegungserziehung ihrer Kinder in dieser Altersstufe beizutragen hätten und die geeignetsten und wirkungsvollsten Bewegungserzieher wären, sondern auch die Auswahl der Angebote anderer Einrichtungen nach pädagogischen Kriterien vorzunehmen hätten.

Abb. 27 Bewegungsfreude (Foto: Nikolaus Größing)

Die bisherigen Überlegungen laufen auf eine Feststellung hinaus: Die Bewegungstätigkeiten des Kindes bis zum Schuleintritt sind in hohem Maße durch die Lebensbedingungen der Eltern und die vorhandenen Spiel- und Bewegungsräume in der Wohnung, der Wohnumgebung und im Kindergarten eingeschränkt und haben zuwenig den Aufforderungscharakter für ein vielseitiges, abwechslungsreiches und anstrengendes Bewegungshandeln. Dadurch ist nicht nur die optimale körperliche Entwicklung des Kindes gefährdet, sondern auch die Entfaltung der intellektuellen, emotionalen und sozialen Fähigkeiten nicht in bestmöglicher Weise gewährleistet.

In den ersten sechs Lebensjahren sind Vereine, Kindergarten und Nachbarschaftskinder die Mitgestalter der kindlichen Bewegungserziehung und -förderung, können aber die Familie in dieser wichtigen Aufgabe weder ersetzen noch so ergänzen, daß familiäre Defizite in der Gesamtentwicklung des Kindes ohne nachteilige Folgen blieben. Die hauptsächliche Verantwortung für die „Körper- und Bewegungskarriere" fällt der Herkunftsfamilie zu und gliedert sich in mehrere Themen und Tätigkeiten: Die Familienbetreuung und -erziehung sichert die Existenz des neugeborenen Menschen, der als „physiologische Frühgeburt"[51] (PORTMANN 1958, 49 ff.) ohne diese Betreuung nicht überleben könnte, betreibt systematisch die grundlegenden Gewohnheiten des Umganges mit dem eigenen Körper (Ernährung, Hygiene usw.), gestaltet die Einstellungen zum Körper und zur Bewegung, entwickelt die elementaren Bewegungsfähigkeiten und Fertigkeiten für den Alltagsgebrauch und bereitet die ersten Sportkontakte und -kompetenzen vor.

4.2.2. Die späte Kindheit bis zum Beginn der Pubertät

Die Phase der späten Kindheit reicht vom Schuleintritt bis zum Einsetzen der Pubertät und füllt die gesamte Grundschulzeit aus. Der erste Gestaltwandel verändert den kindlichen Körper in qualitativer Weise und schafft günstige Voraussetzungen für größere Beanspruchungen und breitere Tätigkeiten im kindlichen Bewegungshandeln. Die Verringerung der die Muskulatur einhüllenden Fettschicht modelliert den Rumpf und differenziert die Brust- und Bauchregion. Es formt sich die stabförmige Wirbelsäule zur elastischen Krümmung, die Schulter- und Halsregion wird muskulär kräftiger und die Kopf-Rumpf-Relation verschiebt sich zugunsten des Rumpfes und schafft damit die Voraussetzung einer besseren motorischen Leistungsfähigkeit. Das verstärkte Muskelwachstum begünstigt nach dem Längenwachstum im 6. Lebensjahr das Breitenwachstum und läßt die für die späte Kindheit charakteristische gedrungene Gestalt entstehen. Die Kreislauf- und Atmungsorgane sind in einem leistungsfähigen Zustand.

Die Lebensgrundstimmung des Kindes ist ausgeglichen, die soziale Handlungsfähigkeit und -bereitschaft differenziert sich aus und bewährt sich in zunehmend größeren und verschiedenartigeren Bezugsgruppen. Zur Familie kommen die Schulklasse, Gleichaltrigengruppen und Vereine als soziale Lebensbetätigungsfelder hinzu. Die Lebenswelt des Kindes wird zum beständigen Lernanreiz und Ort der Erprobung der eigenen Kräfte; dies betrifft vor allem die dingliche Umwelt, schließt aber auch die soziale nicht aus. Die Kinder dieser Altersphase haben einen gesteigerten Drang nach Erkundung und Eroberung, ein solides Selbstbewußtsein und gesteigertes Kraftgefühl und schätzen die körperlichen Fähigkeiten hoch ein. Es scheint berechtigt, von einem „angeborenen Lerntrieb" zu sprechen, der sich im Spieldrang, der Tendenz zur Handlungswiederholung, im ausdauernden Üben und in vielen explorativen Tätigkeiten äußert. Die körperlichen und die geistig-seelischen Merkmale dieser Entwicklungsphase erheben sie in den Rang einer besonders günstigen Lernzeit für alle Fähigkeiten und Fertigkeiten, worunter auch die Bewegungsfähigkeiten und -fertigkeiten fallen.

Die hohe Bereitschaft zum Bewegungslernen und die günstigen Bedingungen zum Erwerb eines vielseitigen Bewegungskönnens finden allerdings nicht immer die Entsprechung des schulischen Angebotes. Die Grundschule versäumt eine wichtige Phase im kindlichen Bewegungslernen durch unzureichende Lerngelegenheiten und geringe Lernförderung der für die Bewegungserziehung häufig unmotivierten und schlecht ausgebildeten Grundschullehrer.

Im motorischen Können sind vor dem Eintritt der Geschlechtsreifung geschlechtsspezifische Unterschiede kaum vorhanden, weil für Jungen und Mädchen allgemein festzustellen ist, daß eine kontinuierliche Verbesserung der Bewegungseigenschaften in allen Ausprägungsformen stattfindet und die gezielte Bewegungsförderung große Gewinne im Bewegungsvermögen bei beiden Geschlechtern hervorbringt.

„Die Kinder dieses Alters lernen noch nicht so sehr auf dem Wege einer rationalen Analyse des zu erlernenden Bewegungsablaufs, sondern erfassen diesen als einen ganzheitlichen Akt; sie vollziehen diesen Akt direkt innerlich mit und probieren ihn sofort aus" (MARTIN 1982, 261). Deshalb haben in der Bewegungserziehung in der späten Kindheit die didaktischen Grundsätze der ganzheitlichen Vermittlung, des vielseitigen Angebotes und des spielerischen Bewegungslernens eine herausragende Bedeutung und Geltung.

Das Bewegungslernen der Kinder dieser Altersphase erfolgt ganzheitlich und gleichsam auf Anhieb. Die Gliederung einer Bewegungshandlung in ihre Teile und das analytische Vorgehen im Lern- und Übungsprozeß behindert denselben mehr als es ihm nützt, weil den Kindern nicht nur die rationale Befähigung zur Bewegungsanalyse, sondern auch die Einstellung und Bereitschaft dazu noch abgehen.

Ein vielfältiges Bewegungsangebot in der Familie, der Schule und im Verein, das zahlreiche und verschiedenartige Bewegungserfahrungen und -erlebnisse ermöglicht, ist eine unumgehbare pädagogische Forderung für diese Altersstufe und schließt die Alltagsbewegungen ebenso wie die Freizeitformen der Bewegungskultur mit ein. Die entwicklungsgemäßen personalen Voraussetzungen des Kindes fordern geradezu das vielfältige Bewegungslernen und -können ein und gestatten die Einseitigkeit und Spezialisierung nur in den Ausnahmefällen des besonderen Sporttalents. Der Entwicklungssinn dieser Lebensphase liegt in der breiten und vielfältigen Entfaltung kognitiver, sozialer und motorischer Fähigkeiten und Fertigkeiten begründet. Die späte Kindheit ist das beste Alter für ein Bewegungslernen nach den Grundsätzen der Ganzheitlichkeit und Vielfalt. Das hier Versäumte ist schwer oder nicht mehr in den darauffolgenden Jahren der Pubertät und Adoleszenz nachzuholen, das hier Erreichte aber die notwendige Grundlage für den weiteren Ausbau des Bewegungskönnens. Die vielseitige motorische Fähigkeitsentfaltung und der Erwerb vielfältiger motorischer Fertigkeiten in der Phase der Kindheit erhöht die Wahrscheinlichkeit der lebenslangen Bewegungsbereitschaft und -tätigkeit als Ergebnis der Bewegungserziehung in Schule, Elternhaus und Verein. Konkret ausgedrückt verlangt das didaktische Prinzip der Vielfalt in dieser Entwicklungsphase:

1. Den spielerischen Umgang mit der Bewegung in den verschiedenen Situationen, Räumen und mit unterschiedlichen Gegenständen und Geräten[52]. Die späte Kindheit ist immer noch ein Spielalter, hebt sich aber von der frühen Kindheit durch erweiterte und verfeinerte Spielfähigkeiten ab, die ein verbessertes Gruppenhandeln, komplexere Spielverläufe und eine realistischere Einschätzung des eigenen Spielkönnens zulassen.
2. Das Erlernen des Schwimmens in einer Technik und die Anbahnung weiterer Schwimmtechniken bis zur Grobform der Ausführung.
3. Ein Hindernisturnen an vielen Geräten und der Erwerb einiger motorischer Kunststücke.
4. Das Werfen und Springen in vielfacher Ausführung und mit vielen Geräten, als Vorbereitung für die Leichtathletik.
5. Das Laufen in den unterschiedlichen Arten als Förderung der Ausdauerfähigkeit, die gerade in diesem Alter günstige organische Voraussetzungen hat und
6. Die ausgeprägte Tendenz zum Wettkampf aufzugreifen und als menschliches Handeln zu kultivieren.

Unabhängig vom Geschlecht oder der Zugehörigkeit zu einer bestimmten Sozialschicht, nehmen Kinder in dieser Entwicklungsphase vieles oder beinahe alles zum Anlaß des Wetteiferns und des Leistungsvergleiches. Da die Bewegungstätigkeiten ein bevorzugtes Feld der konkurrierenden Betätigung sind, sollen sie dem kindlichen Auszeichnungsverlangen eine pädagogisch gerechtfertigte und vielseitige Realisierungsmöglichkeit bieten.

In der späten Kindheit rückt die Gleichaltrigengruppe in das Zentrum des bewegungsfördernden Geschehens, wächst die Bedeutung des Vereines an und gerät die bewegungspädagogische Funktion der Familie in den Hintergrund. Die Gruppen der Gleichaltrigen, die in dieser Altersphase zumeist auch gleichgeschlechtlich zusammengesetzt sind, werden zum wichtigsten und wirksamsten Faktor der Meinungsbildung und Interessensentfaltung im Bereich der Bewegung und des Körpers. Bevorzugt werden in der späten Kindheit die Bewegungshandlungen, die „draußen" ablaufen und spontan organisiert werden. Was den schulischen Bereich betrifft, ist dies die Phase der großen Versäumnisse, weil es bis heute nicht geglückt ist, die Bewegungserziehung zufriedenstellend in den Unterricht der Volksschule zu integrieren. Die Ausbildung der Grundschullehrer und die Tatsache, daß dies eine vorwiegend weibliche Tätigkeit geworden ist, sowie die vorherrschenden Berufsmotive der Lehrerinnen, zu denen Spiel, Sport und Bewegung nicht zählen, sind die Ursachen einer seit langer Zeit beklagten „Schulsportmisere" in der Volksschule. Eine auch lehrplanmäßig gestützte Veränderung des Unterrichts vom Sport zur Bewegungserziehung dürfte an dieser Situation solange nichts ändern, solange die Ausbildung und die Persönlichkeitsstrukturen der weiblichen Lehrkräfte in die andere Richtung weisen. Vielleicht wäre der erste Schritt zur Verbesserung die Einführung einer motorischen Eignungsprüfung am Beginn des Lehrerstudiums.

4.2.3. Das Jugendalter

Der zweite Gestaltwandel und die Geschlechtsreifung beenden die Phase der Kindheit und leiten das Jugendalter ein, das ohne weitere qualitative Veränderung im Körperbau ins Erwachsenendasein führt. Der Eintritt ins Jugendalter ist ein wahrhaft umbruchartiges Geschehen, wird als Pubertät bezeichnet und bringt nicht nur eine auffallende körperliche Veränderung, sondern auch seelisch-geistige Wandlungen hervor. Zwischen dem 12. und dem 14. Lebensjahr ereignet sich ein körperlicher Wachstumsschub, der sich vielfach bemerkbar macht. Das Längenwachstum der Beine ist doppelt so groß (zwischen 6 und 12 cm / Jahr) wie in den Lebensjahren zuvor, Schultern (bei den Jungen) und Becken (bei den Mädchen) wachsen ebenfalls überdurchschnittlich und die Gewichtszunahme des Gesamtkörpers erreicht die zwei- bis dreifachen Werte gegenüber den vorangegangenen und den nachfolgenden Jahren in dieser Zeit.

Die Sexualreife kündigt sich im verstärkten Längenwachstum der Beine an und vollzieht sich körperlich sichtbar durch die Entwicklung der Brust und der Hüftrundung bei den Mädchen und durch die Vergröberung der Gesichtszüge, das Hervortreten des Kehlkopfes und die Bartbildung bei den Jungen. Dem auffällig äußeren Umbau des kindlichen Körpers entspricht ein gewandeltes Körperbewußtsein und Körperbild. Damit einher geht die Veränderung der Einstellung zum eigenen Körper und der Aufbau eines neuen, vom kindlichen tiefgehend unterscheidbaren Körperbildes. Es ist vor allem charakterisiert durch die Distanz, die der jugendliche Mensch zu seinem Körper einnimmt, indem er diesen „vergegenständlicht" und dadurch aus dem ungebrochenen Zustand des Körper-Seins in die zusätzliche und neue Situation des Körper-Habens überführt. Dem Pubertierenden wird der Körper erlebbar aus der Distanz, die Ich und Körper nun zeitweilig zwischen sich errichten. Körperlichkeit wird zu einem bewußten, bedachten und dadurch oftmals sperrigen Zustand für das jugendliche Ich, erhält neue Dimensionen der Erfahrung, des Wahrnehmens und Erlebens, zieht die Aufmerksamkeit und Beobachtung auf sich und gewinnt durch viele Stationen hindurch eine neue Kontur. Die Neugestaltung des Körpers findet in dieser Lebensphase äußerlich und innerlich statt und nicht selten wird die Identität von Außen und Innen erst unter großen persönlichen Schwierigkeiten erreicht. Die Körperidentität des erwachsenen Menschen ist aber nur über den Zusammenbruch des kindlichen und den Neubau des jugendlichen Körperbildes herzustellen, was nicht jedem Menschen zufriedenstellend, geschweige denn glückhaft, gelingt. Mädchen erleben diese körperliche Umgestaltung manchmal in sie besonders irritierender Weise und geraten dabei in verhängnisvolle Handlungszwänge, die beispielsweise die Krankheit der Magersucht auslösen können. Bei beiden Geschlechtern tritt ein Faktor in Erscheinung, der typisch für moderne Industriegesellschaften ist. Die Jugendlichen entbehren jede Art von gesellschaftlicher Hilfe beim Übergang vom Kindsein in das Erwachsenensein, weil keine Sitten und Gebräuche diese Lebenszeit stützen und markieren. Die Pubertät findet gleichsam unter Ausschluß der Öffentlichkeit statt. Zusätzlich erschwerend wird diese Lebensphase empfunden, wenn die Geschlechtsreifung mit allen ihren Merkmalen körperlicher und seelischer Art vorzeitig (Akzeleration) oder verspätet (Retardation) einsetzt.

Im ganzheitlichen Lebewesen Mensch spiegelt der körperliche Umbruch jene seelisch-geistigen Veränderungen wider, die am Beginn des Jugendalters, in der 1. Phase der Pubertät, sprunghaft und überschießend sich äußern und in den darauffolgenden Jahren wieder in emotionale Mittellagen einpendeln und sich zu individuellen Merkmalen ausformen. Einstellungen, Stimmungen, Gefühle und Gedanken verlieren die kindliche Festigkeit und Ausgewogenheit und erzeugen durch ihre Extrembereitschaft und Wechselhaftigkeit Spannungen im individuellen und sozialen Alltag des Jugendlichen. Das erschwert den Umgang mit erwachsenen Menschen und verstärkt die Neigung zum Anschluß an die Gruppen der Gleichaltrigen und Gleichartigen. Die Wege zur Ichfindung sind in dieser Lebensphase oftmals lang, umwegig und mühevoll und bedürfen unaufdringlicher aber stetiger Hilfe. Sie führen in besonderer Weise über die Körperidentität und haben in der Bewegungserziehung einen wichtigen Wegweiser.

Die motorischen Bedingungen des Bewegungshandelns sind am Beginn des Jugendalters ungünstig, verbessern sich aber stetig, wenn das Körperwachstum und die geistig-seelische Verfassung die ersten puberalen Stürme hinter sich haben. Die ungünstigen Hebelverhältnisse, durch das akzelerierte Längenwachstum der Extremitäten hervorgerufen, verschlechtern die motorische Leistungsfähigkeit im allgemeinen, vornehmlich aber bei jenen Bewegungshandlungen, die schnelle und komplexe koordinative Leistungen verlangen. Das betrifft sowohl die Alltagsbewegungen wie alle Formen der sportlichen, spielerischen und vor allem gestalterischen Bewegungstätigkeiten. Im Jugendalter geht die kindliche und unbewußte Bewegungsharmonie und -ökonomie verloren und ist über eine Phase motorischer Verunsicherung in langen Lern- und Übungsprozessen in neuer, bewußter Ausprägung wieder herzustellen. Doch darf diese Lebensphase hinsichtlich der motorischen Entwicklung nicht falsch interpretiert, noch mit unrichtigen Folgerungen hinsichtlich der Aufgaben und der Möglichkeiten der Bewegungserziehung bedacht werden. Mag auch in dieser Lebensphase die Bewegungsausführung durch körperlich ungünstige Voraussetzungen und seelische Spannungen in der koordinativen Ausprägung beeinträchtigt sein, ist die Befähigung des Bewegungslernens in keiner einschneidenden Weise geschmälert, wenn die Bereitschaft dazu nicht geschwunden oder stark gemindert ist. Doch kommt gerade der Motivationsverlust in der Pubertät nicht selten zum Vorschein und hängt nicht immer mit den körperlichen Vorgängen des gesteigerten Längenwachstums der Beine zusammen. Jugendliche verlieren die kindliche Freude an der Bewegung und wenden sich anderen Interessen zu, oder sie vermindern ihre ursprünglich weiten motorischen Neigungen und Tätigkeiten auf eine einzige Sportart und stehen deshalb dem nach wie vor breiten Bewegungsangebot des Schulfaches Leibesübungen ablehnend und verweigernd gegenüber. Die Verminderung oder der Schwund der Bereitschaft, sich regelmäßig und vielseitig zu bewegen, stellt ein ernsthaftes und nicht leicht zu bewältigendes Problem des Bewegungsunterrichts im Jugendalter dar. Das Erscheinungsbild des unmotivierten Jugendlichen ist vielfältig und offenbart sich im Ausdruck demonstrativer Teilnahmslosigkeit und provokativen Desinteresses ebenso wie in einfallsreichen Formen des Flucht- und Ausweichverhaltens. Gesellschaftliche Leitbilder, personale Vorbilder, entwicklungsbedingte Neigungsverschiebungen, Einflüsse der Gleichaltrigengruppen und einseitige schulische Bewegungsangebote sind die hauptsächlichen Ursachen für den Motivationsverlust im Bewegungsbereich bei Jugendlichen in und nach der Pubertätsphase. Bisherige bewegungspädagogische Vorstellungen sind deshalb zu korrigieren, weil nicht die körperlichen Erscheinungen der Entwicklung, nicht die vermuteten koordinativen Einbrüche und Verunsicherungen (die sich ohnedies nur teilweise als richtige Annahmen herausstellten), der Grund für die Abkehr vom Bewegungsunterricht wären, sondern vielmehr die gesellschaftlichen Einflüsse und Leitbilder, die der Bewegung und dem Körper jenen hohen Stellenwert entziehen, den sie im Kindesalter innehatten. Nicht die motorische Steuerungsfähigkeit, die Raumorientierung oder das Zeitgefühl, also nicht die Hauptmerkmale der motorischen Lernfähigkeit stagnieren im Jugendalter und führen zum Abbau der Bewegungsbereitschaft und -fähigkeit; es sind vielmehr jene sozialen, emotionalen und gesellschaftlichen Faktoren, die vorhin aufgezählt wurden, die das Jugendalter vor allem während der Pubertät, aber häufig auch noch in der darauffolgenden Phase der Adoleszenz, zu einem Problemfeld der Bewegungserziehung machen. Pubertierende Jugendliche lehnen entweder jede über die Alltagsbewältigung hinausreichende Bewegungstätigkeit ab oder verschreiben sich in einseitiger Zuwendung einer einzigen leistungssportlichen Disziplin. Die kindertypische Vielseitigkeit des Bewegungshandelns geht verloren und erschwert eine darauf bedachte und aufbauende Bewegungserziehung.

Wie wäre diesen negativen Einflüssen und Einbußen im Jugendalter in der geplanten Bewegungserziehung zu begegnen?

Das inhaltliche Angebot hat der motorischen Interessensverschiebung und -verengung der Jugendlichen entgegenzukommen, ohne den Lehr- und Übungsstoff ausschließlich auf Schülerneigungen auszurichten. Auch in dieser Altersperiode ist die Ausgewogenheit von Angebot und Anforderung zu beachten und zu erreichen, ist der Lernstoff nicht einfach nur nach den wechselhaften Interessen der Jugendlichen, sondern didaktisch begründet auszuwählen und Bewegungsbedürfnis und Bewegungsbedarf aufeinander abzustimmen. Es kann aber die breite Palette der Bewegungshandlungen, die im Kindesalter noch als Unterrichtsangebot akzeptiert wurde, dem Jugendlichen nicht mehr zugemutet werden, nur darf diese Einsicht nicht zur Einseitigkeit und Eintönigkeit des Übungsangebotes führen. Nach wie vor kommt es auf exemplarische Bewegungserfahrungen und auf das freilich etwas eingeschränkte Bewegungskönnen in den Hauptformen der Bewegungskultur an, nach wie vor sollten auch heranwachsende Menschen zwischen dem 13. und 19. Lebensjahr spielerische, gestalterische, sportliche und gesundheitsorientierte Bewegungshandlungen lernen, üben und anwenden können.

Ein weiteres, denkbares Gegenmittel gegen den motorischen Interessensschwund ist die Einführung des koedukativen Unterrichts, der ohnedies nur mehr im Fach Leibesübungen nicht stattfindet. Die mit dem gemischtgeschlechtlichen Bewegungsunterricht verbundenen organisatorischen (getrennte Umkleide- und Waschräume) und didaktischen (Leistungs- und Neigungsdifferenzen) Schwierigkeiten sind nicht unüberwindbar und sollten einer motivationsfördernden Unterrichtsorganisation in der Jugendphase nicht im Wege stehen.

Das Jugendalter ist einerseits durch die soziale und emotionale Zuwendung der Geschlechter gekennzeichnet, weist andererseits aber auch eine Geschlechtsdifferenzierung in den Neigungen und Interessen auf. Diese Ambivalenz zeigt sich auch im Bereich der Bewegungskultur und der Bewegungserziehung. Dem ausgeprägten Verlangen nach gemeinsam durchgeführten Bewegungstätigkeiten stehen unterschiedliche Bewegungsinteressen und Leistungsfähigkeiten von Jungen und Mädchen entgegen. Da solche Unterschiede aber zum geringeren Teil Ausdruck männlicher und weiblicher Wesensart sind, sondern durch Erziehungsstile und soziale Erwartungen erzeugt werden, können sie durch dieselben Maßnahmen wieder aufgehoben werden. Bewegungserziehung im Jugendalter ist deshalb auch darauf gerichtet, gemeinsame Bewegungsinteressen von Jungen und Mädchen zu finden und zu fördern, unterschiedliche anzuerkennen und im differenzierenden Unterricht anzubieten und gesellschaftlich erzeugte verschiedenartige motorische Neigungen als solche zu entlarven und bewußt zu überwinden. Letzteres betrifft vor allem die den männlichen Jugendlichen weitgehend verschlossene Ausdruckskultur und rhythmische Bewegungsgestaltung.

4.3. Theorien und Prinzipien des Bewegungslernens

Einleitung

Die bewegungspädagogischen Maßnahmen der Entwicklungsförderung im Kindes- und Jugendalter im Kontext der Anlage-Umwelt-Interaktion des handelnden und entscheidenden Individuums, die im vorigen Abschnitt (4.2.) dieses Kapitels ausführlich beschrieben worden sind, setzen ein Bewegungshandeln voraus, das in langdauernden geplanten und unterstützten Lern- und Übungsprozessen erworben wird. Bewegungshandeln ist das Ergebnis des Bewegungslernens und, sieht man von den erbmotorischen Erträgen der elementaren Bewegungsfertigkeiten ab, dieses Bewegungslernen wiederum benötigt vom ersten Lebensjahr an die Hilfen, Anregungen und Angebote der personalen und dinglichen Mitwelt. Wie erfolgt das Bewegungslernen in den unterschiedlichen Lernsituationen, den verschiedenartigen Bewegungstätigkeiten und unter den Bedingungen der Altersverschiedenheit der Lernenden?

Dieser Abschnitt greift zwei Themen aus der Aspektvielfalt des Fragen- und Problemkreises „Bewegungslernen“ heraus. Zuerst wird in gedrängter Form ein Überblick über Theorien des Bewegungslernen (4.3.1.) angeboten und dann (4.3.2.) ausführlicher jenes Prinzipiengefüge behandelt, das für ein bestimmtes Theoriekonzept, das des „Qualitativen Bewegungslernens“, charakteristisch ist. Diese Vorgangsweise ist deshalb gerechtfertigt, weil das Konzept des „Qualitativen Bewegungslernens“ (HOTZ 1986) dem bewegungspädagogischen Modell entspricht, das den Ausführungen dieses Buches zugrundegelegt ist und im folgenden 5. Kapitel dargestellt wird. Theorien und Prinzipien des Bewegungslernens[53] werden also nach jenen Gesichtspunkten ausgewählt und auf den folgenden Seiten beschrieben, die für eine Praxis der Bewegungserziehung auf der Basis einer phänomenologischen Bewegungspädagogik bedeutsam sind.

4.3.1. Theorien des Bewegungslernens

Es ist nicht daran gedacht, die zahlreichen und verschiedenartigen theoretischen Auslegungen des Bewegungslernens zu beschreiben, zu vergleichen und zu beurteilen. Es ist außerdem nicht beabsichtigt, auch nur annähernd die Vollständigkei der Konzepte und Themen dieses breitgewordenen Gebietes in der nachfolgenden Darstellung anzustreben. Die Auswahl und Akzentuierung motorischer Lerntheorien erfolgt nach dem in der Einleitung erwähnten Grundsatz, daß jene Konzepte und Prinzipien des Bewegungslernens beachtet und beschrieben werden, die zu jenem Modell der Bewegungserziehung passen, das in diesem Buche dargestellt wird. Die folgenden Überlegungen sind allerdings nur die Vermutung, daß die hier vorgestellten Theorien und Prinzipien des Bewegungslernens den Konzeptionen sowohl der Bewegungspädagogik wie der praktischen Bewegungserziehung entsprechen. Weil die praktische Erprobung des theoretischen Modells der Bewegungserziehung noch nicht stattgefunden hat, kann nur die Plausibilität der Aussagen und Argumente in Anspruch genommen werden.

Einblick und Übersicht zum Thema des Bewegungslernens bieten folgende Autoren und Werke:

BUYTENDIJK (1956), SCHMITZ (1977), CRATTY (1979), BREHM (1981), BUYTENDIJK/CHRISTIAN/PLÜGGE (1963), HOTZ/WEINECK (1988), ROTH/SAHRE (1990), WILLIMCZIK/ROTH (1983), BIERHOFF-ALFERMANN (1986), HOTZ (1986), ROTH (1987).

Bewegungslernen kann von unterschiedlichen theoretischen Positionen aus erklärt und beschrieben werden und dadurch auch verschiedenartige Akzente erhalten. Es gibt Theorien, die das Erlernen einer komplexen Bewegungshandlung aus dem Aneinanderfügen bereits erworbener und beherrschter einfacher Bewegungsteile erklären, die als Bestandteile der zu erlernenden komplexen Bewegung ausgewiesen sind, in denen der Begriff der Bewegungsregulation den Erklärungsmittelpunkt stellt. Andere bewegungstheoretische Ansätze zentrieren das Bewegungslernen um den Feedback-Effekt (kybernetische Lerntheorien), den Programmbegriff oder die komplexen Fähigkeiten des Bewußtseins und der Einsicht (einsichtiges Lernen). Unter den Theorien des Bewegungslernens gibt es solche, die ergebnisorientiert angelegt sind und andere, bei denen das Prozeßgeschehen des Lernens im Vordergrund steht. Es gibt auch theoretische Erklärungsversuche, die das komplizierte Verhältnis von Erb- und Erwerbmotorik stärker beachten und andere, in denen die Anlagefaktoren keine Rolle in den Überlegungen spielen[54].

Es gilt also mehrere Theorien über das Bewegungslernen, die aus den unterschiedlichen Wissenschaftsbereichen und wissenschaftstheoretischen Ansätzen hervorgegangen sind (Behaviorismus, Handlungstheorie, Informationstheorie, Gestaltpsychologie usw.), es gibt einige darunter, die sich in Anwendungsfeldern bewährt haben und es findet beständig das Bewegungslernen statt, ohne daß die Lernenden und sogar die Lehrenden von Theorien über diesen Vorgang etwas wußten. Bewegungstätigkeiten muß und will der Mensch von der Geburt an erlernen, üben und erwerben. Eine Bewegungstätigkeit ist eben ein höchst kompliziertes Phänomen mit sensorischen, kognitiven, sozialen, emotionalen und motorischen Anteilen, die alle für das Zustandekommen einer Bewegungshandlung von Bedeutung sind und im Lernvorgang miteinander verknüpft werden müssen. ALLMER (1983, 66 ff.) unterscheidet dabei die drei Phasen der Antizipation, der Realisation und der Interpretation.

Bewegungshandlungen werden also auf vielen und unterschiedlichen Lehr- und Lernwegen erworben, Wege, die einmal mehr auf den Prozeß und ein anderes Mal mehr auf das Ergebnis achten. Eine Einteilung und Systematisierung der zahlreichen Theorien über das motorische Lernen unterbleibt aber an dieser Stelle, weil dieses Vorgehen für die Absichten dieses Buches von nachrangiger Bedeutung ist (siehe dazu vor allem ROTH 1987). Es kommt in den pädagogischen Überlegungen der Bewegungserziehung weniger darauf an, ob das Bewegungslernen phasentheoretisch oder handlungstheoretisch, kybernetisch-informationstheoretisch oder nach dem Modell des ganzheitlich-einsichtigen Lernens erklärt wird, es kommt vielmehr darauf an, welche Theorien des motorischen Lernens sich als kompatibel, integrativ und praxiswirksam erweisen und in ein Gefüge von didaktischer und praktischer Bedeutsamkeit für die schulische Bewegungserziehung eingebracht werden können. Denn es gibt über die konzeptionellen Differenzen aufgrund der verschiedenartigen theoretischen Zugangsweisen hinaus einige Gemeinsamkeiten und strukturelle Übereinstimmungen in den Aussagen zum Bewegungslernen, die sich in folgenden Punkten zusammenfassen lassen:

1. Das Bewegungslernen unterscheidet sich in wesentlichen Merkmalen vom kognitiven Lernen, so daß es nicht zulässig und zielführend wäre, Theorien des Wissenserwerbes auf das motorische Lernen zu übertragen. Die neurophysiologischen und sinnesphysiologischen Anteile sind beim Bewegungslernen größer, wirksamer und deshalb stärker zu beachten als bei jeder anderen Art des menschlichen Lernens.

2. Der personale Bezug und das interaktionelle Geschehen zwischen dem Lehrenden (Trainer, Sportlehrer, Übungsleiter) und dem Lernenden spielen eine herausragende Rolle in allen Prozessen des Bewegungslernens und dies umso mehr, je jünger die Lernenden sind. Kinder erwerben die grundlegenden Bewegungsfertigkeiten am Modell und behalten die Fähigkeit zum Modellernen auch noch im Bereich des Lernens sportmotorischer Fertigkeiten und Bewegungshandlungen. Das handwerkliche Können des Bewegungserziehers, die unterrichtlichen Fähigkeiten und methodischen Fertigkeiten sind kein vollwertiger Ersatz für die fehlende Vorbildhaftigkeit. Der Bewegungserzieher erreicht ohne Vorbildwirkung

nur die Hälfte des Lernerfolges bei seinen Schülern. Kein technisches Lehrmedium ist in derselben Weise befähigt, das Bewegungslernen des Menschen zu leiten, anzuregen, zu verstärken und zum Erfolg zu führen, wie der Bewegungslehrer, der die eigene Person als Vorbild in dieses Geschehen einbringt.

3. Es findet das Bewegungslernen auch ohne Lehren und Lehrer statt. Kinder machen selbständig Bewegungserfahrungen, suchen von sich aus auch ohne Vorbild, Anregung oder Anleitung motorische Lernsituationen auf, üben, wiederholen und erklären, wenn sie erfolgreich waren, sie haben es von selbst gelernt. Solche Selbstlerngelegenheiten hat aber auch die organisierte Bewegungserziehung, in welcher Einrichtung sie auch stattfindet, den Kindern einzuräumen und zu arrangieren. Mit anderen Worten: das Bewegungslernen hat auch in der Schule oder im Kindergarten zeitweilig so stattzufinden, wie es sich in den freien Kindergruppen zuträgt: als selbständiges Tun ohne Anleitung durch Lehrende, als Abschauen und Nachmachen, als Suchen und Finden, als Probieren und Gelingen, auch wenn dazwischen mehrere Stationen des Mißlingens durchschritten werden müssen. Absichtsvolles und geplantes Bewegungslernen in den Einrichtungen der Bewegungserziehung darf mit diesem freien Lernweg nicht das Auslangen finden, aber auch nicht darauf verzichten, weil doch ein wichtiges Ziel der Bewegungserziehung in der Selbständigkeit und Eigenverantwortung des Bewegungshandelns begründet liegt. Der Weg dorthin führt auch über das Anleiten, Vormachen und Anregen durch den Lehrenden, verfehlt aber sein Ziel, wenn es ausschließlich über diese Methoden des Unterrichtens führt. Beständig braucht der heranwachsende Mensch auch in der Entwicklung seiner Bewegungsfähigkeiten und -fertigkeiten die Möglichkeiten des Selbertuns, die Situationen der eigenverantwortlichen Entscheidung und die Gelegenheiten des selbstbestimmten Bewegungshandelns. Das Selbstlernen im bewegungskulturellen Bereich ist zumeist ein ganzheitliches Lernen. Die Kinder analysieren und erlernen die Bewegungstätigkeit nicht über ihre Teile, sie üben und wiederholen die zu erlernende Bewegungshandlung als Ganzes und kommen auch mit dieser Methode ans Ziel. Der Bewegungserzieher unterstützt diese Selbstlernprozesse, wenn er auch im Unterricht nicht nur analytische Methoden im Bewegungslernen einsetzt und den Schülern beide Lernwege in ihren Grundstrukturen aufzeigt und bewußt macht. Auch das Bewegungslernen ist ein ganzheitlicher Akt, an dem alle menschlichen Fähigkeiten und Kräfte beteiligt sind. Er spielt sich stets in sozialen Bezügen ab und kennt mentale Vor-

gänge (Wahrnehmen, Beobachten, wiederholte gedankliche Nachvollzüge der Bewegungsabläufe usw.), die den Lernprozeß und sein Ergebnis steuern und beeinflussen. Das Bewegungslernen geht mit internen Veränderungen und Anpassungserscheinungen einher, die in konditionellen und koordinativen Bereichen anzusiedeln sind und mit dem Begriff Bewegungsregulation[55] bezeichnet werden. Das Ergebnis der regulativen Vorgänge ist die Automatisierung des Bewegungsablaufes, die eine Bewußtseinsentlastung mit sich bringt, was nicht gleichbedeutend mit der Ausschaltung des Bewußtseins bei der Durchführung der Bewegungshandlung ist. Das Bewußtsein begleitet latent die motorische Aktion und tritt dann in die Erscheinung und Tätigkeit, wenn es infolge einer Störung im Bewegungsablauf gebraucht wird. Nach ALLMER (1983, 93) ermöglicht die Freisetzung des konzentrierten Bewußtseins in der automatisierten Bewegung eine größere Handlungsflexibilität bei variierenden Anforderungen, eine geringere Situationsgebundenheit der sich bewegenden Person und die größere Fähigkeit zur antizipierenden Analyse bei sehr komplexen Bewegungsaufgaben.

4. Das Bewegungslernen ist der in erster Linie methodisch geplante Weg zur Verbesserung der Bewegungskoordination. Koordination ist das durch häufige Wiederholung der Bewegungsausführung erreichte Zusammenspiel von Information und Ausführung, von Zentralnervensystem und Skelettmuskulatur (Sensomotorik). Information ist die Aufnahme und Verarbeitung von Bewegungsprogrammen über die optischen, akustischen, taktilen und kinästhetischen Analysatoren und der Vergleich dieser eintreffenden Neuigkeiten mit den bereits gespeicherten Bewegungserfahrungen und -mustern. Die Bewegungsausführung setzt mit der Innervation der entsprechenden Muskelpartien ein, läßt die Bewegung im Zusammenspiel des Körpers oder einzelner seiner Teile mit den Gegenständen, Elementen und von außen wirkenden Kräften ablaufen und endet mit den internen und externen Rückmeldungen über den Grad der Übereinstimmung zwischen Programmentwurf und -realisierung. Äußerlich sichtbare und deshalb auch beschreibbare Merkmale einer gut koordinierten Bewegungstätigkeit sind u. a.: Rhythmus, Tempo, Umfang und Kopplung. Das Bewegungslernen hat die Verbesserung dieser Merkmale der Bewegungskoordination zum Ziel.
5. Das Bewegungslernen und das wiederholende und variierende Üben der Bewegungstätigkeit sind die Voraussetzungen eines Bewegungskönnens, das nach quantitativen und nach qualitativen Kriterien zu bewerten ist. Ein vielseitiges Bewegungsrepertoire in den kategorialen Ausprägungen

des sportlichen, spielerischen, gestalterischen und gesundheitskulturellen Bewegungshandelns stellt die quantitative Seite des Bewegungsvermögens dar.

Was aber heißt und bedeutet Bewegungsqualität?[56]

Qualität ist eine Wertbezeichnung und tritt in Bewegungstätigkeiten des Menschen zweifach in Erscheinung: Sie ist erstens ein beobachtbares und erfahrbares Merkmal der Bewegungsausführung und wird mit den Phänomenen Rhythmus, Harmonie, Eleganz, Anmut oder Grazie benannt und gekennzeichnet. Externe Beobachter einer Bewegungshandlung können eine elegante von einer plumpen, eine rhythmische von einer unrhythmischen, eine anmutige von einer ungraziösen Bewegungsausführung auf Anhieb auch dann unterscheiden, wenn es ihnen schwerfällt oder gar nicht gelingt, die Unterscheidungskriterien zu benennen und zu beschreiben. Anmut, Eleganz und Rhythmus in der Bewegungstätigkeit sind schwer zu definieren aber leicht zu sehen und zu erkennen. Auch der interne Beobachter, also der sich selber Bewegende, erfährt und spürt die Qualität seiner Bewegung und merkt Unterschiede zwischen elegant und unbeholfen in der Ausführung seiner Bewegungen, ohne immer zu wissen, worauf diese zurückzuführen sind. Bewegungsqualität ist aber nicht nur in der Bewegungsausführung, sondern auch am Ausdruck des sich bewegenden Menschen festzumachen und abzulesen, wobei zu sagen wäre, daß Ausdruck und Ausführung ohnedies nicht leicht voneinander zu trennen sind. Wenn ein Mensch sich freudig, lebhaft, gelöst bewegt, erscheint die Bewegungstätigkeit dem Beobachter ebenso qualitätsvoll wie sie der Ausführende selber empfindet. Bewegungsqualität ist demnach sowohl an die Ausführungskriterien der Anmut, Eleganz und Rhythmisierung wie an die Ausdruckskriterien der Heiterkeit, Gelöstheit und Lebensfreude gebunden.

6. Von der Gestaltung dieses interaktionellen Geschehens des Bewegungslernens hängt das Lernergebnis wesentlich ab. Über die Zeitstrukturen des Bewegungslernens (geblocktes oder verteiltes Üben), den wirkungsvollen Einsatz der lernunterstützenden Medien (Bilder, Bildreihen, Filme usw.), über die bestmögliche Art der Informationseingabe (visuell, verbal, taktil, einzeln oder kombiniert) und über die Arten der Rückmeldung über den Lernerfolg gibt es unterschiedliche Ansichten und Theorien und deshalb auch mehrere und verschiedenartige bewegungsdidaktische Folgerungen, auf die in diesem Buch nicht näher eingegangen wird, weil der pädagogische und nicht der didaktische Aspekt der Bewegungserziehung das eigentliche Anliegen und Thema der Erörterung darstellt.

4.3.2. Grundsätze des Bewegungslernens

Es besteht ein enger und einsichtiger Zusammenhang zwischen Theorien und Prinzipien des Bewegungslernens insofern, als bestimmte Theorien ihnen entsprechende Grundsätze für bedeutsam erachten und erklären und andere vernachlässigen oder gänzlich unbeachtet lassen. So bevorzugt beispielsweise das Konzept des „Qualitativen Bewegungslernens (vgl. HOTZ 1986) das Prinzip Bewußtheit, weil es stark in der allgemeinen Theorie des einsichtigen Lernens gründet. Phasentheorien des motorischen Lernens beachten den Transfereffekt sehr genau und Handlungstheorien halten den Grundsatz der Ganzheitlichkeit für besonders bedeutsam im Prozeß des Bewegungslernens. Doch läßt diese Aussage über Akzentuierungen nicht den Schluß zu, daß für jede motorische Lerntheorie jeweils nur ein Prinzip bestimmend wäre und andere Grundsätze keinerlei Geltung besäßen. Die nachfolgend erörterten Prinzipien des Bewegungslernens finden sich in allen, im vorigen Abschnitt erwähnten motorischen Lerntheorien wieder, haben darin allerdings unterschiedliche Gewichtungen und erhalten verschiedene Grade der Bedeutsamkeit zugeschrieben.

Vielseitigkeit

Über das bewegungspädagogische Prinzip der Vielfalt und sein Verhältnis zum gegenteiligen Grundsatz des Fundamentalen ist im Kapitel 2.3.2. etliches geschrieben worden, was hier nicht wiederholt werden soll. Jetzt geht es um den Grundsatz der Vielseitigkeit beim motorischen Lernen, der allerdings allgemein beschrieben und nicht in didaktischen Einzelheiten hinein verfolgt wird. Bewegungslernen hat deshalb auf vielseitigen Lernwegen zu erfolgen, weil die verschiedenartigen Bewegungstätigkeiten und die unterschiedlichen Lernsituationen es untersagen, ein Lehrverfahren als einzig richtiges zu betrachten und anzuwenden. Sportlich genormte Bewegungshandlungen verlangen andere Lernwege als Bewegungsformen der Ausdruckskultur und Gestaltung. Kinder brauchen und wünschen die Möglichkeiten des erprobenden und suchenden Lernens, Anfänger sollen breite Bewegungserfahrungen sammeln können, Fortgeschrittene wollen auf schnellen Wegen unter Anleitung des Experten zu Lernergebnissen gelangen. Das sind einige aber nicht alle Gründe für ein vielseitiges Bewegungslernen mittels verschiedenartiger Lehrverfahren. Deshalb kommen beim Bewegungslernen aufgebende (induktive) und vorgebende (deduktive), teilende (analytische) und ganzheitliche (synthetische) Lehrverfahren, dem Lerngegenstand und der räumlich-zeitlichen wie personellen Situation des Lernens jeweils angemessen, zum Einsatz.

Das Prinzip der Vielseitigkeit des Bewegungslernens hat neben einer methodischen auch eine inhaltliche und interaktionelle Komponente. Gelernt werden viele und vielseitige Bewegungstätigkeiten sportlich-wettkampfmäßiger, spielerischer, gestalterischer und gesundheitlicher Art. Diese Forderung an die Bewegungserziehung ist anthropologisch und gesellschaftlich mehrfach begründbar: Der Mensch ist im Gegensatz zum tierischen Lebewesen auf Vielseitigkeit angelegt und nur in den Ausnahmefällen gesteigerter Leistungsfähigkeit zur Einseitigkeit berechtigt. Erziehung und Bildung sind allgemein und in jeder besonderen Lage zur vielseitigen Entwicklung der menschlichen Person angehalten, denn das in allen seinen Fähigkeiten vielseitig gebildete Individuum ist ein Gewinn für die Gesellschaft. Die körperliche und motorische Ausbildung ist nicht weniger zur Vielfalt befähigt als die kognitive oder soziale Bildung. Die vielseitige Bewegungsbildung über ein vielseitiges Bewegungslernen ist insofern von individuellem und gesellschaftlichem Nutzen, weil ein solcherart ausgestatteter Mensch lebenslang ein „bewegliches" Wesen bleibt und damit für sich und für die Gesellschaft, in der er lebt, den gesundheitlichen und lebensbereichernden Gewinn der Beweglichkeit hat.

Die Vielseitigkeit des Bewegungslernens ist zuletzt auch ein sozialer Faktor, denn das Bewegungshandeln und das Erlernen und Üben desselben geschieht in vielfältigen sozialen Bezügen und Gruppenbildungen unterschiedlicher Stärke und Gefühlsintensität. Situationen des Bewegungslernens sind deshalb auch Situationen der sozialen Lernerfahrung. Je vielseitiger die Lernsituationen im interaktionellen Geschehen sind, desto vielfältiger sind auch die sozialen Erfahrungen, die das Individuum in den Prozeß seiner sozialen Bindung einbringen kann.

Bewußtheit

Oftmals findet das Bewegungslernen unbewußt und unbeabsichtigt statt und je jünger ein Mensch ist, umso überwiegender ist diese Art des Bewegungslernens. Das jüngere Kind sieht Bewegungstätigkeiten bei anderen Menschen, beobachtet sie wenig bewußt, ahmt sie nach und lernt sie beinahe unbewußt vom Modell. Es ist die erste Stufe des menschlichen Bewegungslernens, das in weiterer Folge immer mehr personale Tätigkeiten in diesen Prozeß einbezieht (Wahrnehmen, Erinnern, Erproben, Denken, Fühlen, Erleben) und zum ganzheitlichen, einsichtigen und bewußten Ereignis der Aufnahme und Verarbeitung von Informationen wird. Im Zusammenspiel aller dieser Fähigkeiten und Lernbedingungen unter Anleitung von Lehrenden entsteht über Lern- und Übungsprozesse das Bewegungskönnen.

Geplante und institutionalisierte Bewegungserziehung hat das bewußte Lernen, Üben und Ausführen der Bewegungstätigkeiten anzustreben und als Ziel zu verwirklichen. Einsichtiges Lernen ist das wesentliche Merkmal des menschlichen Lernens und gilt für alle Lernbereiche, stellt demnach auch für das Bewegungslernen ein Charakteristikum dar. Diese Forderung schließt unbewußtes und auch unbeabsichtigtes Bewegungslernen durch Nachahmung nicht grundsätzlich aus. Beim geplanten Lernen von Bewegungstätigkeiten im Unterricht lernen die Schüler durch Zuschauen auch unbewußt, doch soll diese Tatsache den Lehrer nicht davon abhalten, dieses Mitlernen der Unbeteiligten zu einer ihnen bewußten Angelegenheit zu machen. Vielseitiges Bewegungslernen ohne kategoriale Eingrenzung kann allerdings zu einem oberflächlichen und nicht anhaltenden Bewegungskönnen verleiten. Auch dies soll dem heranwachsenden Menschen zum Bewußtsein gebracht werden, damit die weitverbreitete Tendenz des Anlernens ohne Vertiefung des Könnens im Bewegungshandeln nicht zum Durchbruch gelangt.

Erlebnishaftigkeit

Es ist schwer auszumachen, welche Gründe maßgebend sein könnten, daß ein Ereignis zum Erlebnis wird, daß Bewegungslernen zum Bewegungserleben werden kann oder die Ausführung einer Bewegungshandlung eine so eindrückliche Empfindung auslöst, daß ein Erlebnis daraus entspringt. Denn Erlebnisse sind, wo immer sie sich ereignen, nicht planbar und nicht absichtlich herbeizuführen, sondern Geschenke des Zufalls und Sternstunden des Lebens. Beim Lernen, Üben und Ausführen motorischer Tätigkeiten kann manches Geschehen zum Anlaß für ein Erlebnis werden. Bei einem Schüler stellt es sich ein und beim anderen nicht, in dieser Situation ergibt es sich wie von selbst und in einer anderen, ganz ähnlichen, überhaupt nicht. Ein Bewegungserleben kann aus der motorischen Handlung selber oder aus ihrem Ergebnis entspringen, die Folge einer meßbaren Leistung sein oder ganz aus der Bewegung selbst kommen, in der Beziehung zu einem Sportpartner entstehen, aus der Gemeinschaft einer Mannschaft herauswachsen oder aus dem Alleinsein im Tun stammen. Bewegungserlebnisse hängen mit den Elementen oder Räumen zusammen, können von Tieren oder Gegenständen ausgelöst werden oder entspringen Situationen, die durch besondere Gefühlslagen (z. B. Sieg oder Niederlage) gekennzeichnet sind.

Es wäre allerdings das erneuerte Mißverständnis einer überwundenen einseitigen Erlebnispädagogik, sollte wiederum gefordert werden, daß Lernen und Unterricht stets ein Erlebnis für den Schüler bilden müssen. Das Bewegungslernen eröffnet dem Erleben zwar mehr Chancen als das Vokabel- oder Formellernen, kann dem Schüler aber auch nur in seltenen Ausnahmen zum Erlebnis werden. Denn Lernen und Erleben bedeuten auch im Bewegungsunterricht der Schule zumeist einen Gegensatz, weil das erstere auf Zukunft gerichtet und das Erlebnis die erfüllte Gegenwart ist. Das Beweglernen ist oftmals die eintönige Bedingung eventueller zukünftiger Bewegungserlebnisse und kann in dieser Funktion dem Schüler bewußtgemacht werden. Bewegungslernen und -erleben können aber auch in Sternstunden des Unterrichts gleichzeitig stattfinden. Der Mensch ist als Lebewesen ein Erlebniswesen, gestaltet seine Welt nicht nur lebensdienlich, sondern erlebnisdienlich und sucht auch in Bewegungshandlungen das Erlebnis zu gewinnen. Beim Bewegungslernen können unterrichtliche Arrangements vielfältigster Art (Gerätekombinationen, Gruppenbildungen, Musik, Landschaften usw.) die Erlebnishaftigkeit des Handelns anbahnen und erleichtern, aber niemals für alle Schüler zwingend herbeiführen.

Für die dauerhafte Wirksamkeit der Bewegungserziehung sind die Bewegungserlebnisse ebenso notwendig wie die Akte des Bewegungslernens. Das gleichzeitige Auftreten beider ist für Schüler ein besonderer didaktischer Glücksfall, der vom Bewegungslehrer vorbereitet aber nicht planmäßig herbeigeführt werden kann. Trotzdem bleibt die Forderung nach erlebnishaftem Bewegungslernen aufrecht, nur nicht in jener die Erlebnispädagogik falsch auslegenden Sicht des steten und allen zugänglichen erlebnishaften Bewegungsunterrichts.

Das Erlernen der Bewegungstätigkeiten und die Maßnahmen der Bewegungsförderung im Kindes- und Jugendalter waren die wichtigen Themen dieses 4. Kapitels. Von der allgemeinen Bedeutung der Bewegung in der menschlichen Entwicklung und Persönlichkeitsentfaltung ausgehend und an Entwicklungsmerkmalen verdeutlicht, führte der Gang der Erörterung den Leser zu Maßnahmen der Bewegungsförderung und -erziehung in den Phasen des Kindes- und Jugendalters. Dabei wurden Widersprüche in den einschlägigen Theorien nicht geglättet, sondern aufgezeigt, kontroversielle Ansichten nicht vereinheitlicht oder zu Kompromissen geformt, sondern in ihrem Bestand belassen. Über die Rolle der Bewegung in der Entwicklung heranwachsender Menschen, über ihren Einfluß auf die Entfaltung intellektueller, sozialer oder emotionaler Fähigkeiten gibt es nicht nur weniger Wissensbestände als über andere entwicklungsbiologische und -psychologische Sachverhalte, sondern auch weniger widerspruchsfreies und wissenschaftlich gewonnenes Wissen. Die Konzeptionen und Theorien des Bewegungslernens wurden übersichtsartig im Abschnitt 4.3. behandelt. Eine vertiefende Erörterung hat nicht stattgefunden, weil der Schwerpunkt der Überlegungen in diesem Buch nicht in der Bewegungslehre, sondern in der Bewegungspädagogik liegt. Die allgemeinen Grundsätze des Bewegungslernens schließlich enthalten und begründen das Konzept einer Didaktik der Bewegungserziehung, das in diesem Buch allerdings nicht weiter in die intentionalen, inhaltlichen, methodischen und organisatorischen Einzelheiten verfolgt wird.

5. Bewegungspädagogik — Entwurf einer phänomenologischen Theorie der Bewegungserziehung

5.1. Phänomenologische Pädagogik

Die bisherigen Überlegungen und Aussagen zur Theorie der Bewegungserziehung folgen in ihrer Systematik einem wissenschaftstheoretischen Bauplan, der dieses theoretische Konzept jener Richtung pädagogischen Denkens zuordnet, die „Phänomenologische Pädagogik“ benannt wird. Mit diesem Konzept pädagogischen Denkens, das zunehmend mehr jenen Erziehungswissenschaftlern Heimstatt wird, die die empirische Erziehungswissenschaft als Umweg oder sogar als Irrweg betrachten und nicht zur bildungstheoretischen Pädagogik zurückkehren wollen, soll eine Auseinandersetzung stattfinden, um zu erkennen, ob es geeignet ist, einer phänomenologischen Bewegungspädagogik Wegweiser und Richtmaß zu sein. Was ist Phänomenologie als Methode und Gegenstand und welche Grundsätze sind in der Phänomenologischen Pädagogik entwickelt und formuliert worden? Das sind jene beiden Themenbereiche, welche die geistigen Grundlagen bereitstellen, aus denen eine phänomenologisch orientierte Bewegungspädagogik ihre Gegenstandsbestimmung, Aufgabenstellung, Prinzipien und Methoden gewinnen kann und muß. Leiten wir die Erörterung der Frage nach dem Grundkonzept Phänomenologischer Pädagogik mit einer Aussage MEINBERGS ein: „Wenn die Phänomenologische Pädagogik heutzutage im Theoriekonzert ernsthaft mitspielen kann, dann ist dieser Umstand sicherlich auf Veränderungen im intellektuellen Klima der Erziehungswissenschaft zurückzuführen, vor allem auch auf die Tendenz, dem geheiligten „Objektivismus“ der Tatsachenwissenschaften — mitsamt seinen quantitativen Methoden — ein Theorieverständnis entgegenzusetzen, das die konkreten, lebensweltlichen Erfahrungen von Menschen, insbesondere von Kindern, möglichst unverstellt zur Anschauung bringen will. Die Phänomenologische Pädagogik will den Nimbus eines exakten, naturwissenschaftlich ausgerichteten Wissenschaftsbegriffs brechen, weil dieser schlichtweg impotent sei, die wirklichen Erfahrungen des Handelnden sachangemessen wahrzunehmen (1988, 250):"

5.1.1. Konzeptionen und Personen der Phänomenologischen Pädagogik

Auch wenn versucht wird, die Gemeinsamkeiten Phänomenologischer Pädagogik aufzufinden und darzustellen, soll nicht der Eindruck erweckt werden, als gäbe es ein einheitliches Konzept dieser Erziehungswissenschaft. Ein solches bildete sich auch nicht aus der von vielen Autoren genannten gemeinsamen Grundlage der Transzendentalphilosophie Husserls heraus, weil diese schon in verschiedenen Reduktionen zum Anlaß pädagogischer Theoriebildung genommen worden ist. Und auch der häufige Verweis auf den Husserlschüler Alfred Schütz gewährleistet die Einheitlichkeit des pädagogischen Konzepts nicht, obschon in der Ideenwelt von Schütz manches geeignet wäre, das einigende Band zu bilden.

Die folgenden Seiten bieten keine systematische und auch nur annähernd vollständige Darstellung Phänomenologischer Pädagogik. Es wird eine Skizze ihrer Grundsätze an einer exemplarischen Auswahl ihrer Vertreter geboten, und es werden dabei jene Ideen und Sachverhalte herausgestellt, die für eine phänomenologisch orientierte Bewegungspädagogik anregend und darüber hinaus von konzeptioneller Nützlichkeit sein könnten.

Geschichtlich betrachtet ist die Phänomenologische Pädagogik die Antithese zur sozialwissenschaftlich-empirischen Erziehungswissenschaft, deren hochgeschraubte wissenschaftstheoretischen Ansprüche wenig praktikable Ergebnisse für den Erziehungsalltag zur Folge hatten. Phänomenologisch ausgerichtete Pädagogik ist in intentionalen und methodologischen Feldern die Antithese zur empirischen Erziehungswissenschaft: sie erforscht das Erziehungsgeschehen im Alltag und nicht im Labor, verzichtet auf Objektivität und bekennt sich zur Subjektivität, verwendet die verstehenden Methoden der Erkenntnisgewinnung und beläßt die zu erforschenden Themen und Gegenstände in der Ganzheitlichkeit ihres Lebenszusammenhanges. Sie stellt nicht die Rückkehr zur geisteswissenschaftlichen Pädagogik im Verständnis von Dilthey, Spranger, Litt oder Nohl dar, sondern integriert in ihr geisteswissenschaftliches Grundgerüst sozialwissenschaftliches Denken, hält sich aber dabei an die Ideen der verstehenden Soziologie und nicht an die der analytischen Sozialforschung. Sie hat die Alltagswende in der Pädagogik am Beginn der 80er Jahre ausgelöst und mit ihrem humanwissenschaftlichen Konzept die herrschenden Richtungen der kritisch-dialektischen und der kritisch-rationalen Erziehungswissenschaft zwar nicht verdrängt, aber in ihrer aufdringlichen Bedeutsamkeit eingeschränkt.

Alltagswende ist allerdings ein Schlagwort mit so vielfältigen Bedeutungsinhalten und Deutungsgehalten, das mehr verdeckt als aufdeckt und mehr verklärt als klärt. Es besagt aber doch soviel, daß die konkrete Lebenswelt der Erzieher und der zu Erziehenden, der Lehrer und der Schüler Anlaß, Gegenstand und Ziel der pädagogischen Forschung und Theoriebildung zu sein hat. Es bedeutet weiters, daß die in dieser alltäglichen Lebenswelt handelnden Subjekte in den Forschungsprozeß integriert sind, Subjektivität nicht als auszuschaltender Störfaktor, sondern als nicht umgehbarer und sogar wünschenswerter Aspekt der Erkenntnisgewinnung betrachtet wird. Damit werden die im Erziehungsalltag existierenden Theorien der beteiligten Personen ernst und konstitutiv für den Forschungsprozeß genommen. Es besagt drittens, daß dieses Vorgehen ein erfolgversprechender Weg der Theorie-Praxis-Annäherung in der Pädagogik sein kann, weil stets beide und beide gleichwertig am Erkenntnisprozeß beteiligt sind. In der Phänomenologischen Pädagogik aber auch in anderen Konzepten der Erziehungswissenschaften werden die Begriffe Alltag und Lebenswelt häufig gleichbedeutend und deshalb auswechselbar verwendet. MEINBERG (1988, 243 ff.) macht deutlich, daß der synonyme Gebrauch beider Wörter von ihren ursprünglichen Bedeutungen her nicht gerechtfertigt ist. Der Begriff der Lebenswelt (vgl. die Einleitung zum 3. Kapitel) stammt aus dem Spätwerk von Edmund HUSSERL (vor allem im Hauptwerk: Die Krisis der europäischen Wissenschaften und die transzendentale Phänomenologie. Den Haag 1962) und ist von seinem Schüler Alfred SCHÜTZ in dem umfangreichen Werk „Strukturen des Lebenswelt" in breiter und tiefgehender Ausführlichkeit erklärt worden. Wenn das Wort „Alltagswende" zum Schlagwort einer phänomenologisch-orientierten Pädagogik geworden ist, mag es hingenommen werden, weil Kampfruf und Programm selten deckungsgleich sind, im Programm aber der differenzierte Begriff der Lebenswelt in Erscheinung tritt.

Das Spätwerk Edmund Husserls, die Interpretation seiner Transzendentalphilosophie durch Alfred Schütz, aber auch manche Ideen Martin Heideggers, die auf die französische Phänomenologie eines Marcel Merleau-Ponty einen starken Einfluß hatten, bilden die ideellen und strukturellen Grundlagen der Phänomenologischen Pädagogik, die am Beginn der 70er Jahre dieses Jahrhunderts mit der Forderung nach der Alltagswende in der Erziehungswissenschaft Beachtung und Gehör fand. Es zeigen sich allerdings schon am Anfang des 20. Jahrhunderts die Spuren phänomenologischen Denkens in der „Pädagogischen Tatsachenforschung" (Peter

Petersen, Aloys Fischer). Gegenwärtig vertreten unter anderem Wilfried Lippitz, Helmut Danner, Käte Meyer-Drawe, Horst Rumpf und Stephan Strasser diese pädagogische Richtung, und diese Autoren bringen pädagogische Denker wieder in das Fachgespräch ein, die von den beiden vorherigen kritisch-dialektischen und kritisch-rationalen Richtungen der Erziehungswissenschaft in den Hintergrund gedrängt worden sind: Otto Friedrich Bollnow, Martinus Langeveld, Werner Loch, Eugen Fink.

Die Alltagswende in der deutschen Pädagogik ist wieder einmal ein Versuch, Theorie und Praxis der Erziehung einander anzunähern, dadurch, daß die alltägliche Praxis des Lehrers und des Erziehers zum Ausgangs- und Zielpunkt pädagogischen Forschens und erziehungswissenschaftlicher Theoriebildung genommen wird. Der Begriff „Situationswissenschaft" findet dabei eine gelegentliche Verwendung (Langeveld, Lippitz) und wird so verstanden und erklärt, daß die Pädagogik jene Wissenschaft sei, die vor allem die Lebenssituation von Kindern und Jugendlichen zu gestalten, zu verändern und zu verbessern hätte. Die Phänomenologische Pädagogik, wie sie sich gegenwärtig in ihren Hauptvertretern darstellt, ist kein einheitliches Wissenschaftsgebiet, zeigt beim genauen Hinsehen manche Widersprüche und theoretische wie methodologische Verschiedenheiten, läßt aber zunehmend mehr auch grundsätzliche Gemeinsamkeiten erkennen: in einem ganzheitlichen Menschenbild, in der Lebensweltorientierung, in den Aspekten der Sinnsuche und des Sinnverstehens und in der Präferenz für qualitative Forschungsmethoden.

Manche dieser phänomenologischen Grundüberzeugungen prägen das pädagogische Denken von Eugen FINK, eines Schülers und langjährigen Assistenten von Husserl, der als tiefgründiger Pädagoge noch nicht die ihm gebührende Beachtung in der Erziehungswissenschaft gefunden hat. Die phänomenologisch-anthropologische Pädagogik Eugen FINKS zentriert sich um drei, von ihm so bezeichnete Formeln: Selbstbewußtheit, Erleben und Verstehen. Es sind dies auch drei Grundbedingungen menschlicher Existenz und existenzieller Erziehung, von denen Bildung auszugehen und zu denen hin sie zu gelangen hat. Stellvertretend für andere Konzeptionen phänomenologischer Pädagogik werden einige der Denkwege und -ergebnisse Eugen FINKS hier dargestellt, dies auch deshalb, weil von ihnen stärkere Impulse für die körperliche Erziehung, vornehmlich für die Spielerziehung, ausgehen könnten (vgl. dazu PIBER 1993).

Im Verständnis Eugen FINKS ist die Erziehungswissenschaft eine sinnorientierte Pädagogik, die den Menschen in seinem „Weltverhältnis" und seinem „Selbstverhältnis" betrachtet, beschreibt und erklärt und danach trachtet, ihm Hilfe bei der Gestaltung seines Daseins zu gewähren. Er konzipiert die Erziehungswissenschaft als pragmatische Disziplin im Dienste der Lebensdeutung und der Lebenslehre (vgl. dazu vor allem FINK 1970).

FINK kennzeichnet die menschliche Existenzweise durch das zweifache Verhältnis des Menschen zur Welt und zu sich selbst. Das Wort Verhältnis birgt allerdings die Gefahr einer doppelten Fehldeutung in sich, weil es die Vorstellung weckt, die Welt sei das Gegenüber für den Menschen und er selbst könne zu sich selber in eine gegenständliches Verhältnis treten. Diese zweifache Vergegenständlichung, die sich aus dem Wort Verhältnis, bzw. den von FINK verwendeten Begriffen „Weltverhältnis" und „Selbstverhältnis" ableiten ließe, entspricht nicht seinem Nachdenken über die menschliche Existenzweise. Für Eugen FINK ist der Mensch ein weltimmanentes Lebewesen, dem die Welt nicht Objekt, sondern Subjektivität ist. Sein Lehrer Edmund Husserl konstituiert Welt in der transzendentalen Subjektivität. Die Welt wird zum existentiell Bedeutsamen und Unentbehrlichen der menschlichen Existenz, die Welt allerdings nicht nur (und gleichsam selbstverständlich) als materielles Gebilde, sondern als Sinngebilde und kulturell geschaffener Ort der Gegenstände und Gegebenheiten. Die Welt der Dinge, Tiere, Pflanzen und Mitmenschen, diese natürliche (im geringen Ausmaß) und die künstlich-kulturelle Welt, zu der der Mensch in Beziehung tritt, konstituiert Menschsein, wie umgekehrt Menschsein erst Welt als Bewußtseinstatsache herstellt. Menschsein und Welt sind ursprünglich und unwiderruflich aufeinander verwiesen. So wird die Welt zum konstituierenden Element der Wesensbestimmung des Menschen im Denken Eugen FINKS und er führt dieses Bestimmungsmerkmal in die Bereiche menschlicher Existenz hinein und konkretisiert sie dort. Es ist ein doppeltes Verhältnis, das der Mensch zur Welt herstellt: Er ist Welt und verhält sich zur Welt und zu allen Weltangelegenheiten: zur Zeit und zum Raum. Und als einziges der „Weltdinge" verhält sich der Mensch auch zu sich selbst und stellt ein „Selbstverhältnis" her. Er allein hat auch in der evolutionären Entwicklung das Bewußtsein seiner selbst, das Selbstbewußtsein, erlangt.

Das Selbst- und Weltverhältnis des Menschen sind der Angelpunkt seiner Selbsterkenntnis und die Grundlage seines Bildes von sich selbst. Dieses zweifache Verhältnis ist geprägt von Bekanntem und Unbekanntem, Rätselhaftem und Enträtseltem, Vertrautem und Verunsicherndem und in dieser Eigenschaft stets etwas Vorläufiges, Dynamisches und sich Wandelndes. Vorläufig sowohl im individuellen Leben des Menschen als auch im kollektiven Leben der Menschheit. Das Menschenbild als Ergebnis der Selbsterkenntnis ist kein überdauerndes oder gar ewiges, kein natürliches, sondern ein kulturelles, kein festgefügtes, sondern ein wandelhaftes Gedankengebilde. Es ist aber trotz seiner Vorläufigkeit die Voraussetzung und Grundlage jeglicher Bildung und Erziehung. Die beständige Notwendigkeit der Neubestimmung dessen, was der Mensch über sich selbst denkt, ergibt sich aus der Rätselhaftigkeit des Daseins und dem Drang des Menschen nach der Auflösung des Rätsels Mensch. So verschiedenartig die epochalen Enträtselungen und Menschenbilder auch gewesen sind, so durchdringt sie ein Faden der Gemeinsamkeit insofern, als Weltbezogenheit und Selbstbezogenheit, Selbstbewußtsein und Weltbewußtsein Konstanten der Selbsterkenntnis des Menschen sind.

Die Phänomenologische Pädagogik Eugen FINKS ruht auf diesen beiden formalen Säulen des Menschenbildes, die allerdings noch keine inhaltlichen Kriterien des Menschseins bereitstellen. Dorthin bewegt sich das Denken FINKS, wenn er den Menschen als „Erlebniszeugen seines Daseins" (FINK 1979, 35 ff.) bezeichnet und damit die Kategorie des Erlebens als primäre humane Kategorie einführt. Weil der Mensch fähig ist, sich von innen her zu erleben, versteht er sich auch, ist er sich selbst bekannt. Erleben und Verstehen des eigenen Wesens gehören unmittelbar zusammen, sind aufeinander verwiesen und machen die menschliche Existenz zur „Mitwisserschaft" oder „Erlebniszeugenschaft" (FINK 1979). Diese Mitwisserschaft als Verstehen seiner selbst, hebt das Verstehen in den Rang eines existentiellen Phänomens, zu dem die phänomenologische Methode des Verstehens zwar in Beziehung gerät, über die das fundamentale Daseinsverstehen aber auch weit hinausragt[57].

Daseinsverstehen, Erlebniszeugenschaft und Mitwisserschaft bedeuten bei FINK aber nicht die absolute Bekanntheit des Menschen mit sich selbst, sondern nur ein fundamentales Begreifen seiner selbst, in dem Rätselhaftigkeit, Ungeborgenheit, Ausgesetztheit, Verfehlbarkeit durchaus als humane Kategorien mitgedacht sind.

Alle Grundphänomene des menschlichen Daseins sind an die leibliche Existenz des Menschen gebunden. FINK nennt deren fünf: Arbeit, Herrschaft, Eros/Sexualität, Tod und Spiel und bezeichnet sie die Coexistenzialien der menschlichen Existenz (1979).

Nach diesen anthropologischen Aspekten im Denken Eugen FINKS sollen nun auch noch seine pädagogischen Ansichten in kurzer Fassung vorgetragen werden. Die Hauptthemen seiner erziehungswissenschaftlichen Reflexionen sind das vorwissenschaftliche Wissen, der differentielle Wahrheitsbegriff, die Ganzheitlichkeit und Verborgenheit des Gegenstandes und der Begriff der Lebenslehre.

In allen Konzeptionen phänomenologisch-orientierter Erziehungswissenschaften spielt das vorwissenschaftliche Wissen eine bedeutsame Rolle für die wissenschaftliche Theoriegewinnung. „In der vorwissenschaftlichen Selbstbekanntheit des Menschen mit sich entspringen auch die Motivationen, die zur Ausbildung der auf ihn bezogenen Wissenschaften führen" (FINK 1970, 29). Ich will nicht entscheiden, ob diese Aussage für alle Humanwissenschaften gültig sein kann, bin aber überzeugt, daß sie auf die Erziehungswissenschaften im vollem Ausmaß ihres Gehaltes zutrifft. Und es ist nicht nur die Selbstbekanntheit des Menschen, die auch zum vorwissenschaftlichen Wissen zu rechnen ist, sondern manch anderes Wissen auch, das für die Erziehung und die Erziehungswissenschaft belangvoll ist und in der Lebenswelt des Menschen auftaucht und verankert ist. Die von FINK (1970, 34 f.) getroffene Unterscheidung nach der theoretischen und pragmatischen Wahrheit als oberste Norm der Erziehungswissenschaft soll an dieser Stelle nur erwähnt nicht aber näher erörtert werden, weil diese Thematik in einem späteren Zusammenhang wieder aufgegriffen und dann ausführlicher behandelt wird.

Die Erziehungswissenschaft hat es mit einem geradezu unheimlich komplexen Phänomen zu tun: Erziehung ist stets auf die Lebensganzheit des Menschen gerichtet, auf eine Form der Existenz, die Sinn produziert und in der Sinnstiftung sich selbst deutet. Auf diesen Gegenstand der interpretierten, ganzheitlichen Existenz des Menschen bezogen, kann die Erziehungswissenschaft keine bloße Theorie über die Erziehungspraxis im Sinne der theoretischen Erkenntnis der Naturwissenschaften (theoretische Wahrheit) aber auch nicht ausschließlich eine Theorie für die Praxis (pragmatische Wahrheit) sein, sondern hat darüber hinaus eine Lebenslehre im weitesten und tiefsten Sinne dieses Wortes zu sein, „eine zu wissenschaftlichem Selbstbewußtsein verständigte fundamentale Lebenspraxis", oder noch eindringlicher formuliert, „eine durch wissenschaftliche Besinnung radikal verwandelte Daseinspraxis" (FINK 1970, 44).

Weil es eine gelebte und gedeutete, eine sinnhafte und ganzheitliche Lebenspraxis ist, mit der sich die Erziehungswissenschaft zu befassen hat, steckt auch viel Vorläufigkeit und Verborgenheit in ihr. Dazu zwei Sätze von Eugen FINK: „Was wir wissend, wissenschaftlich in Besitz genommen haben, bleibt kein ein für alle Mal erobertes Land" (1970, 70) und „Immer überholt in uneinholbarer Weise das Unbegreifliche unseren Begriff, das Unsägliche unsere Aussage, das »Sein« das »Denken«" (1970, 71).

Diese komplexe Lebenspraxis ist leibliche Existenz, deshalb ist bei FINK die Leibeserziehung ein unhintergehbarer Bestandteil der vollständigen Erziehung. Diese Einsicht liest sich in seinem Buch „Erziehungswissenschaft und Lebenslehre" folgendermaßen: „... die menschliche Existenz ist wesenhaft inkarnierte Existenz, wir sind keine reinen Geister, wir sind leiblich und leibhaftig, tragen die Bürde und die Entzückungen des Fleisches; wir bewohnen unseren Leib nicht nur wie ein fremdes Gehäuse, das eine Zeitlang uns Dienst tut; wir sind Leib. Unser Verhalten zu uns selbst und zu den Mitmenschen, aber auch die Beziehungen zu den umgebenden umweltlichen Dingen sind durch unsere Leibhaftigkeit mitbestimmt. Erziehung ist in einem bedeutsamen Sinne Leibeserziehung, Erziehung zu gesunder Lebensführung, zur schönen Leibfreude in Tanz, Spiel und Sport, aber auch zur leiblichen Tüchtigkeit in den wesenhaften Bereichen des Menschenlebens, wie zum Beispiel für die Arbeit, den Kampf, für die Arterhaltung, für die Feierspiele, welche die Toten und die Götter ehren. Die Leibeserziehung betrifft nicht nur einen animalischen Unterbau des Menschseins, die Pflege und Kultivierung der naturhaften Lebensgrundlage, sie betrifft den Menschen ganz" (FINK 1970, 58/59).

Viele Konzepte phänomenologischer Pädagogik verweisen durch ihre zentrale Begrifflichkeit auf die Themen Leiblichkeit, Bewegung und Spiel. Bei Eugen FINK findet man besonders viele Brückenschläge zur Bewegungspädagogik und in einem Fall, dem des Spiels (vgl. FINK 1959) hat er die gesamte Brücke selbst errichtet. Die Phänomenologische Pädagogik Eugen FINKS ist es wert, wiederentdeckt und beachtet zu werden, innerhalb der Pädagogik im allgemeinen und der Bewegungspädagogik im besonderen.

5.1.2. Was ist Phänomenologie?

Obwohl der Begründer der phänomenologischen Philosophie, Edmund HUSSERL (1859–1938) bemüht war, eine strenge und exakte Wissenschaft zu entwickeln, wird seinem Lebenswerk nicht selten der Vorwurf der Unwissenschaftlichkeit gemacht. Das liegt zum ersten in seiner Wertschätzung der Subjektivität im Erkenntnisprozeß und zum zweiten in seiner Beachtung und Bewertung des lebensweltlichen Wissens und der Alltagstheorien begründet. HUSSERLS Transzendentalphilosophie ist — in der Interpretation eines seiner Schüler Alfred SCHÜTZ (1971, 137) „der Weg zum Sinnverständnis der Lebenswelt" und darin der allgemeine Wegweiser für jede spezielle Humanwissenschaft. In den beiden Begriffen dieses Satzes — Lebenswelt und Sinnverständnis — sind die Grundlagen phänomenologischen Denkens angesprochen und ausgedrückt. Alfred SCHÜTZ entwickelte aus HUSSERLS Phänomenologie die Methode der beschreibenden Analyse der Lebenswelt.

Sein Verdienst war es außerdem, die Strukturen der Lebenswelt und des Alltagslebens aufzufinden und aufzuzeigen, Strukturen die allem sozialen Handeln und Denken in einer komplexen und historisch sich entfaltenden Welt zugrundeliegen.

Phänomenologie ist alles andere denn ein einheitliches Denkgebäude. In Anschluß an DANNER (1979, 112 ff.) kann man drei Auslegungen der Phänomenologie feststellen. Da ist zuerst die Phänomenologie als strenge Philosophie, wahrhaft das *Lebenswerk* Edmund HUSSERLs, der sich lebenslang mit ihr beschäftigt und ihr in einer Zeitspanne von mehr als 30 Jahren auch unterschiedliche Gestaltungen gegeben hat. HUSSERL verstand die Phänomenologie als Theorie des Bewußtseins und Grundlage jeder Wissenschaft und entwickelte in ihr jene Grundbegriffe und Überlegungen, die für alle Wissenschaften konstitutiv sein sollten. Die Phänomenologie als Grundlage jeder Einzelwissenschaft sucht die Wesensstruktur (Wesenswissenschaft) der Welt, wie sie im menschlichen Bewußtsein existiert, zu erkennen und zu verstehen, richtet ihr Augenmerk aber auf die Welt als Ganzes, als Bewußtseinsgegebenheit des Menschen und nicht auf dingliche oder personale Einzelheiten oder auf die Welt, wie sie sein könnte, bevor sie ist, wie sie im Bewußtsein erscheint. Es existiert für den Menschen gleichsam keine Welt jenseits der von ihm bewußt wahrgenommenen und damit erlebbaren Welt. Die Phänomenologie untersucht die Phänomene dieser Welt. Phänomene im Sinne HUSSERLs sind Gegenstände und Gegebenheiten der Lebenswelt des Menschen, die seine Erlebenswelt ist, weil sie in seinem Bewußtsein erscheint. Sie sind aber auch die Bewußtseinsakte, die auf die Gegenstände und Gegebenheiten gerichtet sind. Helmut DANNER drückt dies so aus: „Phänomene sind die *intentionalen Gegenstände* (sofern *Bewußtsein* auf sie gerichtet ist), und sie sind die *intentionalen Bewußtseinsakte* (sofern dem Bewußtsein Gegenstände gegeben sind, auf die es sich richtet)“ (1979, 120). In diesem Satz und für diese Aussage reicht mir der Begriff Gegenstand nicht aus, weil er im allgemeinen Sprachgebrauch Dingliches meint. Deshalb erweitere ich den Aussagebereich dieses Satzes mit dem Begriff Gegebenheit, der die sozialen Phänomene bezeichnet, die Welt und Bewußtsein ebenfalls mitkonstituieren. An dieser Stelle muß der Begriff Bewußtsein, wie er in der Phänomenologie HUSSERLs Verwendung findet, erklärt werden.

Bewußtsein ist eine Art „letzter Gewißheit“ (DANNER 1979, 119) eine intersubjektiv nachvollziehbare Deutung von Welt, wenn auch keine objektive Aussage über sie im Sinne naturwissenschaftlicher Erkenntnistheorie. Der Gegenstand der Phänomenologie, so interpretiert Helmut DANNER (1979,

119 f.) die Philosophie HUSSERLS, ist „alles Seiende sofern und wie es dem Bewußtsein gegeben ist" und zugleich das Bewußtsein, „insofern und wie es sich auf »Welt« richtet". Die Welt, wie sie sich dem Bewußtsein bietet und die Bewußtseinsakte, die auf Welt gerichtet sind, sind demnach der Gegenstand der phänomenologischen Philosophie. In den Begründungen der Phänomenologie als Philosophie und Grundlage aller Wissenschaften wird zumeist das Spätwerk Edmund HUSSERLS, und hier ganz besonders das Krisis-Werk, herangezogen. Ich sehe allerdings die wichtigsten Ideen der Phänomenologie bereits in der frühen Schrift „Philosophie als strenge Wissenschaft" (1911 erschienen) ausgesprochen und soweit ausgeführt, daß das Grundmuster des phänomenologischen Denkgebäudes darin ersichtlich ist. HUSSERLS Kritik an der „Naturalistischen Philosophie" bzw. Naturwissenschaft führt ihn zu einer Aussage über das Verhältnis zwischen Sein und Bewußtsein, die als konstitutives Element der Phänomenologie zu betrachten und zu bewerten ist. „Wenn Erkenntnistheorie gleichwohl die Probleme des Verhältnisses von Bewußtsein und Sein erforschen will, so kann sie nur Sein als Correlatum von Bewußtsein vor Augen haben, als bewußtseinsmäßig »Gemeintes«: als Wahrgenommenes, Erinnertes, Erwartetes, bildlich Vorgestelltes, Phantasiertes, Identifiziertes, Unterschiedenes, Geglaubtes, Vermutetes, Gewertetes usw. Man sieht dann, daß die Forschung gerichtet sein muß auf eine wissenschaftliche Wesenserkenntnis des Bewußtseins, auf das, was Bewußtsein in allen seinen unterscheidbaren Gestaltungen *selbst*, seinem Wesen nach, »ist«, zugleich aber auf das, was es *„bedeutet"*, sowie auf die verschiedenen Weisen, in denen es — dem Wesen dieser Gestaltungen gemäß — bald klar, bald unklar, bald gegenwärtigend oder vergegenwärtigend, bald signitiv oder bildlich, bald schlicht, bald denkmäßig vermittelt, bald in dem oder in jenem attentionalen Modus, und so in unzähligen anderen Formen — *Gegenständliches* meint, und es ev. als »gültig«, »wirklich« Seiendes „erweist" (HUSSERL 1971, 21). Bewußtsein ist für HUSSERL stets ein „Bewußtsein" von etwas und nimmt im menschlichen Dasein eine „verwirrende" Fülle von Gestaltungen an. Der methodische Weg der Phänomenologie ist eine Abfolge von Reduktionen, durch die die Lebenswelt von der theoretisch konstruierten Welt (z. B. durch Religion oder Wissenschaft errichtet) geschieden wird und durch die die natürlich-naive, weil selbstverständliche Handlung und Haltung in der Lebenswelt zur phänomenologischen, d. h. reflektierten und bewußten Einstellung und Tätigkeit verwandelt wird. Durch die zweite phänomenologische Reduktion geht das reflektierende Ich auf Distanz zu den selbstverständlichen Handlungen und Einstellungen, die in der Lebenwelt praktiziert werden, ohne diese „natürliche" (d. h. kulturelle) menschliche Lebenswelt aufzuheben. Die vom phäno-

menologischen Standort betrachteten Gegenstände und Gegebenheiten verändern die Einstellung des Betrachters durch den Zugewinn der Bewußtheit. Ob das phänomenologisierende Subjekt allerdings — wie HUSSERL meint — dadurch zum unbeteiligten Zuschauer seiner selbst, d. h. seiner lebensweltlichen Handlungen und Einstellungen wird, bezweifle ich. Der Mensch kann sich selbst nicht unbeteiligt betrachten. Sehr wohl aber kann der phänomenologisch arbeitende Wissenschaftler die lebensweltlichen Gegenstände, Gegebenheiten, Handlungen und Einstellungen anderer Menschen distanziert, wenn auch nicht unbeteiligt betrachten und dabei erkennen, daß es Handlungen und Einstellungen sind, die er selbst in derselben naiven Weise ausgeführt und gehabt hat, daß es Gegenstände und Gegebenheiten sind, die ihm in derselben Weise selbstverständlich und unbewußt waren. Vom Augenblick dieser Erkenntnis an, sind sie es ihm aber nicht mehr.

Nicht alle Reduktionsstufen HUSSERLS werden von den anderen phänomenologisch orientierten Philosophen nachvollzogen, und ebenso reichen die Konzepte der Phänomenologischen Pädagogik, die im ersten Abschnitt dieses Kapitels vorgestellt werden nur bis zur eidetischen Reduktion (Eidos = Wesen). Die Phänomenologie als Methode richtet sich nicht auf alle Merkmale eines lebensweltlichen Gegenstandes oder einer Gegebenheit, ist keine an Teilen oder Einzelheiten interessierte Wissenschaft und Forschungsstrategie, sondern sucht das Ganze und das Wesentliche zu erfassen. Wenn lebensweltliche Gegenstände oder Handlungen die Selbstverständlichkeit des Vollzugs und die Unschuld des Daseins durch die phänomenologische Reduktion verloren haben, setzt die Wesensschau als nächster methodischer Schritt ein. Was aber ist das Wesen eines Gegenstandes, einer Handlung, Einstellung oder gegebenen Situation, und vor allem, wie gelangt der phänomenologische Wissenschaftler zu diesem Ergebnis?

Ein Weg der Wesensschau ist sicherlich die Intuition, ein anderer die Analyse und ein dritter die synthetische Reflexion usw. Aber alle Wege führen zu dem, was konstant in allen Variationen des Gegenstandes oder der Gegebenheit, was allgemein in den besonderen Erscheinungsformen, was strukturelles Element in den vielfältigen Ausprägungen ist.

„Eine Wesensphänomenologie sieht ihr Ziel in der Herausbildung von Wesensstrukturen und erschöpft sich darin" (DANNER 1979, 126). Bis hierher gehen die anderen Phänomenologen mit und bis hierher denken auch die phänomenologischen Pädagogen und übertragen die Aussagen in die Erziehungs- und Unterrichtspraxis. HUSSERL aber geht noch einen Schritt weiter zur transzendentalen Reduktion, und erblickt erst in dieser letzten Phase seines Denkens die Konstitution von Welt. Seine Antwort auf die ales entscheidende Frage, was der Mensch sei und was Welt ist, ist erst auf der Ebene der transzendentalen Subjektivität zu geben, während andere Phänomenologen sie schon in der phänomenologischen Reduktion mitdenken. MEINBERG (1988, 243 ff.) zeigt die Anlässe und Hintergründe auf, die HUSSERL zur philosophischen Phänomenologie geführt haben und gibt auch einen Einblick in die Absichten, die er damit verknüpft hat.

Im „Krisis"-Buch zeigt HUSSERL die „Lebensweltvergessenheit" der objektiven (naturwissenschaftlichen) Wissenschaften und darin deren Unfähigkeit, die wichtigen Probleme des Menschen und der Menschheit zu erkennen, zu erforschen und zu lösen. Die Denkweise, die HUSSERL den exakten Wissenschaften zuschreibt, die er anprangert und der er den Lebensweltbegriff der Transzendentalen Phänomenologie entgegenhält, interpretiert MEINBERG in folgender Weise: „Die methodisch am Objektivitätsideal ausgerichteten *positiven* Wissenschaften sind für den handelnden Menschen völlig belanglos geworden, in alledem, was ihn wirklich angeht, was ihn besorgt und umhertreibt, was ihn, wie man heute sagen würde, »betroffen« macht, läßt der Objektivismus den Menschen im Stich" (1988, 245).

Die Phänomenologie ist die Überwindung des Objektivismus und — so die Absichten ihres Begründers — mit der Einführung des Lebensweltbegriffes und der Idee transzendentaler Subjektivität die philosophische Grundlegung aller Wissenschaften vom Menschen.

„HUSSERLs Transzendentalphilosophie, von ihm selbst als ‚radikale Grundwissenschaft' verstanden, nimmt ihre letztbegründete Funktion für alle Wissenschaften durch den Rückgang über die Lebenswelt auf das transzendentale Subjekt wahr" (MEINBERG 1988, 247).

Soweit die Grundgedanken der Phänomenologie HUSSERLs, aus seinen Werken selbst, aus Arbeiten seiner Schüler, Alfred SCHÜTZ und Eugen FINK, und aus den Ausführungen phänomenologischer Pädagogen wie Wilfried LIPPITZ entlehnt. Enger angelehnt habe ich mich in diesem Abschnitt an das Buch „Methoden geisteswissenschaftlicher Pädagogik" von Helmut DANNER (1979) und darin an das Kapitel „Phänomenologie".

Andere Philosophen (z. B. Max Scheler, Martin Heidegger, Jean-Paul Sartre oder Marcel Merleau-Ponty) und selbst Schüler HUSSERLs wie Alfred SCHÜTZ und Eugen FINK haben die Phänomenologie abweichend von ihrem Begründer ausgelegt, wobei der hauptsächliche Grund der Abweichungen im Bemühen um Anwendbarkeit zu liegen scheint. So unterschiedlich im Detail diese phänomenologischen Konzepte sein mögen, verbindet sie doch zweierlei: die bewußte Verkürzung der Transzendentalphilosophie HUSSERLs und die Ausrichtung auf die Anwendbarkeit in den Humanwissenschaften. Auch die Phänomenologische Pädagogik in ihren zahlreichen Ausprägungen (vgl. Kap. 5.1.1.) ist ein Produkt der verkürzten Phänomenologie der Husserlschüler und des bedeutendsten französischen Phänomenologen Marcel MERLEAU-PONTY.

Eine dritte Richtung reduziert die Phänomenologie auf die Methodologie und sieht in ihr lediglich eine geisteswissenschaftliche Methode der Erkenntnisgewinnung, in deren Zentrum die Begriffe Beschreibung und Sinnverstehen angeordnet sind.

5.1.3. Grundbegriffe und Grundsätze Phänomenologischer Pädagogik

Der Überblick über Richtungen und Autoren Phänomenologischer Pädagogik (5.1.1.) und die Erörterung der Frage, was denn der Begriff Phänomenologie zu bedeuten habe (5.1.2.), boten bereits Einsichten in Prinzipien und Begriffe Phänomenologischer Pädagogik. Die Ausführungen über die anthropologischen Grundlagen der Bewegungserziehung (2.2.) befaßten sich ebenfalls mit den Begriffen Sinn und Körperlichkeit, die in diesem Abschnitt wieder aufgenommen werden. Es soll nicht wiederholt werden, was an früheren Stellen schon geschrieben steht, deshalb fällt dieser Teil der Ausführungen kurz aus. Lebenswelt, Menschenbild, Sinn und Körperlichkeit sind wiederkehrende Wörter und Bedeutungsgehalte Phänomenologischer Pädagogik. Nur im wissenschaftstheoretischen Kontext werden sie hier erneut aufgegriffen, erklärt und in den Zusammenhang eines bewegungspädagogischen Konzeptes gebracht, d. h. mit Gegenstandsbestimmung und Methodenfragen einer Theorie der Bewegungserziehung in Beziehung gesetzt. Diese Vorgangsweise verbindet den ersten mit dem zweiten Abschnitt dieses wissenschaftstheoretischen Kapitels. Wenngleich die Wörter Lebenswelt, Sinn, Menschenbild und Körperlichkeit als Grundbegriffe Phänomenologischer Pädagogik dargestellt werden, werden sie bewegungspädagogisch betrachtet und aus dieser Perspektive in ausgewählten Merkmalen beschrieben.

Die Alltagswende in der Pädagogik ist durch die Wiederentdeckung der *Lebenswelt* und ihrer neu erkannten Bedeutung im Prozeß der pädagogischen Theoriebildung eingeleitet worden. Die Strukturen der Lebenswelt sind in einem früheren Teil dieses Buches (3.1.1.) unter dem Blickwinkel der kindlichen Bewegungswelt aufgezeigt worden. An dieser Stelle fragen wir nach dem wissenschaftstheoretischen Stellenwert dieses Begriffes.

MANEN (1987, 131) hat die pädagogische Theoriebildung den Versuch bezeichnet, „die alltägliche lebendige Erfahrung mit Kindern zur Sprache zu bringen". Demnach setzt die Erziehungstheorie an der alltäglichen Erziehungspraxis an und gewinnt und greift ihre Aussagen über erzieherisches Handeln aus diesem alltäglich und lebensweltlich vollzogenen Handeln. Diese Behauptung ist zwar nicht falsch, aber auch nicht vollständig. Pädagogische Theoriebildung erfolgt auch in der Konfrontation mit psychologischen, sozial-psychologischen, sozialen, philosophischen, biologischen oder anthropologischen Theorien und Theorieteilen und ist auch nicht unabhängig von gesellschaftlichen, politischen und wirtschaftlichen Bedingungen in den Lebenswelten der Erziehungseinrichtungen. Die Erziehungstheorien entstammen also nicht nur der phänomenologischen Deutung der pädagogischen Lebenswelten, sie sollten aber, auch wenn sie anderer Herkunft sind, diesen unbedingt ausgesetzt werden. Die alltägliche Lebenswelt — so spricht es auch MEINBERG klar und unmißverständlich aus — ist demnach „Fundament und Anlaß der pädagogischen Theorie" (1989, 140) innerhalb einer phänomenologisch orientierten Pädagogik. Wenngleich die Phänomenologische Pädagogik (wie in einem früheren Zusammenhang schon erwähnt) älter ist als das Schlagwort von der Alltagswende, bedeuten dieses und der Lebensweltbegriff dennoch die wichtigsten Grundlagen ihrer heutigen Präsenz und inhaltlichen Ausformung. Beide Wortverbindungen nehmen einen hervorragenden Rang in allen gegenwärtigen Konzeptionen phänomenologischer Pädagogik ein. Alltagswende und Lebensweltbezug brachten die pädagogischen Alltagstheorien, die das Erziehungs- und Unterrichtshandeln der Praktiker mehr unbewußt als bewußt, aber höchst wirksam leiten, wieder ins Gespräch und zu Ansehen, bedeuteten eine Absage an das Rationalitätskriterium der analytischen Wissenschaftsauffassung und stellten die von der Erziehungspraxis und der Erziehungsforschung betroffenen Personen in den Rang gleichberechtigter Forschungssubjekte. Die Lebenswelt, als das vor jeder wissenschaftlichen Konstruktion real Existierende und ihre Alltagstheorien sind der Ausgangspunkt der wissenschaftlichen Theoriebildung in der Pädagogik. Freilich nicht zugleich ihr Endpunkt. Erziehungsziele und -normen sind aus dem beobachtbaren Handeln der Erzieher und Lehrer in der Lebenswelt nicht durch einfache Ableitung zu gewinnen. Zu den pädagogischen Normen aber will und soll jede pädagogische Theoriebildung gelangen, weil sie in dieser Wissenschaft belangvoller als die „wahren" Einsichten sind. Phänomenologische Zugänge zur Lebenswelt, die im Falle der Pädagogik eine Erziehungswelt ist, decken über das Beschreiben und Verstehen der Gegenstände und Begebenheiten die Sinnstrukturen des pädagogischen Handelns auf.

Die Lebenswelt des Menschen ist demnach eine gedeutete, d. h. mit Symbolen ausgestattete und gestaltete Welt. Deutung und Symbolik aber setzen Sinnhaftigkeit voraus und streben sie an. Deshalb ist die menschliche Welt keine objektiv gegebene, sondern eine sinnhaft gedeutete Welt, in der alle Dinge und Tätigkeiten Träger von *Sinn* sind, den ihnen der Mensch gibt und den er in ihnen findet. Der Weg des Menschen zur Lebenswelt und darin zu sich selbst führt über die Brücke der Sinngehalte. Erziehung und Bildung sind sinnerschließende Phänomene, sie verhelfen den Menschen zum Erkennen und Verstehen von Sinn. Phänomenologische Pädagogik ist deshalb auch eine sinnbeschreibende, sinnbestimmende und sinnerkennende Wissenschaft, die die theoretischen Grundlagen für eine sinnverwirklichende Erziehungspraxis erkennt, aufstellt und bereitstellt. Das Ziel und das Wirken der Erziehung ist das Aufschließen des Sinnes, das Öffnen für die Sinngehalte der äußeren und inneren Welt. Erziehung ist personale und dingliche Hilfe bei der Sinnsuche, nicht aber Sinngebung selbst. Denn Sinn erhält der Mensch nicht von anderen, Sinn sucht und findet er selber. Der Pädagoge als Praktiker ist vielfältig damit befaßt, heranwachsende Menschen bei der Sinnsuche und -findung zu begleiten, Sinnhaftes anzubieten, Sinnfragen zu stellen und Sinnantworten anzudeuten.

Die Pädagogik als Wissenschaft kommt um die Sinnfrage nicht herum. Ihr Gegenstand ist sinnbeladen und alle ihre Sachverhalte — Zögling und Erzieher und deren Verhältnis zueinander, Schüler und Lehrer, Unterricht, Stoff und Methode — enthalten Sinnkategorien und sind nur als Sinngebilde zu beschreiben und zu erforschen. Das Sinnhafte der Erziehung und des Unterrichts zu erschließen, ist die erste und höchste Verpflichtung der Pädagogik. Wenn sie sich der Sinnkategorie verschließt, weil Sinn und alles was mit ihm verbunden ist, Wert, Norm und Ziel, nicht in ihr Wissenschaftsbild gehört, produziert sie Theorie ohne praktische Bedeutsamkeit. Die Bedingung einer sinnerschließenden Erziehungspraxis ist die sinnerkundende, -deutende und -beschreibende Theorie der Erziehung. Phänomenologische Pädagogik ist, wie sich mit vielen Zitaten belegen läßt, eine zutiefst sinnorientierte Theorie der Erziehung und des Unterrichts. Denn sie sucht, Lebenswelt und Erziehungswelt sinnhaft zu deuten und damit verstehbar zu machen. Denn Verstehen ist Erkennen von Sinn. Die Welt, auf die der Mensch als „Homo Mundanus“ (MEINBERG 1988) existentiell und wesensbestimmend bezogen ist, ist für den Menschen keine objektive und materiale Welt, sondern eine symbolische und sinnhafte Welt. Sie dem heranwachsenden Menschen zu erschließen, ist die Aufgabe der Erziehung, die diese nur mit Hilfe einer sinnorientierten pädagogischen Theorie zu leisten vermag.

Im Abschnitt 5.1.1. ist bereits der Hinweis gegeben worden, daß die Phänomenologische Pädagogik Eugen FINKS, des Husserlschülers, um die Sinnkategorie zentriert ist. Als Abschluß dieser allgemeinen Überlegungen über die Bedeutung des Sinnbegriffes in Phänomenologischer Pädagogik, komme ich noch einmal auf FINK (1970) zurück und fasse seine Überlegungen zur Beziehung zwischen Erziehungswissenschaft und Sinnkategorie zusammen. Diese Gedanken wiederum bilden die Basis einer sinnorientierten Phänomenologischen Bewegungspädagogik.

Sinnhaftigkeit ist eine zutiefst menschliche Kategorie, die der Mensch produziert durch seine Befähigung zum Erkennen und Verstehen der Dinge, der Strukturen, Beziehungen und seiner selbst.

„Der Mensch ist der Sinnstifter, der Produzent der Symbole und Zeichen, der Bewandtnisse und Deutungen, der praktischen Vernünftigkeit seines irdischen Daseins“ (1970, 39).

Die Sinnstiftung ist die Antwort auf die Rätselhaftigkeit. Der Mensch ist sich selbst ein rätselhaftes Wesen, weil ihm die Natur die Lebensformel (DOSTOJEWSKI) nicht eingeprägt hat. Die Offenheit und Freiheit, die Entlassung aus den Naturbanden ist auch mit der Rätselhaftigkeit erkauft. Das, was den Menschen umgibt, die Natur, ist ihm keineswegs offenbar von Anfang an, aber die Geschichte der Kultur ist die Enträtselung der Natur, die allerdings noch nicht zum Abschluß gelangt ist, weil jede Antwort sogleich wieder mehrere Fragen gebärt. Doch das größte Rätsel unter allem Rätselhaften ist der Mensch sich selbst. Und so gestaltet sich das Leben des Individuums Mensch und der Gattung Menschheit zu einer unablässsigen und unvollendbaren Suche nach Identität und Sinn. Den unlösbaren Zusammenhang von Freiheit, Rätselhaftigkeit und Sinn stellt FINK folgend dar (1970, 56/57): „Zwar bringt das menschliche Wesen beständig Deutungen seiner selbst hervor, versucht Antworten zu geben auf die uralte Rätselfrage nach uns selbst; Völker, Gruppen, Einzelne stellen Formeln auf und streiten miteinander um solche Formeln, führen Glaubenskriege mit Inbrunst und Erbitterung — und noch ist kein Ende solchen Streites abzusehen. Vielleicht ist es auch eine „Formel“ von einiger Bedeutung, daß der Mensch das einzige Wesen im Universum sei, das sich selbst bis in seinen Grund hinein fragwürdig ist. Weil er sich fragwürdig ist, weil er nicht einfach sein Leben ablebt wie sonst die lebendigen Geschöpfe der Natur, aufgeht und untergeht nicht fraglos wie sie, sondern zu Herkunft und Zukunft sich verhält, um sich selbst besorgt ist, muß er sich über sich verständigen, braucht er Formeln, um sinnhaft leben zu können . . .“

Mythos und Wissenschaft sind Lebensdeutungen. Die Erziehungswissenschaft ist sogar eine besondere Form der Lebensdeutung, weil menschliches Leben nur über lebenslange Erziehung und Selbstbildung sinnhaft zu gestalten ist. Die Erziehungswissenschaft ist deshalb (und so lautet das hier zitierte Buch von Eugen FINK [1970]) Lebenslehre.

Und so wird Erziehung in allen ihren Spielarten einschließlich der Bewegungserziehung zur sinnfindenden und sinnstiftenden Einrichtung für das fragende Lebewesen Mensch. Bewegungskultur und Körperkultur sind Sinngebungen in einer sinnstiftenden Bewegungserziehung und einer sinnorientierten Bewegungspädagogik. Doch das ist ein Gedankengang, der in einem späteren Abschnitt behandelt wird.

Die Dunkelheit des Menschen, die er durch Reflexion erhellen möchte, legt auch über seine Handlungen die Schatten des Rätsels. Denn rätselhaft ist auch das Geschäft der Erziehung. Es findet in einer offenen Gesellschaft nicht mehr wie in früheren Zeiten (oder in geschlossenen Gesellschaften der Gegenwart) in der Weise statt, daß kundige Lehrer den Unkundigen das Lebensrätsel lösen, weil Erziehung die Übernahme jener festgefügten Wahrheiten bedeutete, die im Besitz der Herrschenden (Priester und Könige im weitesten Sinn dieser Wörter) gewesen sind. Die Erziehung heute ist zur gemeinsamen Suche und Stiftung von Sinn der Lehrenden und Lernenden, der Erwachsenen und Heranwachsenden im beständigen Rollentausch geworden. Die Sinnfindung und Enträtselung der Welt und der eigenen Person durch Erziehung betrifft den Lernenden ebenso wie den Lehrenden. Das Fragen und Antworten findet bei beiden statt, mag sein, daß der jüngere Mensch in diesem kommunikativen Geschehen mehr fragt und mehr Antworten für seine personale Entwicklung braucht. Entscheidend dabei ist aber, daß der Antworter seine Antworten so gibt, daß sie neue Fragen beim Fragenden auslösen.

Die Phänomenologische Pädagogik weicht der Frage nach dem *Menschenbild* nicht aus, sondern stellt diese in den Mittelpunkt des Erkennens und der Theoriebildung. Es kommt wohl keine Theorie und keine Praxis erzieherischen Handelns ohne die Leitfunktion des Menschenbildes aus und es läßt sich unschwer nachweisen, daß die anthropologische Konstante in jeder Pädagogik implizit vorhanden ist, auch wenn sie nicht explizit genannt wird. Eckhard MEINBERG (1988) ist diesem Aspekt in einer umfangreichen und tiefgründigen Untersuchung über das Menschenbild in den pädagogischen Konzepten der Gegenwart nachgegangen und zeigt darin auf, daß gerade die phänomenologisch orientierte Pädagogik diesem Thema größte Bedeutsamkeit einräumt.

Denn die Deutung des Menschen als „Homo Mundanus" ist mit der phänomenologischen Wende in der Pädagogik in besonderer Weise verknüpft. Der Weltbezug des Menschen ist allerdings kein Privileg Phänomenologischer Pädagogik, wohl aber ein besonderer Akzent derselben. Das Bild des „Homo Mundanus", das Eckhard MEINBERG aus den Erkenntnissen der Philosophischen Anthropologie, vor allem aber aus dem Werk Helmuth Plessners gefügt hat, durchzieht in leicht variierter Form die Seiten dieses Buches und bildet die anthropologische Grundlegung der Bewegungserziehung und der Bewegungspädagogik. Ohne Weltbezug ist das Lebewesen Mensch nicht denkbar und nicht deutbar, sagt MEINBERG sinngemäß in seinem Buche über das „Menschenbild der modernen Erziehungswissenschaft" (1988, 271 ff.). Die Komplexität und Kompliziertheit des weltbezogenen Verhältnisses des Menschen wird in den Prädikaten sichtbar, mit denen es die Vertreter der Philosophischen Anthropologie belegen: dynamisch, vieldeutig, offen, ganzheitlich, aufgegeben, bildsam, selbstverständlich, mehrdimensional, problematisch, unabgeschlossen usw.

Das Bild, an dem der Mensch unablässig zeichnet, ist immer zugleich ein Weltbild und die Geistesgeschichte der Menschheit ist die Geschichte der entworfenen und verworfenen Menschen- und Weltbilder. Von PLESSNER (1975) übernimmt MEINBERG die Vorstellung, daß der Mensch das Geschöpf mehrerer Welten ist und erweitert die drei Welten PLESSNERs, Außenwelt, Innenwelt und Mitwelt um eine vierte, die kulturelle Welt.

„Der Homo Mundanus ist Sinnbild des ‚ganzen Menschen', weil er das Ganze der Sonderwelten präsentiert" (MEINBERG 1988, 273).

Die Außenwelt ist die Umwelt, die er ausschnitthaft wahrnimmt, in die er als Körperwesen eingebunden ist und die er über die Sinne aufnimmt. Obwohl selber Teil dieser gegenständlichen Welt, tritt der Mensch aufgrund seiner besonderen Stellung im Kosmos (Scheler) oder seiner exzentrischen Positionalität (Plessner) auch in die Distanz zur Dingwelt, was ihm ermöglicht, sie zu erforschen und als Gegenüber zu betrachten. In diese Haltung bezieht er seinen eigenen Körper mit ein.

Wenngleich MEINBERG zwischen der Außen- oder Naturwelt und der Kulturwelt eine „Innigkeit der Beziehung" (1988, 282) feststellt, trennt er die beiden Welten, was mir problematisch erscheint. Doch gehe ich nicht weiter darauf ein, weil an dieser Stelle die Gedanken MEINBERGs zum Homo Mundanus vorgetragen werden sollen. Doch eine Frage sei angebracht: Kehrt durch die Scheidung in eine Naturwelt und eine Kulturwelt des Menschen nicht der überwunden geglaubte Dualismus von Descartes wieder? MEINBERG distanziert sich deutlich von Arnold Gehlen und dessen Überlebensthese, wonach die Kultur die zweite Natur des Menschen sei, die er aufgrund seiner biologischen Mangelhaftigkeit auszubilden genötigt war, um als Gattung überleben zu können und bekennt sich zu PLESSNERs Ansicht, welche die Kultur der geistigen Sphäre zuordnet.

Als Wesen der Beziehung und Begegnung lebt der coexistente Mensch in der Mitwelt, die MEINBERG allerdings in Anlehnung an Buber als die Welt des Mitmenschen bezeichnet. Er sieht in der Du- und Wir-Beziehung des Menschen zwar ein Wesensmoment des Homo Mundanus, erklärt und beschreibt es aber nicht, sondern bestimmt es indirekt über Martin Bubers dialogisches Verhältnis des Menschen zum Menschen. Die Mitweltlichkeit des Menschen wird in diesem Buche und im Zusammenhang mit der Bewegungserziehung allerdings weiter gefaßt, weil sie die anderen Lebewesen und die Dinge dieser Welt mit einbezieht.

Die vierte Welt des Menschen ist das geheimnisvolle, weite und dunkle Land des Erlebens, der Seele, der Subjektivität und der Person — seine Innenwelt. Sie kennzeichnet MEINBERG mit einem Zitat aus PLESSNERs Hauptwerk (1975) als durch und durch dialektische Welt: „Wirkliche Innenwelt: das ist die Zerfallenheit mit sich selbst, aus der es keinen Ausweg, für die es keinen Ausgleich gibt. Das ist der radikale Doppelaspekt zwischen der (bewußt gegebenen oder unbewußt wirksamen) Seele und dem Vollzug im Erlebnis, zwischen Notwendigkeit, Zwang, Gesetz geschehender Existenz und Freiheit, Spontaneität, Impuls vollziehender Existenz“ (MEINBERG 1988, 299/300).

Zusammengefaßt in seinen Merkmalen, seiner Deutung und seiner Bezüge zu den vier Welten, die er in sich zur Einheit und Ganzheit fügt, ist der Homo Mundanus bei MEINBERG „der ausgezeichnete Repräsentant“ (1988, 306) der Idee des ganzen Menschen. „Als sinnlich geistige Einheit lebt er in einer natürlichen und kulturellen Welt, hat er eine geschichtlich geformte „Mit- und Innenwelt“ (PLESSNER), ist er vielfach weltgebunden und doch offen, letztlich unbestimmbar, muß er sich gestalten und wird er geprägt, hat er Macht und ist er zugleich ohnmächtig“ (1988, 306).

In der alltäglichen Lebenswelt handelt der Mensch als leibliches Wesen. *Leiblichkeit* ist ein zentraler Begriff phänomenologischen Denkens und Forschens[58]. Ich habe in einem früheren Kapitel (2.2.1) auf die terminologische Problematik mit den Begriffen Leiblichkeit und Körperlichkeit verwiesen und Merkmale menschlicher Körperlichkeit beschrieben. Davon soll hier nicht mehr die Rede sein. Phänomenologische Denkweise ist auch deshalb besonders geeignet, einer Bewegungspädagogik geistige Grundlegung zu sein, weil der Begriff und die Tatsache der Leiblichkeit eine große Bedeutsamkeit in ihr einnehmen. Deutlich wird dieser Zusammenhang zwischen Phänomenologie und Leiblichkeit im Denken MERLEAU-PONTYs (1966). Die Grundzüge der pädagogisch belangvollen Leibphänomenologie MERLEAU-PONTYs charakterisiert THIELE (1990) durch die Begriffe des Fundamentalen, der Vermittlung, der dynamischen Aktivität, des Erlebens, der Sinnlichkeit, Sinnhaftigkeit, Wohnlichkeit und Geschichtlichkeit.

Die Leiblichkeit als fundamentale Bedingung der Wahrnehmung und des Denkens ist beiden menschlichen Lebensphänomenen gegenüber doppeldeutig, weil sie beides zugleich ermöglicht und beschränkt. Die leibbedingte Wahrnehmung ist endlich und eingeschränkt, aber sie allein schafft und prägt das Mensch-Welt-Verhältnis. Leiblichkeit ist Medium des Weltbezugs, einzig über den Leib stellt das Leibwesen Mensch den es kennzeichnenden Weltbezug her. Es ist aktiv-dynamischer Bezug in zweiseitiger Ausprägung, weil sowohl das leibliche Individuum gestaltet und entscheidend in die Welt eingreift, wie umgekehrt die Welt aktiv das einzelne Lebewesen prägt. Der Leib ist dem Menschen vor aller versuchten Gegenständlichkeit nur als Erlebnisleib als „mein Leib" zugänglich. Das leibvermittelte Zur-Welt-Sein wiederum ist eine sinnliche Befindlichkeit, in der alle Sinne niemals die Summe der Empfindungen herstellen, sondern in jedem Augenblick ein Lebensganzes, das mehr als Summation ist. Erleben und Sinnlichkeit erzeugen die Innensicht des Leibes, die im Ausdruck zur sinnhaften Außensicht wird. Denn der Leib ist Ausdruck des Sinnes und der Deutung. Das räumlich bestimmte Weltverhältnis des Leibwesen Mensch charakterisiert MERLEAU-PONTY (1966) mit dem Begriff der Wohnlichkeit, in dem die Zustände und Empfindungen der Vertraulichkeit, Bekanntheit und Geborgenheit eingefaßt sind. Als zeitlich-endliches und in der Zeit sich entwickelndes Phänomen ist die Leiblichkeit des Menschen schließlich auch geschichtlich und veränderlich. Es gibt keinen gewichtigeren und bedeutungsvolleren allerdings auch doppeldeutigeren Begriff in der Phänomenologie MERLEAU-PONTYs (1966) als den der Leiblichkeit.

Mit diesen Aspekten und den auf sie bezogenen Erklärungen sind Merkmale der Leiblichkeit genannt, die an verschiedenen Stellen dieses Buches als anthropologische Größen und pädagogische Perspektiven erwähnt worden sind.

Diese vier bedeutsamen Kategorien phänomenologischer Pädagogik kennzeichnen zugleich das Strukturgefüge einer phänomenologisch-anthropologisch orientierten Bewegungspädagogik, das in seinen Grundzügen und Grundfragen im nächsten Abschnitt beschrieben wird. Dieses Buch enthält an vielen Stellen die Auseinandersetzung und die Erörterung dieser Grundkategorie phänomenologischer Erziehungstheorie. Die Lebenswelt wird unter dem besonderen Aspckt und Anliegen der Bewegungserziehung zur Spiel- und Bewegungswelt und ist in ihren vielen Facetten im 3. Kapitel beschrieben worden. Die Sinnfrage zieht wie ein Leitmotiv durch alle Seiten und Sätze dieses Buches, richtet sich auf die Bewegung im besonderen und ist im Kulturbegriff stets gegenwärtig. Phänomenologische Bewegungspädagogik stellt die Bildung des Menschen ins Zentrum des Bemühens und faßt den Menschen als kulturelles Wesen, das in allen seinen Lebensäußerungen und inneren Befindlichkeiten auf Erziehung und Bildung angewiesen ist. Innerhalb dieses ganzheitlichen und weltbezogenen Menschenbildes wird der Körperlichkeit ein gebührender Wert zugewiesen und die besondere Aufmerksamkeit geschenkt.

5.2. Phänomenologische Bewegungspädagogik

5.2.1. Theorien der körperlichen Erziehung — ein historischer Exkurs

Die Phänomenologisch-anthropologische Bewegungspädagogik ist ein theoretisches Konzept der körperlichen Erziehung, das in einem historischen Zusammenhang mit den Konzepten der Theorie der Leibeserziehung und der Sportpädagogik steht. Der geschichtlichen Entwicklung dieser Wissenschaften entspricht zwar in Annäherung aber keineswegs vollkommen die jeweilige Erziehungspraxis der Leibes- und der Sporterziehung. Darüber steht einiges im 2. Kapitel dieses Buches. Verfolgen wir nun die Entwicklung der Theorien körperlicher Erziehung von zufälligen, verstreuten, unsystematischen und unvollständigen Anfängen bei Philosophen und Pädagogen bis zur Ausbildung wissenschaftstheoretischer Konzepte von Fachwissenschaftlern in der Gegenwart.

Es dauert oft eine geraume Zeit, bis sich ein Praxisfeld menschlichen Handelns theoretisch zur Darstellung bringt, d. h. beschreibbar, erklärbar und prognostizierbar wird. Damit ist allerdings schon ein weit fortgeschrittener Zustand der Theorie und des Theorie-Praxis-Bezuges angesprochen. Am Anfang theoretischen Bemühens stehen Beschreibungen, Spekulationen und normative Aussagen und erst später kommen die Erklärungsversuche und Voraussagen über Handlungsabläufe hinzu. Theorieprüfungsverfahren und praxisnahe Theoriegewinnung im Sinne der Handlungsforschung sind noch spätere Stadien der Wissenschaftsentwicklung. Das Handlungsfeld

Bewegung wird von vielen wissenschaftlichen Disziplinen beschrieben, erklärt und mit wissenschaftlichen Methoden erforscht. Die Bewegungspädagogik ist eine neben diesen anderen und interessiert sich für alle Zusammenhänge zwischen Bewegung und Erziehung. Was ich heute Bewegungspädagogik bezeichne, ist in früheren Zeiten unterschiedlich benannt worden: Theorie der Gymnastik, Theorie der Leibeserziehung, Leibeserziehungskunde, Sportpädagogik. Auch ein Wissenschaftsgebäude steht immer auf den Fundamenten früherer Bauten, deren Grundrisse bis in die Raumgestaltung des neuen Bauwerkes hinein erkennbar sind. Das ist bei der Bewegungspädagogik der Fall und um diese Verbindung zu früheren Konzepten deutlich zu machen, wird der Beschreibung der wissenschaftlichen Disziplin Bewegungspädagogik ein geschichtlicher Werdegang der Theorien körperlicher Erziehung vorangestellt. Dabei geht es, das sei noch einmal herausgestellt, nicht um die Geschichte der körperlichen Erziehung, sondern um die Wissenschaftsgeschichte, d. h. die historische Entfaltung der Theorien über die körperliche Erziehung.

Die griechische Antike hat nicht nur eine bewußte und gegliederte Praxis der körperlichen Erziehung in Verbindung mit der Einrichtung des Gymnasiums, sondern auch zum ersten Mal in der Geschichte der Pädagogik ein umfangreiches Schrifttum über die körperliche Ausbildung und Erziehung der Kinder und Jugendlichen hervorgebracht. Bewußte Praxis setzt die theoretische Reflexion geradezu voraus, doch wird man dieses Attribut einem Handlungsfeld erst dann zuschreiben, wenn die schriftlich fixierte theoretische Reflexion vorliegt. Für die klassische und hellenistische Epoche des Griechentums ist dieser Nachweis zu erbringen, wenn man Platons und Aristoteles' Werke Politeia zum Thema der gymnastischen Erziehung befragt. In beiden Werken sind Sachverhalte der körperlichen Erziehung theoretisch behandelt: bei Platon ist die Gymnastik ein Teil der ganzheitlichen Erziehung des Menschen, er ordnet sie nicht nur der Körperbildung, sondern der Bildung des ganzen Menschen, allerdings nur bis zum 20. Lebensjahr, zu. Als Teil einer ausgeglichenen, Geist und Körper betreffenden Erziehung sieht auch Aristoteles die Gymnastik, weil körperliche Tüchtigkeit und moralische Tauglichkeit erst den wahrhaft gebildeten Menschen ausmachen und die Gymnastik zur Entfaltung beider Bereiche einen Beitrag liefern kann. Antike Theorien der körperlichen Erziehung durch Gymnastik und Athletik bleiben im Grundsätzlichen stecken, weil den Philosophen auch kein unmittelbarer Anlaß für die Erörterung didaktischer Einzelheiten gegeben war. Diesen gibt es zwar in der diätetischen, medizinischen und trainingsbezogenen Literatur, nicht aber im pädagogischen

Schrifttum jener Epoche. Doch haben Platon und Aristoteles hierin das eingebracht und an ihre Namen geheftet, was die Sophisten (nicht alle, aber die besten unter ihnen, z. B. Protagoras) an Gedankensamen ausgestreut haben. Platon legte manche Ideen zur Erziehung Protagoras in den Mund, und beide Philosophen holten das nach, was den Sophisten nicht gelegen war, die schriftliche Fixierung ihrer Gedanken und mündlichen Äußerungen.

Die Sophisten haben die Bildung und Erziehung an die Idee des Staates und der Gemeinschaft gebunden und sie waren es auch, die darin eine absichtsvolle Angelegenheit erblickten. Erst vom Zeitpunkt ihres Auftretens in der abendländischen Geschichte wird die Menschenbildung ein bewußter und theoretisch faßbarer Gedanke. Die Bildung des Menschen haben die Sophisten zur theoretischen Reflexion und zur praktischen Durchführung in Schulen gebracht.

Im Zusammenhang mit der Bildungsidee taucht auch die Frage nach der Natur des Menschen auf. Erziehung formt die menschliche Natur und bringt sie in den Zustand der Kultur. Leib und Seele vereint bilden die menschliche Natur, so erklärten es die Sophisten und errichteten auf diesem Bild vom Menschen die Prinzipien ihrer Erziehungsidee. Diese war auf den ganzen Menschen gerichtet und schloß die körperliche Bildung mit ein.

Es sollten viele Jahrhunderte vergehen, bis eine ähnlich humane, den ganzen Menschen betreffende Erziehungsidee am Horizont der europäischen Geistesgeschichte wieder zum Vorschein kam. Die Römer waren in diesem Bereich keine Erben der Griechen, faßten Menschenbildung und Erziehung einfacher auf und setzten sie auch in einfacherer Weise in die Praxis um. Ihnen schwebte kein harmonisches Bildungsideal, wie die Leib und Geist verbindende Kalokagathie der Griechen, vor Augen, sie wollten vornehmlich durch körperliche Ausbildung tüchtige und mutige Soldaten und durch die geistige Bildung vortreffliche Redner und Staatsbeamte heranbilden. Die Körperkultur fand in den Thermen statt und beim Ballspiel, das selbst die Kaiser begeistert pflegten. Doch eine bewußte und ganzheitliche Bildungsidee sucht der Historiker bei diesem Volk vergebens. Die theoretische Befassung mit Körperbildung und -erziehung war sporadisch und unsystematisch, umfassendere und umfangreiche Abhandlungen dazu gibt es keine, weil auch die Dichter und Philosophen der römischen Antike keine praktische Veranlassung zur Reflexion über dieses Thema hatten.

Die Standeskultur des Mittelalters brachte nur im adeligen Lebenskreis eine Idee der körperlichen Ausbildung des Mannes zuwege, die in den sieben ritterlichen Behendigkeiten ihre inhaltliche Präsenz erfuhr, nicht aber in ein

System ganzheitlicher menschlicher Bildung integriert worden ist. Der ritterlichen Erziehung fehlte zur Ganzheit die geistige Seite der menschlichen Bildung. Theoretische Ansichten zur Körperbildung tauchen zwar vereinzelt in den großen Vers-Epen des Hochmittelalters auf, in der von Wolfram von Eschenbach erdichteten Figur des Parzival ist die Verkörperung eines idealen Ritters, gebildet an Geist, Körper und Seele, erkennbar, doch ergeben sich aus den vereinzelten Fundstücken keine Theorie der Körperbildung und keine Anleitung zum Unterricht in den Leibesübungen für die Epoche des Mittelalters.

Dieses Vorhaben taucht erst mit dem europäischen Renaissance-Humanismus und da ganz besonders südlich der Alpen in Italien auf. Theorie und Praxis der körperlichen Erziehung fanden sich in der „casa giocasa" des Vittorino da Feltre (1378–1446) zu einer vorläufigen Einheit. Seine Vorstellung von der „gymnastica ascetica" war eine durch und durch pädagogische Idee und erfuhr die Umsetzung in der Unterrichtspraxis an der Prinzenschule zu Mantua, die Vittorino im Auftrag des Herzogs Gonzaga eingerichtet hatte. Erziehung durch freiwillige Askese, durch körperliche Anstrengung beim Wandern, Laufen und Reiten, durch spartanische Ernährung und vernunftgemäße Lebenshaltung, waren die theoretische Grundhaltung und praktische Ausrichtung des Lebenswerkes dieses humanistischen Erziehers.

Theoretische Erörterungen zu einzelnen Sachverhalten der körperlichen Erziehung finden sich außerdem in den Werken vieler italienischer Humanisten des 14., 15. und 16. Jahrhunderts[59].

Als Fachliteratur mit wissenschaftlichen Anspruch ist allerdings erst das sechsbändige Werk „De arte gymnastica" des Arztes Hieronymus Mercurialis (1530–1606) zu bezeichnen. Es stellt nicht nur eine Sammlung zahlreicher Übungen aus der antiken, feudalen und zeitgenössischen Bewegungskultur dar — als solches das Ergebnis fleißigen und gelehrten Quellenstudiums —, sondern auch die medizinischen Kenntnisse des Verfassers unter Beweis, denn es werden darin viele zutreffende Aussagen über die Wirkungen der körperlichen Übungen auf den menschlichen Organismus gemacht. Den italienischen Renaissance-Humanisten kommt zwar das Verdienst der erneuten theoretischen Beschäftigung mit Themen der körperlichen Erziehung zu, doch blieb diese Tätigkeit nicht auf sie beschränkt. Denn auch Erasmus von Rotterdam, Ulrich Hutten, Philipp Melanchthon und Martin Luther gingen solchen Fragen nach und legten ihre Erkenntnisse in schriftlicher Form nieder. Freilich war die körperliche Erziehung keinem von ihnen ein Hauptthema des pädagogischen Denkens, aber ebenso hat es keiner übersehen und der theoretischen Erörterung nicht für Wert befunden.

Einigen Philosophen der frühen Neuzeit, denen die Aufklärung ein Leitmotiv ihres Denkens war, bedeuteten Erziehung und Körperbildung immerhin so viel, daß sich beide Themen mit unterschiedlicher Gewichtung zwar, fragmentarisch häufig und selten in systematischer Absicht in ihre Reflexionen und Erörterungen finden.

In der Übergangszeit zwischen dem Mittelalter und der Neuzeit entwarf Francois Rabelais (1494–1553), in die Satire und Phantastik der Romanfigur Gargantua gekleidet, das Bild eines wahrhaft an Körper und Geist gebildeten Menschen. Michel de Montaigne (1533–1592) nahm einige Gedanken Rousseaus vorweg, weil auch ihm die naturgemäße Erziehung, die er der höfischen Standesbildung seiner Zeit entgegenstellte, ohne körperliche Ausbildung unvollständig erschien. Seine „Essais“ sind auch eine Fundgrube für Theorien der Körpererziehung. Die harmonische Ausbildung der Kräfte des Körpers, Geistes und Gemütes gestand er allerdings nur den Männern zu. Die Geistesbildung der Mädchen sollte niemals „auf Kosten der körperlichen Reize“ erfolgen (Essai, 3. Buch, 3. Kap. S. 298), Wissen aus Büchern sollten sich Mädchen nur soweit aneignen, um „sich vor unseren Betrügereien zu schützen, ihre eigenen zügellosen Wünsche zu mäßigen und zu ordnen, ihre Freiheit behutsam zu gebrauchen, die Freuden des Lebens zu verlängern und den Wankelmut eines Dieners, die Roheit eines Gatten und die Last der Jahre und der Runzeln und ähnlicher Dinge zu ertragen“ (III, 3, Über Mädchenbildung, S. 64).

Der englische Arzt und Philosoph John Locke (1632–1703) trägt in seiner Schrift „Einige Gedanken über die Erziehung der Kinder“ auch der körperlichen Erziehung Rechnung, verbleibt aber in der unsystematischen Erörterung einiger feudaler Übungen (Tanzen, Reiten, Fechten, Ringen), die er unter dem Aspekt des Ausgleiches zur geistigen Anstrengung sieht und bewertet. Seine Aussagen über die Notwendigkeit der körperlichen Abhärtung und die natürliche Lebensweise des Kindes wird Jean-Jacques Rousseau aufnehmen, erweitern und in ein System der Körpererziehung integrieren. Und damit sind wir beim ersten wirklich bedeutenden Theoretiker der körperlichen Erziehung angelangt.

Jean-Jacques Rousseau (1712–1778) ist selbstverständlich um vieles mehr als ein Fachmann der Erziehung und Körperbildung, aber er ist auch dies in einer so bedeutsamen Art, daß keine Geschichte der Pädagogik und der körperlichen Erziehung ihn unerwähnt lassen könnte. Zu Recht zählt der Erziehungsroman „Emile“ zu einem seiner Hauptwerke. Er enthält, wenn auch verstreut, viele Gedanken zur körperlichen Erziehung, die gesammelt und geordnet, in das Bild einer vollkommenen Bildung des heranwachsenden Menschen gefügt werden können, wenn man die Aussagen zur Geistes- und Gemütserziehung hinzufügt. Freilich geht es darin vorrangig um die Mannesbildung und nur nebenbei wird in der Figur der Emille das Gegenstück der weiblichen Erziehung entworfen.

Von Rousseau beeinflußt, entwarfen die deutschen Philanthropen Basedow (1723–1790), Guts-Muths (1759–1839), Vieth (1763–1836) und Villaume (1746–1825) Theorien über und für die in den Lehranstalten Dessau und Schnepfenthal praktizierte körperliche Erziehung, die bereits vieles von dem enthalten, was später Bestandteile der Konzepte der Theorie der Leibeserziehung geworden sind. Ausführlich wurden die Zielfragen (Nutzen der Leibesübungen) erörtert, systematisch die Inhalte des Unterrichts geordnet und gründlich die Lehr- und Lernmethoden überlegt und beschrieben.

Johann Heinrich Pestalozzi (1746–1827) gab der körperlichen Erziehung, der er in allen Werken und nicht nur in der ausdrücklich dafür geschriebenen „Elementargymnastik" viel Beachtung schenkte, eine anthropologische und bildungstheoretische Grundlegung, auf der eine ganzheitliche Erziehungspraxis hätte errichtet werden können. Doch das 19. Jahrhundert hatte mit Erziehung und Unterricht anderes im Sinn, folgte nicht den ganzheitlichen Ideen Schleiermachers, sondern den analytischen Vorstellungen Herbarts und übernahm auch in der körperlichen Erziehung nicht Pestalozzis bildungstheoretische Gedanken, sondern seine Elementarisierung der Übungen und Bewegungsmöglichkeiten des menschlichen Körpers.

Die vierbändige „Lehre der Turnkunst" des bedeutendsten Theoretikers der körperlichen Erziehung im 19. Jahrhundert, des in Darmstadt wirkenden Adolf Spiess (1810–1859) folgt in der Systematik des Übungsstoffes den Vorgaben Pestalozzis und fügt die Theorie des Turnunterrichts fugenlos in die zeitgenössische Theorie der Schule und des Unterrichts ein, wie sie von Johann Friedrich Herbart (1776–1841) und seinen Anhängern erstellt und in die Praxis umgesetzt worden ist.

Die Turnschriftsteller des 19. Jahrhunderts hatten zwar das Turnen am Boden und an Geräten im Visier, entwickelten aber daraus eine allgemeine Theorie der körperlichen Erziehung, deren Hauptanliegen die Methodik des Turnunterrichts in Schulen und Vereinen bildete. Am Ausgang des 19. Jahrhunderts, als das Turnen von anderen Formen der Bewegungskultur (Sport-, Spiel- und Gymnastikbewegung) in der Alleinherrschaft in Schulen und Turnvereinen in Frage gestellt wurde, wandten sich die Turntheoretiker

(Alfred Maul, Justus Lion, Carl Wassmannsdorff, Moritz Klooss) auch den Zielfragen, gesellschaftlichen Legitimationen und anthropologischen Begründungen des Turnunterrichts und der „Turnsache" zu.

Im 20. Jahrhundert sind zwei theoretische Konzeptionen der körperlichen Erziehung entstanden, denen man praktische Wirksamkeit bescheinigen kann: die Theorie der Leibeserziehung und die Theorie der Sporterziehung. Richtiger gesagt, müßte man die Mehrzahlform Theorien verwenden.

Ich habe im 2. Kapitel dieses Buches bei der Beschreibung der Praxis der Leibeserziehung und der Sporterziehung auch Aspekte der dazugehörigen Theorie behandelt und komme nicht umhin, einige Aussagen zu wiederholen, wenn ich nun in knapper Darstellung die mir wichtig erscheinenden Aspekte beider theoretischen Konzepte aufführe.

Die Theorie der Leibeserziehung war:

1. Ein bildungstheoretisches Konzept körperlicher Erziehung, in dem die Bildungsinhalte und -gehalte die besondere Beachtung fanden. Die Leibesübungen waren die Lerninhalte des Unterrichts und wurden auf ihre bildenden Gehalte untersucht und in Systemgruppen zusammengefaßt. So etwa unterteilt GROLL (1971) die Übungsbereiche der Leibeserziehung in individual- und sozialbildende Leibesübungen. Bei anderen Theoretikern der Leibeserziehung (MESTER 1969, PASCHEN 1970, SCHMITZ 1970) ergab die Analyse der Bildungsgehalte der Leibesübungen die Einteilung in Übungsformen des Spiels, der Leistung, des Wettkampfes, des Tanzens usw. Die einzelnen Systeme der Lerninhalte mochten sich inhaltlich und terminologisch im Detail voneinander unterscheiden, sind aber von allen Autoren (PASCHEN, MESTER, GROLL, SCHMITZ) aus der Analyse der bildenden Gehalte und Wirkungen der „pädagogischen Leibesübungen" gewonnen worden. Welches Bildungsverständnis kommt in der Theorie der Leibeserziehung zum Vorschein, wenn man die Hauptvertreter daraufhin befragt? Sicherlich kein einheitlicher Bildungsbegriff und doch so viel Gemeinsamkeit, daß eine Charakterisierung und Merkmalsbeschreibung vorgenommen werden kann. Bildung ist die harmonische Entfaltung aller im Menschen vorhandenen Kräfte und erfolgt über die Fähigkeitsentwicklung und nicht über die Fertigkeitsvermittlung. Allseitige und ganzheitliche Kräftebildung schließt die Leibes- und Bewegungsbildung ein und kann ohne Leibeserziehung nicht zufriedenstellend gelingen. Als unteilbare Leib-Seele-Geist-Einheit ist der Mensch auch in seinen physischen Fähigkeiten bildsam und bildungsbedürftig, und alles was sich dort ereignet, betrifft stets den ganzen Menschen.

2. War sie anthropologisch orientiert und bemüht, die erzieherischen Absichten und unterrichtlichen Vorhaben in die Beziehung zu einem Menschenbild zu setzen. Die Strukturen des Menschenbildes, wie immer sie erstellt worden sind, ob in Anlehnung an eine bestimmte Richtung der Philosophischen Anthropologie oder aus der Zusammenschau unterschiedlicher anthropologischer Theorien, bildeten die normativen Vorgaben für Lernziele, Unterrichtsmethoden und Stoffauswahl. Die Philosophische Anthropologie oder präziser gesagt, ausgewählte anthropologische Ansichten und Aussagen dienten auch der Rechtfertigung der Leibeserziehung im Ganzen der Bildungsbemühungen am Menschen. MEINBERG (1981) zeichnet den Weg der Theorie der Leibeserziehung von der impliziten zur expliziten Anthropologie nach, vom Gebrauch der Menschenbilder als „idealistische Entwürfe überzeitlichen Menschentums“ (MEINBERG 1981, 18) bis zur planvollen Integration anthropologischer Erkenntnisse in die Theorie der Leibeserziehung bei Ommo GRUPE (1984).
3. War die Theorie der Leibeserziehung mit terminologischen, systematischen und gegenständlichen Fragen und Problemen befaßt. Die wissenschaftliche Disziplin erhielt sehr unterschiedliche Benennungen mit kürzerer oder längerer Verwendungsdauer und engerer oder weiterer Verbreitung: Bewegungswissenschaft, Leibeserziehungskunde, Gymnologie, Theorie und Methodik der Leibesübungen traten als Vorschläge auf, hatten aber kein Durchsetzungsvermögen. Mit Sportwissenschaft blieb Carl DIEM (1953) vorausblickend aber ohne unmittelbare Gefolgschaft und wirklich durchgesetzt hat sich die Bezeichnung Theorie der Leibeserziehung.

Die zahlreichen Vorschläge zur wissenschaftstheoretischen Systematisierung der Theorie der Leibeserziehung erbrachten zwar keine einheitliche und allgemein anerkannte Gliederung aber doch viel Übereinstimmung und Gemeinsamkeit in den Hauptgruppen. Die Zusammenschau der österreichischen Systemversuche von GROLL (1962), RECLA (1960), FETZ (1961), ergibt folgende vier Bereiche einer Theorie der Leibeserziehung:

1. Geschichte der Leibesübungen und der Leibeserziehung
2. Philosophie der Leibesübungen (Wesen- und Wertlehre, Systematik)
3. Biologie und Bewegungslehre der Leibesübungen
4. Didaktik und Methodik der Leibesübungen (allgemeine und angewandte Übungslehre)

Die Theorie der Leibeserziehung entstand aus praktischen Notwendigkeiten, unter denen die an Universitäten eingerichtete Ausbildung akademischer „Turnlehrer“ die bedeutsamste war und entfaltete sich als Wissenschaftsdisziplin weitgehend unbemerkt und unbeeinflußt von der Pädagogik. Letztere war also für erstere keine Mutterdisziplin, wobei das Nicht-Verhältnis zwischen Pädagogik und Theorie der Leibeserziehung von beiden Seiten errichtet und befestigt wurde.

Bei Gegenstandsbestimmungen der Theorie der Leibeserziehung sind zwei ungleich gewichtige Gruppen auszumachen: in der einen stand der sich bewegende Mensch (anthropozentrische Richtung) und in der anderen das Objekt Leibesübungen (objektivistische Richtung) im Mittelpunkt der Betrachtung und Argumentation. Carl DIEM (1953) erklärte den sich bewegenden Menschen zum Forschungsgegenstand dieser wissenschaftlichen Disziplin. Die andere Position in der Gegenstandsbestimmung vertraten u. a. Martin ZEUNER (1959), Hans GROLL (1962) oder Friedrich FETZ (1961), die in der Bewegung oder im Kulturphänomen Leibesübung den Forschungsgegenstand der Theorie der Leibeserziehung ausmachten.

Der Praxisnähe der leibeserziehlichen Theorie standen methodologische Vernachlässigungen und Defizite gegenüber. Die Theorie der Leibeserziehung fand nach dem Ende des Zweiten Weltkrieges und dem Zusammenbruch der Ideologie der „Politischen Leibeserziehung“ im nationalsozialistischen Staat eine Praxis der schulischen Leibeserziehung vor, die eine baldige Lösung der vielen anstehenden Probleme vordringlich erscheinen ließ. Lehrermangel und fehlende Turngeräte und -anlagen in den Schulen, die Wiedereinführung der früheren Fachzeitschriften, die Neugestaltung der universitären Ausbildung in fachlicher wie personeller Hinsicht, die Rückbesinnung auf die Ideen der Leibeserziehung aus der reformpädagogischen Zeit und die Herausgabe neuer Lehrbücher beanspruchten die Leiter der Universitätsinstitute für Leibesübungen in einem derart großen Ausmaß, daß für die wissenschaftliche Tätigkeit wenig Zeit übrig blieb. Es galt zunächst die vielen und ernsthaften Praxisprobleme der Leibeserziehung und der Ausbildung von Leibeserziehern zu bewältigen und dies nicht auf der Basis größerer Forschungsvorhaben, sondern im direkten theoretischen Zugriff. Außerdem mußten erst die starken Vorbehalte der Universität und der dort etablierten Wissenschaften gegenüber diesem neuen Anspruch wissenschaftlicher Tätigkeit überwunden werden. Immerhin haben die Theoretiker der Leibeserziehung den universitären Durchbruch geschafft und den Sportwissenschaftlern der 70er und 80er Jahre den Boden bereitet, auf dem eine durchaus beachtenswerte Saat sportwissenschaftlicher Forschung und Theoriebildung aufgegangen ist.

Die Anwendung der geisteswissenschaftlichen Methoden der Textinterpretation und des Textverstehens erfolgte in der Theorie der Leibeserziehung in traditionellen, von Wilhelm Dilthey gewiesenen Bahnen und blieb weitgehend frei von kritischer Beurteilung und Infragestellung. Den methodologischen Aussagen lagen keine gründlichen Überlegungen und argumentativen Vorgaben zugrunde, die diesbezügliche Erörterung begnügte sich mit dem Postulat, daß die Methoden dieser Wissenschaft im Schnittpunkt von Geistes- und Naturwissenschaft lägen.

Die abrupte Ablösung dieses leibeserziehlichen Konzepts der Theoriebildung durch die Sportpädagogik verhinderte die Übernahme weiterführender Ideen der Theorie der Leibeserziehung in das neue sportpädagogische Denkgebäude, das dadurch keine Kontinuität der Theorie körperlicher Erziehung erkennen ließ.

Die Theorie der Sporterziehung oder die Sportpädagogik ist:

1. Ein sozialwissenschaftlicher Ansatz

Der Übergang von der Theorie der Leibeserziehung zur Sportpädagogik fällt in jene Zeit am Ausgang der 60er Jahre, in der sich auch in der Pädagogik die „realistische oder sozialwissenschaftliche Wende" zur Erziehungswissenschaft vollzog. Die Soziologisierung der Sportpädagogik war die logische Folge der schon zuvor erfolgten sozialwissenschaftlichen Wendung in der Pädagogik, die ihren geisteswissenschaftlichen Mantel abstreifte und mit ihm auch viele einheimische Begriffe und Fragestellungen ablegte. Die neuen Begriffe lauteten: Kommunikation, Emanzipation, Sozialisation, Interaktion und erfuhren eine geradezu inflationäre Verwendung, was zur Unschärfe und Vieldeutigkeit im Umgang mit ihnen führte. MEINBERG (1981) benennt diesen Ansatz „Kommunikative Sportpädagogik", schreibt ihm die Hauptbedeutung in den 80er Jahren zu und verbindet ihn mit den Namen Knut Dietrich, Dieter Brodtmann, Gerhard Landau, Helmut Digel, Eberhard Hildenbrandt, Klaus Cachay, Christa Kleindienst u. a. Die kritische Gesellschaftstheorie der Frankfurter Soziologie (Jürgen Habermas), der „Symbolische Interaktionismus" eines George Herbert Mead und Wittgensteins Sprachphilosophie bildeten die geistigen Grundlagen dieses sportpädagogischen Konzepts, das diese aber häufig über die Interpretation der Leitfigur aus der Pädagogik, Klaus Mollenhauer, bezog[60]. Die Analyse der wichtigsten Arbeiten der oben angeführten Autoren durch MEINBERG (1981, 42–67) ergab die Unterscheidung nach einlinearen (DIETRICH/LANDAU 1974a und 1974b, DIGEL 1976) und mehrdimensionalen

(HILDENBRANDT 1973, CACHAY/KLEINDIENST 1975) Typen kommunikationspädagogischer Theoriebildung, wobei das Unterscheidungskriterium der Bezug auf eine oder auf mehrere sozialwissenschaftliche Theorien ist.

Die Verwendung sozialwissenschaftlicher Theorien für die Fragen und Problemlösungen der Sportpädagogik erfolgte allerdings — so die hauptsächliche Kritik MEINBERGS (1981, 42–67) an diesem Konzept — nicht auf der Grundlage gründlicher und alle wesentlichen Aspekte einschließender Rezeption, sondern eher nach dem Zufallsprinzip oder der beinahe willkürlichen Auswahl geeigneter Theoriestücke. Es hinterläßt die kommunikationstheoretische Sportpädagogik tatsächlich den Eindruck, ein sozialwissenschaftliches Stückwerk zu sein. Die externen Theorien gelangten in verengter Auswahl und eingeschränkter Bewertung in den Zusammenhang sportpädagogischer Probleme und boten dafür allzu glatte Lösungen an. Denn die verwendeten Begriffe Kommunikation, Interaktion und Emanzipation ließen im sportpädagogischen Gebrauch nicht erkennen, daß sie in den Sozialwissenschaften keineswegs in einheitlicher, sondern in schillernder und teilweise widersprüchlicher Aussage in Verwendung waren.

Die „Kommunikationstheoretische Sportpädagogik" bildet bei aller Kritik im Detail dennoch das am weitesten entwickelte Konzept sportpädagogischer Theoriebildung mit den stärksten Auswirkungen auf die Sportdidaktik und Unterrichtspraxis. Dieter BRODTMANN (1984) hat dieses Gedankengut in die Primärstufe getragen, Kurt DIETRICH und Gerhard LANDAU (1974 a) haben es in der Sportspieldidaktik verankert, Klaus CACHAY (1978) begründete damit das Modell des Sozialen Lernens im Sportunterricht.

Andere sozialwissenschaftliche oder auch stärker naturwissenschaftliche Konzepte sportpädagogischer Theoriebildung blieben entweder in den Anfängen stecken oder bildeten den Praxisbezug zu wenig aus, um in die Phase der praktischen Wirksamkeit zu gelangen. Die dem Kritischen Rationalismus Poppers verpflichteten Versuche von Klaus WILLIMCZIK (1968) und Stefan GRÖSSING (1976) kamen über konzeptionelle Überlegungen nicht weit hinaus, Eckhard MEINBERGS „Systemtheoretische Sportpädagogik" (1981, 91–125) hat die Praxis nicht erreicht und ist auch als theoretisches Gebilde vom Autor selbst nicht lange beibehalten worden und einem phänomenologisch-anthropologisch begründeten Ansatz gewichen.

In der Methodologie entwickelte die Sportpädagogik ihrem sozialwissenschaftlichen Mutterboden gemäß die besondere Neigung zu empirisch-analytischen Forschungsmethoden. Konrad WIDMERS „Dialektisch-komplementäre Sportpädagogik" (1974) ist der Versuch einer Versöhnung hermeneutischer und empirischer Methoden und der Nachweis, daß die Sportpädagogik für ihre verschiedenartigen Fragestellungen in präskriptiven wie deskriptiven Bereichen beide Untersuchungswege und Erkenntnisverfahren benötigt.

Das zeitlich jüngste Konzept einer wissenschaftlichen Sportpädagogik haben Knut DIETRICH und Gerhard LANDAU (1990) vorgelegt. Es ist auf den Säulen Bewegung und Erziehung errichtet und gebraucht die Begriffe Bewegungskultur und Bewegungserziehung, verbleibt aber terminologisch im Felde des Sports und der Sportpädagogik. Ich zentriere meine Ausführungen auf die Darstellung der Konzeptstruktur und gehe nicht auf die Vorüberlegungen der beiden Autoren ein, die sie über historische Systeme und Betrachtungsweisen zum Versuch einer Gegenstandsbestimmung der Sportpädagogik geführt haben. Bewegungstheoretische und erziehungstheoretische Aspekte bilden die Grundlagen der Sportpädagogik. Die beiden Autoren sehen in der Frage nach einer sinnvollen Bewegungskultur den zentralen Aspekt der Sportpädagogik (DIETRICH/LANDAU 1990, 146). Welche Antworten geben sie auf die Fragen nach „sinnvoll“ und „Bewegungskultur“ und welche sportpädagogischen Konsequenzen ziehen sie daraus?

1. DIETRICH/LANDAU fordern eine sportpädagogische Bewegungslehre ein (1990, 170 ff.), die sie mit den Merkmalen der sozialökologischen, d. h. auch lebensweltlichen Betrachtung des Bewegungshandelns und des Erfahrungslernens[61], d. h. des ganzheitlichen, elementaren, einsichtigen und selbständigen Bewegungslernens versehen. Wissenschaftstheoretisch greifen sie auf gestalttheoretische Konzepte des Lernens zurück, unterrichtspraktisch bevorzugen sie eine Methode, die nicht ausschließlich auf die „Durchsetzbarkeit von Inhaltlichkeit“ (1990, 186) bedacht ist. Diese bewegungstheoretischen Forderungen und didaktischen Konsequenzen sind aus dem Konzept des „Offenen Sportunterrichts“ (Frankfurter Arbeitsgruppe 1982) hinlänglich bekannt. Ich kann den Autoren nicht zustimmen, wenn sie aufgrund des geforderten Erfahrungslernens im Sport fordern „daß für das Lernen von Bewegung, Spiel und Sport die gängigen methodischen Verfahren neu überdacht werden müssen“ (1990, 187). Ohne mich auf didaktische Detailfragen in diesem wissenschaftstheoretischen Kapitel einzulassen, meine ich aber grundsätzlich, daß die Methoden aus der Perspektive des Lernenden, die DIETRICH/LANDAU verlangen, in der Sportpädagogik vorhanden und als induktive Verfahren sogar im Mittelpunkt der Didaktik der Leibeserziehung gestanden sind. Es geht lediglich darum, die vorhandene Methodenvielfalt im Unterricht tatsächlich in die Verwendung zu nehmen.

2. Die beiden Autoren konzipieren eine Erziehungstheorie auf der Basis der anthropologischen Grundannahme, daß der Mensch ein offenes und deshalb erziehungsbedürftiges Lebewesen sei. Sie deuten in Anlehnung an Hurrelmann die Entwicklung des heranwachsenden Menschen als integrativen Vorgang der Individuation und Sozialisation, wie er von BAUR (1989) sehr ausführlich und beispielhaft — anschaulich ebenfalls beschrieben wird und in diesem Buch im Abschnitt 4.1. dargelegt worden ist. Die auch durch Bewegungserziehung geförderte Entwicklung des Menschen vollzieht sich in den Bereichen der kognitiven, interaktiven und sprachlichen Kompetenz, Bereiche, die DIETRICH/LANDAU von Habermas übernommen haben (vgl. 1990, 219).

   Die Theorie dieser Art von Bewegungserziehung (die Autoren verwenden dafür die Begriffe Bewegung, Spiel und Sport) benennen sie „Kritische Sportpädagogik“ (1990, 217) und kennzeichnen sie durch zwei bedeutsame Merkmale,

   1. durch ein Menschenbild, das den Menschen als offenes, erziehungsbedürftiges und erziehungsfähiges Lebewesen kennzeichnet und
   2. durch eine integrative, Individuation und Sozialisation verknüpfende Entwicklungstheorie.

   Trotz der deutlich ausgesprochenen Kritik an der gegenwärtigen pädagogischen „Inszenierung“ des Sports bleiben die beiden Autoren dem Sportbegriff treu und weichen nur zeitweilig in die unverbindliche Trias Bewegung, Spiel und Sport aus.

Die bewegungs- und erziehungstheoretischen Antworten auf die Frage nach einer sinnvollen Bewegungskultur als Grundlage sportpädagogischer Konsequenzen, die Knut DIETRICH und Gerhard LANDAU im 5. und 6. Kapitel ihres Buches „Sportpädagogik“ (1990) gegeben haben, sind für mich nicht zufriedenstellend ausgefallen. Denn was erfährt der Leser dieses Buches über den Begriff der Bewegungskultur? Wird er dem Bewegungserzieher als Ziel des unterrichtlichen Handelns aufbereitet und angeboten? Was bedeutet das Wort „sinnvoll“ im bewegungskulturellen Zusammenhang? Und wie sieht eine Sportpädagogik aus, die wissenschaftliche Theorie einer auf Bewegungskultur zielenden praktischen Bewegungserziehung sein will? Warum bleiben die Autoren bei der Bezeichnung Sportpädagogik, wenn Bewegung und Erziehung die Grundbegriffe ihres Wissenschaftskonzeptes bilden? Suchen wir nach Antworten im Buche, fallen diese nicht in allen Punkten zufriedenstellend aus. So steht im Kapitel (4) über die Gegenstandsbestimmung der Sportpädagogik folgender Satz: „Die Bezeichnung unseres

Faches ist nun nicht Bewegungserziehung, sondern Sportpädagogik" (1990, 81). Dagegen ist ein zweifacher Einwand angebracht:

Wenn Bewegung und Erziehung „die unumgehbaren Bezugspunkte sportpädagogischen Denkens" (wie es einige Seiten (72) zuvor heißt) und nicht Schule und Sport, ist nicht einzusehen, warum das Fachgebiet und der Unterrichtsgegenstand nicht Bewegungserziehung heißen können. Der zweite Einwand ist terminologischer Art. Erziehung ist Praxis und Pädagogik ist Theorie, deshalb kann die Bewegungserziehung mit der Sportpädagogik nicht auf derselben Ebene in Beziehung gesetzt werden. Die Frage müßte lauten, ob die Begriffe Bewegungserziehung oder Sporterziehung oder Bewegungspädagogik oder Sportpädagogik die jeweils zutreffenden Bezeichnungen für die Praxis oder die Theorie wären?

Diese Antworten ordnen und verdichten sich nicht zu einem bewegungskulturellen Konzept einer Sportpädagogik. Knut DIETRICH und Gerhard LANDAU stecken in der Gegenstandsbestimmung der Sportpädagogik in einem Dilemma, das sie selber erkennen, ansprechen und pragmatisch lösen. „Man könnte angesichts dieser Situation dazu neigen, den Begriff »Sport« als allgemeine Kennzeichnung unseres Gegenstandes ganz aufzugeben und allgemeiner von Bewegungswirklichkeit, Bewegungsleben oder Bewegungskultur zu sprechen und Sport als eine spezifische Erscheinungsform solcher Bewegungskultur zu kennzeichnen" (1990, 84). Sie fürchten aber eine terminologische Verwirrung und geben den Sportbegriff nicht auf, erweitern ihn auf die „Summe aller körperlichen Aktivitäten und Bewegungsformen, die von Menschen im Bewußtsein ihrer Bedeutung unternommen werden" (1990, 85).

Das Wort Sport so umfassend zu definieren, halte ich für problematischer, als es im Bereich der körperlichen Erziehung aufzugeben und durch Bewegung zu ersetzen. So bleibt es aber bei der Sportpädagogik und der Leser dieses Buches sucht vergeblich eine bündige Antwort auf die Frage nach der „sinnvollen Bewegungskultur", die doch, wie es auf Seite 146 heißt, der zentrale Aspekt der Sportpädagogik zu sein hat.

2. Die anthropologische Abstinenz

MEINBERG (1991) spricht geradezu von einer Anthropologiefeindlichkeit der sozialwissenschaftlichen Sportpädagogik, trifft damit aber nur einen Teil ihrer Konzeptionen, weil anthropologische Sachverhalte bei WIDMER (1974), RÖHRS (1982), SCHMITZ (1970–1973) und vor allem bei GRUPE (1984) durchaus vorkommen und auch gründlich erörtert werden. Ommo GRUPES Buch „Grundlagen der Sportpädagogik (1969, 1. Aufl., 1984, 3. Aufl.) markiert den Übergang zwischen der Theorie der Leibeserziehung und der Sportpädagogik, enthält viele explizite anthropologische Aussagen, begründet letztlich die Sportpädagogik auf anthropologischer Basis[62]. Die großen Themen dieses Buches, Leiblichkeit, Bewegung und Spiel werden ebenso wie die von GRUPE so genannten Bildungsmotive und Sinngehalte des Sports (Gesundheit, Wohlbefinden, Abenteuer, Wagnis, Präsentation, Leistung usw.) anthropologisch erklärt und begründet, wobei die französische Phänomenologie und Existenzphilosophie (Marcel Merleau-Ponty, Gabriel Marcel, Jean-Paul Sartre), die medizinische Anthropologie (Paul CHRISTIAN, Herbert PLÜGGE) und die deutsche Philosophische Anthropologie der Zwischenkriegszeit (Arnold Gehlen, Max Scheler, Helmuth Plessner) die Anregungen und Argumente für die Sportpädagogik bereitstellten. Wenn demnach ein generelles Ausweichen der Sportpädagogik vor der anthropologischen Thematik nicht festgestellt werden kann, standen die Fragen nach dem Menschsein, dem Menschenbild, den zentralen Kategorien der Leiblichkeit, der Ethik und der Sinnhaftigkeit des motorischen Handelns auch nicht gerade im Mittelpunkt der Forschung und Lehre in diesem Zeitraum. Der ausdrückliche Bezug auf anthropologische Theorien findet sich bei GRUPE (1984), in Ansätzen erkennbar sind die anthropologischen Themen aber auch bei anderen Sportpädagogen. Anthropologisch abstinent hingegen stellen sich mehrere sportdidaktische Modelle der 70er Jahre dem Betrachter dar.

3. Ein bildungsabstinentes Konzept körperlicher Erziehung

Vordergründig betrachtet scheint die Sportpädagogik tatsächlich wenig mit der Bildung des Menschen im Sinn gehabt zu haben. Deutlich läßt sich dies an ihrem wichtigsten Teilgebiet, der Sportdidaktik ausnehmen, in deren Theorien und Modelle (vgl. GRÖSSING 1979) die Begrifflichkeit und die Inhaltlichkeit der Bildung kaum oder nur verdeckt in anderen Begriffen vorkommen. Und da die Sportpädagogik in den 70er und 80er Jahren wahrhaft ein Schattendasein geführt hat, muß die Sportdidaktik, die im Gegensatz dazu eine Hochkonjunktur erfahren hat, als Beleg für die bildungstheoretische Abstinenz dienen, und sie kann es auch. MEINBERGS Analyse (1992) legt aber die untergründige Existenz der Bildungsidee in der Sportpädagogik bloß, indem er die Bildungsgehalte in den vielfach verwendeten Begriffen Handlungsfähigkeit und Sinnelemente aufzeigt, auch wenn dies nicht jedem Autor auch bewußt gewesen ist. Der im Namen der Pragmatik, Bescheidenheit der Ziele und Praxisnähe ausgesprochene Verzicht auf die Bildungsidee war in Wirklichkeit nur ein vordergründiger und oberflächlicher, und das hängt wohl damit zusammen, daß kein Erziehungskonzept auf Bildungsideale und -ideen verzichten kann, und wenn es solches beabsichtigt, sich der Bildungsbegriff über die Hintertür wieder einschleicht und es nur eine geraume Zeit braucht, bis er von jenen wieder entdeckt wird, die ihn zuvor beim vorderen Tor hinausgeworfen haben. Ein Nebeneffekt des Rückzuges der Sportpädagogik aus den Höhen der Philosophischen Anthropologie und Bildungstheorie war die Reduzierung der intentionalen Absichten und unterrichtlichen Ansprüche des Sportunterrichts in der Schule auf das Lehren und Lernen des Sports.

Sportwissenschaft oder Sportwissenschaften

Die Entfaltung und Ausgestaltung der Sportpädagogik muß im Lichte einer Entwicklung betrachtet werden, die seit dem Anfang der 70er Jahre im deutschsprachigen Kulturraum mit der Polarität von Sportwissenschaften oder Sportwissenschaft gekennzeichnet ist. Durch die Abspaltung von Mutterwissenschaften und aus dem Bedarf der schon vorhandenen Sportpraxis entstehen sportwissenschaftliche Disziplinen in immer größer werdender Anzahl: Sportmedizin, Sportpsychologie, Sportsoziologie, Sportphilosophie, Sportökonomie, Bewegungslehre und Trainingslehre des Sports. Diese Sportwissenschaften (sieht man von den zwei zuletzt genannten einmal ab) sind einerseits bemüht, die organisatorische Unabhängigkeit von der Mutterdisziplin zu erreichen und schaffen es auch auf Anhieb, andererseits aber streben sie den wissenschaftstheoretischen Standard der Bezugswissenschaft an und bleiben dadurch mit dieser in Verbindung. Die immerwährenden Absichtserklärungen hinsichtlich der Integration mit den anderen Sportwissenschaften verhindern das praktische und terminologische Auseinanderdriften ebensowenig wie die institutionellen Bindungen, die in den 70er und 80er Jahren eingangen werden. Die Sportpädagogik nahm an diesem Geschehen wenig Anteil. Es hat den Anschein, als ob die Theorie der Leibeserziehung, nachdem sie nicht mehr gefragt war, in einen Dornröschenschlaf verfallen wäre, der zwar nicht hundert Jahre währte, aus dem sie aber erst dann erwachte, als das Bildungsprinzip wieder in Mode kam. Den pädagogischen Part in der Entwicklung der Sportwissenschaften als additive Disziplinen und im zaghaften Versuch einer themenorientierten Integration übernahm in dieser Zeit ein Teilgebiet der Sportpädagogik — die Sportdidaktik. Auf die fachliche Entwicklung der Sportdidaktik als Theorie der Sporterziehung ist an früherer Stelle (2.1.2.) dieses Buches hingewiesen worden. Überall dort, wo in den vergangenen zwei Jahrzehnten über die Entwicklung der Sportwissenschaften oder der Sportwissenschaft gesprochen oder geschrieben wurde, auf den Hochschultagen der Deutschen Vereinigung für Sportwissenschaft (DVS), den Symposien der Österreichischen Sportwissenschaftlichen Gesellschaft (ÖSG), den internationalen sportwissenschaftlichen Tagungen mit deutschsprachigen Vertretern, traten die Sportdidaktiker als Anwälte der Sportpädagogik auf bzw. überließen diese Thematik häufig den Sportpsychologen. Die sportwissenschaftliche Entwicklung ist also im gesamten, d. h. in der inhaltlichen und institutionellen Entfaltung stärker von zentrifugalen als von zentripetalen Kräften getragen und zeigt deutlicher die Tendenz zur Differenzierung als die zur Zentralisation. Dennoch fand und findet weiterhin der Versuch einer fachlichen Begründung und organisatorischen Konstituierung einer Sportwissenschaft statt. Von Beginn an klafft allerdings zwischen Desiderat und Realität, zwischen Wunsch und Wirklichkeit der Sportwissenschaft als Einzel- und Integrationswissenschaft eine breite Kluft. Dem Wunschdenken einer einheitlichen Sportwissenschaft und der häufigen Aufforderung zur interdisziplinären Theoriebildung und Forschungspraxis stehen die institutionellen Sonderwege, Berührungsängste und terminologischen babylonischen Türme der Sportwissenschaften und der Sportwissenschaftler gegenüber. Die mächtigere Seite ist die, auf der die Sportwissenschaften stehen.

Einige ernsthafte und einige nicht ernstzunehmende Versuche der Konstituierung einer integrativen Sportwissenschaft haben in den vergangenen zwei Jahrzehnten stattgefunden. Klaus WILLIMCZIK faßt die Sportwissenschaft als kritisch-rationale Disziplin auf und zentriert die integrativen Bemühungen um den Begriff der Interdisziplinarität (vgl. WILLIMCZIK 1985, PROHL 1991). Die Begründungen der Sportwissenschaft auf den Grundlagen des Dialektischen Materialismus (in der ehemaligen DDR) und der westlichen Spielart desselben bei Vertretern der sogenannten Neuen Linken, sowie der Versuch des Kybernetikers Dieter Ungerer, eine sensomotorische Sportwissenschaft zu konstituieren, werden angeführt aber nicht näher behandelt, weil sie als überholt gelten können.

Jene Konzeptionen der Sportwissenschaft, die der „Frankfurter Soziologie“ verbunden sind und sich zumeist als „Kritische Sporttheorie“ ausgegeben haben, heben sich von kritisch-rationalen Modellen durch die Präferenz für die qualitativen Forschungsmethoden und die Betonung des Prozeßcharakters der Forschungstätigkeit ab. Diese Einstellung führt die „Kritische Sporttheorie“ in die Nähe der Phänomenologischen Pädagogik, weil der Alltagsbegriff und der qualitative Forschungsansatz beiden zukommt.

Die handlungstheoretischen Ansätze in der Sportwissenschaft unterteilt PROHL (1991, 24–45) in zwei Gruppen und fügt ihnen eine dritte an, in die er sein eigenes Konzept einer konstruktivistischen Sportwissenschaft einbindet. Wenngleich PROHL (1991) vielfache Kritik an den handlungspsychologischen (Gruppe 1), wie auch an den handlungsphilosophischen

(Gruppe 2) Ansätzen der Sportwissenschaften anbringt und keinem der beiden Ansätze bescheinigt, daß er imstande wäre, eine interdisziplinäre und integrative Sportwissenschaft zu begründen, hält er den Handlungsbegriff[63] grundsätzlich für geeignet, gibt ihm eine konstruktivistische Auslegung und Fundamentierung und entwickelt darauf sein Konzept einer „Konstruktiven Sportwissenschaft".

Es ist durch die drei Aspekte Sprache, Menschenbild und Modell gekennzeichnet (vgl. PROHL 1991, 87–128):

1. Wie jede Wissenschaft ist auch die Sportwissenschaft sprachlich vermittelt und deshalb von der Sprache abhängig. PROHL bezieht sich in dieser Aussage auf die „Logische Propädeutik" der „Erlanger Wissenschaftstheorie" (vgl. KAMLAH/LORENZEN 1973 a).
2. Die anthropologische Fundierung entlehnt PROHL (1991) einerseits der „Philosophischen Anthropologie" von KAMLAH (1973 b) und zum anderen dem konstruktiven Menschenbild, das MEINBERG (1988) im „Homo Mundanus" beschrieben hat[64].
3. Die konstruktive Sportwissenschaft ist ein modellistisches Konzept, insofern es von „Modellen" der Wirklichkeit und nicht von dieser selbst den Ausgang der Reflexion nimmt. Mit dem Modellbegriff ist das Eingeständnis der Abbildung, Verkürzung und Nützlichkeit der Erforschung der Wirklichkeit verknüpft. Eine modellistische Sportwissenschaft beschreibt und erklärt ihren Gegenstand in reduzierter, abbildhafter und pragmatisch nützlicher Sicht.

Die Synthese der modellistischen, sprachkritischen und anthropologischen Ansätze sportwissenschaftlicher Reflexion führt PROHL (1991) zum Ergebnis einer interdisziplinären und integrativen Sportwissenschaft, die der Verfasser für geeignet hält, alle sportwissenschaftlichen Teildisziplinen, einschließlich der Sportpädagogik, themen- und problemorientiert in ein einheitliches Wissenschaftsgebäude, genannt Sportwissenschaft, einzubinden.

Es wurde an früherer Stelle schon darauf hingewiesen, daß es nicht in meiner Absicht liegt, die Bewegungspädagogik in diese interdisziplinäre Sportwissenschaft einzubringen, weil sie nicht die Ablöse der Sportpädagogik in der Weise betreibt, wie diese mit der Theorie der Leibeserziehung verfahren ist. Deshalb werden weder die Gedankengänge PROHLS weiter verfolgt noch sein Konzept der „Konstruktiven Sportwissenschaft" in weiteren strukturellen Eigenheiten und praktischen Anwendungsbereichen dargelegt[65].

Fassen wir die Überlegungen zum Thema Sportwissenschaften oder Sportwissenschaft in einigen Punkten zusammen und kommen wir in der Zusammenschau noch einmal auf die theoretischen Konzepte der Leibeserziehung und der Sporterziehung zu sprechen.

1. Die Theorie der Leibeserziehung hat sich pragmatisch aus den Bedürfnissen der Turnlehrerausbildung und den universitären Legitimationszwängen eigenständig, weil von der Pädagogik nicht zur Kenntnis genommen und deshalb auch nicht beeinflußt, entwickelt und systematisch ausgeformt.
2. Sie wurde von der Sportpädagogik abgelöst bzw. vorzeitig und ohne Übernahme bedenkenswerter Erkenntnisse aufgelöst. Eine falsch verstandene realistische Wende hat die Sportpädagogik dazu verführt, den Bildungsaspekt und das Menschenbild als ideologischen Ballast abzuwerfen, um leichter in die Höhen empirisch-analytischer Wissenschaftlichkeit aufzusteigen. Gegenwärtig ist sie dabei, Anthropologie und Bildungstheorie wieder zu entdecken, vor allem aber ihren Standort im Kreise der Sportwissenschaften auszumachen oder sich sogar zur Kernzone der Sportwissenschaft zu küren[66].
3. Die meisten der heute mehr oder weniger entwickelten sportwissenschaftlichen Disziplinen sind aus Mutterwissenschaften hervorgegangen und haben eine relative Eigenständigkeit erreicht, ohne die Beziehungen zum wissenschaftlichen Ursprungsgebiet aufzugeben. Die Sportgeschichte, Sportpsychologie, Sportsoziologie, Sportmedizin oder als jüngstes Beispiel der Abspaltung die Sportökonomie sind bestrebt, die neuen Inhalte und Probleme mit den methodologischen Standards der Mutterwissenschaft zu erforschen.
4. Aus den unmittelbaren Bedürfnissen der Sportpraxis nach Leistungssteigerung und Trainingsplanung sind die Lehr- und Wissenschaftsbereiche der Bewegungslehre und Trainingslehre hervorgegangen.
5. Diese drei, aus verschiedenen Ursprüngen stammenden Gruppen sportwissenschaftlicher Disziplinen haben stets die Absichten der organisatorischen und thematischen Integration und der theoretischen wie forschungspraktischen Interdisziplinarität bekundet, allerdings wenig Fortschritte in der praktischen Umsetzung dieses Programms gemacht.
6. Seit längerer Zeit schon wird die Forderung nach einer einheitlichen Sportwissenschaft erhoben. Carl DIEM hat 1953 die Theorie der Leibeserziehung zur Sportwissenschaft erklärt, Ommo GRUPE 1971 die neugegründete Fachzeitschrift perspektivisch „Sportwissenschaft“ getauft und

einige Autoren (z. B. Klaus WILLIMCZIK) verwenden seit den späten 60er Jahren den Einzahlbegriff. Die Absicht, eine Sportwissenschaft zu begründen, blieb nicht auf die terminologische Ebene beschränkt, sondern fand im kritisch-rationalen Ansatz von Klaus WILLIMCZIK (1968) ebenso wie in Konzeptionen der „Kritischen Sporttheorie" auch die inhaltlichen Ausformungen. Ihnen spricht allerdings Robert PROHL (1991) aufgrund der jeweiligen wissenschaftstheoretischen Position die Befähigung zur Ausbildung einer integrativen und interdisziplinären Sportwissenschaft ab.

7. Den neuesten Versuch zur Begründung einer einheitlichen und humanwissenschaftlich ausgerichteten Sportwissenschaft hat PROHL (1991) auf der Basis einer konstruktivistischen und modellorientierten Handlungstheorie gemacht und zur Diskussion gestellt.

Diese Überlegungen zum Thema Sportwissenschaften oder Sportwissenschaft dienten nicht der Absicht, das in diesem Kapitel vorzustellende Konzept einer Bewegungspädagogik irgendeiner der benannten Gruppen von Sportwissenschaften zuzuteilen oder in einer Sportwissenschaft unterzubringen. Die kommenden Ausführungen zum Gegenstand und zur Methodologie der Bewegungspädagogik werden deutlich zu erkennen geben, daß diese sinnorientierte Wissenschaftsdisziplin mit den Sportwissenschaften nicht viel im Sinn hat. Doch ohne Beziehung zum in sich vielfach gegliederten Komplex der Sportwissenschaften kommt die phänomenologisch-anthropologische Theorie der Bewegungserziehung auch nicht zurecht. Deshalb wurden der Strukturbeschreibung der Bewegungspädagogik einige Gedanken zur Entwicklung und Ausformung der Sportwissenschaften vorangestellt.

5.2.2. Gegenstand der Bewegungspädagogik

Die Frage nach dem Gegenstand der Bewegungspädagogik ist die wichtigste und sie als Wissenschaft konstituierende, wenngleich Wissenschaften immer schon existieren, ohne daß diese Frage geklärt oder auch nur annähernd beantwortet wäre. Wissenschaftliche Disziplinen entstehen aus vielerlei Anlässen und Gründen und sind nicht selten einfach die theoretische Begründung für die stattfindende Praxis. Im Anfangsstadium der Theoriebildung, die sich zu systematischen Theoriebereichen und schließlich zur Wissenschaftsdisziplin weiterentwickelt, stehen meist andere Fragen und Probleme im Vordergrund: die Beziehung zur Praxis und die praktische Verwertbarkeit der Erkenntnisse, die institutionellen und organisatorischen Angelegenheiten, Statusprobleme und Legitimationsbedürfnisse innerhalb der science community, Methodenreflexionen usw. Die Gegenstandsdiskussion setzt in der Regel später ein und ist das Kennzeichen einer entwickelten aber noch nicht gefestigten Wissenschaft.

Wenn nach dem Gegenstand der Bewegungspädagogik gefragt wird und einigermaßen befriedigende Antworten hinsichtlich seiner Inhaltlichkeit, seiner Systematik und der Konsequenzen für die Methodologie erwartet werden können, ist dies eben auch ein Zeichen dafür, daß diese Disziplin nicht mehr ganz jung ist, einem Mutterboden entstammt, Vordenker hat und zu ähnlich strukturierten Wissenschaftsbereichen Beziehungen hergestellt hat und unterhält.

Die Bewegungspädagogik ist ein Stadium in der Wissenschaftsentwicklung, der andere vorangegangen sind: die Theorie der Leibeserziehung und die Sportpädagogik als Theorie der Sporterziehung.

Aus diesen Theoriefeldern sind ihr Erkenntnisse, Methoden, Systematiken und institutionelle Lösungen zugegangen, Gegenstandsbestimmungen angetragen und Vorleistungen der wissenschaftlichen Anerkennung zugebracht worden. Die Bewegungspädagogik wurzelt aber auch im Boden der Pädagogik oder Erziehungswissenschaft und wird von daher mit Anregungen und Angeboten inhaltlicher und methodologischer Art versorgt. Sie hat schließlich auch eine institutionelle und strukturelle Verwandtschaft mit den Sportwissenschaften und kann sich nicht unberührt und unbeeinflußt von diesen entfalten.

Der Gegenstand der Bewegungspädagogik ist aus der fernsten und allgemeinsten Sicht betrachtet der Mensch (Materialobjekt), und dieser Gegenstand konstituiert sie als humanwissenschaftliche Disziplin. Mit dem Menschen befassen sich allerdings mehrere Wissenschaften, deshalb kommt der Bewegungspädagogik nur ein Teilaspekt des Humanum zu: der bildungsfähige und erziehungsbedürftige Mensch (Formalobjekt). Darin ist sie eine pädagogische Disziplin. Bildung und Erziehung bilden zwar, wenn auch in vielfältiger inhaltlicher und institutioneller Differenzierung, eine lebensweltliche Einheit, der aber keine wissenschaftliche entspricht, weil die Pädagogik oder Erziehungswissenschaft in viele Teildisziplinen, der heute üblichen wissenschaftlichen Arbeitsteilung entsprechend, gegliedert ist. Eine unter diesen erziehungswissenschaftlichen Teileinheiten ist die Bewegungspädagogik. Sie ist institutionell im universitären Bereich, in wissenschaftlichen Vereinigungen und in den Publikationsorganen hauptsächlich an die Sportwissenschaften und nebensächlich an die Erziehungswissenschaften angebunden. Der Grund dafür liegt auch an der Einstellung der Pädagogik gegenüber der körperlichen Erziehung, die ihr niemals in der Geschichte und Gegenwart ein beachtenswertes Anliegen war und ist. Die Theorie der Leibeserziehung ist deshalb auch nie eine Tochterwissenschaft der Pädagogik gewesen, sondern aus der Notwendigkeit entstanden, der Praxis der Turnlehrerausbildung eine theoretische Grundlage zu schaffen. Erst in der Phase der Sporterziehung haben die Sportpädagogen die Anbindung an die Allgemeine Pädagogik gesucht und teilweise vollzogen, oder sich die Pädagogen den Themen der körperlichen Erziehung zugewandt. Für die zuletzt genannte Tendenz stehen neben anderen die Namen Konrad WIDMER, Eckhard MEINBERG und Hermann RÖHRS. Daraus ergab sich die vorherrschende Meinung, daß die Sportpädagogik sowohl zur Erziehungswissenschaft als auch zur Sportwissenschaft zu zählen sei und an beiden Anteil habe.

Die Beschreibung des Gegenstandes der Bewegungspädagogik, die eben durchgeführt wurde, verändert zwar die bisher gebräuchliche wissenschaftliche Standortbestimmung, ordnet diese Disziplin aber nicht ausschließlich der Pädagogik zu. Die in der Bewegungspädagogik durchaus einheimischen Begriffe der Sportkultur und der Sporterziehung zeigen die Nähe zu den Sportwissenschaften an und das Wort Bewegung verweist auf eine zukünftige aber voraussehbare Wissenschaftsentwicklung, in deren Verlauf das Phänomen Bewegung ins Zentrum eines weiten Wissenschaftsbereiches rücken wird, der voraussichtlich den Namen Bewegungswissenschaft tragen wird. Die bisherigen wissenschaftssystematischen Ausführungen münden im Versuch, eine Systematik der Bewegungspädagogik zu erstellen, in der die wichtigsten Nachbarwissenschaften und die Hauptgebiete aufgeführt sind.

1. Die Bewegungspädagogik ist eine erziehungswissenschaftliche Teildisziplin mit einem Nahverhältnis zur Musik-, Kunst- und Spielpädagogik. Ihr Kernbereich, die Didaktik der Bewegungserziehung, ist ein spezieller Bereich der Allgemeinen Didaktik.

2. Die Bewegungspädagogik ist kein Teilgebiet der Sportwissenschaft, die realiter ohnedies nicht existiert. Sie ist auch nicht eine von mehreren Sportwissenschaften, hat aber ein Nahverhältnis zu jenen Sportwissenschaften, die sich mit den Sachverhalten der Bewegung und der Erziehung befassen. Die Bewegungspädagogik ist nicht identisch mit der Sportpädagogik, weil sie über die sportlichen Bewegungshandlungen hinausgreift, nimmt aber jene Fragestellungen auf und führt sie weiter, die von der Theorie der Leibeserziehung an die Sportpädagogik übergeben worden sind. Die Sportpädagogik ist derzeit bestrebt, ihre Position

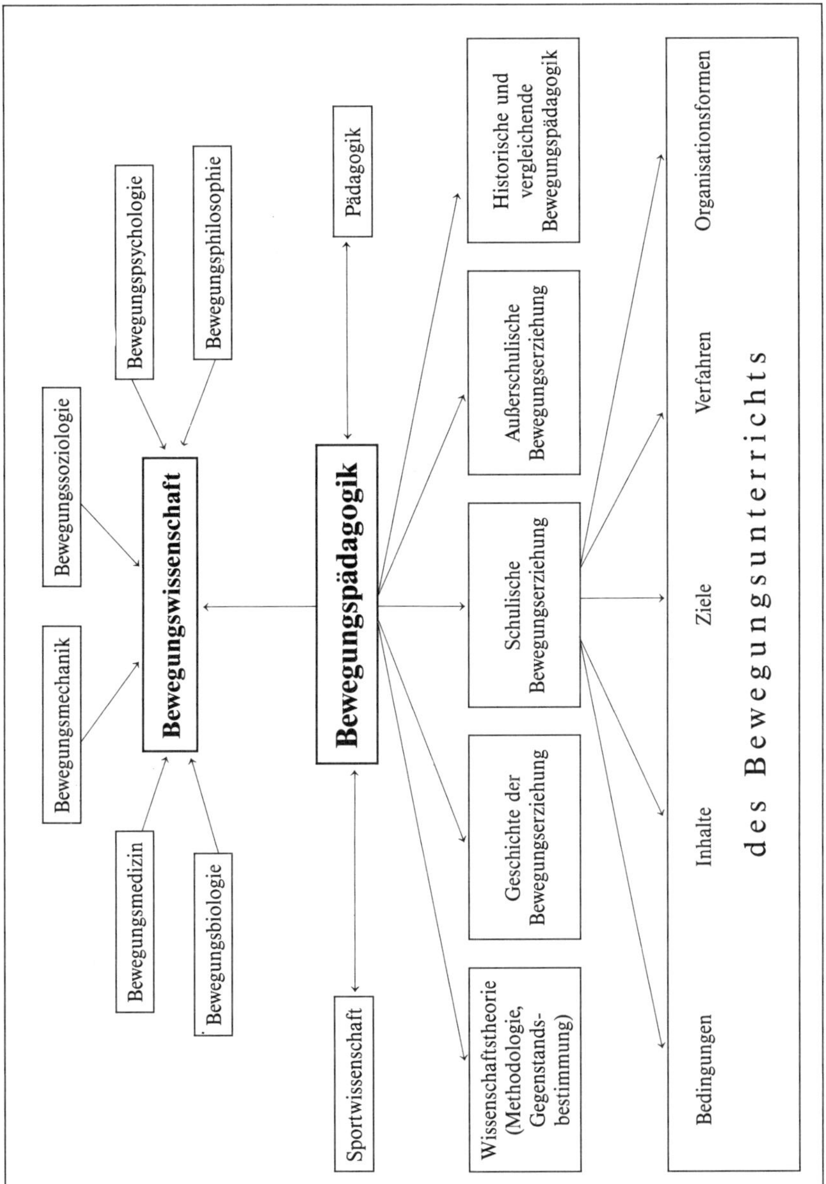

Abb. 28 System der Bewegungspädagogik

innerhalb der anderen Sportwissenschaften auszumachen und entwickelt dabei kontroverse Ansichten und Ansprüche[67]. Nachdem sie lange Zeit fast unbeteiligt an der Entwicklung der Sportwissenschaft geblieben ist, bemüht sie sich derzeit um eine Position innerhalb der Sportwissenschaften.

3. Die Bewegungspädagogik hat allerdings Berührungsflächen zu einigen sportwissenschaftlichen Disziplinen, weil sportliche Bewegungshandlungen Teil der Bewegungserziehung sind und die Sportkultur eine neben anderen Zielsetzungen innerhalb der Bewegungskultur darstellt. Deshalb werden trainingswissenschaftliche, sportmedizinische, sportpsychologische usw. Theorien nicht ohne Einfluß auf die Bewegungspädagogik sein.
4. Die Einteilung von CACHAY (1991) in Subjekt-, Interaktions-, Organisations- und Gesellschaftstheorien auf die Bewegungspädagogik vordergründig angewandt, würde diese in den Bereich der Subjekttheorien stellen. An dieser Disziplin kann aber deutlich gemacht werden, daß diese Unterscheidung von CACHAY (1991) keiner pädagogischen Wissenschaft gerecht werden kann. Die phänomenologisch-anthropologische Betrachtung des sich bewegenden und darin sich selbst erziehenden und bildenden Menschen deutet diesen stets als Subjekt im Selbst- und Weltverhältnis, weshalb ihr theoretischer Ansatz zugleich subjekt-, interaktions- und gesellschaftsorientiert sein wird.
5. Ohne den viel strapazierten und wenig eingelösten Begriff der Interdisziplinarität dafür in Beschlag zu nehmen, kann für die bewegungspädagogische Theoriebildung dennoch gelten, daß sie fachübergreifend schon in ihren Fragestellungen und Problemlösungen angelegt ist. Denn Bewegung ist ein so komplexes Phänomen und Bildung ein so komplizierter Anspruch, daß für die Klärung und Verwirklichung dieser Begriffe und Anliegen viele Nachbargebiete der Humanwissenschaften aufgesucht und abgefragt werden müssen. Interdisziplinare Forschung in der Bewegungspädagogik sollte allerdings nicht erst dann praktiziert werden, wenn ein diesbezügliches wissenschaftstheoretisches Forschungskonzept erarbeitet ist, sondern auf der Grundlage vorläufiger und ungesicherter Strategien die Arbeit der Erkenntnisgewinnung aufnehmen. Wissenschaftstheorie entsteht im Wissenschaftsprozeß. Wenngleich die Wissenschaftspraxis nicht theorielos stattfinden kann, und das ausgearbeitete Forschungskonzept erforderlich ist, verlangt sie aber nicht die feststehende und in allen Einzelheiten unverrückbare Theoriegrundlage. Eine wechselhafte Einwirkung und gegenseitige Beeinflussung bringt die Wis-

senschaftspraxis und die Wissenschaftstheorie auf Spiralwegen in die Höhen der Qualität des Forschens und der Forschungsergebnisse.

Eine ausreichende Begründung für interdisziplinäre Forschung in der Bewegungspädagogik ist darin zu finden, daß:

— Die menschliche Bewegung ein facettenreiches und sehr komplexes Phänomen ist und als solches auf das Zusammenwirken mehrerer Disziplinen bei der Lösung bewegungspädagogischer Aufgaben und bei der Verwirklichung bewegungspädagogischer Absichten verwiesen ist.
— Interdisziplinäre Forschung in der Bewegungspädagogik auch auf der Grundlage ungesicherter und vorläufiger Theorien der Interdisziplinarität erfolgen kann und nicht darauf warten muß, bis eine allgemeingültige Forschungsstrategie ausgearbeitet ist und zur Verfügung steht. Auch Forschungsmethoden entstehen im praktischen Tun und entwickeln sich erst aus dem beständigen Miteinander gedanklicher Entwürfe und angewandter Einsätze.
— Interdisziplinäre Forschung in der Bewegungspädagogik die fachübergreifende Lehre zur Konsequenz hat, und zwar im Sinne der Einheit von Forschung und Lehre in der universitären Ausbildung.

6. Ein grundlegender Begriff, Problemkreis und Forschungsaspekt der Phänomenologischen Bewegungspädagogik ist die Bewegungswelt als bedeutsamer Lebensausschnitt des heranwachsenden Menschen, dem das erzieherische und bildende Bemühen des Bewegungsunterrichts gilt. Die Lebensweltanalyse und -beschreibung konzentriert sich deshalb aus bewegungspädagogischer Sicht auf den Begriff der Bewegungswelt. Für die Lebensphase der Kindheit ist die Bewegungswelt nicht nur ein Ausschnitt aus dem Lebensganzen sondern ihr Mittelpunkt. Dieser Bedeutsamkeit entsprechend, hat die Analyse der Bewegungswelt[68] von Kindern alles zu erfassen, was die kindliche Bewegungstätigkeit einschränkt, verhindert, begrenzt, fördert und entfaltet. Die Erkenntnisse und Ergebnisse solcher Analysen bilden die Basis bewegungspädagogischer Ziele, Inhalte und Vermittlungsverfahren für alle Maßnahmen der geplanten Bewegungserziehung. Die phänomenologische Erforschung kindlicher Bewegungswelten kann mit Beobachtung und Befragung nicht ausreichend bewältigt werden, sondern benötigt das Verstehen und Sinnerfassen. Das wiederum setzt Erkenntnis durch Einfühlung, Erfahrung und Reflexion voraus, bedeutet also das ganzheitliche Erfassen einer spezifischen Lebenssituation, aus dem heraus Einflußnahmen im Sinne von Veränderung und Gestaltung der Situation möglich werden. Freilich gibt es keinen unvorein-

genommenen Zugang zu Lebenswirklichkeiten, keinen theoriefreien und direkten Zugang zu den Realitäten, sondern nur den indirekten über die theoretischen Annahmen. Die Analyse und Beschreibung kindlicher Bewegungswelt erfolgt daher im Lichte der Theorien über Kindheit, Körperlichkeit und Bewegung, und das Ergebnis dieses Vorgehens ist wesentlich davon mitbestimmt, wie bewußt eingesetzt und differenziert ausgeformt diese erkenntnisleitenden Theorien sind. Im Prozeß der bewegungspädagogischen Theoriebildung spielt die theoriegeleitete Erfassung kindlicher Bewegungswelt im Sinne einer verstehenden Erkenntnis eine herausgehobene Rolle.

7. Die Bewegungspädagogik ist eine Teildisziplin einer sich am Wissenschaftshorizont abzeichnenden und ankündigenden Bewegungswissenschaft. Nach meiner Überzeugung ist die Zukunft der Wissenschaft von den großen Themen Umwelt, Arbeit, Spiel, Freizeit, Bewegung usw. beherrscht und nicht von der Methodenfrage, die die Wissenschaften in Natur-, Sozial- und Geisteswissenschaften unterteilt. Eine Bewegungswissenschaft wird viele, heute in verschiedenen Wissenschaftsbereichen angesiedelte Disziplinen integrieren: die Bewegungsphilosophie und die Biomechanik, die Bewegungspädagogik, Bewegungsbiologie und die Bewegungsmedizin, die Trainingswissenschaft, die Bewegungspsychologie und die Bewegungssoziologie usw.

Kehren wir noch einmal zur Gegenstandsfrage der Bewegungspädagogik zurück. In der Gegenstandsbestimmung der Bewegungspädagogik sind neben Erziehung die beiden Begriffe und Phänomene Körper und Bewegung von tragender und konstituierender Bedeutung.

„Denn mit Hilfe des Leibes tritt das personale, selbstbewußte Subjekt in den Erfahrungsaustausch mit der Welt und den anderen“ (LIPPITZ 1987, 115). Das ist eine gültige aber schlecht formulierte Aussage: nicht mit Hilfe des Leibes, sondern als leibliches Subjekt, als Körperwesen tritt der Mensch in die Weltbeziehung ein, handelt er in der Welt und handelt die gegenständliche und personale Welt an ihm. Und dieser „offene Dialog“ (LIPPITZ 1987, 115) zwischen dem körperhaften Subjekt und der Welt ist in besonderer Weise von der Art der Körperlichkeit geprägt. Ungeschickte, behinderte, schwächliche, kränkliche, erschöpfte oder dickliche Leibwesen führen andere Dialoge als kräftige, gewandte, erholte, schöngeformte oder gesunde Menschen. Der Lebensdialog des Menschen ist vor allem durch die Beweglichkeit des Körpers geprägt. Ein Dialog ist ein Gespräch zwischen zwei Partnern, das ein Ergebnis (Erziehung und Bildung) aufweist. Je vielseitiger, planmäßiger, regelmäßiger und fordernder der Partner Bewegung auf das Leibwesen Mensch, ganz besonders im heranwachsenden Zustand, einwirkt, umso reichhaltiger und tiefgehender ist das Ergebnis der personalen Bildung. Der offene, leibliche und motorische Dialog des Menschen mit seiner Lebenswelt ist mithin der Gegenstand der Bewegungspädagogik. Ihn zu beschreiben, zu strukturieren, in seinen Erscheinungen zu durchleuchten, zu verstehen und in seinen Sinngehalten aufleuchten zu lassen ist die Aufgabe dieser pädagogischen Wissenschaftsdisziplin. Sie bewältigt diese Aufgabe durch die Anwendung wissenschaftlicher Methoden, deren Darstellung im folgenden Abschnitt vorgenommen wird. Allerdings soll keine umfassende und ins Detail gehende Einführung in die phänomenologische Methodologie, sondern nur ein kurzgefaßter Einblick in wesentliche Merkmale geboten werden[69].

5.2.3. Phänomenologie als Methode der Erkenntnisgewinnung

Die nachfolgende methodologische Erörterung nimmt ihren Ausgang von einer Aussage des Pädagogen Wilfried LIPPITZ, die einige der wesentlichen Elemente enthält, die auch für die bewegungspädagogische Forschungsmethodik und Theoriegewinnung bedeutsam und richtungsweisend sind.

Der Phänomenologe als Wissenschaftler „geht von der Tatsächlichkeit der immer schon im Wahrnehmen, Handeln etc. geschehenden Weltvermittlung aus und übt seine ganze Differenzierungskunst daran, das Wie, die Vermittlungsweise im menschlichen Bewußtsein, adäquat zu erfassen. Das Erfahrungsleben, auf das der Phänomenologe zurückgreift, ist zwar ein sinnhaftes Geschehen, jedoch weitgehend im vorprädikativen, d. h. impliziten, nicht gewußten, geschweige denn philosophisch reflektierten Sinne. Das phänomenologische Denken hat deshalb das Ziel, diese fungierenden Sinngestalten der Korrelationseinheit von Mensch und Welt, die sowohl das Fundament unseres Alltagslebens als auch der Wissenschaften bilden, ins Bewußtsein zu heben“ (LIPPITZ 1987, 110).

Welche methodologischen Konsequenzen leiten sich daraus für eine phänomenologische Bewegungspädagogik ab?

1. Wie sieht die Tatsächlichkeit des erzieherischen Handelns und der Bewegungstätigkeiten in der Lebenswelt von Lehrern und Schülern, Kindern und Erwachsenen, Vereinsmitgliedern und Übungsleitern, Zöglingen und Erziehern aus? Welche Handlungsabläufe, -strukturen und -beziehungen sind erkennbar und beschreibbar? Wie sind diese Handlungen bewußt zu machen, von welchen Theorien werden sie geleitet, wie bewußt sind den

Betroffenen diese vorwissenschaftlichen Theorien? Eine Vielzahl von Fragen, die zusammen einen Fragenkreis bilden: Wie sehen die Bewegungswelten und die Bewegungserziehungswelten von Kindern und Erwachsenen aus, was wissen die beteiligten Personen davon und wie wird diese Tatsächlichkeit ins Bewußtsein gebracht?

2. Wo liegt die Sinnhaftigkeit des bewegungspädagogischen Handelns und auf welche Weise wird diese Sinnhaftigkeit erfaßt? Denn die Sinnstrukturen des Handelns und ihre Bewußtheit gestalten den Erziehungsvorgang und entscheiden darüber, ob die Ziele der Bewegungserziehung als Bildung im Menschen verwirklicht werden.

Der erste Punkt verweist auf die Methode der Deskription, der zweite auf die des Verstehens; beide sollen an bewegungspädagogischen Themen und Tatbeständen erörtert werden.

Die Beschreibung als phänomenologische Methode

Die exemplarische Deskription ist ein methodologischer Schlüsselbegriff der Phänomenologischen Pädagogik und die Folgerung aus Husserls Forderung nach dem „Zurück zu den Sachen". Denn man kann das Wort Sachen ohne Verfälschung der Absicht Husserls auch auf die gesamte Lebenswelt ausdehnen. In der Bewegungspädagogik ist es dann die bewegungserzieherische Lebenswelt, die zur Beschreibung ansteht, und zwar in all ihrer Vielschichtigkeit und ihrem Reichtum an inneren und nach außen gerichteten Beziehungen und Verflechtungen. Denn jede Erscheinung in der Bewegungs- und Erziehungswelt muß in ihren Zusammenhängen und nicht als Element für sich beschrieben werden. In dieser von Bewegung und Erziehung gefügten und gestalteten Welt gilt, was DANNER (LANGEVELD/DANNER 1981, 110) jeglichem pädagogischen Bereich zuschreibt, daß „jede Handlung, jede Äußerung, jedes einzelne Verhalten in einem komplexen Beziehungsgeflecht geschieht, das aus Personen, individuellen Möglichkeiten, gesellschaftlichen Forderungen, ethischen Zielen usw. besteht".

Beschrieben werden deshalb nicht nur die Sachen und die Personen in dieser Welt der Bewegungserziehung, sondern deren Beziehungen zueinander, die so vielfältig sind, daß daraus ein Netz gebildet wird, in dem auch die gesellschaftlichen Normen, historischen Entwicklungen, individuellen Interessen und Gegebenheiten eingewoben sind. Die Beschreibung der Bewegungs- und Erziehungswelt ist deshalb stets Auslegung, Interpretation, theoriegeführte Deskription, sie ist aber auch intuitives Erfassen, Analyse und Wesensschau. Sie erfaßt die Erscheinungen der leiblich-motorischen Existenz unter dem besonderen Aspekt der Erziehungsbedürftigkeit und Bildsamkeit des Menschen in diesem Lebensbereich. Die Beschreibung als phänomenologische Methode setzt zunächst bei den lebensweltlichen Erfahrungen und Erlebnissen des Subjekts an, im alltäglichen Tun also und an Beispielen, die einen ganzheitlichen Zugang zu einem bewegungspädagogischen Phänomen zulassen. Deshalb spricht LIPPITZ (LIPPITZ/MEYER-DRAWE 1987, 116) auch von der exemplarischen Deskription. Diese Art der Beschreibung, die an den Wesenskern der zu beschreibenden Erscheinung herangeht, setzt die Kennerschaft und Vertrautheit voraus. Wie ein Gehörloser niemals das Wesen der Musik beschreiben kann, ist ohne die vielfältigen Bewegungserfahrungen die Bewegung nicht tiefgründig und wesenhaft, d. h. phänomenologisch beschreibbar. In der Bewegungspädagogik geht es zudem um die Wesensbeschreibung bewegungserzieherischer Vorgänge. Wer sich darin betätigt, benötigt die Vertrautheit mit beiden Phänomenen, mit der Bewegung und der Erziehung, und zwar mit beidem für sich und in ihrer Verbundenheit und wechselseitigen Einwirkung aufeinander.

Beschreibung setzt also die Erfahrung voraus, denn was ist Vertrautheit und Kennerschaft anderes als vielfache Erfahrung. Die exemplarische Deskription hebt die Alltagserfahrungen, die auch vorwissenschaftlich bezeichnet werden, durch Bewußtmachung in den Rang wissenschaftlicher Erfahrungen. In der Bewegungspädagogik sind es dann sowohl Bewegungserfahrungen der Kinder wie auch bewegungserzieherische Erfahrungen der Lehrer und Erzieher, die durch die Beschreibung ihrer wesentlichen Merkmale von der Ebene der Alltagserfahrungen auf die der wissenschaftlichen Erkenntisse gehoben werden. Die exemplarische Deskription der phänomenologischen Bewegungspädagogik ist eine wissenschaftliche Methode, die eine ganzheitliche Erfassung der Bewegungs- und Erziehungswelt ermöglicht und dazu beiträgt, daß die in ihr vorhandenen lebensweltlichen (und das bedeutet vorwissenschaftlichen) Erfahrungen über die Bewußtheitsschwelle gelangen und zu reflektierten (d. h. wissenschaftlichen) Erkenntnissen transformiert werden. Die Beispiele sind die bevorzugten Sujets der Transkription, oder wie es LIPPITZ (1987, 125) ausdrückt: „Beispiele sind phänomenologische Mittel der dialogischen Klärung fungierender unthematischer Strukturen". Dieser Satz enthält weitere Hinweise auf die Anwendung der Methode der exemplarischen Beschreibung. Es sind zunächst unreflektierte, d. h. unthematisierte Strukturen der Lebenswelt, es sind praktizierte Handlungen, die durch die deskriptive Zuwendung ins Bewußtsein gehoben werden. Dies bedeutet aber zugleich, diese Strukturen und Aktionen der Verunsicherung und der Unvertrautheit auszusetzen. Das Kind bewegt sich in seiner Lebenswelt, es spielt Fußball, tanzt, läuft und denkt erst dann über sein Bewegen und Spielen, Tanzen und Laufen nach, wenn diese unthematischen Strukturen seiner Lebenswelt ihre natürliche Vertrautheit und Selbstverständlichkeit verloren haben, weil sie in einen Lernprozeß eingefügt oder durch eine körperliche Behinderung widerständig geworden sind. Auch die Vorgänge der Bewegungserziehung können als unreflektierte elterliche Handlungen im familiären Bereich ablaufen und erst über ein bedeutsames Ereignis zur bewußten Erziehungstätigkeit werden. Die exemplarische Beschreibung als phänomenologische Methode ist deshalb vor allem dort angebracht (z. B. in der Ausbildung von Bewegungserziehern), wo die bewußte und reflektierte Bewegungs- und Erziehungstätigkeit stattfinden soll. Wenngleich der Subjektivität in der exemplarischen Deskription eine wichtige Rolle zufällt und das Postulat der objektiven Erkenntnis nicht zur obersten Norm erheben wird, bedeutet dies nicht zugleich den Verzicht auf Intersubjektivität und allgemeine Gültigkeit. „Die exemplare Deskription ist ein kommunikativ zu bewährender und intersubjektiv prüfbarer Deutungsakt, dessen Validierung in unseren konkreten Erfahrungen geschieht“ (LIPPITZ 1987, 117). Darin weicht eine phänomenologische Bewegungspädagogik grundlegend von einem kritisch-rationalen Konzept der Sportpädagogik (vgl. WILLIMCZIK 1969) ab, weil letzteres Theorien nur durch Theorien widerlegen oder bestätigen kann, hier aber die theoretische Deutung an lebensweltlichen Erfahrungen geprüft wird.

Die hermeneutische Methode des Verstehens

Die Beschreibung eines Ausschnittes aus der Lebenswelt von Kindern und Erwachsenen, von Schülern und Lehrern, in unserem Falle ist es der Ausschnitt „Bewegung und Erziehung“, ist die Bedingung des Verstehens. Denn jede Art von Lebenswelt ist sinnhaft, Sinn aber eröffnet sich noch nicht der Beschreibung, sondern erst dem Verstehen. Verstehen als Methode der Bewegungspädagogik ist deshalb die Offenlegung der Sinngehalte des Handelns in der Bewegungs- und Erziehungswelt. Da dem Menschen keine nurgegenständliche Welt und keine objektive Weltbeziehung gegeben ist, sondern nur die sinnhaft gedeutete Welt und die subjektiv gestaltete Beziehung zu ihr, richtet sich das Verstehen als hermeneutische Methode nicht an die Sachen und nicht an die objektiven Bezüge zwischen ihnen. Die phänomenologische Methode des Verstehens in der Bewegungspädagogik ist das wissenschaftlich-systematische Verfahren der Sinnerhellung der Sachverhalte der Bewegungs- und Erziehungswelt sowie ihrer Beziehungen untereinander und zu anderen Lebenswelten. Das griechische Wort phainómenon enthält auch das Wort phõs und dieses bedeutet Sicht. Das Wesen der Sachen selbst und nicht der Theorien über sie zu beleuchten und sichtbar werden zu lassen ist das Ziel des phänomenologischen Verstehens. Das hat Edmund Husserl mit seiner Forderung „Zurück zu den Sachen“ gemeint. Die Methode des Verstehens zielt auf die Erkundung (oder wissenschaftlich geschrieben: auf die Erforschung) der Wesensmerkmale der Erscheinungen der Bewegungserziehung in der konkreten Lebenswelt der heranwachsenden und erwachsenen Menschen, also jener Tatsachen, die es mit Bildung, Erziehung, Unterricht, Lehren und Lernen mittels der Bewegung zu tun haben. Diese Phänomene, so fordert es LIPPITZ (1987, 114) in Anlehnung an Gedankengänge des französischen Phänomenologen Marcel Merleau-Ponty, sind in der konkreten Lebenswelt als vorwissenschaftliches Wissen der beteiligten Personen aufzuspüren, zu beschreiben, in ihrer Sinnhaftigkeit zu erkennen, bewußtzumachen und in neuer, weil reflektierter Qualität an die Lebenswelt zurückzugeben. Der Kreis soll sich schließen, der Ausgangspunkt, die Lebenswelt, wieder zum Endpunkt werden, indem die unbewußten Erfahrungen und Handlungen nach dem Durchgang der phänomenologischen Erhellung zu bewußten geworden sind. Das Verstehen als Methode deutet die belangvollen Erscheinungen der Bewegungs- und Erziehungswelt durch das Aufdecken ihrer Sinngehalte, hebt sie dadurch auf eine neue Stufe der Qualität, die durch die Bewußtheit hergestellt wird, und führt sie wieder dem Handeln der Menschen in der Lebenswelt zu.

Was aber bedeutet in diesem Zusammenhang der Begriff Bewußtheit? Die Reflexion als Sinnerfassen und -verstehen ist zunächst ein Bruch in den vertrauten Erfahrungen und Handlungen in der konkreten Lebenswelt. Die Bewegungswelt mit ihren Sachverhalten, Strukturen und Handlungen verliert ihren naiv-selbstverständlichen Charakter, wenn die phänomenologischen Verfahren der exemplarischen Deskription und des Sinnverstehens in sie eingreifen. Die Reflexion versetzt die Phänomene zunächst in den unsicheren Zustand der Bewußtheit, erschließt sie aber dadurch der bewußten Verfügung und Anwendung in einer qualitativ neu bestimmten Lebenswelt. LIPPITZ (1987, 114) bezeichnet die neue, weil bewußte, lebensweltliche Erfahrung die Neubestimmung des Verhältnisses zwischen dem „erkennenden Subjekt und der erfahrenen Wirklichkeit“. Hinter diesem Vorgang steckt mehr als ein methodisches Prinzip, daraus leitet sich gleichsam die wesentlichste Aufgabe der Bewegungserziehung ab: der Bewegungserzieher, dem diese Erfahrungsqualität selber zu eigen geworden ist, hat die Aufgabe den heranwachsenden Menschen an diese heranzuführen, indem er ihm Wesensmerkmale der Bewegung aufschließt, Sinngehalte vor Augen führt und dem reflexiven Bewegungshandeln die notwendigen Voraussetzungen schafft. Im phänomenologischen Sinn ist das Verstehen nicht die distanzierte Erkenntnis eines Objektes oder eines Prozesses durch ein Subjekt, sondern ein im praktischen Geschehen sich vollziehendes Erfassen dieses Geschehens verbunden mit dem Erkennen seiner selbst als im Geschehen eingebundenes Subjekt. In der Bewegungspädagogik erkennt der Bewegungserzieher im Verstehen das eigene Handeln und das anderer Personen in einer vorwiegend motorisch definierten lebensweltlichen Situation. Durch diese zweifache Erkenntnis bedingt das Verstehen die Veränderung der praktischen Situation. Im Prozeß der fortschreitenden Sinnerhellung, nichts anderes ist das Verstehen, verwandelt sich die Praxis der Bewegungserziehung aus dem unbewußten oder wenig bewußten Zustand in einen bewußten Handlungszusammenhang.

Die beiden wichtigsten Methoden phänomenologisch-bewegungspädagogischer Forschung, Beschreiben und Verstehen, sind geisteswissenschaftlicher Art, weil sich Erziehungs- und Bildungsvorgänge mit naturwissenschaftlichen Methoden nicht in ihrer Komplexheit erfassen und erklären lassen. Allerdings ist die sozialwissenschaftliche Wende der Pädagogik nicht spuren- und folgenlos an der Phänomenologischen Pädagogik neueren Zuschnitts vorbeigegangen. Deshalb ist auch die Methodologie der Bewegungspädagogik kein Rückgriff auf die ohnedies nur spärlich entwickelten geisteswissenschaftlichen Erkenntnisverfahren der Theorie der Leibeserziehung, wohl aber einerseits eine Rückbesinnung darauf und andererseits eine Integration sozial- und geisteswissenschaftlicher Erkenntnismethoden mit dem Akzent der lebensweltlichen Betrachtung. Die phänomenologischen Methoden der Beschreibung und des Verstehens erfassen keine „reinen" Tatsachen in unvoreingenommener Weise. Weil jedes Phänomen immer schon historisch vorgegeben und sprachlich formuliert ist, gibt es keinen unmittelbaren Zugang zu ihm. Auch der Wissenschaftler hat keinen vorurteilsfreien Zugang zu den „Sachen", was ihn vom Nicht-Wissenschaftler einzig unterscheidet, ist das Bewußtsein davon. Die dem phänomenologischen Beschreiben und Verstehen zugänglichen, historisch und sprachlich vorgegebenen Tatsachen sind Bewußtseins-Tatsachen, also bereits interpretierte Phänomene in Form von Strukturen, Gegebenheiten und Beziehungen. In der phänomenologischen Bewegungspädagogik sind es die Phänomene Bewegung, Körperlichkeit, Spiel, Wettkampf, Gestaltung, Gesundheit u. a.

Beschreiben und sinnerfassendes Verstehen sind die Voraussetzungen des Veränderns. Die phänomenologische Bewegungspädagogik soll nicht so verstanden werden, als ginge es ihr nur darum, die Bewegungswelt und die Bewegungserziehungswelt der heranwachsenden Generationen zu beschreiben, zu erklären, zu verstehen und in zukünftigen Entwicklungen vorauszusagen. Eine phänomenologische Theorie der Bewegungserziehung will und soll die gegenwärtig stattfindende Praxis der Bewegungserziehung darüber hinausgehend auch bestätigen, wo es gerechtfertigt ist, verändern, wo es erforderlich ist, und neu gestalten, wenn es notwendig ist. Sie tut dies nicht, indem sie Theorie von außen an die Praxis heranträgt, sondern indem sie Erkenntnisse in einem praxisforschenden Konzept gewinnt.

Wir haben es in der phänomenologischen Methodologie also vorrangig mit der qualitativen Forschung zu tun und sollten dieses Konzept nicht einfach als Ergänzung zur quantitativen Forschung sondern als ein grundlegend anderes Wissenschaftsmodell betrachten und strukturieren. Denn es stellt das Wahrheitskriterium nicht an die Spitze der Werthierarchie und strebt nicht die wahren Aussagen an, indem es die falschen eliminiert, sondern beachtet die Kategorien gut und schlecht, sinnvoll und sinnlos im Prozeß der wissenschaftlichen Erkenntnisgewinnung und -prüfung. Die Ethik der Wissenschaft wird über die Logik gestellt. Auf diesen wissenschaftstheoretisch grundlegenden Punkt komme ich am Schluß dieses Kapitels noch einmal zurück. Das vorhin skizzierte Theorie-Praxis-Verständnis einer phänomenologisch orientierten Bewegungspädagogik wird nun beispielhaft am Konzept Lehrerforschung aufgezeigt und verdeutlicht.

Konzept: Lehrerforschung

Die in der Phänomenologischen Bewegungspädagogik bevorzugten qualitativen Methoden der Erkenntnisgewinnung des Beschreibens und des Verstehens verweisen auf eine Forschungsstrategie, die den Namen „Lehrerforschung" erhalten hat (vgl. ALTRICHTER/POSCH 1990, STADLER 1991). Was heißt und bedeutet der Begriff Lehrerforschung?

Er stellt einen besonderen Akzent innerhalb des breiten und vielfältigen Konzepts der Handlungs- und Praxisforschung dar, dessen methodologische Präferenz die qualitativen Verfahren sind. Es kann angenommen werden, daß Handlungsforschung inzwischen hinlänglich bekannt ist, so daß eine längere Einführung in diesen methodologischen Bereich an dieser Stelle entbehrlich ist. Soviel daraus soll allerdings vorgetragen werden, wieviel für die Ausführungen zur Lehrerforschung als Verständnishilfe gebraucht wird:

Die Handlungs- oder Praxisforschung ist eine praktische Forschung oder forschende Praxis, in der alle am Geschehen beteiligten Personen oder Personengruppen gleichberechtigt aber nicht immer gleichgewichtig das Forschungsprojekt planen, im Ablauf gestalten und auswerten. Handlungsforschung ist ein kommunikatives Forschen, das keine Trennung in Forschungsobjekte und Forschungssubjekte vornimmt. Die Lehrerforschung als spezieller Typus der Handlungsforschung ist ein kommunikatives Konzept, das die an der Unterrichtspraxis beteiligten Personen in das Forschungsvorhaben einbezieht, wenngleich nicht unter der wirklichkeitsfremden Prämisse, daß alle gleich wichtig in der Planung, Durchführung und Auswertung des Forschungsvorhabens sind. Das Kriterium der Kompetenz in unterrichtspraktischen und wissenschaftstheoretischen Handlungen und Fragestellungen bleibt nach wie vor ein Maßstab für die Entscheidungsbefugnisse innerhalb des Forschungsprojektes. Diese Entscheidung erweitert das Kriterium der „Kommunikativen Validierung" um das unverzichtbare Kriterium der „Kompetenten Entscheidungsbefugnis". Damit ist aber nicht zugleich die für die empirisch-analytische Forschungspraxis typische Trennung in Forscher und Erforschte hergestellt.

Lehrerforschung ist aber auch eine spezielle Richtung innerhalb der Unterrichtsforschung, insofern sich die Forschungsanliegen wohl hauptsächlich auf den schulischen Unterricht zentrieren. Sie setzt in der Lebenswelt der Schule an und ist als erstes bestrebt, die selbstverständlichen und fraglosen Handlungen und Gegebenheiten des Schulalltags ins Bewußtsein zu heben, zu problematisieren, in den Sinn-Gebungen zu verunsichern — alles zusammengenommen — die Alltagshandlungen und -situationen in die Phase der phänomenologischen Reduktion zu versetzen. Da der Lehrerforscher zumeist Lehrer und Forscher in einer Person ist, kann er den Unterricht so arrangieren und inszenieren, daß der Vorgang der Bewußtwerdung naiver Alltagstheorien und fragloser Alltagshandlungen im Zusammenwirken aller am Unterricht teilhabenden Personen erfolgt.

Wodurch unterscheidet sich die forschende Tätigkeit des Lehrers von seinem unterrichtlichen Handeln, wenn beides zugleich, in derselben Situation und von einer Person durchgeführt wird? Denn das Konzept Lehrerforschung enthält mehr als die Aufforderung zum reflektierten Handeln im Unterricht, weil dies der „gute" Lehrer schon immer gemacht hat, ohne sich deshalb als Wissenschaftler und Forscher zu bezeichnen. Was kommt also zur reflektierten Praxis hinzu, damit von Lehrerforschung gesprochen werden kann? Ich entwerfe die einer phänomenologisch-orientierten Bewegungspädagogik entsprechende Strategie der Lehrerforschung in zehn kommentierten Thesen:

1. Lehrerforschung findet in der alltäglichen Unterrichtssituation statt

Die pädagogische Theorie greift in verschiedener Weise in den unterrichtlichen Alltag ein. Im empirisch-analytischen Konzept werden Daten von den am Unterricht beteiligten Personen erhoben, ausgewertet ohne Beteilung dieser Betroffenen und bestenfalls diesen wieder zur Verfügung gestellt in Form einer Veröffentlichung. Das Handlungsforschungs-Konzept greift intensiver und wirkungsvoller in das praktische Geschehen ein, doch muß das nicht immer zum Vorteil der Praxis sein. Andreas FLITNER (1978, 189) sieht dies so: „Die Wissenschaft stellt den Alltag infrage; sie kritisiert die Routinen und Rituale, die täglichen Entlastungen und die Fassaden des Alltags. Sie nimmt den Lehrern und Erziehern die Naivität ihrer einfachen ‚Erfahrungen'. Sie stellt die Leistungs- und Anforderungsstrukturen infrage, die Bewertungssysteme, die Zuschreibungen, die Verlängerung von Ungleichheit, vom mitgebrachtem Status der Schüler, von überkommenen Methoden der Bestätigung und der Entmutigung der Kinder. Hier überall mischt sie sich in den Alltag des Lehrers oder Erziehers ein mit aufgeklärtem Besserwissen. Aber kümmert sie sich hinreichend darum, wie aus diesem Übermaß von Kritik und Desillusionierung auch wieder Alltag aufgebaut, z. B. tägliches Schulehalten wieder ermöglicht werden kann?"

Gerade das von FLITNER zuletzt Geforderte, kann Lehrerforschung für die Unterrichtspraxis leisten. Der Unterrichtsverlauf bleibt im alltäglichen Zustand und wird durch keine Eingriffe in die Nähe einer Laborsituation gerückt, wird aber als Forschungsaspekt ausgewiesen und allen Beteiligten kenntlichgemacht. Ausgewählt werden in der Regel „problematische" Situationen des Lehrens und Lernens und das sind solche, in denen gewohnte und oft routinemäßig eingesetzte Handlungsstrategien nicht zum Erfolg führen, weil unübersehbare Diskrepanzen zwischen den Erwartungen der Beteiligten und den Ergebnissen der Tätigkeit auftreten.

2. Lehrerforschung ist im theoretischen wie im praktischen Geschehen ein dynamischer Vorgang

In der bewegungspädagogischen Lehrerforschung wird nicht das sportdidaktische, bewegungstheoretische und trainingswissenschaftliche Wissen im Bewegungsunterricht zur Anwendung gebracht, sondern in einem bewußten, offenen und dynamischen Prozeß der Theorie-Praxis-Verschränkung das Wissen entwickelt, das voraussichtlich zur Lösung eines definierten unterrichtlichen Problems führen kann.

3. Lehrerforschung ist ein partnerschaftliches Konzept

Alle am forschenden Unterricht beteiligten Personen, der Lehrer, die Schüler und die Kollegen, die mit der Unterrichtsaufzeichnung oder

-beobachtung befaßt sind, sind über die Forschungsabsichten und -strategien vollständig informiert, nehmen an allen Entscheidungen kompetenzberechtigt teil und beteiligen sich nicht nur an der Planung und Durchführung des Projektes, sondern auch an der Interpretation der Ergebnisse.

4. *Lehrerforschung ist ein Praxis und Theorie verknüpfendes unterrichtliches und wissenschaftliches Handeln*

Die Forschungsaspekte sind aus Fragen und Problemen destilliert worden, die für alle beteiligten Personen bedeutsam sind. Sie sind nicht von außen in das Forschungsprojekt gelangt, sie sind nicht die theoretischen Fragestellungen des Erziehungstheoretikers, sondern die praktischen Probleme des Lehrers oder der Schüler, die unter Mithilfe erziehungswissenschaftlicher Theorien im Aktion-Reflexions-Prozeß des forschenden Unterrichts gelöst werden. Solche gleichsam von innen her das Forschungsprogramm strukturierende und in Gang setzende Fragestellungen entstehen, weil Handlungsroutine plötzlich auf einen Widerstand stößt und bewußt wird, weil eine gewohnte Unterrichtssituation einen anderen Verlauf nimmt und auffällig geworden ist, weil ein Handlungsrezept nicht die erwartete Wirkung gezeigt hat. Theorie- und Praxis-Verknüpfung in der Lehrerforschung entsteht aus solchen, der Praxis zuteilbaren Problemen aber auch aus anderen, mehr theoretischen Fragestellungen, weil neue Erkenntnisse oder theoretische Annahmen die praktische Erprobung herausfordern. Ein Forschungskonzept, das Erziehungstheorie und Erziehungspraxis verknüpft, nimmt beide Partner dieses Verhältnisses ernst und wichtig und ordnet keinen dem anderen unter. Deshalb können und sollen die Forschungsfragen auch von beiden Seiten gestellt werden, das Kennzeichnende für dieses Forschungskonzept ist die Bereitschaft zur gemeinsamen und gleichberechtigten Suche nach Erkenntnissen, die praktikable Antworten auf diese Fragen abgeben.

5. *Lehrerforschung erfordert ein engagiertes und distanziertes Handeln*

Der scheinbare Widerspruch zwischen Engagement und Distanz im Handeln des Lehrerforschers ist auflösbar, wenn der im Unterricht aufgehende Lehrer zugleich den Abstand zu seinem eigenen Handeln herstellt und zeitweilig aufrechterhält. Ohne Zweifel ist der Lehrerforscher ein gespaltener Mensch, der tätig ist und zugleich seine Tätigkeit von außen her betrachtet, der handelt und zugleich sein Handeln interpretiert. Die Gleichzeitigkeit dieser schwer zu vereinenden Aktionen ist aber nicht jederzeit erforderlich, denn der Lehrerforscher kann auch unterrichten und den

Unterricht von einer anderen Person beobachten, visuell aufzeichnen oder schriftlich dokumentieren lassen und diese Dokumente nachträglich auswerten und damit aus der zeitlichen Distanz zum eigenen Tun interpretieren. Dennoch ist sowohl die Gleichzeitigkeit als auch die Ungleichzeitigkeit der engagierten Aktion und der distanzierten Reflexion in jeder Situation der Lehrerforschung gegeben.

6. *Lehrerforschung ist ein geplant und improvisiert ablaufendes Geschehen*

Wieder haben wir es mit einer an sich gegensätzlichen Forderung zu tun, die aber in diesem Forschungskonzept vereinbar und einlösbar wird. Gut vorbereitete und reflektierte Unterrichtspraxis ist der erste Schritt zur Lehrerforschung; aber noch nicht diese selbst. Sie setzt dann ein, wenn das Forschungsvorhaben bis in die Einzelheiten geplant, strukturiert und schriftlich fixiert ist, die Methoden und die Auswertungs- und Interpretationsverfahren festgelegt sind. Während andere Forschungskonzepte bestrebt sind, an der einmal festgelegten Erhebungsstrategie unter allen Umständen festzuhalten, ist die Handlungsforschung generell und die Lehrerforschung im besonderen nicht nur bereit, sondern geradezu darauf angelegt, Abweichungen vom Konzept zuzulassen und Improvisation zu akzeptieren. Die Gründe für diese flexible Einstellung des Lehrerforschers sind zweifach gegeben:

— der Unterricht ist allemal wichtiger als das Forschungsergebnis und hat Vorrang gegenüber dem Forschungsvorhaben.
— die am Unterricht und Projekt beteiligten Schüler bringen neue Gesichtspunkte ein und verändern die ursprünglich geplante Fragestellung bzw. Strategie.

7. *Lehrerforschung hat viele methodologischen Besonderheiten*

Sie geht in der Datenerhebung und -interpretation eigene Wege und weicht in einem Punkte weit von empirisch-analytischer Forschungsstrategie ab: Im praktischen Handeln werden die daraus gewonnenen Daten bereits analysiert und wieder ins Geschehen eingebracht, sie werden nicht angesammelt und der späteren Aufbereitung zugeführt, sondern praxisverändernd in diese wieder zurückgeführt. Die Schritte der Lehrerforschung sind: Unterrichten, Daten aus dieser Tätigkeit mit wissenschaftlichen Methoden gewinnen, den Unterricht damit konfrontieren und das Ganze als Kreislauf erneut in Gang setzen. Lehrerforschung als Handlungsforschung trennt die Tätigkeit nicht vom Denken, die Aktion nicht von der Reflexion, die Praxis nicht von der Theorie. Das ist allerdings nicht die einzige Vorgangsweise, weil auch die Lehrerforschung die zeitliche Trennung von Datenerhebung und -auswertung anerkennt und zeitweilig durchführt.

8. *Lehrerforschung ist eine den Lehrer in starker Weise beanspruchende Strategie*

Im unterrichtlichen Handeln hat der Lehrer seine Theorien und Verfahren präsent zu halten, in der Reflexion ruft er sich sein Handeln beständig in die Erinnerung zurück. Für dieses Forschungskonzept ist es deshalb von bestimmender Wichtigkeit, daß die Reflexionsphase auch unmittelbar nach der Aktionsphase angesetzt werden kann. Lehrerforschung fängt nicht mit der Unterrichtseinheit an und endet nicht damit, sondern findet vor allem nach der Aktion statt. Der Lehrer benötigt viel Zeit in der Nachbereitung, für die Führung des Tagebuches, die Auswertung der Videoaufzeichnung des eben gehaltenen Unterrichts, für die Aussprache mit den Schülern oder die Diskussion mit den Personen, die seinen Unterricht beobachtet haben. Beanspruchend ist aber auch die methodologische Vielfalt der Handlungsforschung, die gerade angedeutet wurde. Lehrerforschung setzt die Vertrautheit mit unterschiedlichen Verfahren der Datengewinnung und -auswertung voraus: Lehrertagebuch, Schüleraufsatz, Beobachtungsprotokoll, Fragebogen, Videoaufzeichnung, Expertengespräch usw.

9. *Lehrerforschung fordert die Persönlichkeit des Lehrers heraus*

Die Praxis, die der Lehrerforscher untersucht, ist stets seine eigene. Zu ihr kann er als Forscher niemals dieselbe Distanz herstellen, die ein Forscher im Regelfall seinem Forschungsgegenstand gegenüber einnimmt. Der Forschungsgegenstand des Lehrerforschers ist zu einem großen Teil er selbst, sein unterrichtliches Können, sein erzieherisches Handeln, seine Einstellung zum Schüler. Müssen in diesem Fall nicht „Selbstschutzmaßnahmen“ und „Verteidigungsstrategien“, wie sie jeder Mensch dem eigenen Handeln gegenüber anwendet, das Forschungsprojekt beeinflussen und die Ergebnisse beeinträchtigen oder sogar verfälschen? Damit dies in akzeptablen Grenzen gehalten wird, braucht der Lehrerforscher die Mitarbeit der Schüler und die Unterstützung durch verständnisvolle und kompetente Kollegen. Der Lehrerforscher darf nicht das Gefühl haben, in seinem Tun existentiell ausgesetzt zu sein. Eine besondere Hilfe ist dann geboten, wenn mehrere Lehrerforscher an einer Schule zusammenarbeiten und abwechselnd in die Rollen des Forschers und des externen Gutachters schlüpfen.

10. Lehrerforschung ist ein aufklärerisches Unternehmen

In vielen Unterrichtssituationen handeln nicht nur Schüler, sondern auch Lehrer nach unbewußten Alltagstheorien in unbedachten Routinehandlungen. Ein gemeinsames Forschungsvorhaben wird dazu beitragen, zumindest einen Ausschnitt des alltagstheoretischen Handelns in das Bewußtsein aller Beteiligten zu bringen. Wenn dieses aufklärerische Vorgehen im Projekt intendiert ist, wird es kein zufälliges, sondern ein vorhersehbares Ereignis sein. Damit ist Lehrerforschung ein Lernprozeß für beide Seiten und alle beteiligten Personen. Sie eröffnet darüber hinaus die Innensicht der Erziehung und des Unterrichts und kann auch aus diesem Grunde ein aufklärerisches Unternehmen benannt werden. Innensicht bedeutet in diesem Zusammenhang die Erkenntnis, daß der Unterricht aus Schülersicht nicht nur die praktische Anwendung pädagogischer und didaktischer Theorien durch den Lehrer darstellt, sondern den Lehrer als erlebende Person in das Geschehen hereinnimmt, bzw. der Lehrer sich bewußt und aktiv als Mensch und damit auch als Vorbild in diesen interaktionellen Vorgang einbringt. Auf der anderen Seite wird ein Lehrerforschungsprojekt dem Lehrer die Einsicht vermitteln, daß der Schüler im Bewegungsunterricht kein motorisch lernender und übender Teilmensch ist, sondern ein ganzheitlich handelndes, erlebendes und fühlendes Wesen ist, das auch in dieser Unterrichtssituation mit allem beteiligt ist, was Menschsein ausmacht. Lehrerforschung schafft im gemeinsamen Tun die aufklärenden Situationen, in denen sich Schüler und Lehrer gegenseitig nicht nur in ihren jeweiligen situativen Rollen, sondern als ungeteilte und ganze Persönlichkeiten zu erkennen geben.

Schlußfolgerung:

Lehrerforschung kann nur im Kontext einiger Rahmenbedingungen durchgeführt werden

Sie setzt die wissenschaftstheoretische und methodologische Ausbildung und Weiterbildung des Lehrer voraus, einen dafür aufgeschlossenen Kollegenkreis, motivierte Schüler und eine darauf abgestimmte Stundenplangestaltung. Nur aus dem Zusammenwirken vieler Faktoren gelingt dieses anspruchsvolle Forschungskonzept, das einer dynamischen, komplexen und lebensweltlichen Praxis angemessen ist.

5.2.4. Zusammenfassende Überlegungen zur phänomenologischen Theorie der Bewegungserziehung

Die Bewegungspädagogik[70] ist eine wissenschaftliche Disziplin, die Theorien der Bewegungserziehung aufstellt, prüft, und in systematischer Absicht zusammenfaßt, und zwar Theorien aus allen Praxisfeldern und für alle Anwendungsgebiete der Bewegungserziehung. Sie bringt also Theorien über die Praxis und für die Praxis der Bewegungserziehung hervor. Ihr Gegenstand ist der durch Bewegungshandlungen zu erziehende und sich selber bildende heranwachsende Mensch in seiner alltäglichen Lebenswelt. Die höchste Norm und oberste Zielsetzung der Bewegungspädagogik ist der Begriff und der Gehalt der Bewegungskultur in seiner mehrfachen Differenzierung als Sport-, Spiel-, Ausdrucks- und Gesundheitskultur und seiner integrativen Stellung in der menschlichen Körperkultur.

Die phänomenologische Bewegungspädagogik bevorzugt die qualitativen Methoden der Erkenntnisgewinnung und jene Forschungsstrategien, die Theorie und Praxis, Forscher und Praktiker gleichrangig in den Forschungsprozeß einbinden.

In der Phänomenologischen Pädagogik werden Ansichten vertreten, die der Phänomenologie nur die Funktion und Bedeutung einer wissenschaftlichen Methode zuschreiben und sie deshalb auf die exemplarische Deskription und das hermeneutische Sinnerfassen (Verstehen) reduzieren. Ich schließe mich dieser Auffassung nicht an und habe versucht zu zeigen, daß eine Phänomenologische Bewegungspädagogik ein gesamtes pädagogisches System und nicht nur ein wissenschaftliches Erkenntnisverfahren sein kann.

Wilfried LIPPITZ stellt die Behauptung in den Raum, daß „eine Pädagogik, die das Vermittlungsproblem von Theorie und Praxis nicht schon zugunsten einer (wissenschaftlichen) Theorie gelöst zu haben glaubt, an der Phänomenologie nicht vorbeigehen kann" (1987, 126). Es bedarf keiner langen Begründung für den Nachweis, daß die Vermittlung zwischen Theorie und Praxis auch in der Bewegungspädagogik wie in jeder anderen erziehungswissenschaftlichen Disziplin ein bedeutsames und ungelöstes Problem darstellt. Daß eine phänomenologisch orientierte Bewegungspädagogik Brücken zwischen der von ihr entwickelten Theorie und der von ihr zu gestaltenden Praxis der Bewegungserziehung zu bauen und zu befestigen vermag, soll durch eine zweifache Überlegung gestützt sein:

Der qualitative Erfahrungsbegriff der Bewegungspädagogik ist ein praxisnaher, weil sein Ausgangspunkt die lebensweltlichen Handlungen und praktischen Tätigkeiten aller in die Bewegungserziehung einbezogenen Personen ist. Und die Forschungsstrategie der Bewegungspädagogik ist eine praxisnahe, weil sie sich explizit als Praxisforschung deklariert und im Konzept der Lehrerforschung die personale Einheit von Theorie und Praxis herstellt. Was hätte ein kurzgefaßter Rechenschaftsbericht über das Zustandekommen dieses Konzeptes einer phänomenologisch-anthropologischen Bewegungspädagogik zu enthalten? Auf welchem Weg bin ich zu den in diesem 5. Kapitel getroffenen Feststellungen gelangt, wer waren die Weggefährten und wer die Wegweiser?

1. Den unmittelbaren Anlaß ergab die Beschäftigung mit der „Phänomenologischen Pädagogik" der Gegenwart, die in den 80er Jahren durch das Schlagwort von der Alltagswende auf sich aufmerksam gemacht hat. Dieses Ereignis traf auf ein Bedürfnis nach praxisnäheren pädagogischen Theorien nach dem Erkennen der nicht eingelösten Versprechen der empirischen Erziehungswissenschaft. Eine erste Schwierigkeit ergab die bald erkannte Tatsache, daß es die eine und einheitliche „Phänomenologische Pädagogik" nicht gibt und die Ratsuche bei phänomenologischen Konzepten in der Pädagogik nicht nur deren Verschiedenheit, sondern auch Bruchstückhaftigkeit aufgedeckt hat (5.1.1.). Schon aus diesem Grunde ist das hier vorgetragene Modell einer phänomenologischen Bewegungspädagogik ebenfalls ein Fragment geblieben, aber, so meine ich, eines, das als Fundament geeignet ist, darauf ein Wissenschaftsgebäude in seinen Einzelheiten und seiner Gesamtheit zu errichten.
2. Die Auseinandersetzung mit den methodologischen und strukturellen Themen und Thesen gegenwärtiger Vertreter phänomenologischer Pädagogik (vor allem mit Helmut DANNER, Wilfried LIPPITZ und Käte MEYER-DRAWE) lenkte die Aufmerksamkeit auf historische Entwicklungen und Wurzeln und führte mich zu Pädagogen (Otto Fr. BOLLNOW, Werner LOCH, Martinus LANGEVELD), unter denen die Person und das Werk von Eugen FINK (1970, 1978, 1979) einen besonderen Eindruck hinterlassen hat. Über eine von mir betreute Dissertation (PIBER 1991) fand ich den Weg erneut zu FINK, der mich schon vor Jahrzehnten durch sein Buch über die Ontologie des Spiels zu leibeserziehlichen Reflexionen angeregt hatte.
3. Die Beschäftigung mit den Theoriekonzepten der Leibeserziehung und der Sportpädagogik hat anthropologische und phänomenologische Themen zum Vorschein gebracht, die als Anregungen und Aussagen in das vorliegende bewegungspädagogische Konzept Eingang gefunden haben. THIELE (1990, 36–41) ist diesen Spuren ebenfalls nachgegangen und hat phänomenologisches Denken bei GRUPE, FUNKE, RIJSDORP und

BECKERS aufgespürt und aufgezeigt. Besonders GRUPEs (1984) Theorie der Leiblichkeit ist auch an vielen Stellen dieses Buches deutlich erkennbar. In der Sportpädagogik sind die Arbeiten von MEINBERG (1981, 1984) von Einfluß gewesen, ein Autor, der vor allem durch seine erziehungswissenschaftlichen und wissenschaftstheoretischen Beiträge (1987, 1988, 1989) ein wichtiger Wegführer meines Denkens geworden ist.

4. Jörg THIELE (1990) hat eine gründliche und kenntnisreiche Analyse des Zusammenhanges von Phänomenologie und Sportpädagogik vorgelegt. Es soll an dieser Stelle keine Buchbesprechung stattfinden und keine Kurzfassung des Inhalts dargelegt werden. Die Konzeptionen der von mir entwickelten phänomenologischen Bewegungspädagogik und der von THIELE vorgelegten phänomenologischen Sportpädagogik haben übereinstimmende Ideen, gedankliche Berührungsflächen, ähnliche philosophische und wissenschaftstheoretische Grundlagen aber auch unterschiedliche Ansichten und verschiedenartige Gewichtungen. Ich zeige Verwandtschaften und Verschiedenheiten aus meiner Sicht an einigen für beide pädagogischen Konzeptionen bedeutsamen Begriffen und Themen auf:

THIELE (1990) bleibt terminologisch im Rahmen von Sport und Sportpädagogik, wenngleich er inhaltlich keinem engen Sportbegriff verfällt und häufig mit dem Wort Sport das meint, was ich bewegungskulturelle Handlung meine und bezeichne. Er verbleibt auch im Feld der Sportwissenschaften und siedelt seine Sportpädagogik dort an, umgeht aber insgesamt die wissenschaftssystematische und methodologische Festlegung seines sportpädagogischen Modells. Aussagen zum Standort der Sportpädagogik innerhalb der Sportwissenschaften und zu Methoden der Erkenntnisgewinnung sind selten aufzufinden und wenn sie vorkommen, sind sie nicht sehr verbindlich.

Die Grundstrukturen beider phänomenologischen Modelle sind in zwei Merkmalen inhalts-, wenn auch nicht begriffsgleich und in zwei Strukturmerkmalen voneinander deutlich abweichend. Bewegung als grundlegende Kategorie wird von uns beiden deckungsgleich gesehen und beschrieben, Leiblichkeit und Körperlichkeit sind im Grunde nur die verschiedenartige Terminologie bei sehr ähnlicher inhaltlicher Substanz. Die Begriffe Zeitlichkeit und Räumlichkeit sind in meinem Konzept vernachlässigt, wiewohl mir bewußt ist, daß sie in der Phänomenologie (vor allem bei Martin Heidegger, aber auch bei Edmund Husserl, Alfred Schütz und Eugen Fink) von Wichtigkeit und Bedeutsamkeit sind. Sinn und Kultur finden wiederum bei THIELE wenig Beachtung, während sie in meinem Denken und in meiner sinnorientierten Bewegungspädagogik von konstitutioneller Bedeutung sind.

Gleich wichtig nehmen wir beide die Frage nach dem Menschenbild, das den pädagogischen Konzepten zugrundegelegt sein soll. Beide folgen wir den Denkspuren MEINBERGS (1988), berufen uns auf dieselben philosophisch-anthropologischen Gewährsmänner (Adolf Portmann, Max Scheler, Arnold Gehlen, Helmuth Plessner), setzen aber die Gewichtung in den Strukturen des Menschseins anders, wenn auch nicht weit voneinander abweichend. Für THIELE (1990, 259 ff.) ist die Kategorie Offenheit das zentrale Merkmal des Menschen, aus dem sich andere wie von selbst ergeben. In meinem Konzept ist die Offenheit oder Plastizität sicherlich ein bedeutsames, im Hinblick auf die Bewegungserziehung aber nicht das oberste und wichtigste Kriterium des Menschseins.

Vergleicht man zuletzt noch die philosophisch-pädagogische Basis beider Konzepte, ist — auf ein kurzes Ergebnis gebracht — die Feststellung haltbar und gerechtfertigt, daß THIELE näher bei Husserl steht und ich näher bei Fink anzusiedeln bin.

Am Anfang dieses Abschnittes (5.2.4.) steht der Satz, daß die Bewegungspädagogik Theorien über die Praxis und für die Praxis der Bewegungserziehung hervorzubringen hat. Diese Aussage ist nach den Ausführungen über die Lehrerforschung um einen wichtigen Punkt zu erweitern: die Phänomenologische Bewegungspädagogik gewinnt und prüft ihre Theorien *über* und *für* die Praxis *in* der Praxis der Bewegungserziehung. Das bedeutet weder die Identität von Theorie und Praxis der Bewegungserziehung, noch ihre grundlegende Verschiedenheit. Das verlangt auch nicht die beständigen und doch so wenig erfolgreichen Versuche einer Annäherung, der sich beide Seiten widersetzen. Das heißt aber, daß innerhalb eines lebensweltlichen Geschehens, Theorie und Praxis zwei Akzente einer Sichtweise sind. Diese untrennbare Verbundenheit von Theorie und Praxis bewirkt auch die wissenschaftstheoretische Tatsache, daß der Bewegungspädagoge als Wissenschaftler in keinem Augenblick seinem Forschungsgegenstand gegenüber jene distanzierte Haltung einnehmen kann, die dem Botaniker oder Mineralogen, dem Physiker oder Chemiker selbstverständlich ist. Der Erziehungswissenschaftler ist stets mit betroffen von dem, was er untersucht, er ist einbezogen als Person in seine Forschung, eingebunden in ein unentwirrbares Geflecht von Theorie und Praxis des Erziehungsgeschehens. Und er ist es, wie auf den vorangegangenen Seiten gezeigt worden ist, als Lehrerforscher in ganz besonderer Weise.

In der europäischen Wissenschaftsgeschichte und Wissenschaftsidee bildet der Wahrheitsbegriff die oberste Maxime und Zielsetzung. Die Zweifel an dieser höchsten ethischen Norm der Wissenschaft kamen mit der Atombombe und sind seither so beträchtlich angewachsen, daß sie den tiefreichendsten Paradigmawechsel in der abendländischen Wissenschaftsgeschichte ankündigen und wahrscheinlich erscheinen lassen, den von der Wahrheit zur Qualität.

In der Erziehungswissenschaft hat Eugen FINK (1970, 22 ff.) bereits die wichtige Unterscheidung in eine theoretische und pragmatische Wahrheit vorgenommen. Die theoretische Wahrheit ist die in der Wissenschaft gebräuchliche Übereinstimmung von Gegenstand und Erkenntnis, von Tatbestand und sprachlicher Aussage, wie sie in der Naturwissenschaft in reinster Form in Erscheinung tritt. Die pragmatische Wahrheit hingegen ist die „Selbstverständigung einer Praxis" (1970, 24), einer humanen, d. h. subjektiv gedeuteten und sinnbehafteten Gegebenheit oder Begebenheit, eines Tatbestandes oder Vorganges. Die pragmatische Wahrheit enthält immer auch das Selbstverstehen des den Forschungsgegenstand verstehenden Subjekts, die „Mitwisserschaft" und das „Vollzugsbewußtsein" des Menschen, wie Eugen FINK (1970, 25) es ausdrückt. So wird im Erziehungsdenken FINKS ebenso wie in seinem erziehungswissenschaftlichen Konzept der Begriff der Mitwisserschaft zum alles andere Belangvolle um sich sammelnden Kern. Das erzieherische und pädagogisch Belangvolle aber kommt aus wissenschaftlichen und vorwissenschaftlichen Gefilden.

„Das Erziehen als individuelle und als soziale Tätigkeit lebt in der Mitwisserschaft mit sich selbst, vollzieht sich in einer Reflexivität, die zwar vorwissenschaftlich ist, aber existentielle Bedeutung hat" (1970, 29). Daß die Mitwisserschaft in der Erziehung auf vorwissenschaftliches *und* wissenschaftliches Wissen baut, hat FINK an vielen Stellen seines Buches (1970) deutlich ausgesprochen.

Die bisherigen gegenstandbezogenen und methodologischen Ausführungen und Ansichten zur Bewegungspädagogik folgen diesen Denkspuren Eugen FINKS (1970), weil sie ebenfalls nicht zur theoretischen, sondern zur pragmatischen Wahrheit führen, einer Wahrheit, die einer humanwissenschaftlichen Disziplin zugänglich ist. Die phänomenologischen Methoden des Beschreibens und des Verstehens und das methodologische Konzept der Lehrerforschung streben nicht nach der widerspruchsfreien und intersubjektiv nachprüfbaren Übereinstimmung subjektiver Erkenntnisse und objektiver Tatbestände (theoretische Wahrheit), sondern nach der Mitwisserschaft, der Sinnerhellung und der Selbsterkenntnis (pragmatische Wahrheit). Deshalb zieht sich der Lehrerforscher als Subjekt nicht aus der zu erforschenden Praxis zurück und stellt diese in die objektive Distanz zu sich selbst, sondern verbleibt handelnd in sie eingebunden und erforscht in jedem Tatbestand und jedem Prozeß des Feldes sich selbst. Diese fortschreitende Aufklärung über das eigene und fremde Handeln in einer Lebenswelt, in der der Forschende als Handelnder eingebunden bleibt, nennt FINK (1970, 24) die „Vollzugswachheit“. Ich gehe aber noch einen Schritt über FINK hinaus, indem ich auch die pragmatische Wahrheit nicht als oberste Norm der Bewegungspädagogik anerkenne, sondern dieses Prädikat der Qualität zuspreche.

Wissenschaft fängt nicht — wie es die landläufige und auf Poppers Forschungslogik zurückgehende Ansicht ist, mit Problemen an, sondern mit *den* Problemen, die es wert sind, gelöst zu werden. Wissenschaft ist also zunächst eine Wertentscheidung, allerdings nicht über Wahrheit und Falschheit sondern über „Gutheit“ und „Schlechtheit“, über Nutzen oder Nachteil, Sinnhaftigkeit oder Sinnlosigkeit für das Leben des Menschen und aller Lebewesen dieser Erde.

Wissenschaft ist Lebensdeutung und hat die Nachfolge des Mythos angetreten. Als wissenschaftliche Disziplin deutet die Bewegungspädagogik jene Aspekte des menschlichen Lebens, die mit dem Körper in Bewegung verknüpft sind: das Spielen, Wettkämpfen, Leisten, Gestalten, Wohlbefinden usw.

Es sind kulturelle Erscheinungen, die der Körper- und Bewegungskultur angehören. Die sinnorientierte Bewegungspädagogik bemüht sich um das Beschreiben und Verstehen dieser Phänomene der Bewegungserziehung, indem es deren Sinn im Lebensvollzug des Menschen sucht und in zeitweiliger Gültigkeit auch findet. Verstehen und Sinnerfassen bedeutet bei diesen bewegungskulturellen Phänomenen aber nicht, sie restlos zu erkennen, zu erklären und zu durchschauen. Hinter dem Erkannten türmt sich Unbekanntes auf, das scheinbar gelöste Problem wirft neue Fragen auf, das Verstandene ist die sichtbare Spitze eines Eisberges des Unverstandenen und jeder definierte Begriff verweist auf das Unbegreifliche.

Eine erziehungswissenschaftliche Disziplin kann sich allerdings mit der Lebensdeutung nicht begnügen, sie ist zugleich Lebenshilfe und Lebenslehre. Die Bewegungspädagogik ist die Theorie der bewegungskulturellen Lebensbewältigung durch die Bewegungserziehung.

Anmerkungen

1 PORTMANN beschreibt den eigenartigen Zustand des neugeborenen Menschen folgendermaßen: „... er ist Nestflüchter, ohne „flüchten" zu können, er ist Nesthocker, aber mit den offenen, wachen Sinnesorganen des Nestflüchters. Unser Geburtszustand ist eine besondere humane Variante, ein von echten Nestflüchtern stammender, aber sehr früh aus dem Uterus entlassener Säugling" (1958, 10).

2 Die bedenkliche Verwendung der Wortverbindung Körperkultur kann beispielhaft bei Hans W. FISCHER „Körperschönheit und Körperkultur" aufgezeigt werden. In diesem im Jahre 1928 erschienenen und vielgelesenen Buch wird die Körperkultur ausschließlich als Körper- und Bewegungsschönheit gesehen, letztere aber geradezu ideologisch in die Kraftschönheit des Mannes und die Ausdrucksschönheit der Frau geschieden. Weitere Beispiele für einseitige und aus heutiger Sicht bedenkliche Deutungen des Begriffes Körperkultur finden sich in GIESE/HAGEMANN (1924) und WINTHER (1914).

3 Herbert HAAG (1986) hat die Wortverbindung „Bewegungskultur" nicht nur im Titel eines Buches geführt, sondern ist auch schon den pädagogischen Intentionen einer damit verbundenen Bewegungserziehung nachgegangen. Ein halbwegs vollständiges didaktisches Konzept ist allerdings auch in seinem Buch „Bewegungskultur und Freizeit" weder beabsichtigt noch angeboten.
Bei DIETRICH/LANDAU (1990) steht diese Wortverbindung auch in der Verwendung.

4 Diese kulturgeschichtliche Sicht des menschlichen Bewegungshandelns entwickelt und dargestellt zu haben ist das Verdienst von Henning EICHBERG. Siehe dazu vor allem EICHBERG 1978 und 1979.

5 In meiner Salzburger Antrittsvorlesung des Jahres 1982 habe ich diese drei Begriffe drei historischen Epochen der Bewegungskultur zugeordnet. Sie ist als 74. Heft der Salzburger Universitätsreden erschienen und trägt den Titel: Rivalität — Ritual — Rekord: Überlegungen zur Kulturgeschichte der menschlichen Bewegung. Salzburg/München 1984.

6 In seinem Buch „Sport als Kultur" (1987) setzt sich Ommo GRUPE nicht, wie man vom Titel her vermuten könnte, mit dem Begriff „Sportkultur" auseinander noch weist er diesen in die Nähe einer sportpädagogischen Zieldimension. Es geht darin hauptsächlich um die schon aus früheren Veröffentlichungen bekannten Bildungsmotive des Sports und um den Versuch, Spiel und Sport voneinan-

der abzuheben bzw. auf Gemeinsamkeiten hin zu untersuchen. Auch von diesem Buch ist deshalb kein Anstoß ausgegangen, den Begriff Sportkultur als pädagogische Zielvorstellung in der Didaktik der Sporterziehung zu entwickeln.

7 Mit dieser Definition des Wortes Kultur und im besonderen mit dem Begriff der „natürlichen Fähigkeiten“ setze ich mich an späterer Stelle (2.2.4.) kritisch auseinander.

8 Die wichtigsten Merkmale der „Sportlichen Handlungsfähigkeit“ wie Können, Wissen, Organisationsfähigkeit usw. hat vor allem Dietrich KURZ (1979) herausgearbeitet und dargestellt. Es ist ihm gelungen, diese Zielformel mehrperspektivisch zu beschreiben. Zur inhaltlichen Ausstattung dieser Zielformel siehe vor allem den Beitrag von Dietrich KURZ (1986).

9 Zu den hier nicht näher erläuterten Begriffen der integrativen und innovativen Sozialisation durch das Bewegungsspiel macht Brian SUTTON-SMITH (1978) nähere Angaben.

10 Zum Begriff „Gestaltung“, der in der Wortverbindung „gestalterische Bewegungshandlung“ steckt, ist auf PROHL (1990, 130 ff.) zu verweisen. Im Sportwissenschaftlichen Lexikon (RÖTHIG 1992, 180) zeigt BREHM die Bedeutung dieses Phänomens in der Theorie der Leibeserziehung, wo Gestaltung neben Spiel und Leistung die Bildungsgehalte der Leibesübungen ausmacht. Bewegungsgestaltung definiert RÖTHIG (1992, 80) als „Strukturierte Bewegung, die primär durch koordinative Leistung und individuelle Ausdrucksfähigkeit bestimmt wird“.

11 Ausführlich und kenntnisreich hat Peter RÖTHIG über viele Jahre das Thema Rhythmus in der Bewegungsgestaltung und der Bewegungserziehung erörtert und in vielen Veröffentlichungen dargelegt. Eine Zusammenfassung seiner Gedanken dazu bildet der Beitrag: „Zur Theorie des Rhythmus“ in BANNMÜLLER E./ RÖTHIG P. (1990, 51–71). Das Literaturverzeichnis für diesen Beitrag weist 7 einschlägige Arbeiten RÖTHIGS zum Rhythmusproblem von 1963 bis 1970 auf.

12 Die österreichischen Lehrpläne von 1962 ff. folgen der Systematik von Hans GROLL (siehe dazu BURGER-GROLL: Leibeserziehung 1949, 1971), die früheren Richtlinien für Leibesübungen in Hessen enthalten Ludwig MESTERS, die in Nordrhein-Westfalen Liselott DIEMS Systeme des Übungsstoffes.

13 Siehe dazu vor allem die sozialwissenschaftliche Sicht bei Brian SUTTON-SMITH, enthalten in dem Buch: Dialektik des Spiels, Schorndorf 1978.

14 Siehe dazu vor allem Ommo GRUPE: Sport als Kultur, Zürich 1987.

15 Zur Unterscheidung der beiden Begriffe Erbmotorik und Erwerbsmotorik eignet sich als erster Einstieg die ausführliche Behandlung des Terminus Motorik im Sportwissenschaftlichen Lexikon (RÖTHIG 1992, 319–322).

16 Den diffizilen Zusammenhang von Erziehung und Menschenbild beschreibt Eckhard MEINBERG sehr ausführlich in dem Buche „Das Menschenbild der modernen Erziehungswissenschaft:“ Darmstadt 1988.

[17] Darüber informieren BIELEFELD (1986), FUNKE (1983) und TREUTLEIN u. a. (1986).

[18] Als Einführung in die anthropologischen Gedankenwelten der genannten Autoren eignen sich PLESSNER (1975), GEHLEN (1986), PORTMANN (1958), MERLEAU-PONTY (1966).

[19] Dazu vor allem GRUPE (1984) und MEINBERG (1988).

[20] Diese Ansicht hat der Psychiater Ludwig BINSWANGER (1947) geäußert und überzeugend dargelegt.

[21] Eckhard MEINBERG beschreibt in seinem Buch: Das Menschenbild der modernen Erziehungswissenschaft (Darmstadt 1988) in einem ausführlichen Kapitel die körperhafte Mundanität des Menschen und ordnet ihr folgende Merkmale zu: Bedürftigkeit, Künstlichkeit, Beziehung und Personalität.

[22] Die weltbezogene Körperlichkeit des Menschen deutet Martinus LANGEVELDS (1968, 125–141) im Hinblick auf das Kind in der dreifachen Weise des Begegnungswertes, Erlebniswertes und instrumentellen Wertes.

[23] Was es insbesondere im Leben der heranwachsenden Menschen mit der bildenden Bedeutung der Bewegung auf sich hat, wird im 4. Kapitel ausführlich erörtert.

[24] Vergleiche dazu vor allem die vielen Bücher und Aufsätze des österreichischen Legotherapeuten Viktor E. FRANKL, in denen die Sinnfrage im Mittelpunkt der theoretischen Erörterungen und praktischen Anweisungen steht.

[25] Mohammed RASSEM (1987, 751) spricht von etwa 4000 geschichtlich und geographisch voneinander unterscheidbaren Teilkulturen.

[26] In diesen beiden Büchern (1972, 1973) beschreibt Annemarie SEYBOLD die nachfolgenden Grundsätze der Leibeserziehung aus dem reformpädagogischen Denken der Zeit von der Jahrhundertwende bis zum Beginn der nationalsozialistischen Ära. Diese Grundsätze der körperlichen Erziehung werden nach dem Ende des Zweiten Weltkrieges erneut aufgenommen und zu konzeptionellen Bestandteilen der Theorie der Leibeserziehung. Es sind dies besonders die pädagogischen und didaktischen Prinzipien der Kindgemäßheit, Naturgemäßheit, Gemeinschaftsgebundenheit, Ganzheit, Lebensnähe und Spontaneität.

[27] Die Merkmale des Kindlichen und Jugendlichen in der gegenwärtigen Kultur und die Ausbreitung dieser Lebenshaltung in allen Lebensbereichen aller Lebensalter zeigt LENZEN in seinem 1985 erschienenen Buch „Mythologie der Kindheit“ auf.

[28] Ein literarischer Beleg dafür ist das Buch „Spiele zur Übung und Erholung des Körpers und des Geistes für die Jugend, ihre Erzieher und alle Freunde unschuldiger Jugendfreuden“ des Philanthropen Johann Heinrich GUTS-MUTHS (1796), das im 19. Jahrhundert mehrere Auflagen und Bearbeitungen erfuhr und ein Richtungsweiser der Spielbewegung geworden ist.

[29] In Anlehnung an den sozialökologischen Ansatz von BAAKE bezeichnen DIETRICH/LANDAU (1990, 175 ff.) die Lebens- und Bewegungsräume der Kinder: 1. das ökologische Zentrum, 2. den ökologischen Nahraum, 3. die ökologischen Aus-

schnitte und 4. die ökologische Peripherie. Ich meine, daß es solcher „wissenschaftlicher" Terminologie und Systematik nicht unbedingt bedarf, um Wohnung, Wohnumgebung, Kindergarten, Vereine und Urlaubsorte als Bewegungswelten des Kindes voneinander abzuheben (was der Lebenswirklichkeit ohnedies nicht entspricht) und zu kennzeichnen.

30 Die These von der „Versportung jugendlicher Körper" hat Jürgen ZINNECKER ausgesprochen und argumentativ belegt (1989, 296 ff.).

31 Ich habe das Wort tatsächlich deshalb unter Anführungszeichen gesetzt, weil ich große Zweifel hege, daß das Ergebnis einer empirischen Erhebung, selbst wenn sie methodologisch so vielseitig und fundiert wie in der Arbeit von SCHEID (1989) durchgeführt worden ist, mit der Wirklichkeit tatsächlich übereinstimmt. Ich bin der Ansicht, daß der Unterschied zwischen „vermutlich" und „tatsächlich" lediglich in verschiedenen Graden der Wahrscheinlichkeit besteht. Doch ist dies ein wissenschaftstheoretisches Problem, das an dieser Stelle nicht weiter verfolgt werden soll. Ich greife es im 5. Kapitel wieder auf und erörtere es in Anlehnung an Eugen FINK (1970, 19 ff.).

32 Ich begnüge mich mit einer Aufzählung dieser Faktoren ohne Gewichtung und Systematik, wie sie bei WILLIMCZIK (1983, 314) und SCHEID (1989, 72 ff.) zu finden sind.

33 An dieser Stelle wurden nur die Erkenntnisse über die Körpermotorik (Grobmotorik) referiert, weil die von SCHEID ebenfalls erhobene handmotorische Geschicklichkeit (Feinmotorik) für die Belange dieses Buches von untergeordneter Bedeutung ist.

34 Liselott DIEM (1980) meint allerdings, daß die gezielten Bewegungsprogramme im Kindergarten oder in Sportvereinen ihre Wirkungen erst in der darauffolgenden Entwicklungsphase der späten Kindheit (6.–12. Lebensjahr) entfalten und zu einer verbesserten Entwicklung der Koordination und Kondition beitragen. SCHEID (1989) schließt diese Möglichkeit nicht aus, wenn er für die frühkindliche Lebensphase keinen Einfluß gezielter Bewegungsprogramme feststellt.

35 Volker SCHEID (1989, 76) zählt in diesem Zusammenhang die Arbeiten von VOGT (1978), WILLIMCZIK (1978), ZIMMER (1981), KEMPER (1982) und BÖS/MECHLING (1983) auf. Die genauen bibliographischen Angaben finden sich bei SCHEID (1989).

36 Ich kann zwar mit der Wortverbindung „Körper- und Bewegungskarriere" wenig anfangen, weil ich mit Karriere nicht den ganzheitlichen Lebenslauf eines Menschen, sondern lediglich den beruflichen Aufstieg verbinde. So wird Karriere umgangssprachlich und nach dem Duden-Stilwörterbuch definiert. Die meiner Ansicht nach modische Begriffsverwendung schmälert keineswegs das Verdienst des Autors, eine exzellente und informative Untersuchung über die Entwicklung des Körperbewußtseins und der Bewegungsfähigkeiten vorgelegt zu haben.

37 Die Terminologie BAURS (1989b) ist in diesem Fall uneinheitlich. S. 53, Tab. 1 wird unter den vier entwicklungstheoretischen Konzeptionen das „konstruktivistische" Konzept explizit PIAGET zugeschrieben, bei der näheren Beschreibung der Entwicklungstheorie von PIAGET auf den Seiten 47 bis 50 hingegen ist stets von der Interaktion die Rede. Ein Beispiel: „Damit aber stellt sich die Frage, inwiefern der interaktionistische Standpunkt von PIAGET. . ." (49)

38 Im sportwissenschaftlichen Bereich hat Henning ALLMER (1983) zuerst diese Absicht vertreten, sie aber nicht weiter verfolgt und in Einzelheiten ausgearbeitet. Es ist das Verdienst von BAUR, dies in seinem Buch über „Körper- und Bewegungskarrieren" (1989b) geleistet zu haben.

39 Diese Grundgedanken hat BAUR nach eigenen Angaben (1989b) von Henning ALLMER (1983) und Klaus WILLIMCZIK (1983) übernommen. Beide Autoren haben die Person-Umwelt-Beziehung als Entwicklungstatsache dialektisch interpretiert, begnügten sich aber mit allgemeineren Verweisen darauf. ALLMER (1983, 100 ff.) beschreibt mehrere entwicklungspsychologische Theoriemodelle, die eine Erklärung der Anlage-Umwelt-Einflüsse auf die menschliche Entwicklung abgeben und kommt zum Schluß, daß nur jene Theorien zu akzeptieren sind, die die Interaktion zwischen beiden Faktoren beachten.

40 Als Anlage wird die ererbte genetische Ausstattung des Individuums (Genotyp) bezeichnet, wobei die auf den Chromosomen liegenden Gene die Entwicklungsinformationen enthalten (vgl. ALLMER 1983, 98).

41 Volker SCHEID (1989) hat in einer Untersuchung zur Bewegungsentwicklung im frühen Kindesalter aufgezeigt, daß die Einflüsse dieser Bedingungsfaktoren nicht in allen Fällen gegeben sind und beispielsweise zwischen der motorischen Befähigung und der Wohnungsgröße und -ausstattung kein wechselwirkender Zusammenhang festzustellen ist.

42 Theoretisch ist das Problem der integrativen Entwicklung der menschlichen Person zwar erkannt, praktisch ist aber die Darstellung dieses integralen Geschehens noch nicht erfolgt und wissenschaftlich geht man weiterhin durch die Erforschung der einzelnen Entwicklungsverläufe und -merkmale die getrennten Wege (vgl. dazu BAUR 1989b, 241 ff.).

43 Die Anpassungserscheinungen des menschlichen Körpers auf die erhöhten Bewegungsbeanspruchungen unterteilt WEINECK (1988) in morphologische (Muskelmasse, Kapillarisierung, Herzvolumen u. a.) und funktionelle (Herzzeitvolumen, Energiestoffwechsel u. a.) Adaptationen. Weitere Einteilungsgesichtspunkte für körperliche Anpassungen bei Belastung finden sich bei WEINECK (1988, 24 ff.).

44 Auf die vielfach geäußerte Problematik der Bildung sozialer Schichten soll hier nicht eingegangen werden. Als Kriterien der Schichtzugehörigkeit werden aber die Berufstätigkeit des Vaters, das Familieneinkommen, die Wohnungsgröße und -umgebung, der Schulabschluß und die kulturellen Betätigungen der Eltern angenommen und akzeptiert.

45 Viele weitere Fakten und Thesen zu diesem Thema finden sich bei BOURDIEU (1984) und bei KAMPER/RITTNER (1976), darin besonders im Beitrag von Luc BOLTANSKI: Die soziale Verwendung des Körpers, 138–171.

46 Jürgen BAUR (1989 b, 105) führt die Autoren, die zwischen 1970 und 1989 solche Erhebungen durchgeführt haben an und nennt u. a. die Arbeiten von GRÖSSING (1970), ARTUS (1974), SACK (1980), BRETTSCHNEIDER, 1989).

47 Diese Aussage ist auch ein starkes Argument gegen den Hochleistungssport im Kindesalter, bei dem allein schon der zeitliche Aufwand für Training und Wettkampf eine Gefährdung der personalen Entwicklung darstellt (vgl. dazu vor allem Eckhard MEINBERG 1984, 180–213).

48 Jürgen BAUR (1989b, 110 ff.) spricht von „relevanten" Lebensereignissen und bezieht sich auf das in der Biographie- und Lebenslaufforschung vertretene Konzept der „kritischen" Lebensereignisse (siehe dazu FILIPP 1981 und VOGES 1987).

49 Entwicklungspsychologische Untersuchungen mit ihren auch widersprüchlichen Aussagen über das Phänomen Bewegung und menschliche Entwicklung referiert KRÜGER (1990) sehr ausführlich und bis auf Arbeiten des ausgehenden 19. Jahrhunderts zurückgreifend.

50 Den Wirkungszusammenhang zwischen Inhalt und Methode im Bewegungsunterricht erörtern auch DIETRICH/LANDAU (1990, 185 f.) im Zusammenhang mit den Überlegungen zum Erfahrungslernen im Sport im Rahmen der von ihnen konzipierten pädagogischen Bewegungslehre: „Gleichwohl konstituiert sich gerade erst im Prozeß der Vermittlung über Methode der jeweilige Inhalt und erhält seine eben über das methodische Vorgehen erzeugte thematische Struktur. . ."

51 Der von Adolf PORTMANN geprägte Begriff der „Physiologischen Frühgeburt" ist aus dem Vergleich des Menschen mit hoch organisierten Säugern (Nestflüchtern), zu denen die Huftiere, Robben, Wale und Affen zählen, entstanden und besagt folgendes: „Nach einem Jahr erlangt der Mensch den Ausbildungsgrad, den ein seiner Art entsprechendes Säugetier zur Zeit der Geburt verwirklichen müßte. Würde also dieser Zustand beim Menschen auf echte Säugerweise gebildet, so müßte unsere Schwangerschaft etwa um ein Jahr länger sein als sie tatsächlich ist; sie müßte etwa 21 Monate betragen (PORTMANN 1958, 49).

52 Zwischen Geräten und Gegenständen beim Bewegungshandeln wird derart unterschieden, das Geräte genormte Bewegungsmuster hervorrufen, weil sie mit festgelegten Bewegungstätigkeiten verbunden sind, Gegenstände hingegen offen für Bewegungshandlungen sind und eine variable Verfügbarkeit aufweisen. Geräte sind Barren, Diskus oder Volleyball, Gegenstände dagegen Zeitungen, Gummischnüre, Seile oder Luftballons.

53 Die pädagogische Thematik dieses Buches erfordert keine neurophysiologische und sinnesphysiologische Beschreibung und Erklärung des Bewegungslernens und -handelns. Dafür verweise ich auf die einschlägige Literatur, vor allem auf HOTZ/WEINECK 1988, WILLIMCZIK/ROTH 1983 und WEINECK 1988.

[54] Mit dem Vergleich von Erb- und Erwerbmotorik befassen sich auch DIETRICH/LANDAU (1990, 170 ff.). Die erstmalige Verwendung dieser beiden Begriffe dürfte wohl auf O. STORCH zurückgehen: „Die Sonderstellung des Menschen in Lebensstil und Vererbung". Wien 1948, und „Erbmotorik und Erwerbmotorik". In: Österreichische Akademie der Wissenschaften. Wien 1949.

[55] Über die Bewegungsregulation und die damit verknüpften Aspekte der Automatisierung des Bewegungsablaufes finden sich nähere Angaben bei ALLMER (1983, 82–85), über verschiedene theoretische Erklärungen informiert ROTH (1982).

[56] Der in der Bewegungslehre wenig beachtete, beschriebene und analysierte Begriff der Bewegungsqualität ist auch in der 6. Auflage des „Sportwissenschaftlichen Lexikons" (RÖTHIG 1992) nur durch den Verweis auf den Begriff Bewegungsmerkmal gekennzeichnet, wird aber dort nicht mehr erwähnt. Bei SCHEID (1989, 62 ff.) und bei PROHL (1990, 118–138) finden sich beachtenswerte Überlegungen und Ausführungen zur Bewegungsqualität.

[57] PIBER (1993) verweist in diesem Zusammenhang auf ein unveröffentlichtes Vorlesungsmanuskript von SCHÜTZ (o. J. Freiburg, 3 VL, 9–10) in dem sich die Unterscheidung zwischen „konstitutivem" und „methodologischem" Verstehen findet. Der Zusammenhang zwischen beiden Verstehenstypen ist aber insofern gegeben, als beiden die Kategorie des Sinnes innewohnt. Daseinsverstehen ist auf den Lebenssinn oder richtiger auf die Sinngehalte des Lebens gerichtet und die Verstehensmethode ist ein Weg der Sinndeutung.

[58] Die Bedeutsamkeit des Begriffes Leiblichkeit für eine phänomenologisch-anthropologische Pädagogik hat Käte MEYER-DRAWE in ihrem Buch „Leiblichkeit und Sozialität" (1987) auf der Grundlage der Leibphänomenologie MERLEAU-PONTYS herausgestellt.

[59] Zu nennen sind: Pietro Paolo VERGERIO (1370–1444), der gymnastische Übungen zur Gesundheitsvorsorge empfiehlt, Guarino VERONESE (1374–1460), der als Prinzenerzieher in Ferrara ausgedehnte Wanderungen mit seinen Zöglingen unternommen hat und schriftlich für die körperliche Erziehung eingetreten ist, Enea Silvio PICCOLOMINI (1405–1464), der spätere Papst PIUS II, der die Leibesübungen für die Erziehung zur Abhärtung positiv bewertet, Maffeo VEGIO (1406–1458), der sogar die körperliche Bildung der Mädchen erwähnt und ganz besonders Baldassare CASTIGLIONE (1478–1529), der in seinem vielbeachteten Hauptwerk „Il Cortegiano" die körperliche Erziehung in den Bildungsgang des vollkommenen höfischen Menschen integriert.

[60] Die beste Einführung in das Gedankengut der „Kommunikationstheoretischen Pädagogik" bietet das Buch: MOLLENHAUER, Klaus: Theorien zum Erziehungsprozeß. München 1974.

[61] Das Erfahrungslernen im Sport auf die Konzepte des „Offenen Sportunterrichts" und der „Körpererfahrung" einzugrenzen, wie es die Autoren auch mit dem Literaturhinweis (1990, 189) noch verstärken, halte ich nicht für gerechtfertigt. Auch

in „geschlossenen Bewegungshandlungen" und beim „deduktiven Bewegungslernen" werden Lernerfahrungen gemacht, Erfahrungen zudem, die durchaus auch pädagogisch wünschenswert sind und zur personalen Entwicklung dazugehören.

62 Diese Auffassung teilt allerdings THIELE (1990, 262) nicht, wenn er schreibt: „Vergleicht man die gemachten Ausführungen z. B. mit dem ebenfalls anthropologisch und partiell phänomenologisch orientierten Ansatz GRUPES, so scheint GRUPE uns die Grundelemente phänomenologisch-anthropologischen Denkens nicht genau genug berücksichtigt zu haben."

63 Handlungstheoretische Überlegungen zu sportbezogenen Themen finden sich u. a. auch bei NITSCH (1985), ERDMANN (1990), LENK (1978), FRANKE (1978), PROHL (1991).

64 Siehe dazu die ausführliche Erörterung dieses Menschenbildes, das MEINBERG der „Phänomenologischen Pädagogik" zuordnet, in seinem Buch: „Das Menschenbild der modernen Erziehungswissenschaft" 1988, 241–306.
Ein Zitat daraus (282): „Der Homo Mundanus" ist das sich in einer eigentümlichen dialektischen Schwebe haltende, weltoffene, leiblich-expressive Wesen, das mehreren Welten zugehört; seine „natürliche" Welt ist ihm nicht alles, er lebt auch in einer Kulturwelt."

65 Siehe dazu die Kapitel 3 und 4 in PROHLS Buch (1991).

66 Diese Aussage belegt die im Jahre 1992 im 2. Heft der Zeitschrift „Sportwissenschaft" geführte Kontroverse zwischen Dietrich KURZ und Karlheinz SCHERLER über den wissenschaftssystematischen Ort der Sportpädagogik innerhalb der Sportwissenschaft oder der Sportwissenschaften.

67 Vgl. dazu die Auseinandersetzung zwischen KURZ und SCHERLER in Sportwissenschaft 1992, Heft 2, in der SCHERLER die Ansicht vertritt, die Sportpädagogik ist eine Disziplin neben anderen,während ihr KURZ eine integrative Funktion zuschreibt.

68 Ein gutes Beispiel für eine phänomenologisch orientierte Analyse der Bewegungswelt von Kindern ist der Beitrag von Horst EHNI: „Die Bewegungswelt von Kindern: Horizont und Grenze" (in: BRETTSCHNEIDER, W.-D. u. a. 1989, 58–73), in dem er als Bedingung des wissenschaftlichen Verstehens der kindlichen Bewegungswelt fünf Forderungen benennt:
1. Mit Kindern leben und 2. darüber nachdenken. 3. Subjektive Standorte bewußtmachen und 4. intersubjektive Dialoge suchen. Im 5. Punkt — so meine ich — irrt EHNI, wenn er von der Theorie verlangt, daß sie einer vorgängigen Praxis nachgehen müßte. Kann eine Praxis überhaupt anders als im Lichte von Theorien gesehen und interpretiert werden? Hat die Wissenschaft einen direkten Zugang zur Praxis oder erforscht sie nicht eher Theorien über eine Praxis und nicht diese selbst? Praxis als Gegenstand einer Humanwissenschaft ist kein tatsächliches, sondern ein gedeutetes Phänomen.

[69] Ausführlicher befassen sich folgende Autoren mit der Phänomenologie als Methode: Helmut DANNER: Methoden geisteswissenschaftlicher Pädagogik. München/Basel 1979; Wilfried LIPPITZ: Phänomenologie als Methode? In: LIPPITZ/MEYER-DRAWE 1987, 101.

[70] Der Begriff Bewegungspädagogik wird auch von PROHL (1990) und PIBER (1993) verwendet.

Literatur

Dieses Verzeichnis enthält ausschließlich die im Text verwendeten und zitierten Aufsätze und Bücher.

ALLMER, Henning: Entwicklungspsychologische Grundlagen des Sports. Köln 1983

ALLMER, Henning/SCHULZ, Norbert: Gesundheitserziehung. Wege und Irrwege. St. Augustin 1987

ALTENBERGER, Helmut/MAURER, Friedemann (Hrsg.): Kindliche Welterfahrung in Spiel und Bewegung. Bad Heilbrunn 1992

ALTRICHTER, Herbert/POSCH, Peter: Lehrer erforschen ihren Unterricht. Eine Einführung in die Methoden der Aktionsforschung. Bad Heilbrunn 1990

ANDERS, Günther: Die Antiquiertheit des Menschen. Bd. 1, München [5]1980

ARIÈS, Philippe: Geschichte der Kindheit. München 1975

BALZ, Eckart: Sport und Gesundheit — problemorientierte Reflexionen in pädagogischer Absicht. In: Sportwissenschaft (22) 1992, 257–282

BANNMÜLLER, Eva/RÖTHIG, Peter (Hrsg.): Grundlagen und Perspektive ästhetischer und rhythmischer Bewegungserziehung. Stuttgart 1990

BÄUMER, Gertrud: Erziehung zur Ausdruckskultur. In: STREICHER, Margarete: Natürliches Turnen, Bd. IV, 27–33. Wien 1956

BAUR, Jürgen: Zur Bewegungswelt von Kindern und Jugendlichen. In: Sportpädagogik (11) 1987, 4–13

BAUR, Jürgen: Zur Anlage-Umwelt-Kontroverse: Die Entwicklung der Motorik in der frühen Kindheit. In: DVS: Bewegungswelt von Kindern und Jugendlichen. Schorndorf 1989 a, 74–85

BAUR, Jürgen: Körper und Bewegungskarrieren. Schorndorf 1989 b

BECKERS, Edgar: Durch Rückkehr zur Zukunft? Anmerkungen zur Entwicklung der Sportpädagogik. Sportwissenschaft (17) 1987, 241–247

BECKERS, Edgar: Gesundheit und Lebenssinn. In: ALLMER, H./ SCHULZ, N. 1987, 13–36

BIELEFELD, Jürgen (Hrsg.): Körpererfahrung — Grundlage menschlichen Bewegungsverhaltens. Göttingen 1986

BIERHOFF-ALFERMANN, Dorothee: Sportpsychologie. Stuttgart 1986

BOLTANSKI, Luc: Die soziale Verwendung des Körpers. In: KAMPER, D./RITTNER, V. (Hrsg.) 1976, 138–183

BOURDIEU, Pierre: Die feinen Unterschiede. Frankfurt [3]1984

BREHM, Walter: Handeln und Lernen im Sportunterricht. Bad Homburg 1981
BRETTSCHNEIDER, Wolf-Dietrich (Hrsg.): Alltagsbewußtsein und Handlungsorientierungen von Sportlehrern. Schorndorf 1984
BRETTSCHNEIDER, Wolf-Dietrich/BAUR, Jürgen/BRÄUTIGAM, Michael (Red.): Bewegungswelt von Kindern und Jugendlichen. Schorndorf 1989
BRETTSCHNEIDER, Wolf-Dietrich/KRAMER Hermann-Josef: Sportliche Interessen bei Schülern und Jugendlichen. Berlin/München/Frankfurt 1978
BRODTMANN, Dieter: Schulsport und Gesundheit. In: Sportpädagogik 8 (1984), 12–20
BRODTMANN, Dieter: Sportunterricht und Schulsport. Bad Heilbrunn [2]1984
BRODTMANN, Dieter/KOTTMANN, Lutz/KÜPPER, Doris (Red.): Gesundheit — Gesundheitserziehung — Sportpädagogik. Wuppertal 1988
BURGER, Eduard/GROLL, Hans: Leibeserziehung. Wien [3]1971
BUYTENDIJK, Frederik J. J.: Allgemeine Theorie der menschlichen Haltung und Bewegung. Berlin/Göttingen/Heidelberg 1956
BUYTENDIJK, Frederik J. J.: Das Menschliche — Wege zu seinem Verständnis. Stuttgart 1958
BUYTENDIJK, Frederik J. J./CHRISTIAN, Paul/PLÜGGE, Herbert: Über die menschliche Bewegung als Einheit von Natur und Geist. Schorndorf 1963

CACHAY, Klaus: Sportspiel und Sozialisation. Schorndorf 1978
CACHAY, Klaus: Sport und Gesellschaft. Schorndorf 1988
CACHAY, Klaus: Sportpädagogik und Gesellschaftstheorie. In: Spectrum der Sportwissenschaften 3 (1991), 51–66
CACHAY, Klaus/BÄHR, Harald: Sportpädagogik — wissenschaftliche Teildisziplin oder integrativer Kern der Sportwissenschaft? In: Sportwissenschaft 22 (1992), 283–303
CACHAY, Klaus/KLEINDIENST, Christa: Soziales Lernen im Sportunterricht. In: Sportwissenschaft 5 (1975), 339 ff.
CAPRA, Fritjof: Wendezeit. Bern [14]1987, [2]1982
CAPRA, Fritjof: Das neue Denken. Bern 1987
CRATTY, Bryant J.: Motorisches Lernen und Bewegungsverhalten. Frankfurt am Main [2]1979

DENK, Heinz/HECKER, Gerhard (Hrsg.): Texte zur Sportpädagogik II. Schorndorf 1985
DIEM, Carl: Sportwissenschaft als Pädagogik. In: Leibeserziehung 2 (1953), 1 ff.
DIEM, Liselott: Auf die ersten Lebensjahre kommt es an. Intelligenz durch Bewegungstraining. Stuttgart 1976
DIEM, Liselott u. a. (Hrsg.): Längsschnittuntersuchungen über die Wirkung frühzeitlicher motorischer Stimulation auf die Gesamtentwicklung des Kindes im 4. bis 6. Lebensjahr. Schorndorf 1980
DIETRICH, Knut/LANDAU, Gerhard: Beiträge zur Didaktik der Sportspiele I. Schorndorf 1974 a

DIETRICH, Knut: Sportspiel und Interaktion. In: Sportunterricht 23 (1974 b), 4 ff.
DIETRICH, Knut/LANDAU, Gerhard: Sportpädagogik. Reinbek 1990
DIGEL, Helmut: Sprache und Sprechen im Sport. Schorndorf 1976

EBERSPÄCHER, Hans: Individuelle Handlungsregulation. Schorndorf 1988
EBERSPÄCHER, Hans: Mentale Trainingsformen in der Praxis. Oberhaching 1990
EGGERT, Dietrich/KIPHARD, Ernst J. (Hrsg.): Die Bedeutung der Motorik für die Entwicklung normaler und behinderter Kinder. Schorndorf 1972
EGGERT, Dietrich/SCHUCK, Karl D.: Untersuchungen zu Zusammenhängen zwischen Intelligenz, Motorik und Sozialstatus im Vorschulalter. In: MÜLLER, Hans Jürgen u. a. 1975, 67–82
EHNI, Horst: Die Bewegungswelt von Kindern: Horizont und Grenze. In: BRETTSCHNEIDER, W. D./BAUR, J./BRÄUTIGAM, M. (Hrsg.): Bewegungswelt von Kindern und Jugendlichen. Schorndorf 1989, 58–73
EICHBERG, Henning: Leistung, Spannung, Geschwindigkeit. Stuttgart 1978
EICHBERG, Henning: Der Weg des Sports in die industrielle Zivilisation. Baden-Baden ²1979
ERDMANN, Ralf: Handlungstheorie — ein Gewinn? In: Sportwissenschaft (20) 1990, 146–161
ERDMANN, Ralf (Hrsg.): Alte Fragen neu gestellt? Anmerkungen zu einer zeitgemäßen Sportdidaktik. Schorndorf 1992

FETZ, Friedrich: Zum Wissenschaftscharakter der Theorie der Leibeserziehung. In: Leibesübungen — Leibeserziehung 15 (1961), 3, 1 ff.
FILIPP, Sigrun-Heide (Hrsg.): Selbstkonzept — Forschung. Stuttgart 1979
FILIPP, Sigrun-Heide: Kritische Lebensereignisse. München/Wien/Baltimore 1981
FINK, Eugen: Oase des Glücks. Gedanken zu einer Ontologie des Spiels. Freiburg/München 1957
FINK, Eugen: Erziehungswissenschaft und Lebenslehre. Freiburg 1970
FINK, Eugen: Grundfragen der systematischen Pädagogik. Freiburg 1978
FINK, Eugen: Grundphänomene des menschlichen Daseins 1979
FISCHER, Hans W.: Körperschönheit und Körperkultur. Berlin 1928
FLITNER, Andreas: Eine Wissenschaft für die Praxis. In: Zeitschrift für Pädagogik 24 (1978), 2, 183–193
FRANK, Johann Peter: System einer vollständigen medicinischen Polizey. Bde. 1–6, Mannheim 1779–1819
FRANKE, Elk: Theorie und Bedeutung sportlicher Handlungen. Schorndorf 1978
Frankfurter Arbeitsgruppe (Hrsg.): Offener Sportunterricht — analysieren und planen. Reinbek 1982
FRANKL, Viktor E.: Der leidende Mensch. Stuttgart ²1984
FUNKE, Jürgen (Hrsg.): Sportunterricht als Körpererfahrung. Reinbek 1983
FUNKE, Jürgen: Bewegungskünste und ästhetische Selbsterziehung — oder: „Sieh mal! Kunst!“ In: Sportpädagogik 11 (1987) 3, 11–19

FUNKE, Jürgen: Über den didaktischen Ansatz der „Körpererfahrung“. In: PEPER D./CHRISTMANN, E. (Hrsg.): 1987, 94–108

FUNKE, Jürgen: Sich bewegen und gesund sein — Pädagogische Überlegungen. In: HOMFELDT, H. G. (Hrsg.): Erziehung und Gesundheit. Weinheim 1988, 145–166

GAULHOFER, Karl: Die Fußhaltung — Ein Beitrag zur Stilgeschichte der menschlichen Bewegung. Kassel 1930

GAULHOFER, Karl: System des Schulturnens. Wien 1966

GAULHOFER, Karl/STREICHER, Margarete: Natürliches Turnen. Bde. I und II. Wien 1930/31

GEHLEN, Arnold: Der Mensch — Seine Natur und seine Stellung in der Welt. Wiesbaden [13]1986

GIESE, Fritz/HAGEMANN, Hedwig (Hrsg.): Weibliche Körperbildung und Bewegungskunst. München 1924

GRÖSSING, Stefan: Überlegungen zum Wissenschaftscharakter der Sportpädagogik. In: ANDRECS, H./REDL, S. (Hrsg.): Forschen — Lehren — Handeln, 13–22. Schorndorf 1976

GRÖSSING; Stefan: Gesundheitserziehung im Schulsport. In: KAPUSTIN, P./KREITER, C. (Red.) 1982, 32–34

GRÖSSING, Stefan: Rivalität — Ritual — Rekord: Überlegungen zur Kulturgeschichte der menschlichen Bewegung. Salzburger Universitätsreden, Heft 74. Salzburg 1982

GRÖSSING, Stefan: Gesundheit als Ziel und Inhalt der Ausbildung des Leibeserziehers. In: Gesundheitserziehung. Symposiumsbericht, 52–56. Wien 1988

GROLL, Hans: Idee und Gestalt der Leibeserziehung von heute. Wien 1957

GROLL, Hans: Möglichkeiten und Grenzen einer Wissenschaft der Leibeserziehung. In: Idee und Gestalt der Leibeserziehung heute, 73 ff. Wien 1962

GROLL, Hans: Neuere Schulversuche zur täglichen Turnstunde in Frankreich, in der Schweiz und in Österreich. In: Idee und Gestalt der Leibeserziehung von heute. Bd. II. Wien 1968

GRUPE, Ommo: Grundlagen der Sportpädagogik. Schorndorf [3]1984

GRUPE, Ommo: Sport als Kultur. Zürich 1987

HAHN, Erwin/KALB, Günter/PEIFFER; Lorenz (Hrsg.): Kind und Bewegung. Schorndorf 1978

HECKHAUSEN, Heinz: Biologische und kulturelle Grundlagen des Verhaltens. Göttingen 1965

HILDENBRANDT, Eberhard: Sprache und Bewegung. Zur Verbalisierung von Bewegungsphänomenen. In: Sportwissenschaft 3 (1973), 55 ff.

HOTZ, Arturo: Qualitatives Bewegungslernen. Zumikon 1986, [2]1988

HOTZ, Arturo/WEINECK, Jürgen: Optimales Bewegungslernen. Erlangen [2]1988

HUIZINGA, Johan: Der Mensch und die Kultur. Stockholm 1938

HUIZINGA, Johan: Homo Ludens. Hamburg 1956

JANSSEN, P: Edmund Husserl. Freiburg/München 1976

KAMLAH, Wilhelm: Philosophische Anthropologie. Sprachkritische Grundlegung und Ethik. Mannheim 1973 b
KAMLAH, Wilhelm/LORENZEN, Paul: Logische Propädeutik. Mannheim ²1973 a
KAMPER, Dietmar/RITTNER, Volker (Hrsg.): Zur Geschichte des Körpers. München/Wien 1976
KAPUSTIN, Peter/KREITER, Claudius (Red.): 4. Sportwissenschaftlicher Hochschultagbericht 81. DVS-Protokoll 1982
KOTTMANN, Lutz/KÜPPER, Doris/PACK, R.-P.: Schulsport und Gesundheitserziehung — Probleme und Chancen. In: Sportunterricht (1990) 453–460
KRÜGER, Arnd: Wann sollen Kinder mit Sport beginnen? In: LÖSCHE, Peter (Hrsg.): Göttinger Sozialwissenschaften heute, 278–308. Göttingen 1990
KÜPPER, Doris/KOTTMANN, Lutz: Sport und Gesundheit. Schorndorf 1991
KURZ, Dietrich: Elemente des Schulsports. Schorndorf ²1979
KURZ, Dietrich: Handlungsfähigkeit im Sport. In: PEPER, D./CHRISTMANN, E. (Hrsg.) 1987, 52–67
KURZ, Dietrich: Sportpädagogik als Teildisziplin oder integrativer Kern der Sportwissenschaft. In: Sportwissenschaft (22) 1992, 145–154

LANGEVELD, Martinus J.: Studien zur Anthropologie des Kindes. Tübingen ³1968
LANGEVELD, Martinus J./DANNER, Helmut: Methodologie und Sinn-Orientierung in der Pädagogik. München 1981
LE BOULCH, Jean: L'Education par le Mouvement. Paris ⁹1972
LENK, Hans (Hrsg.): Handlungstheorien interdisziplinar, Bd. II. München 1978
LENZEN, Dieter: Mythologie der Kindheit. Reinbek 1985
LENZEN, Dieter: Das Verschwinden der Erwachsenen: Kindheit als Erlösung. In: KAMPER, D./WULF Ch. (Hrsg.): Rückblick auf das Ende der Welt. München 1990, 126–137
LIPPITZ, Wilfried: Die hermeneutisch-phänomenologische Pädagogik. In: Westermanns Pädagogische Beiträge. 1984/40–45
LIPPITZ, Wilfried: Phänomenologie als Methode? In: LIPPITZ, W./MEYER-DRAWE K. (Hrsg.): Kind und Welt. Frankfurt ²1987, 101
LIPPITZ, Wilfried/MEYER-DRAWE, Käte (Hrsg.): Kind und Welt. Frankfurt ²1987

MANEN, Max von: Phänomenologische Pädagogik. In: LIPPITZ, W./MEYER-DRAWE, K. (Hrsg.) ²1987
MARLOWITS, Andreas: Gauklerische Bewegungskünste — oder: Möglichkeit zum Anders-Werden. In: Leibesübungen — Leibeserziehung 47 (1993) 3
MARTIN, Dietrich: Grundlagen der Trainingslehre, Teil II. Schorndorf ²1982
MARTIN, Dietrich: Zur sportlichen Leistungsfähigkeit von Kindern. In: Sportwissenschaft (12) 1982, 255–274
MAUSE, Lloyd de (Hrsg.): Hört ihr die Kinder weinen. Frankfurt am Main 1980

MEINBERG, Eckhard: Sportpädagogik. Stuttgart 1981
MEINBERG, Eckhard: Hauptprobleme der Sportpädagogik. Darmstadt 1984
MEINBERG, Eckhard: Sportpädagogik als Wissenschaft — Entwicklung und Ansatzpunkte. In: DENK, H./HECKER, G. (Hrsg.) 1985, 40
MEINBERG, Eckhard: Warum Theorien sportlichen Handelns Anthropologie benötigen! In: Sportwissenschaft (17) 1987, 20–36
MEINBERG, Eckhard: Das Menschenbild der modernen Erziehungswissenschaft. Darmstadt 1988
MEINBERG, Eckhard: Zur Diskussion: Die phänomenologische Pädagogik. In: Forum Pädagogik 1989 (3) 140–149
MESTER, Ludwig: Grundlagen der Leibeserziehung. Braunschweig [3]1969
MEYER-DRAWE, Käte: Leiblichkeit und Sozialität. München [2]1987
MERLEAU-PONTY, Marcel: Phänomenologie der Wahrnehmung. Berlin 1966
MONTAIGNE, Michel de: Essais über Erziehung. In: Klinkhardts Päd. Quellentexte. Bad Heilbrunn 1964
MÜLLER, Hans-Jürgen/DECKER, Robert/SCHILLING, Friedhelm (Hrsg.): Motorik im Vorschulalter. Schorndorf 1975

NITSCH, Jürgen R.: Handlungstheoretische Grundannahmen — Eine Zwischenbilanz. In: HAGEDORN, G. u. a. (Red.): Handeln im Sport. Clausthal-Zellerfeld 1985, 26 ff.

OERTER, Rolf: Moderne Entwicklungspsychologie. Donauwörth [18]1980

PASCHEN, Konrad: Didaktik der Leibeserziehung. Frankfurt/M. [3]1970
PASCHEN, Konrad: Tägliche Bewegungszeit in der Grundschule. Schorndorf 1971
PEPER, D./CHRISTMANN, E. (Hrsg.): Zur Standortbestimmung der Sportpädagogik. Schorndorf 1987
PIAGET, Jean: Gesamte Werke. Stuttgart 1975
PIBER, Gabriele: Bildung durch „Meditatives Bewegen“. Eine sport- und religionspädagogische Grundlagenreflexion. Wien 1993 (Dissertation Salzburg 1991)
PLESSNER, Helmuth: Die Stufen des Organischen und der Mensch. Berlin [3]1975
PORTMANN, Adolf: Zoologie und das neue Bild des Menschen. Hamburg [2]1958
POSTMAN, Neil: Das Verschwinden der Kindheit. Frankfurt 1989
PREUSS-LAUSITZ, Ulf/ZEIHER, Helga (Hrsg.): Selbständigkeit für Kinder — die große Freiheit? Weinheim 1990
PROHL, Robert: Analytische Betrachtungen zum Begriff „Bewegungsqualität“ in Bewegungserziehung und Gymnastik. In: BANNMÜLLER, E./RÖTHIG, P. 1990, 118–136
PROHL, Robert: Sportwissenschaft und Sportpädagogik. Schorndorf 1991

RASSEM, Mohammed: Kultur In: Staatslexikon 1987
RECLA, Josef: Wissenschaft der Leibesübungen. In: Leibesübungen (1960), 2, 3 ff.

VAUPEL, Gerhard: Die Wissenschaft von der Leibeserziehung. In: Leibesübungen — Leibeserziehung 1953/8/15
VOGES, W. (Hrsg.): Methoden der Biographie- und Lebenslaufforschung. Opladen 1987

WEINECK, Jürgen: Sportbiologie. Erlangen ²1988
WIDMER, Konrad: Sportpädagogik. Schorndorf 1974
WILLIMCZIK, Klaus: Wissenschaftstheoretische Aspekte einer Sportwissenschaft. Frankfurt/M. 1968
WILLIMCZIK, Klaus: Interdisziplinäre Sportwissenschaft — Forderungen an ein erstarrtes Konzept. In: Sportwissenschaft 15 (1985), 1, 9 ff.
WILLIMCZIK, Klaus/GROSSER, Manfred: Die motorische Entwicklung im Kindes- und Jugendalter. Schorndorf ²1979
WILLIMCZIK, Klaus/ROTH, Klaus: Bewegungslehre. Reinbek 1983
WINTHER, Fritz: Körperbildung als Kunst und Pflicht. München 1914
WOLF, Norbert: Dokumente zum Schulsport. Schorndorf 1974

ZEUNER, Martin: Versuch einer Begründung der Leibeserziehung als Wissenschaft vom Begriff der Bewegung her. In: Leibesübungen (1959), 11, 3 f.
ZIMMER, Renate: Motorik und Persönlichkeitsentwicklung bei Kindern im Vorschulalter. Schorndorf 1981
ZINNECKER, Jürgen: Jugend, Körper und Sport im Zivilisationsprozeß. In: BRETTSCHNEIDER u. a. 1989, 296–310

RÖHRS, Hermann: Sportpädagogik und Sportwirklichkeit. Bad Homburg 1982
RÖTHIG, Peter: Bewegungsgestaltung. In: RÖTHIG, P./GRÖSSING, S. (Hrsg.): Kursbuch 3, Bewegungslehre. Wiesbaden 1990, 137
RÖTHIG, Peter (Hrsg.): Sportwissenschaftliches Lexikon. Schorndorf [6]1992
RÖTHIG, Peter/PROHL, Robert: Gesundheit als Bildungsproblem des Sports. In: Sportwissenschaft 22 (1992), 172–185
ROTH, Klaus: Motorisches Lernen. In: EBERSPÄCHER, H. (Hrsg.): Handlexikon Sportwissenschaft, 252–259. Reinbek 1987
ROTH, Klaus/SAHRE, Elisabeth: Gesetzmäßigkeiten der sportlichen Bewegung. In: RÖTHIG, P./GRÖSSING, S. (Hrsg.): Kursbuch 3: Bewegungslehre. Wiesbaden [3]1990, 9–54

SEYBOLD, Annemarie: Didaktische Prinzipien der Leibeserziehung. Schorndorf 1972
SEYBOLD, Annemarie: Pädagogische Prinzipien in der Leibeserziehung. Schorndorf [7]1973
SPITZ, René A.: Vom Säugling zum Kleinkind. Stuttgart 1969
SUTTON-SMITH, Brian: Die Dialektik des Spiels. Schorndorf 1978

SCHEID, Volker: Bewegung und Entwicklung im Kleinkindalter. Schorndorf 1989
SCHERLER, Karlheinz: Sensomotorische Entwicklung und materiale Erfahrung. Schorndorf 1945
SCHERLER, Karlheinz: Sportpädagogik — eine Disziplin der Sportwissenschaft. In: Sportwissenschaft (22) 1992, 155–166
SCHILLING, Friedhelm: Bewegungsentwicklung, Bewegungsbehinderung und das Konzept der Erziehung durch Bewegung. In: Sportwissenschaft 7 (1977) 48, 315–316
SCHMITZ, Josef N.: Studien zur Didaktik der Leibeserziehung, 4 Bde. Schorndorf 1970–1973
SCHMITZ, Josef N.: Bewegungslernen im Sportunterricht. Schorndorf 1977
SCHÜTZ, Alfred: Gesammelte Aufsätze, Bd. 1. Den Haag 1971
SCHÜTZ, Alfred/LUCKMANN, Thomas: Strukturen der Lebenswelt. Bde. 1 und 2. Frankfurt/M. 1979
SCHULZ, Norbert: Das Gesundheitsmotiv im sportpädagogischen Denken. In: KÜPPER, D./KOTTMANN, L. (Hrsg.): 1991, 9–34

STADLER, Rudolf: Die Verknüpfung von Sportkunde und Leibesübungen im projektorientierten Unterricht am Sportgymnasium. Unveröff. Dissertation. Salzburg 1989
STEINER, Hans: Mentales Training. In: GABLER, Hartmut u. a. (Hrsg.): Psychologische Diagnostik und Beratung im Leistungssport, 223–238. Frankfurt/M. 1985
STREICHER, Margarete: Natürliches Turnen I und II. Wien 1971

THIELE, Jörg: Phänomenologie und Sportpädagogik. St. Augustin 1990
TREUTLEIN, G./FUNKE, J./SPERLE, N. (Hrsg.): Körpererfahrung in traditionellen Sportarten. Wuppertal 1986